跨国公司国际刑事责任研究

THE INTERNATIONAL CRIMINAL RESPONSIBILITY
OF TRANSNATIONAL CORPORATIONS

宋佳宁 ◎ 著

中国社会科学出版社

图书在版编目(CIP)数据

跨国公司国际刑事责任研究／宋佳宁著.—北京：中国社会科学出版社，2016.12

ISBN 978-7-5203-0643-0

Ⅰ.①跨… Ⅱ.①宋… Ⅲ.①跨国公司-公司法-研究 Ⅳ.①D912.290.4

中国版本图书馆CIP数据核字(2017)第156606号

出 版 人	赵剑英
责任编辑	任　明
责任校对	王　影
责任印制	李寡寡

出　　版	中国社会科学出版社
社　　址	北京鼓楼西大街甲158号
邮　　编	100720
网　　址	http://www.csspw.cn
发 行 部	010-84083685
门 市 部	010-84029450
经　　销	新华书店及其他书店

印刷装订	北京君升印刷有限公司
版　　次	2016年12月第1版
印　　次	2016年12月第1次印刷

开　　本	710×1000　1/16
印　　张	18.75
插　　页	2
字　　数	313千字
定　　价	80.00元

凡购买中国社会科学出版社图书，如有质量问题请与本社营销中心联系调换
电话：010-84083683
版权所有　侵权必究

序

　　国际刑法的发展是快速的。第二次世界大战结束以后，基于对战争犯罪和严重侵犯人权的犯罪进行追诉之必要，国际刑法有了突破性的发展。国际刑法成为国际法新的分支学科。冷战结束后，国际关系趋于活跃，使得国际刑法获得了更为飞速发展的机遇。国际刑法飞速发展的主要体现，莫过于国际刑法原则的演进和完善，以及国际刑事司法机构的建立。国际刑法亦为国际法的一部分。这无疑已是国际法学界的一种共识。

　　国际刑法的发展，也引致了诸多有关其实体和程序方面的理论和实践问题。这些问题激发了国内外国际法学者热烈的讨论和争鸣。近年来，我国国际法学者对于国际刑法问题的关注可以说是多视点、多层面的。学者们的研究也取得了不少成果。但探讨跨国公司国际刑事责任问题的著述，仍很鲜见。

　　宋佳宁自攻读博士学位之始，就对跨国公司的社会责任问题有着极大的兴趣。但出于国际法专业及研究方向的考虑，并且更应强调的是，跨国公司的国际刑事责任是一个具有难度和挑战性的问题，也是一个需要直面并探讨及应对的问题，故此，宋佳宁在博士研究生期间的研习即聚焦于跨国公司的国际刑事责任问题，并以此作为其博士学位论文之选题。可以说，这是一个不同过往的研究视角。为此，宋佳宁收集了大量资料，解析了国内司法机构和国际刑事司法机构的典型案例，对所论及的问题作了理论分析和概括，最终完成并向博士论文答辩委员提交了一篇得到充分肯定和颇高评价的研究成果。

　　这些年来，宋佳宁博士仍潜心研究跨国公司的国际刑事责任问题，并一直追踪关涉这一问题的研究成果，对这一问题有了更多的思考。宋佳宁博士的《跨国公司国际刑事责任研究》一书，是在她的博士论文的基础上写成的。这部著述较之其博士论文更为丰满。为使论证更为有力，宋佳宁博士收集了最新的数据和文献材料，补充了国际刑事司法机构尤其是国内司法机构的涉及跨国公司国际刑事责任的案例。她在这部著述中，以国内司法机构和国际刑事司法机构的案例为据，论证跨国公司国际犯罪行为的现实存在；探索追究跨国公司国际刑事责任的方法或路径。这样的一种研究方法，也使其研究结论更具客观性和可靠性。

我相信，宋佳宁博士的这部新作对于国际刑法问题的深化研究将会有启发意义。读者也能够从这部著述中获益。

朱晓青[①]

2017 年 6 月于北京沙滩

[①] 朱晓青，中国社会科学院国际法研究所研究员，博士生导师。

目　录

导论 …………………………………………………………… (1)
 一　本书的研究思路及方法 ………………………………… (4)
 二　本书的特色及创新 ……………………………………… (5)
第一章　国际法下的跨国公司 ………………………………… (7)
 第一节　跨国公司概述 ……………………………………… (8)
  一　跨国公司的定义 ……………………………………… (8)
  二　经济全球化背景下的跨国公司 …………………… (11)
 第二节　跨国公司作为国际法主体的可能性 …………… (14)
  一　跨国公司参与侵犯人权行为的现实写照 ………… (14)
  二　国际法理论中的国际法主体 ……………………… (16)
  三　跨国公司的国际法主体资格探究 ………………… (23)
 第三节　跨国公司的法律规制 …………………………… (28)
  一　国际性文件 ………………………………………… (29)
  二　相关国内法规定 …………………………………… (40)
  三　跨国公司的自愿"行为规范" ……………………… (51)
 小　结 ……………………………………………………… (55)
第二章　国际刑法下跨国公司的国际刑事责任 …………… (57)
 第一节　跨国公司国际刑事责任概述 …………………… (58)
  一　国际刑事责任的理论发展 ………………………… (58)
  二　跨国公司国际刑事责任的发展现状 ……………… (62)
 第二节　跨国公司的国际犯罪主体资格 ………………… (67)
  一　犯罪主体资格的定义 ……………………………… (67)
  二　传统刑法理论中公司的犯罪主体资格探究 ……… (68)
  三　当代国际刑法下跨国公司的国际犯罪主体资格 ………… (77)

第三节　跨国公司承担国际刑事责任的意义 ……………………（90）
小　结 ……………………………………………………………（93）

第三章　跨国公司国际刑事责任的演进 ……………………（95）
第一节　初步发展期 ……………………………………………（95）
　　一　公司国际刑事责任的萌芽 ………………………………（96）
　　二　纽伦堡国际军事法庭对欧洲公司的态度 ………………（97）
　　三　远东国际军事法庭对日本商人和经济领袖的审判 ……（99）
第二节　规范文件形成期 ………………………………………（101）
　　一　区域性组织制定的相关文件 ……………………………（101）
　　二　联合国框架下的相关文件 ………………………………（109）
第三节　司法实践期 ……………………………………………（114）
　　一　纽伦堡军事法庭的态度 …………………………………（115）
　　二　前南刑庭及卢旺达刑庭的态度 …………………………（118）
　　三　国际刑事法院的态度 ……………………………………（123）
　　四　国内涉及跨国公司国际刑事责任的司法实践活动 ……（126）
小　结 …………………………………………………………（139）

第四章　跨国公司员工的共谋行为 …………………………（141）
第一节　国际刑法中跨国公司员工的共谋行为 ………………（142）
　　一　共谋行为的定义 …………………………………………（142）
　　二　早期国际刑法中公司员工的共谋行为 …………………（145）
　　三　当今国际刑法中跨国公司员工的共谋行为 ……………（148）
第二节　跨国公司员工共谋行为的行为要件 …………………（151）
　　一　跨国公司员工共谋行为中的"帮助和煽动"行为 ………（152）
　　二　跨国公司共谋行为的三种类型 …………………………（155）
　　三　美国法院确立的跨国公司共谋行为标准 ………………（161）
第三节　跨国公司员工共谋行为的心理要件 …………………（165）
　　一　"知道标准"与"意图标准"之争 …………………………（165）
　　二　国际刑事法院的独创——"目的标准" …………………（179）
小　结 …………………………………………………………（184）

第五章　跨国公司高管的上级责任 …………………………（185）
第一节　上级责任原则的基本概念 ……………………………（185）

一　上级责任原则的概念 …………………………………… (186)
　　二　跨国公司国际犯罪活动中的上级责任原则 …………… (187)
　第二节　上级责任原则源起 ………………………………………… (188)
　　一　早期的指挥官责任原则 ………………………………… (188)
　　二　第二次世界大战之后的指挥官责任原则 ……………… (191)
　　三　东京审判时期的上级责任原则 ………………………… (200)
　第三节　第二次世界大战后上级责任原则在国际文件中的
　　　　　变化 ………………………………………………………… (203)
　　一　《日内瓦第一附加议定书》中关于上级责任原则的
　　　　规定 ………………………………………………………… (203)
　　二　国际刑事司法机构规约的规定 ………………………… (206)
　第四节　国际刑事司法实践中跨国公司高管的上级责任 ……… (211)
　　一　概述 ……………………………………………………… (211)
　　二　上级责任原则在前南刑庭的新发展 …………………… (214)
　　三　上级责任原则在卢旺达刑庭的发展 …………………… (221)
　　四　上级责任原则的最新发展 ……………………………… (226)
　第五节　民事官员上级责任的构成要件 ………………………… (229)
　　一　上下级关系的存在 ……………………………………… (230)
　　二　心理要件 ………………………………………………… (233)
　　三　行为要件 ………………………………………………… (238)
　小　结 ……………………………………………………………… (242)

第六章　跨国公司国际刑事责任前瞻 …………………………… (244)
　第一节　国际法层面发展现状及存在的问题 …………………… (244)
　　一　概述 ……………………………………………………… (244)
　　二　国际性跨国公司"行为规范"发展现状及存在的问题 … (245)
　　三　相关国际条约存在的问题和挑战 ……………………… (247)
　　四　国际刑事司法实践中的问题和挑战 …………………… (249)
　第二节　国内法层面发展现状及存在的问题 …………………… (252)

结论 ……………………………………………………………………… (257)

附录一　全球 100 大经济体（2011） ………………………………… (261)
附录二　纽伦堡审判时期关于共谋行为的规定 …………………… (263)

附录三　特别刑事法庭关于"帮助和煽动行为"的规定 ………… (264)
附录四　其他刑事审判机构关于"帮助和煽动行为"的规定 …… (265)
主要参考文献 ……………………………………………………… (266)
后记一 ……………………………………………………………… (289)
后记二 ……………………………………………………………… (291)

导　论

在 21 世纪的今天，国际法通过提供一套最低标准为经济全球化奠定了基础。经济全球化既促进和便利了航空运输、贸易、电信的发展，也为跨国公司的发展提供了必要条件。① 近年来，对于作为经济全球化最主要的"副产品"的跨国公司来说，其参与国际犯罪的情况日趋严重，已经成为全球治理必须要面对的问题之一。② 跨国公司不同于一般公司，其独特的跨国性，以及经济全球化所带来的人力、物资、资金极其便利的流动性，不仅为跨国公司的迅猛发展创造了相当优越的条件，同时也为以跨国公司为媒介从事违法甚至犯罪行为提供了温床。③ 有研究表明，目前国际社会爆发的严重侵犯人权的事件越来越多地与跨国公司联系起来。这一问题在石油勘探行业表现得尤为突出。④ 比方说，原加拿大石油公司"塔里斯曼能源公司"（Talisman Energy）⑤ 被指控与苏丹政府相勾结从事严重侵犯人权的活动并犯有危害人类罪的共谋。⑥ 随着各大非政府组织（NGO）对于跨国公司涉嫌侵犯人权行为的报道的不断增多，国际社会在

---

① ［英］菲利普·桑斯：《无法无天的世界：当代国际法的产生与破灭》，单文华、赵宏、吴双全译，人民出版社 2011 年版，第 13 页。同时参见 *Financial Times*, 19 October 1998, p. 24。

② 宋家法：《联合国与跨国公司犯罪的法律控制》，载《暨南学报》（哲学社会科学版）2013 年第 5 期。

③ 邵沙平：《国际法治的新课题：国家控制跨国公司犯罪的权责探析》，载《暨南学报》（哲学社会科学版）2012 年第 10 期。

④ Philip Swanson, *Fuelling Conflict: The Oil Industry and Armed Conflict*, 2002, p. 9, http://www.fafo.no/pub/rapp/378/378.pdf, 2014 - 02 - 09.

⑤ 塔利斯曼能源公司已于 2015 年 5 月 8 日被西班牙石油公司雷普索尔公司（Repsol）并购。相关资料参见雷普索尔公司官网（http://www.talisman - energy.com/）。

⑥ *Presbyterian Church of Sudan v. Talisman Energy Inc.*, (Docket No. 07 - 0016 - cv) U. S. C. A. 2nd Circuit, 20 October, 2009.

震惊于大批跨国公司参与东道国①政府、武装反动部队等侵犯人权活动的同时,② 也开始认真思考此类事件的归责问题。

早在第二次世界大战之后的纽伦堡和东京审判中,国际刑事司法实务界就已开始接触涉及公司参与国际犯罪的案件审理,但直到今天,国际社会仍未能够提出有效的解决方案。传统国际刑法理论对于"公司承担国际刑事责任"理念的排斥,以及各国国内刑法在相关问题上理解的巨大差异,都导致现今诸多国际刑事司法审判机构即使主观上希望对跨国公司国际犯罪行为予以惩处,但在客观上却大多无法实现。

从理论层面来看,20世纪70年代一些跨国公司在发展中国家开办"血汗工厂"(sweatshop)的报道在欧美发达国家引发极大震动,使得人们开始认识到跨国公司大规模侵犯基本人权行为的严重性,并开始就此问题进行系统性研究及探讨。尽管近些年来,无论在国际法层面,还是各国国内法层面,对于跨国公司国际犯罪的责任承担形式已经提出了不少应对方式,但仍有很多问题亟待解决。例如,跨国公司是否能够作为独立的主体承担国际刑事责任?如何在保障发展中国家和不发达国家经济发展的基础上,实现这些国家对跨国公司行为的管控?如何更为积极地推动国际刑事司法审判机构审理跨国公司国际犯罪案件?如何协调国内法律规范、国际法律规范以及跨国公司"自愿行为规范"三者在管控跨国公司国际犯罪问题上的作用?在国际刑法层面,如何最终实现对于跨国公司行为的约束,也就是说,是通过建立全新的专门审理跨国公司犯罪的"国际刑事法庭",抑或是通过对现行国际刑事法律规约或公约的修订,在现有国际刑法框架下实现对跨国公司犯罪行为的追究?这些都是国际刑法学者们一直在探讨的问题。国内外学者从各自学术或国家立场出发对于上述问题展开了较为激烈的论战,在一些核心问题上甚至存在完全对立的观点。因此,对于跨国公司国际刑事责任问题进行系统地分析和研究是完全有必要的,这不仅能够进一步厘清学术界在此问题上长期存在的疑点和难点,而且同时也可以为今后的司法活动提供更为坚实的法理基础。

---

① 跨国公司的东道国是指:跨国公司经营国外业务的所在国。又称"驻在国"。

② International Commission of Jurists, Corporate Complicity & Legal Accountability, volume 1: Facing the Facts and Charting a Legal Path, 2008, p.1, http://www.icjcanada.org/fr/document/doc_2008-10_vol1.pdf, 2014-02-09。

从实践层面来看，对于跨国公司国际刑事责任的追究符合国际法，特别是国际人权法的基本要求。这不仅能够维护作为跨国公司东道国的发展中国家和不发达国家的经济稳定与国家安全，还直接关系到当地民众基本权利的实现，具有非常积极的作用。具体可以从以下三个方面予以说明。

第一，肯定跨国公司国际刑事责任有利于维护地区稳定，促进区域经济的和谐、有序发展。从宏观上来讲，实现对跨国公司国际犯罪行为的刑事追究，有利于保障地区经济的发展和区域的稳定。全球化经济的迅猛发展已经使部分跨国公司的经济实力和政治实力完全可以与单一国家抗衡。从现实情况来看，大多跨国公司的东道国在经济上或政治上极度依赖跨国公司的直接投资，导致这些政府对跨国公司侵犯人权的行为视而不见，即使管控也大多有心无力。然而，跨国公司在其生产经营活动中对于这些国家政府、国民及环境等各个方面造成的恶劣影响却是不可忽视的。如此种情况仍得不到缓解，会导致地区不稳定因素加剧、环境破坏等严重后果。因此，只有实现对跨国公司国际刑事责任的追究，才能保障其在实现利润最大化的同时，最大限度地维护东道国的环境利益、劳工权益、文化权益等基本人权，进而实现不发达地区经济的稳定与发展，并最终促进世界的和平。

第二，对于跨国公司国际刑事责任问题的研究有利于推进我国相关学术研究与国际前沿理论接轨。事实证明，我国经济的飞速发展，一方面离不开我国公司的海外投资；另一方面也离不开外国跨国公司对我国经济的贡献。近些年来，关于我国公司在他国侵犯当地基本人权、破坏环境等行为的报道实不少见。而大型外国跨国公司在我国侵犯基本人权的问题也越来越多地受到我国政府和民众的关注。针对这两类问题的频繁出现，我国政府也做出了一些积极的应对，但学术界的探讨却多集中在管理学或社会学领域，国际法学界对相关问题的研究少之又少。随着世界各国对于跨国公司国际刑事责任问题的重视程度不断加强，从20世纪90年代开始，欧美国家逐渐开始在其国内法律体系中加强对跨国公司国际犯罪刑事责任或民事侵权责任方面的司法追究，而且此种发展趋势还在向更多的国家蔓延。因此，应当认识到，如若还不抓紧就相关问题进行研究，在不久的将来，很可能出现我国跨国公司在外国法院或国际法庭被诉时相当被动的局面。与此同时，由于法律基础理论方面的欠缺，也有碍我国政府对外国跨国公司在我国境内侵犯人权行为的约束。这对于我国自身经济的平稳，以及可持续发展也是有百害而无一利的。此外，针对跨国公司国际刑事责任的研究，不仅可进一步拓宽当前我国学界关于"企业社会责任问题"的研究视角，而且也更能推进相关研究与国际社会前沿的理论接轨。

第三，跨国公司国际刑事责任的建立有利于促进我国企业的发展。如果仅从我国跨国公司自身发展角度出发，跨国公司国际刑事责任在我国的建立能够进一步加深我国海外公司对其"国际法责任"的认识，拓宽其思路，并有助于在这些公司内部建立自愿性监督机制，以实现对其行为更大程度的制约。事实证明，全面履行和尊重国际法中规定的基本权利的公司在国际经济大潮的博弈中将走得更远。

一　本书的研究思路及方法

（一）本书的研究思路

本书全文紧扣国际刑法中跨国公司国际刑事责任这一主线，从跨国公司国际法主体资格的辨析及相关法律规制入手，探析跨国公司的国际犯罪主体资格、跨国公司承担国际刑事责任的必要性及意义，以及国际刑法中跨国公司国际刑事责任的发展历程，并探究国际刑事司法实践对推动跨国公司国际刑事责任认定的影响或作用。本书将通过对跨国公司国际刑事责任中上述核心问题的阐释，试图评述跨国公司国际刑事责任在国际法及国内法中的发展现状，分析存在的问题，并提出完善的意见。

（二）本书的研究方法

1. 文献研究法

本书是以文献研究为基础，以阅读大量文献为前提的。在本书准备的过程中，需要搜集的法律文献资料包括：联合国相关人权文件、各主要国际组织（包括国际劳工组织、经济合作与发展组织、欧洲联盟、美洲国家组织等）和非政府组织（包括大赦国际、人权第一、人权观察等）的相关报告文件等。同时，需要尽可能全面地搜集国内涉及相关问题的文献资料，以及有重点地收集国外材料。通过对相关文献的研究和分析，夯实本书理论基础、厘清关键问题。

2. 历史研究法

国际刑法中的很多重要原则和理论都是从国际或国内刑事司法实践中得来的，因此，在分析和理解国际刑事责任中的众多原则和标准时，对其发展沿革过程进行一定程度的梳理，对于文章的逻辑条理以及思路的清晰具有非常重要的作用。本书运用历史研究法,一方面,对跨国公司国际刑事责任的演进进行系统、深入的分析。不仅能够使读者更好地了解相关问题产生和发展的原因,也能更好地为后文中对关键问题的论述打下基础。另一方面,对于本书中的关键问题(如共谋行为、上级责任原则),笔者也会在专门章节中对其发展历程进行解析,为后文中涉及跨国公司在上述问题中的表现埋下伏笔。

3. 分析比较法

本书通过分析比较的方法来探讨跨国公司的国际刑事责任。通过对不同国际文件的对比和分析,通过对纽伦堡国际军事法庭、远东国际军事法庭、国际刑事法院、前南斯拉夫国际刑事法庭和卢旺达国际刑事法庭等重点案例的比较与分析,通过对不同国家国内法及国内判例的比较与分析,可以使读者更为清楚地了解不同时期、不同国家、不同地区在跨国公司国际刑事责任问题上的做法和态度,对解决本书的主要研究问题大有裨益。

4. 案件分析法

如上,对于国际刑事司法审判机构案例的分析和探讨将是本书的一大重点。与此同时,本书还将加入对个别国家国内判例的解析。从整体来看,主体部分均采"案例分析与学理论述"兼顾的原则,夹叙夹议。通过对大量案例的阐释,能够使读者清楚了解司法实践中对跨国公司国际刑事责任的态度,也为后文中的理论分析奠定坚实的实践基础。这种研究方法不仅符合当前国际刑法学界的主要研究方式,而且同时也符合国际刑法产生和发展的客观事实,具有逻辑更为清晰、论理更为清楚的特点。

二 本书的特色及创新

本书的特色与创新之处主要有以下三点。

第一,选题的创新。我国就相关问题的研究还很不足,目前尚未找到专门研究公司国际刑事责任的文章。能够找到的涉及公司国际刑事责任的论文则仅单纯探讨国际反腐败问题中的公司责任,研究范围和研究方向都较为狭窄。在研究方法中也主要采用分析比较法,缺乏对于案例的分析和讨论,与国外在相关领域的研究差距很大。第二,国际刑法产生和发展的过程就是国际刑事司法实践的过程。因此,本书希望通过案例分析的方法,通过案例说明问题,也试图从案例中找到解决问题的方法。第三,面对经济全球化的趋势,各国企业为实现利润最大化,必然需要走出国门,融入世界。鉴于国际社会和各主要发达国家对公司国际刑事责任的认同态度已成趋势，必然会导致越来越多的中国企业在国外经营活动中面临更多的挑战。同时，外国跨国公司在我国侵权案件数量也在逐年递增。本书写作的目的之一是试图使我国企业在面临此类问题时能够"打有准备之仗"，同时也尝试为我国政府找到更好的管控外国跨国公司的方法。

第一章

国际法下的跨国公司

跨国公司是当今国际舞台上最富争议的参与者。一方面，跨国公司对于世界经济强大的推动力为各国国民的生活和生产都带来了极大的便利；另一方面，在最近的几十年中，伴随着跨国公司的不断发展，国际社会对于跨国公司给驻在国经济、社会及环境等带来的负面影响的报道也层出不穷。由此国际法学家也开始关注跨国公司"人本"主义方面的问题（如人权、环境保护等），对于跨国公司在国际法下责任的探讨也就由此而生。[1]

当今大型跨国公司的经济实力已经完全可以与一个国家媲美。研究显示，世界上排名第一的跨国公司（荷兰皇家壳牌石油公司，Royal Dutch Shell）[2]的经济实力已经远远超过了许多中等发达国家。挪威财政部（Norway Ministry of Finance）在一份关于沃尔玛公司（Wal‐Mart Stores, Inc.）的报告中也曾经提到，早在2005年，沃尔玛公司的年营业额就已经超过当时世界上161个国家的国内生产总值（GDP）。[3] 随着经济实力

---

[1] Jennifer A. Zerk, *Multinationals and Corporate Social Responsibility: Limitations and Opportunities in International Law*, Cambridge University Press, 2006, p. 7.

[2] 相关数据参考"2013年世界500强企业排行榜"，http://baike.baidu.com/link? url = KebFUeq‐NVI7Y3Ul4C1O xYi39RSp0ZnrAucKja0Li2jKWmxG6JRUev6xSNVXgjGvRpDC9LP2HH2Y6 Fa0VN_ llq, 2014‐02‐19。

[3] Recommendation from the Norway Ministry of Finance, The Petroleum Fund's Council of Ethics on Exclusion of Wal‐Mart Stores Inc. (Nov. 15, 2005), http://www.regjeringen.no/pages/1661427/Tilrhdning%20WM%20eng%20format.pdf § 4.1.2., 2014‐02‐09.

的不断增强,这些跨国公司对东道国和母国①产生了更大的政治影响力。② 20世纪70年代以来,国际社会爆发了多起由一些世界上最著名的跨国公司与当地政府相勾结,参与或从事侵犯当地民众基本人权的暴行。如何应对这些暴行,以及如何追究跨国公司违反国际法、国际刑法的法律责任问题已经成为包括联合国在内的国际组织、各国政府及学界所共同关注的课题。可以说,目前,国际社会面临的一项最为紧迫的全球性问题就是如何解决跨国公司在经济上的巨大优势及其所应承担的国际法责任之间所存在的强大反差。③

第一节 跨国公司概述

一 跨国公司的定义

(一) 跨国公司的产生

跨国公司的形成和企业跨国经营的萌芽最早可以追溯到16世纪末17世纪初英国的特权贸易公司(或称"特许公司",Chartered Company)。当时最有影响的特权贸易公司是英国东印度公司(British East India Company, BEIC)。④ 此类特权贸易公司主要从事海外掠夺性经营。由于此种

---

① 跨国公司的母国主要包括:(1) 公司成长国,在此诞生、成长壮大,直至走出去成为跨国公司。(2) 总部所在国,公司的经营决策、财务以及若干重要链节(如经营开发和生产)仍保留在此。(3) 权力和利益首要国。公司的主要所有者和管理者持该国国籍,该国是最大受益国(利润和技术)。参见康荣平、杜玉平《无母国型跨国公司——跨国公司发展的新现象》,载《国际经济评论》2005年第3期。

② 比方说,美国德士古公司(Texaco)在厄瓜多尔的"年收入已经超过厄瓜多尔国民生产总值的四倍多"。参见 Chris Jochnick, "Confronting the Impunity of Non-State Actors: New Fields for the Promotion of Human Rights", *Human Rights Quarterly*, Vol. 21, 1999, pp. 56, 58, 65。

③ Markus Wagner, "Corporate Criminal Liability National and International Responses", Background Paper for the International Society for the Reform of Criminal Law 13th International Conference, 1999, p. 2, http://icclr.law.ubc.ca/sites/icclr.law.ubc.ca/files/publications/pdfs/CorporateCriminal.pdf, 2014-02-11.

④ 1600年12月31日,英国女王伊丽莎白一世授予英国东印度公司(BEIC)"皇家特许状",给予其在印度贸易的特权,实际上,该"特许状"直接授权该公司在东印度贸易的垄断权21年。随时间的变迁,东印度公司从一个商业贸易企业变成印度的实际主宰者。截至(转接下页)

经营方式对被掠夺国民族经济造成极大的损害,而遭到世界各国的强烈反对。到了19世纪后半叶,随着英国近代资本主义的发展,东印度公司等特权贸易公司相继被撤销。

具有现代意义的跨国公司产生于19世纪的欧美发达国家。这些跨国公司的形成与这些国家19世纪之前的海外殖民扩张、资本和商品的输出有着直接的关系。这一时期具有代表性的跨国公司包括:德国的弗里德里克·拜耳化学公司(Bayer)、瑞典的阿佛列·诺贝尔公司(Nobel),以及美国胜家缝纫机公司(Singer)。从19世纪末到20世纪初的十几年时间里,美国半数以上的大公司都开始向海外投资,在国外设立工厂或分公司,如国际收割机公司(International Harvester)、西方联合利华公司(Unilever)、爱迪生电气公司(Addison Electronics)等。与此同时,其他欧洲国家的跨国公司生产经营活动也相继增多,英国的帝国化学公司(Imperial Chemical Industries Ltd,ICI)、瑞士雀巢公司(Nestle)等都是在这一时期兴起的。① 至此,具有现代经营理念的跨国公司彻底形成。可以说,从跨国公司产生之日起,这一新兴公司结构为整个社会所带来的巨大活力及发展理念都极大地激发了各界学者的研究热情,对于涉及跨国公司问题的各个领域都有学者们活跃的身影。② 然而,尽管跨国公司从形成到现在已经有数百年的历史,但目前学界对跨国公司概念的认识却仍未达

1858年,该公司在印度还具有行政权力、协助政治和军事的职能。相关资料参见 http://zh.wikipedia.org/zh-tw/%E8%8B%B1%E5%9C%8B%E6%9D%B1%E5%8D%B0%E5%BA%A6%E5%85%AC%E5%8F%B8, 2014-03-16。

① 相关资料参见 http://wenku.baidu.com/link?url=4ItaB8AfNJeDf0axaActM4bJhy_Hvbbss8_Rb2t993hFPiRhdPWMm1JY6kowMeH9uosI1HDW3op68kMC7X95ZXs0y6GtX-JwNC3iEZikuTy, 2014-02-22;上海财经大学精品课程:《国际贸易》第九章《跨国公司的形成与发展》, http://course.shufe.edu.cn/course/gjmyx/dzjc/chapter9/1_2.htm, 2014-02-22。

② 参见林康《跨国公司与跨国经营》,对外经济贸易大学出版社2000年版;宇光《经济全球化中的跨国公司》,上海远东出版社1999年版;文武《跨国公司新论》,北京大学出版社2000年版;José Molero, José Molero Zayas, *Technological Innovation, Multinational Corporations and International Competitiveness: The Case of Intermediate Countries*, New York: Taylor & Francis, 1995; Paz Estrella Tolentino, *Multinational Corporations: Emergence and Evolution*, New York: Routledge, 2013; OE Williamson, The Modern Corporation: Origins, Evolution, Attributes, *Journal of Economic Literature*, 1981。

成统一。其定义的外延也早已超越了法学这一单一学科的界限。[1]

(二) 跨国公司的定义

中外学者都曾对"跨国公司"一词下过定义。早在1947年，英国的经济学家就曾提出过"多国公司"（Multinational Enterprise）的概念，并认为该类企业具有跨国性、最高决策统一性等特点。1980年6月，联合国跨国公司委员会（U. N. Commission on Transnational Corporations）[2]在第6次会议上明确提出跨国公司的定义："它（跨国公司）是一个工商企业，包括众多的经济实体（如国际公司、国际控股公司、多国籍公司、跨国公司、国际劳务公司等），它（1）在两个或两个以上的国家内经营，不管采取何种法律形式经营，也不论在哪个经济领域经营；（2）有一个中央决策体系，由此导致共同决策，这些政策可能反映一套全球性战略；（3）体系内的各实体分享及分担信息、资源及责任。"[3] 与同时期的其他定义相比，该定义对"跨国公司"的特点描述得最为详尽。2003年，联合国经济及社会理事会（Economic and Social Council, ECOSOC）将"跨国公司"的定义进一步简化，认为跨国公司就是"一个在两个或两个以上国家从事经营活动的经济实体"。[4] 2011年，经济合作与发展组织（Organisation for Economic Cooperation and Development, OECD）在一份报告中使用"跨国公司"（Transnational Corporation）一词，并将其定义为"建立在不同国家或地区的多个公司或组织通过某种形式联结在一起并进行生

---

[1] Peter T. Muchlinski, *Multinational Enterprises and The Law*, Oxford International Law Library, 1995, pp. 57 – 82; OECD, OECD Guidelines for Multinational Enterprises, ¶2（2008），http://www.oecd.org/dataoecd/56/36/1922428.pdf, 2014 – 01 – 02.

[2] 联合国国际投资和跨国公司委员会的前身，成立于1974年，是经社理事会的辅助机构，总部设在美国纽约。1994年7月，经社理事会同意该委员会转为联合国贸发会议贸易和发展理事会的辅助机构，并改名为联合国国际投资和跨国公司委员会（U. N. Commission on International Investment and Transnational Corporations), http://baike.baidu.com/view/146216.htm, 2012 – 11 – 07。

[3] 李兰甫：《国际企业论》，台湾三民书局1994年版，第9页。

[4] U. N. Economic and Social Council, Norms on the Responsibilities of Transnational Corporations and Other Business Enterprises with Regard to Human Rights, ¶20, U. N. Doc. E/CN.4/Sub.2/2003/12/Rev. 2（Aug. 26, 2003），http://daccess-ddsny.un.org/doc/UNDOC/GEN/G03/160/08/PDF/G0316008.pdf?OpenElement, 2014 – 02 – 11.

产经营活动"。① 应当说，OECD 版定义是目前较为通行的关于跨国公司含义的官方标准说法。

对于"跨国公司"一词，中国法学界学者也多次尝试对其进行界定。通说认为，跨国公司，又称多国公司或多国企业，是指以一国（通常指母国）为基地，通过对外直接投资，在其他国家或地区（又称东道国）设立子公司、分公司或附属机构，从事国际性或世界性的生产、经营或服务活动为获取高额垄断利润而形成的一种国际垄断组织。② 从上述定义可以看出，我国学者一般通过综合国际组织在"跨国公司"定义中的共通点，结合我国法律规范对"跨国公司"的规定而进行定义，具有更为具体、更为明确的特点。

在对"跨国公司"进行定义时，必然面临对"跨国公司"一词的用语选择问题。在这个问题上，OECD 等非政府组织与联合国等国际组织在用语的选择上有所区别。在大多数涉及跨国公司的联合国文件中，准文本多使用"跨国公司"（transnational corporation）一词。与之相对应地，OECD 等非政府组织在涉及相关问题时则倾向于使用"多国公司"（multinational enterprise 或 multinational corporation）。但在实践中，各国学界和实务界并未专门对上述两种英文表达方式予以区分，一般认为"多国公司"与"跨国公司"的英文含义区别不大，可以交换使用。由于我国学者在相关文件和学术著作中均使用"跨国公司"（multinational corporation）一词，因此，在本书中，笔者也遵循中国学者的传统用法，通篇使用"跨国公司"。

二 经济全球化背景下的跨国公司

"经济全球化"这一概念产生于 20 世纪 90 年代，是建立在以规则为基础的国际关系特别是国际经济关系之上的。③ 一般来说，经济全球化是指"世界范围内的跨境经济联合使得公司能够将其生产经营范围扩展到

---

① Organisation for Economic Cooperation and Development, OECD Guidelines for Multinational Enterprises, ¶4 (2011), http://www.oecd.org/dataoecd/43/29/48004323.pdf, 2014-01-02.

② 宋新宁、陈岳：《国际政治学概论》，中国人民大学出版社 2000 年版，第 223 页。

③ ［英］菲利普·桑斯：《无法无天的世界：当代国际法的产生与破灭》，单文华、赵宏、吴双全译，人民出版社 2011 年版，第 12 页。同时参见 Financial Times, 19 October 1998, p. 24。

东道国以外的其他国家"。① 经济全球化的一大结果就是随着全球经济的联系进一步加强，使得跨国公司有能力将其生产经营活动延伸到世界上任何角落并与之相互沟通与合作。② 应该说，经济全球化是现代意义的跨国公司形成的关键。从跨国公司产生之日起，它就被认为是经济全球化现象的重要代表。③

毋庸置疑，经济全球化背景下的今天，跨国公司为世界上的绝大多数国家提供了数以万计的工作岗位，④ 也已经成为世界经济发展的最主要推动力。当今的全球化经济是以全球价值链为特点的，在这一链式系统中，中间产品和服务的交易被分割且分散在各国的生产工序中进行。在此环节中最为重要的全球价值链通常由跨国公司予以协调，投入和产出的跨界交易在其子公司、合同伙伴及正常供应商的网络中得以进行。其中，由跨国公司协调的全球价值链约占全球贸易总额的80%。⑤ 数据显示，在2010年，世界上前100强经济体（Top 100 Economic Actors）中已经有40个位次归跨国公司所有。⑥ 进入2011年之后，又有2个跨国公司加入这个行列。⑦ 将世界上最富有的国家的国内生产总值（GDP）同世界上最大的跨国公司的年营业额相比较时，可以发现，沃尔玛公司的年营业额超过

---

① John B. Cullen and K. Praveen Parboteeah, *Multinational Management: A Strategic Approach*, South Western, 5th edition, 2011, p. 7. 此观点已经获得众多国际和区域性组织的认可。其中包括关税及贸易总协定（GATT）、北美自由贸易区（NAFTA）、世界贸易组织（WTO）、欧洲联盟，以及亚太经济合作组织（APEC）。

② John B. Cullen and K. Praveen Parboteeah, *Multinational Management: A Strategic Approach*, South Western, 5th edition, 2011, pp. 7, 6 – 7.

③ Elena Blanco and Jona Razzaque, *Globalisation and Natural Resources Law: Challenges, Key Issues and Perspective*, Edward Elgar Publishing Ltd., 2011, p. 212.

④ 2013年，据《财富》杂志（*Fortune* Magazine）统计，位于"世界500强"第一位的沃尔玛公司的全球员工总数为2200000人。其后的中国石油天然气集团公司（1656465人）及鸿海精密工业股份有限公司（1290000人）的雇员人数也超过百万。相关资料参见 http://www.fortunechina.com/fortune500/c/2013 – 07/08/content_ 164357. htm, 2014 – 02 – 19。

⑤ 联合国贸易和发展会议（UNCTAD）：《2013年世界投资报告 – 全球价值链：投资和贸易促进发展》，2013，http://unctad.org/en/pages/PublicationWebflyer.aspx?publicationid = 588, 2014 – 01 – 02。

⑥ S. Anderson and J. Cavanagh, *Top 200: The Rise of Global Corporate Power*, 2000, www.ipsdc.org/files/2452/top200.pdf, 2014 – 01 – 01。

⑦ 本书附图一，相关数据资料参考世界银行网站及《财富》杂志。

丹麦或奥地利的国内生产总值,而荷兰皇家壳牌石油公司的年营业额则超过了匈牙利和卡塔尔两国国内生产总值之和。

尽管最近三年的世界性经济危机导致各国直接外资流量一直处于较低的水平,但是,联合国贸易和发展会议(United Nations Conference on Trade and Development, UNCTAD)在其2013年"年度报告"中仍指出,"跨国公司的国际生产持续稳步扩张。2012年,直接外资存量增长了9%,达到23万亿美元。跨国公司的外国子公司创造的价值26万亿美元的销售额,较上一年增长了7.4%。外国子公司贡献的增加值达6.6万亿美元,增长了5.5%,与全球国内生产总值2.3%的增幅相比相当突出。外国子公司雇员总人员为7200万人,较上一年增加了5.7%"。[1] 在美国和欧洲国家,跨国公司或跨国公司的联合公司所创造的价值早已占据了这些国家国民经济的绝大部分比重;[2] 在欧盟,排名前10%的跨国公司的出口量已经达到整个欧盟出口总额的70%—80%;在美国,排名前1%的跨国公司的销售量已经超过全美销售总额的80%;日本全国出口商品和服务的总额中有93%与跨国公司有关;而中国跨国公司进出口贸易总量也占全国总量的一半左右。[3]

世界经济的一体化意味着跨国公司具有了将其触角伸向世界各个角落的能力与可能性。尽管受美国次贷危机[4]和欧债危机[5]的影响,截至2012

---

[1] 联合国贸易和发展会议(UNCTAD):《2013年世界投资报告 - 全球价值链:投资和贸易促进发展》,2013,http://unctad.org/en/pages/PublicationWebflyer.aspx?publicationid = 588, 2014 - 01 - 02, p. 7。

[2] 相关资料参见 Jonathan Cummings et al., Growth and Competitiveness in the United States: The Role of Its Multinational Companies, (2010), http://www.mckinsey.com/mgi/publications/role_of_us_multinational_companies/index.asp, 2014 - 01 - 02。

[3] 联合国贸易和发展会议(UNCTAD):《2013年世界投资报告 - 全球价值链:投资和贸易促进发展》, pp. 135 - 136, http://unctad.org/en/pages/PublicationWebflyer.aspx?publicationid = 588, 2014 - 01 - 02。

[4] 美国次贷危机,又称次级房贷危机。它是指一场发生在美国,因次级抵押贷款机构破产、投资基金被迫关闭、股市剧烈震荡引起的金融风暴。它迫使全球主要金融市场出现流动性不足危机。美国次贷危机是从2006年春季开始逐步显现的。2007年8月开始席卷美国、欧盟和日本等世界主要金融市场。

[5] 欧债危机,全称欧洲主权债务危机,是指2009年以来在欧洲部分国家爆发的主权债务危机。欧债危机是美国次贷危机的延续和深化,其本质原因是政府的债务负担超过了自身的承受范围,而引起的违约风险。

年，世界前100强的跨国公司（多数来自发达国家）的国际生产增长还处于停滞状态，但设在发展中和转型期经济体的"100强"跨国公司的外国资产仍增加了22%，这说明跨国公司的国际生产网络的扩张仍在继续。[1] 而由于跨国公司在全球如此大规模的扩展，以及其对自然资源、社会资源、民众日常生活等各个层面的影响不断加强，也使得跨国公司必然或多或少地参与到东道国的国家安全、民众的基本人权、当地的环境保护等领域中。[2] 这也为国际社会及一国政府管理跨国公司增加了不小的难度。

第二节 跨国公司作为国际法主体的可能性

如上所述，随着跨国公司经济和政治实力的增强，它们越来越多地参与到东道国政府及民众的各项生活中。一方面，跨国公司为当地经济的发展、基础设施建设的完善、当地就业率的提高等方面都做出了巨大的贡献；另一方面，跨国公司也存在以"利益最大化"（profit maximization）[3]为唯一行动标准，进而侵犯驻在国民众基本人权的行为，而且这种行为在最近几十年还呈现出愈演愈烈的趋势。

近年来，跨国公司的此类暴行已经开始引起国际社会的重视。由于缺乏相关国际规范性文件，对于跨国公司在东道国境内侵犯人权的问题，各国主要通过东道国或母国的司法程序进行处理。然而，跨国公司东道国政府及母国政府对相关问题多采取"不管或不敢管"的态度，却最终使得跨国公司在这些国家行事更加肆无忌惮。基于此，一些国际法学者开始试图从国际法层面追究跨国公司的责任，而这种措施的理论前提就是确定跨国公司是否具有国际法主体资格。

一 跨国公司参与侵犯人权行为的现实写照

拥有强大经济基础的跨国公司对于其"势力范围内"（scope of in-

---

[1] 联合国贸易和发展会议（UNCTAD）：《2013年世界投资报告－全球价值链：投资和贸易促进发展》，第8页。

[2] Jessica Banfield, Virginia Haufler and Damian Lilly, "Transnational Corporations in Conflict Prone Zones: Public Policy Responses and a Framework for Action", *International Alert*, 2003, p. 17.

[3] 所谓利益最大化，就是指用最少的投入得到最大的收益。

fluence) 的基本人权状况具有极大的影响力。这种影响力在战争地区或军事冲突地区表现得格外突出。据统计，侵犯驻在国民众基本人权的行为可以来自多个行业的跨国公司。其中，采掘业（石油、天然气和采矿业）参与侵犯人权的暴行数量居首。食品和饮料业紧随其后，位于第三位的是服装和制鞋、信息和通信技术行业。① 具体而言，在采掘业中，石油和矿产公司为获得东道国特许权和保障在当地作业的安全，与当地政府、地方民兵或反政府组织相互勾结，存在较为严重的腐败、走私武器、车辆及飞行器的行为，而打击、谋杀和强制当地居民"失踪"的情况也并不少见。比方说，在地处科特迪瓦象牙海岸（Ivory Coast）和加纳（Ghana）的可可园中有超过 300000 名儿童在极端恶劣的环境下从事劳作。② 此外，跨国公司购买"冲突钻石"（conflict diamonds）③ 和开办血汗工厂的情况更是数不胜数。④ 在食品和饮料加工业，主要涉及相关跨国公司侵犯劳工权利、土地和水资源污染等问题。在信息和通信技术行业，部分高新技术公司为东道国政府"私人订制"用于追踪和打击少数群体或意见不同者的软件，并直接或间接地参与到这些国家政府迫害此类群体民众的活动中。上述暴行极大地激起了国际社会对跨国公司应否承担国际法责任问题的讨论。早在 1995 年，美国著名国际法学者路易斯·亨金（Louis Henkin）在其著作《国际法：政治与价值》（International Law: Politics and Values）中就曾提到，"一些公司的规模和经济实力使得许多与其打交道的政府变小，扭曲了谈

---

① 约翰·鲁格：《增进和保护人权：人权与跨国公司和其他工商企业问题——秘书长特别代表的临时报告》，E/CN. 4/2006/97，2006，para. 25。

② 部分人权组织调查得出，在非洲西部，绝大多数可可生产厂都存在雇佣童工的现象。这些厂家还包括来自雀巢公司、美国阿丹米公司（ADM）以及嘉吉公司（Cargill）的供货商。相关资料参见 http: //www.confectionerynews.com/Manufacturers/Children-and-chocolate-The-sweet-industry-s-bitter-side, 2014-03-18。

③ 冲突钻石（也称血腥钻石或战争钻石），是一种开采在战争区域，并销往市场的钻石。依照联合国的定义，冲突钻石被界定为产自获得国际普遍承认的，同具有合法性的政府对立方出产的钻石。由于销售钻石的高额利润曾发生过被对立方将资金投入反政府或违背安理会精神的武装冲突中，故而得名。相关资料参见 http: //www.baike.com/wiki/%E5%86%B2%E7%AA%81%E9%92%BB%E7%9F%B3, 2013-12-18。

④ R. Slye, "Corporations, Veils and International Criminal Liability", *Brooklyn Journal of International Law*, Vol. 33, 2008, p. 961.

判关系，造成了腐败和其他对于国内社会是不幸的、常常是毁灭性的后果"。① 由此，学术界和实务界呼吁从国际法层面约束跨国公司行为的呼声越来越高。

二 国际法理论中的国际法主体

在现实生活中，当今的国际社会对于国际法问题的探讨早已不再局限于"国家—国家"模式，一些新兴国际活动参与者（如跨国公司）已经出现并逐渐成为国际法规制中的重要组成部分。② 前任联合国人权事务高级专员（United Nations High Commissioner for Human Rights）玛丽·罗宾逊（Mary Robinson）曾谈到"来自非国际法主体（如跨国公司）的影响也在不断增强。跨国公司对于这个社会的影响是巨大的，不仅包括正面的影响，也包括负面的影响"。③ 因此，要深入了解跨国公司在国际法中的地位问题，就应首先明确跨国公司的国际法主体资格。

（一）传统国际法理论中的国际法主体

传统的自然法理论④清楚地表明"国际法实质上最终关注的是个人"。⑤

---

① [美] 路易斯·亨金：《国际法：政治与价值》，张乃根、马忠法等译，中国政法大学出版社2004年版，第235页。

② Su-Ping Lu, "Corporate Codes of Conduct and the FTC: Advancing Human Rights through Deceptive Advertising Law", *Columbia Journal of Transnational Law*, Vol. 32, 2000, pp. 603 - 604. Douglas Cassel, "Corporate Initiatives: A Second Human Rights Revolution?", *Fordham International Law Journal*, Vol. 19, 1996, pp. 1963 - 1964. Scott Greathead, "The Multinational and the 'New Stakeholder': Examining the Business Case for Human Rights", *Vanderbilt Journal of Transnational Law*, Vol. 35, 2002, p. 721.

③ Mary Robinson, "Foreword" in Dr. Olga Lenzen and Dr. Marina d'Engelbronner, *Human Rights in Business: Guide to Corporations Human Rights Impact Assessment Tools*, 2009, http://www.aimforhumanrights.org, 2014 - 01 - 15.

④ 自然法思想在西方源远流长，可以追溯到古代的亚里士多德、斯多亚学派和西塞罗，中世纪神学思想家阿奎那也有关于自然法的思想，近现代以来的欧洲，自然法一直是一股强劲的思想传统。它同实在法学派直接对立，否定实在法，认为除了自然法以外，没有任何其他法律的存在。国际法领域内的自然法学家曾经认为，国际法是自然法体系，其法律效力根据来自神的意志，也就是说上帝创造法律。相关资料参见高全喜《格老秀斯与他的时代：自然法、海洋法权与国际法秩序》，载《比较法研究》2008年第4期。

⑤ Malcolm N. Shaw, *International Law*, Cambridge: Cambridge University Press, 4th ed., 1997, pp. 182 - 183.

直到19世纪，实在法理论①的发展彻底否定了这一观点。实在法学派将国家视为国际法的"唯一主体"，并强调其排他性。② 这一观点的前提是，"国际法主体"这一概念是从"万国法"中产生的。③ 他们认为，只有国家才能直接参与到国际社会关系中，并在国际法下享有权利并承担相应的义务，个人和公司则只能通过它们所属的国家与国际法发生联系，因此并不具备国际法主体资格。故而，公司不能承担国际法义务。④ 这种观念一直持续到第二次世界大战之后。⑤

第二次世界大战之后，随着非国家主体（non-state actors）⑥ 的出现以及民族解放运动的迅猛发展，各非国家主体和新独立民族国家在国际舞台上的作用和地位不断提升，国家不再是国际法主体资格的唯一享有者。拥有实际影响国际事务能力的非国家主体的数量不断增加，这意味着传统的以国家作为国际法唯一主体的国际法体系开始被打破。⑦

（二）当代国际法主体资格的演变

在当代国际法理论中，国际法主体又称"国际法律人格者"。它是指能够直接享受国际法权利和承担国际法义务，有能力独立参加国际法律关系的实体。⑧ 第二次世界大战结束后不久，吸取战争中法西斯国家对于人类社会所造成的极大伤害的教训，国际社会主流观点在"国际法主体"问题上仍认为一国政府是其国民基本人权的主要威胁来源，因此国家应承

---

① 实在法学派与自然法学派直接对立，认为法律只能是国家意志为根据的实实在在的法律规则，而不可能是抽象的理念、正义等自然法概念。在国际法上，实在法学派认为，凡是国家未同意的东西都不能为法律，国家的意志是绝对主权的，这种意志便是一切法律的效力根据。相关资料参见李浩培、王贵国、周仁、周忠海《中华法学大词典-国际法学卷》，中国检察出版社1996年版。

② 参见 Peter Malanczuk, *Akehurst's Modern Introduction to International Law*, London and New York: Routledge, 1997。

③ Lassa Oppenheim, *International Law: A Treatise*, I, Longmans: Green & Co., 4th ed., 1928, pp. 133-134.

④ Malcolm N. Shaw, *International Law*, Cambridge University Press, 5th ed., 2003.

⑤ 白桂梅：《国际法中的国家与个人》，载《杭州师范学院学报》（人文社会科学版）2001年第4期。

⑥ 此处的"非国家主体"主要包括：国际组织、非政府组织以及跨国公司等。

⑦ 中美联合工作小组：《中美合作：全球未来的关键》，第7页，http://www.ciis.org.cn/chinese/node_540165.htm, 2014-03-05。

⑧ 黄瑶：《国际法关键词》，法律出版社2004年版，第10页。

担保护和确保其国民基本权利的责任。此时形成的国际条约也多将关注重点集中在国家主体而非非国家主体身上。① 在此后的很长一段时间里,跨国公司等非国家主体的国际法责任仅被局限在一国国内法的管辖范畴。②

随着国际舞台上各种新兴主体的出现,国际法学者越来越认识到传统国际法理论中将"国家作为基本主体"③ 的理念已经不能完全适应经济全球化所带来的巨大变化。急速发展的世界经济借助经济全球化的浪潮已经彻底改变了国家与国家之间的关系,并将新的国际事务参与者带入世界政治与经济舞台。面对新的变化,国际社会开始将一些国际性法律文件(特别是国际人权条约)适用于跨国公司。④

早在第二次世界大战后期,跨国公司已经开始干涉一些发展中国家的国内政治活动。类似的行为使多数发展中国家对跨国公司格外警惕。早期最典型的干预活动发生在 20 世纪 70 年代初期,美国国际电话电报公司(ITT Corporation)直接参与推翻智利前总统萨尔瓦多·阿连德(Salvador Allende)的政变活动。⑤ 该公司如此公开、大胆地干涉他国内政行为激起了国际社会的不满,并直接导致联合国设立跨国公司委员会(Commission on Transnational Corporations)以加强对跨国公司行为的法律规制。联合国跨国公司委员会成立之后制定的《联合国跨国公司行为规范》(*U. N. Code of*

---

① David Kinley and Junko Tadaki, "From Talk to Walk: The Emergence of Human Rights Responsibilities for Corporations at International Law", *Virginia Journal of International Law*, Vol. 44, 2004, pp. 931, 937.

② Ibid.

③ 朱文奇:《国际刑法》,中国人民大学出版社 2007 年版,第 8—9 页。

④ Steven R. Ratner, "Corporations and Human Rights: A Theory of Legal Responsibility", *The Yale Law Journal*, Vol. 111, 2001, pp. 454 – 457.

⑤ 1971 年 9 月,阿连德政府决定将美国国际电话电报公司(ITT)在智利的最重要资产——智利电话电报公司及其新建的整个电话网络收归国有,ITT 在此项目上的各项连带损失总值高达 15 亿美元。同年 10 月,美国国务院公开指责智利在铜业公司国有化过程中克扣超额利润的做法"严重违背公认的国际法准则"。该月底,罗杰斯国务卿召集"智利特别委员会"的代表在华盛顿开会,ITT 代表表示,美国政府的职责是保护实业,如果不能采取有力的报复行动,智利的先例可能在整个拉美产生多米诺骨牌效应。委员会随后提出了一系列计划,包括阻拦美国私人银行对智利的贷款,将美国对智利的政府援助项目转入"重新审核"状态,以及仍在地下状态运作的"轨道 2"计划—军事政变。1972 年 10 月,智利爆发第一波大规模罢工浪潮,执政联盟中的社会党和基督教民主党发生了分裂。1973 年 9 月 11 日,智利军人发动政变,推翻人民团结阵线政府同日,阿连德在与政变部队战争中以身殉职。

Conduct on Transnational Corporations）是国际社会首次尝试在联合国框架下直接规范跨国公司的行为。[1] 之后，其他国际组织也开始加入管控跨国公司行为的行列。OECD 和国际劳工组织（International Labour Organization, ILO）先后制定《OECD 跨国公司行为准则》（*OECD Guidelines for Multinational Enterprises*）[2] 及《关于多国企业和社会政策的三方原则宣言》（*The Tripartite Declaration of Principles Concerning Multinational Enterprises and Social Policy*）。[3] 这些宣言或准则都将跨国公司做为国际法责任承担的主体予以规定。

20 世纪 80—90 年代，跨国公司的对外贸易额仍保持增长态势。[4] 广大发展中国家试图控制跨国公司行为的努力并不能被更为强大的来自其社会内部的经济及政治压力所抵消。慢慢地，早期对跨国公司投资持警惕态度的发展中国家或不发达国家为本国经济的发展也逐渐开始放弃对资本主义跨国公司的"敌视"态度。进而，越来越多的来自跨国公司的资本、物资和服务逐渐涌入，并开始将其"触角"延伸到众多发展中国家。然而，很多新兴市场却并不具备完善的法律监督机制或监督能力，[5] 这也就使得这些发展中或不发达国家政府越来越不能与跨国公司相抗衡，国际社

---

[1] Stephen Kinzer, Ideas and Trends: Iran and Guatemala, 1953 – 1954; Revisiting Cold War Coups and Finding Them Costly, *New York Times*, Nov. 30, 2003; id. at 457. Sol Picciotto, Rights, "Responsibilities and Regulation of International Business", *Columbia Journal of Transnational Law*, Vol. 42, 2003, pp. 131, 135. John G. Ruggie, "Business and Human Rights: The Evolving International Agenda", *American Journal of International Law*, Vol. 101, 2007, p. 819.

[2] E. S. C. Res. 1913, U. N. ESCOR, 57th Sess., Supp. No. 1A, at 31, U. N. Doc. E/5570/Add. 1 (1974). Stephen Kinzer, *Overthrow: America's Century of Regime Change from Hawaii to Iraq*, Times Books, 2006, pp. 168 – 188. Olivier De Schutter, The Challenge of Imposing Human Rights Norms on Corporate Actors, *Transnational Corporations and Human Rights*, Olivier de Schutter ed., 2006. Lisa G. Baltazar, "Government Sanctions and Private Initiatives: Striking a New Balance for US Enforcement of Internationally – Recognized Workers' Rights", *Columbia Human Rights Law Review*, Vol. 29, 1998, pp. 687, 698.

[3] Tripartite Declaration of Principles Concerning Multinational Enterprises and Social Policy, International Labor Organization, Vol. LXXXIII, 2000, Series A, No. 3.

[4] John G. Ruggie, "Business and Human Rights: The Evolving International Agenda", *American Journal of International Law*, Vol. 101, 2007, p. 819. 同时参见 Olivier De Schutter, The Challenge of Imposing Human Rights Norms on Corporate Actors, *Transnational Corporations and Human Rights*, Olivier de Schutter ed., 2006。

[5] Steven R. Ratner, "Corporations and Human Rights: A Theory of Legal Responsibility", *The Yale Law Journal*, Vol. 111, 2001, p. 461.

会对于跨国公司国际法责任的追究进入低谷期。时间进入 90 年代，经济全球化所带来的政治上的空前自由使得非政府组织（NGOs）引领的人权活动开始登上历史舞台。前任联合国秘书长科菲·安南（Kofi Annan）曾提出"跨国公司是在全球化过程中最先获利的那一部分主体，因此，它们理应在国际社会活动中承担相应的责任"。① 此时，以欧美国家为首的"消费者运动"发展得风风火火，一轮以非政府组织发起的致力于打击跨国公司暴行的"人权风暴"已经形成，并迅猛发展。② 这一运动标志着人们已经认识到，跨国公司应当在国际法层面承担一定程度的国际法义务，至少是人权方面的义务。

（三）学界的观点

最近的十几年来，非政府组织③、学者④和各国政府⑤等均越来

---

① Kofi A. Annan, Help the Third World Help Itself, *The Wall Street Journal*, Nov. 29, 1999, at A28, http：//www.nytimes.com/1984/01/18/us/working‐profile‐helping‐the‐third‐world‐help‐itself.html, 2014‐02‐11.

② U. N. Comm'n on Human Rights, Report of the Special Representative of the Sec'y‐Gen. on the Issue of Human Rights and Transnat'l Corps. and Other Bus. Enters., Interim Report, ¶13, delivered to the Human Rights Council, U. N. Doc. E/CN. 4/2006/97 (Feb. 22, 2006).

③ 相关资料参见 Bennett Freeman et al., "A New Approach to Corporate Responsibility：The Voluntary Principles on Security and Human Rights", *Hastings International and Comparative Law Review*, Vol. 24, 2001, pp. 424‐25; Morton Winston, "NGO Strategies for Promoting Corporate Social Responsibility", *Ethics and International Affairs*, March 2002, pp. 71, 73。

④ 相关资料参见 Daniel Aguirre, "Multinational Corporations and the Realisation of Economic, Social and Cultural Rights", *California Western International Law Journal*, Vol. 35, 2004, p. 53; Simon Chesterman, "Oil and Water：Regulating the Behavior of Multinational Corporations Through Law", *NYU Journal of International Law and Politics*, Vol. 36, 2004, p. 307; Surya Deva, "Human Rights Violations by Multinational Corporations and International Law：Wherefrom Here?", *Connecticut Journal of International Law*, Vol. 19, 2003, p. 1; Emeka Duruigbo, "The World Bank, Multinational Oil Corporations, and the Resource Curse in Africa", *University of Pennsylvania Journal of International Law*, Vol. 26, 2005, p. 1; Maxi Lyons, "Case Study, A Case Study in Multinational Corporate Accountability：Ecuador's Indigenous Peoples Struggle for Redress", *Denver Journal of International Law and Policy*, Vol. 32, 2004, p. 701; Sean D. Murphy, "Taking Multinational Corporate Codes of Conduct to the Next Level", *Columbia Journal of Transnational Law*, Vol. 43, 2005, p. 389; Sukanya Pillay, "A Justice For All? Globalization, Multinational Corporations, and the Need for Legally Enforceable Human Rights Protections", *University of Detroit Law Review*, Vol. 81, 2004, p. 489; Anita Ramasastry, "Corporate Complicity：From Nuremberg to Rangoon‐An Examination of Forced Labor Cases and Their Impact on the Liability of Multinational Corporations", *Berkeley Journal of International Law*, Vol. 20, 2002, p. 91; Heather Bowman, Comment, "If I Had a Hammer：The OECD Guidelines for Multinational Enterprises as Another Tool to Protect Indigenous Rights to Land", *Pacific Rim Law & Policy Journal*, Vol. 15, 2006, p. 703。

⑤ 相关资料参见 Reuven S. Avi‐Yonah, "National Regulation of Multinational （转接下页）

越多地开始深入讨论如何规制跨国公司行为等问题。关于跨国公司的国际法主体资格问题的探讨也逐渐成为学界热点。事实上,传统国际法理论中关于国际法主体资格的观点面临着越来越多的挑战。

以我国国际法学界观点为例。我国国际法学者对"国际法主体"的定义是,"国际法主体是指,独立参加国际关系并直接在国际法上享受权利和承担义务,并具有独立进行国际求偿能力者"。① 依此定义,跨国公司只有在享有国际法主体资格的前提下才能享受国际法权利和承担国际法义务。如上所述,传统国际法理论认为"主权国家是唯一的国际人格者",国家是唯一享有国际法权利和行使国际法义务的国际法主体。② 然而,随着社会的发展,越来越多的主体开始登上国际舞台,国际法主体的范围也随之不断扩大。目前大部分学者承认,国际法主体不仅包括国家、国际组织,还包括"在一定范围内拥有国际法主体资格的"争取独立的民族。③ 而对于跨国公司是否具有国际法主体资格,我国学界分歧较大,大致可以分为以下两类观点。

1. 跨国公司不具备国际法主体资格。这也是我国国际法学者的主流观点。周鲠生先生在《国际法》一书中明确提出,"国家是国

Enterprises: An Essay on Comity, Extraterritoriality, and Harmonization", *Columbia Journal of Transnational Law*, Vol. 42, 2003, p. 5; Larry Catd Backer, "Multinational Corporations, Transnational Law: The United Nations'Norms on the Responsibilities of Transnational Corporations as a Harbinger of Corporate Social Responsibilities in International Law", *Columbia Human Rights Law Review*, Vol. 37, 2006, p. 287; Julie Campagna, "United Nations Norms on the Responsibilities of Transnational Corporations and Other Business Enterprises with Regard to Human Rights: The International Community Asserts Binding Law on the Global Rule Makers", *The John Marshall Law School Law Review*, Vol. 37, 2004, p. 1205; David Weissbrodt and Muria Kruger, "Norms on the Responsibilities of Transnational Corporations and Other Business Enterprises with Regard to Human Rights", *American Journal of International Law*, Vol. 97, 2003, p. 901; Ann Marie McLoughlin, "Comment, International Trend of Multinational Corporate Accountability for Human Rights Abuses and the Role of the United States", *Ohio Law Review*, Vol. 33, 2007, p. 153; Tracy M. Schmidt, "Comment, Transnational Corporate Responsibility for International Environmental and Human Rights Violations: Will the United Nations' 'Norms' Provide the Required Means?", *California Western International Law Journal*, Vol. 36, 2005, p. 217。

① 朱晓青:《国际法学》,中国社会科学出版社2012年版,第55页。
② 周鲠生:《国际法(上)》,武汉大学出版社2007年版,第49—50页。
③ 梁西:《国际法(第三版)》,武汉大学出版社2012年版,第73页。

际法的主体,并且是国际法唯一的主体"。① 王铁崖先生认为,国家是国际法的主要主体,国际组织和"争取独立的民族"在一定程度上享有国际法主体资格,但是对个人(包括自然人和法人)"是否在国际范围内与国家或其他国际法主体平等地具有国际法主体的能力"② 则持怀疑态度。余劲松教授在跨国公司国际法主体资格问题上的态度更为明确,他从跨国公司与特许契约、跨国公司与《华盛顿公约》以及跨国公司与《联合国跨国公司行动守则》等三个方面出发,批驳了跨国公司具有国际法主体地位的观点。他认为,跨国公司没有根据自己的意志独立参加国际关系的能力,因此也没有直接承担国际权利和义务的能力。③ 对此,西方学者凯尔森(Hans Kelsen)从完全相反的视角对跨国公司(法人)的国际法主体资格予以否定。他认为,自然人是国际法的唯一主体;不仅不承认国家的国际法主体地位,还否认了公司的国际法主体资格。而跨国公司作为法人自然不具有国际法主体资格。④ 究其原因,英国国际法学家 M. 阿库斯特(Akehurst)在其著作《现代国际法概论》(*An Introduction to International Law*)中解释说"基于国家地位的后果,各国还不愿意与这种商业实体相提并论。甚至,有些巨大的跨国公司是由一些特定国家创制的,并在特定的国内领域(以及在国际领域)运作。该体系坚持认为在不扭曲国内和国家间领域的同时,不可能给予这些商业实体以完全的地位"。⑤

2. 跨国公司在一定程度上具备国际法律人格。相当多的欧美国际法学者对此观点持肯定态度。他们认为,总的来说,国际法已经完全有效地承认了跨国公司的国际法责任。⑥ 首先,国际法理论并未限制跨国公司成为国际法主体之一。始终对跨国公司国际法主体

---

① 周鲠生:《国际法(上)》,武汉大学出版社2007年版,第56页。
② 王铁崖:《国际法》,法律出版社2007年版,第46—56页。
③ 余劲松:《跨国公司法律问题专论》,法律出版社2008年版,第301—303页。
④ [美]汉斯·凯尔森:《国际法原理》,王铁崖译,法律出版社1995年版,第80—81页。
⑤ [美]路易斯·亨金:《国际法:政治与价值》,张乃根、马忠法等译,中国政法大学出版社2004年版,第21页。
⑥ Steven R. Ratner, "Corporations and Human Rights: a Theory of Legal Responsibility", *The Yale Law Journal*, Vol. 111, 2001, p. 475.

地位持否定态度的余劲松教授也曾承认"个人（包括公司）虽不是国际法主体，但这并不妨碍国际法对它们的活动作出规定"。① 我国也有学者指出，在 20 世纪，情况发生了变化，"国际组织、个人和公司也取得了某种程度的国际法律人格"。② 其次，关键的问题并不是是否非国家主体应享有国际权利和承担国际法义务，而是这些权利和义务有哪些。希金斯教授（Higgins）指出："个人与国家、国际组织、跨国公司以及非政府组织团体都是国际场合活动的参与者，都应该是国际法的主体。"③ 有学者采取更为开放的态度，认为虽然跨国公司的国际法主体地位未定，但是至少在国际人权法领域，其主体地位是毋庸置疑的。他们还主张，国际人权法的主体不仅应包括国家和国际组织，还应包括法人和个人。④

从以上观点可以看出，尽管我国学者在跨国公司的国际法主体资格问题上显然更为坚持传统国际法学说，但也应认识到，国际法的发展是与国际社会政治、经济的发展息息相关的。虽然从目前的发展趋势上看，欧美学者呼吁的"给予跨国公司完全国际法主体资格"的条件尚未成熟，但我国国际法学者就相关问题进行研究和探讨的步伐也并未停止。

三 跨国公司的国际法主体资格探究

关于跨国公司是否应当直接承担国际法责任这一问题，其根源应当归于跨国公司在国际事务中所起的作用的不断增长，以及相应的关涉跨国公司在国际法层面责任承担模式的相对缺失之间的矛盾。⑤ 要客观准确地分

---

① 余劲松：《跨国公司法律问题专论》，法律出版社 2008 年版，第 302 页。

② ［英］M. 阿库斯特：《现代国际法概论》，汪暄、朱奇武等译，中国社会科学出版社 1983 年版，第 80—86 页。

③ Rosalyn Higgins, *Problems and Process: International Law and How We Use It*, Oxford University Press, 2003, p. 50.

④ Menno T. Kamminga and Saman Zia‐Zarifi, *Liability of Multinational Corporation under International Law*, Kluwer: Kluwer Law International, 2000.

⑤ Eric De Brabandere, "Non‐State Actors and Human Rights: Corporate Responsibility and the Attempts to Formalize the Role of Corporations as Participants in the International Legal System", in Jean d'Aspremont (ed.), *Participants in the International Legal System: Multiple Perspectives on Non‐State Actors in International Law*, Abingdon: Routledge, 2011, p. 271.

析跨国公司国际法主体资格问题，就应从国际法主体的要件说起。

根据国际法理论，作为国际法主体须具备三个条件：有独立参加国际法律关系的能力；有直接承担国际法上义务的能力；有直接享受国际法上权利的能力。① 跨国公司强大的经济实力和政治实力已经充分表明，跨国公司能够独立参与国际经济活动，甚至参与政治活动。部分国际和区域性环境、人权问题的条约或公约中也已明确规定了"非国家参与者"的权利义务关系。② 同时，尽管跨国公司与以国家为代表的国际法主体在具体享有国际权利和履行国际义务时存在一定程度上的差异，但并不能因此而得出跨国公司不具有国际法主体资格的结论。这只能说明"不同的国际法主体在法律地位平等的前提下，具有权利能力和行为能力的多样性和差异性"。③ 要了解在当今国际法层面，跨国公司是否具有国际法主体资格，可以通过相关国际性法律文件及学者的观点了解一二。

（一）国际性法律文件中的规定

通过分析相关国际性法律文件，可以更为直观地了解到国际社会对于跨国公司国际法主体资格问题的态度。④ 在国际人权条约中，《消除对妇女一切形式歧视公约》（*The Convention on the Elimination of All Forms of Discrimination against Women*, CEDAW）⑤ 是最能明确表明公司应承担一定国际责任的公约之一。CEDAW 第 2 条第 e 款中明确规定"应采取一切适当措施，消除任何个人、组织或企业对妇女的歧视"。⑥ 这可以说是联合

---

① 梁西：《国际法（第三版）》，武汉大学出版社 2012 年版，第 65 页。

② 相关内容参见《关于环境与发展的里约热内卢宣言》《关于社会发展和行动计划的哥本哈根宣言》《北美自由贸易协定》（NAFTA）。

③ 于文婕：《论跨国公司之法律主体地位》，载《河北法学》2009 年第 3 期。

④ 例如，《关于麻醉药品和其他严重犯罪的洗钱犯罪示范规则》《美洲间反腐败公约》等区域性国际法律文件中对法人与自然人的刑事责任做出一体规定。

⑤ UN General Assembly, *Convention on the Elimination of All Forms of Discrimination against Women*, 18 December 1979, A/RES/34/180, http://www.refworld.org/docid/3b00f2244.html, 2014-02-11.

⑥ 约翰·鲁格：执行题为"人权理事会"的大会 2006 年 3 月 15 日第 60/251 号会议：人权与跨国公司和其他工商企业问题秘书长特别代表的报告（增编：联合国核心人权公约所规定的国家在管制和评判公司活动方面的责任：各条约机构所作评论的综述），A/HRC/4/35/Add.1，2007，¶13。

国框架下最早直接规定公司国际法责任的公约。1999年，联合国大会第53届会议通过的《关于个人、群体和社会机构在促进和保护普遍公认的人权和基本自由方面的权利和义务宣言》(Declaration on the Rights and Responsibilities of Individuals, Groups and Organs of Society to Promote and Protect Universally Recognized Human Rights and Fundamental Freedoms) 中指出"个人、群体、机构和非政府组织可发挥重要作用并负有责任保障民主，促进人权和基本自由，为促进民主社会、民主体制和民主进程的进步作出贡献。个人、群体、机构和非政府组织也可发挥重要作用、并负有责任视情况作出贡献促进人人有权享有能充分实现《世界人权宣言》和其他人权文书所列人权和自由的社会和国际秩序"。① 该宣言将"机构"也纳入促进和保护基本人权的主体之一。尽管宣言中并未明确提到公司或跨国公司，但《宣言》第18条对于《世界人权宣言》的援引很容易使人联想到《世界人权宣言》序言中的相关规定。《世界人权宣言》在序言中明确呼吁"每一个人和社会机构"都应尊重基本人权。从广义上讲，此处的"社会机构"也将跨国公司包含在内，暗含着跨国公司也具有尊重基本人权的国际法义务。欧洲国家对于公司应承担国际法义务则规定的更为具体。《欧洲保护人权与基本自由公约第一议定书》(Protocol 1 to the Convention for the Protection of Human Rights and Fundamental Freedoms) 第1条中明确提出"每一个自然人或法人和平地享用其财产权"，② 此条款被认为是公司具有国际法主体资格的重要表现。

（二）学者的观点

对于"跨国公司国际法主体资格"问题的研究离不开国际法学者的学术探讨。当今联合国系统内部对于"跨国公司与国际法"之

---

① Declaration on the Rights and Responsibilities of Individuals, Groups and Organs of Society to Promote and Protect Universally Recognized Human Rights and Fundamental Freedoms, UN General Assembly Res. 53/144, art. 18.

② Article 1, Protocol 1, European Convention for the Protection of Human Rights and Fundamental Freedoms, 20 March 1952. 相关资料参见http: //conventions. coe. int/treaty/en/treaties/html/005. htm, 2014 - 03 - 26。

间关系的研究最具代表性和权威性的学者应属前任"联合国秘书长关于商业与人权问题特别代表"(United Nations Secretary – General´s Special Representative for Business and Human Rights)约翰·鲁格(John Ruggie)教授。鲁格教授以新的时期跨国公司在国际社会中所起到的更为重要的作用为基础,从国际法发展的角度出发,在一系列国际文件中强调了跨国公司应至少在一定程度上拥有国际法主体资格这一观点。

2007年,鲁格教授曾在一份提交给联合国人权理事会(United Nations Human Rights Council)的报告中指出"国际人权法明确规定,国家有义务对其领土和管辖区域内非国家主体侵犯人权的行为提供保护,而且这一义务延及对商业实体的侵权行为提供的保护"。[①] 在报告的最后总结中,鲁格教授指出"虽然早前通过的条约更有可能只是笼统地提到国家有义务防止对权利的享受加以干扰,但晚近通过的一些条约在这方面明文提到了私营企业"。除此之外,"一些较新的条约,特别是《儿童权利公约关于买卖儿童、儿童卖淫和儿童色情制品问题的任择议定书》和《保护所有移徙工人及其家庭成员权利国际公约》,似乎至少设想到了工商企业的赔偿责任"。[②] 鲁格教授在2006年向人权理事会提交的另一份报告中也针对公司的国际法主体资格问题进行了阐释。该报告指出,在"新的事实面前,公司越来越被国际上承认为'参与者',并有能力根据国际法享有某些权利和承担某些义务。然而,正如过去缺乏国际问责机制并未免除个人对国际犯罪负有的责任,它今天也不会妨碍公司责任的出现"。[③]

---

① John Ruggie, Implementation of General Assembly Resolution 60/251 of 15 March 2006, Report of the Special Representative of the Secretary – General on the Issue of Human Rights and Transnational Corporations and other Business Enterprises, A/HRC/4/35, 19, February 2007.

② 约翰·鲁格:执行题为"人权理事会"的大会2006年3月15日第60/251号会议:人权与跨国公司和其他工商企业问题秘书长特别代表的报告(增编:联合国核心人权公约所规定的国家在管制和评判公司活动方面的责任:各条约机构所作评论的综述),A/HRC/4/35/Add.1, 2007。

③ 约翰·鲁格:《商业活动与人权:梳理有关公司行为的责任和问责的国际标准》,A/HRC/4/35, 2007, pp. 14, 21。

著名国际法学者史蒂文·拉特纳（Steven R. Ratner）也在其《跨国企业的人权责任》(Corporations and Human Rights: A Theory of Legal Responsibility) 一文中提到，近些年来国家已经在努力确认公司企业在人权保护中的义务。"虽然国际刑法还从未起诉过企业，但是，一些重要的案件已显示，企业的人权义务已经受到国际社会的深切关注。"这些案件的审理结果表明，国际社会已经开始呈现承认跨国公司作为国际法主体资格的趋势。① 就连曾经认为跨国公司不享有国际法主体资格的余劲松教授也承认"随着经济全球化的发展，个人、跨国公司、非政府组织在国际社会的地位会进一步提升，从而最终使之成为不同于国家的国际法主体的地位得到国际社会的完全承认"。② 余劲松教授还认为，近些年来，国际社会存在将其注意力由国家转向非国家主体的倾向。③ 此外，从国际政治、经济发展的实际情况出发，部分学者提出，"在当今国际事务中国家责任的欠缺再次证明了跨国公司可能比个人或政府拥有同等或更多的权力"。④ 安德鲁·克拉彭（Andrew Clapham）教授就此指出，至少在国际刑法层面，跨国公司应当同自然人承担相类似的责任。⑤ 而对于目前各国际刑事司法审判机构缺乏对跨国公司管辖权的问题，克拉彭教授认为这并未对跨国公司承担国际法责任产生任何影响。⑥

总的来说，虽然跨国公司仍不能被称之为具有真正意义上的"国际法主体资格"，但其在国际法特定领域（如国际环境法、国际人权法、国际反腐败等领域）⑦ 和一些区域性国际协定中的主体地位已被承认并在实

---

① 喻中：《拉特纳论跨国企业的人权责任》，载《人权》2004年第5期。

② 余劲松：《国际经济法专论》，武汉大学出版社2003年版，第41页。

③ Steven R. Ratner, "Corporations and Human Rights: A Theory of Legal Personality", The Yale Law Journal, Vol. 111, p. 476.

④ Ibid., p. 461.

⑤ Andrew Clapham, "State Responsibility, Corporate Responsibility and Complicity in Human Rights Violations", in Lene Bomann – Larsen and Oddny Wiggen (eds.), Responsibility in World Business: Managing Harmful Side – Effects of Corporate Activity, United Nations University Press, 2004, pp. 51 – 52.

⑥ Ibid., p. 57.

⑦ 汪玮敏：《跨国公司人权责任的规制路径研究》，载《合肥工业大学学报》2008年第2期。

践中加以适用。尽管学界还有争议，但越来越多的学者开始对此问题持较为开放的态度。同时，面临国际社会的新发展、新变化，国际法也应做出相应的调整。也许在不久的将来，国际社会可能承认跨国公司具备国际法主体资格，而这种发展趋势也是必然的。

第三节　跨国公司的法律规制

尽管国际法学界对于跨国公司国际法主体资格的讨论还在继续，但国际社会和各东道国要求管控跨国公司大规模侵犯人权暴行的呼声也由来已久。按照公司法一般原则，跨国公司作为一国法人，理应在东道国法律允许的范围内从事生产、经营活动。因此，最初涉及跨国公司行为规制的法律规范主要来源于一国国内法，如劳动法、环境法或公司法等。

近年来，经济全球化的进程不断挑战主权国家对跨国公司的规制能力。对于当今的跨国公司来说，其形成的经济网络早已超越了任何单一国家的控制范围。经济学家戴维·科顿（David Korten）曾经写到"我们生活在一个充满公司的世界中，而这些公司的权力已经完全超出了世界上绝大多数国家政府的掌控"。[1] 现实中，由于大部分跨国公司的东道国属于发展中或不发达国家，这些国家在政治和经济上对涉外投资依赖度极大，使得跨国公司在这些地区从事的一些违法，甚至犯罪行为经常逃脱法律的制裁。同时，为防止本国企业在国际竞争中处于劣势地位，大多数跨国公司的母国也在对本国跨国公司行使"属人管辖权"时睁一只眼闭一只眼。有学者就此指出，当今主权国家正在不断丧失对于跨国公司责任承担方面的有效控制。[2] 这都最终导致位于发展中或不发达国家的受害方在请求损害赔偿时处于相当被动的局面。这也就形成了规范跨国公司行为的法律法规向国际法，特别是国际刑法层面转移。从当前国际法的发展现状可以看

---

[1] David Korten, *When Corporations Rule the World*, Kumarian Press, Inc., 2nd ed., 2001.

[2] 江卓：《论跨国公司社会责任的弱化——以中国为视角》，载《法制与社会》2009年第4期。

出,只有少部分国际法律规范[1]能够直接适用于非国家主体。就此,有学者开始呼吁国际社会允许由国际法直接管辖跨国公司,即为跨国公司确立直接的国际责任。[2]

早在20世纪70年代,联合国及其他一些国际性、区域性组织开始从国际法层面就此问题展开研究。与此同时,一些发达国家也试图通过国内立法、司法实践等手段来解决跨国公司严重侵犯基本人权的问题。

一 国际性文件

尽管国家仍是国际法上的主要义务承担者,但从当前的国际性文件中可以清晰地看出,"非国家参与者"(包括跨国公司)已经开始被赋予一定程度的国际法责任和义务。[3] 近年来,国际人权条约机构也常在其一般性意见(General Comments)和建议(Recommendations)中将国际人权义务扩张到公司等非国家参与者身上。[4]

(一)联合国系列文件

真正直接对跨国公司承担国际法责任予以规制的国际性文件的制定工

---

[1] 主要是那些直接涉及战争罪、危害人类罪和强迫劳动的国际法规范。

[2] Carlos M. Vazques, "Direct vs. Indirect Obligations of Corporations under International Law", *Columbia Journal of Transnational Law*, Vol. 43, 2005, p. 927.

[3] 相关资料参见 Rio Declaration on Environment and Development, UN Doc. A/CONF. 151/26 (Vol. 1) (1992)。Copenhagen Declaration and Programme of Action, UN Doc. UN Doc. A/CONF. 166/9 (1995)。G. A. Res. 42/115, 11 February 1988, The Impact of Property on the Enjoyment of Human Rights and Fundamental Freedoms; Commission on Human Rights Resolutions 1987/18 and 1988/19. Commentary on the Norms on the Responsibilities of Transnational Corporations and Other Business Enterprises with Regard to Human Rights, UN Doc. E/CN. 4/Sub. 2/2003/38/Rev. 2. M. Addo (ed.), *Human Rights Standards and the Responsibility of Transnational Corporations*, The Hague: Kluwer Law International, 1999. J. R. Paul, "Holding Multinational Corporations Responsible Under International Law", *Hastings International Law and Comparative Law Review*, Vol. 24, 2001. B. Frey, "The Legal and Ethical Responsibilities of Transnational Corporations in the Protections of International Human Rights", *Minnesota Journal of International Law*, Vol. 6, 1996。

[4] 相关资料参见 A. Clapham, *Human Rights Obligations of Non - State Actors*, Academy of European Law, European University Institute, Oxford: Oxford University Press, 2006, Chapter 8 and; K. Lucke, Human Rights and the Draft UN Norms, in T. Cottier, J. Pauwelyn & E. Burgi (eds.), *Human Rights and International Trade*, Oxford: Oxford University Press, 2005, pp. 154 – 56。

作始于联合国跨国公司委员会。① 自 20 世纪 70 年代开始，随着新独立国家的不断增多，为保证本国经济独立自主发展，广大发展中国家在国际社会上发起了建立"国际经济新秩序"运动（the new international economic order）。为响应这一运动，1974 年，联合国大会第 6 届特别会议通过了第 3201 号和第 3202 号决议，即《建立国际经济新秩序宣言》（Declaration on the Establishment of a New International Economic Order）② 和《建立国际经济新秩序行动纲领》（Programme of Action on the Establishment of a New International Economic Order）。③ 其中，第 3201 号决议直接肯定了各国对境内、外资本和跨国公司的监督和管理权。④ 此后，联合国跨国公司委员会又先后于 1976 年和 1982 年⑤制定并向联合国经社理事会提交了《跨国公司行动守则准则（草案）》（Draft United Nations Code of Conduct on Transnational Corporations）。⑥ 该草案中明确提出"跨国公司应/须尊重其营业地所在国的社会及文化目标、价值与传统"以及"跨国公司应/须尊

---

① 联合国跨国公司委员会系联合国经济及社会理事会所属常设委员会之一。1974 年成立，总部设在美国纽约。该委员会委员由经社理事会选举产生，现有 48 个。中国自 1981 年 1 月起任该委员会委员。该委员会的宗旨是：研究跨国公司活动对母国和东道国的经济及社会的影响，以及促进跨国公司对各国发展目标和世界经济增长做出贡献，控制跨国公司的消极作用，增强东道国同跨国公司打交道的能力。委员会每年举行一次会议。它的业务执行机构是联合国跨国公司中心。1994 年 7 月，经社理事会同意该委员会转为联合国贸发会议贸易和发展理事会的辅助机构，并改名为"联合国国际投资和跨国公司委员会"（U. N. Commission on International Investment and Transnational Corporations）。相关资料参见 http：//news. xinhuanet. com/ziliao/2003 - 06/03/content_901215. htm，2014 - 02 - 10。

② United Nations General Assembly, Declaration on the Establishment of a New International Economic Order, General Assembly Resolution 3201, A/RES/S - 6/3201, http：//www. un - documents. net/s6r3201. htm, 2014 - 02 - 20.

③ United Nations General Assembly, Programme of Action on the Establishment of a New International Economic Order, A/RES/S - 6/3202, http：//www. un - documents. net/s6r3202. htm, 2014 - 02 - 20.

④ United Nations General Assembly, Declaration on the Establishment of a New International Economic Order, General Assembly Resolution 3201, A/RES/S - 6/3201, Part 4, Article 7.

⑤ Development and International Economic Cooperation: Transnational Corporations, U. N. ESCOR, 2nd Sess. , U. N. Doc E/1990/94 (1990).

⑥ Draft United Nations Code of Conduct on Transnational Corporations, U. N. ESCOR, Spec. Sess. , Supp. No. 7, Annex Ⅱ, U. N. Doc. E/1983/17/Rev. 1 (1983).

重其营业地所在国国民的人权及基本自由"。① 虽然草案受到了以前苏联为首的社会主义阵营国家的一致欢迎，但却因其内容未包括详细的"人权原则"而遭到发达国家的反对，最终并未获得通过。尽管如此，该草案仍被认为是最早由发展中国家发起制定的涉及跨国公司国际责任的联合国文件。其积极意义在于，草案不仅明确规定了跨国公司对于国际人权的"尊重义务"，还肯定了其促进和保障人权等积极的作为义务，并要求跨国公司"应在其职权范围内进行适当的活动"。同时，还首次提出了建立规范跨国公司行为的监督机制。② 以上述文件为基础，此后的联合国文件在跨国公司国际法责任方面的规定更为具体和完善。其中，以联合国全球契约、《跨国公司和其他企业涉及人权的社会责任草案标准》及"联合国保护、尊重、救助框架"最为典型。

1. 联合国全球契约（UNGC）

1999 年，时任联合国秘书长的科菲·安南在瑞士达沃斯"世界经济论坛"（The World Economic Forum）提出了构建"联合国全球契约"（United Nations Global Compact，UNGC）的设想。2000 年 7 月 26 日，世界 50 家大公司的代表会见安南并表示全力支持"全球契约"。国际雇主组织（International Organisation of Employers）也在同一时间承诺举办区域性研讨会，以推行"全球契约"在全球范围内的施行。UNGC 的最初理念是"补充"而并非"取代"现有的标准或规定。③ UNGC 的内容涉及人权、劳工标准、环境以及反腐败 4 个方面，共 10 项原则。④ 其中，在人权方

---

① Art. 12 and 13, *Draft United Nations Code of Conduct on Transnational Corporations*, U. N. ESCOR, Spec. Sess., Supp. No. 7, Annex Ⅱ, U. N. Doc. E/1983/17/Rev. 1 (1983).

② 《联合国跨国公司行动守则草案》第 14 条，http://www.lawyee.net/act/act_display.asp? rid - 310021, 2012 - 11 - 07。

③ Embedding Human Rights into Business Practice, The Third Annual International Global Compact Learning Forum, 2003, p. 9, http://www.unglobalcompact.org/docs/issues_doc/human_rights/Resources/EHRBIII. pdf, 2014 - 02 - 09.

④ UNGC 的 10 项原则分别是：1. 人权方面：（1）企业应该尊重和维护国际公认的各项人权；（2）绝不参与任何漠视与践踏人权的行为；2. 劳工标准方面：（3）企业应该维护结社自由，承认劳资集体谈判的权利；（4）彻底消除各种形式的强制性劳动；（5）消除童工；（6）杜绝任何在用工与行业方面的歧视行为；3. 环境方面：（7）企业应对环境挑战未雨绸缪；（8）主动增加对环保所承担的责任；（9）鼓励无害环境技术的发展与推广；4. 反贪污：（10）企业应反对各种形式的贪污，包括敲诈、勒索和行贿受贿。http://www.miit.gov.cn/n11293472/n11294912/n11295972/12475551.html, 2014 - 04 - 28。

面，UNGC明确规定"企业应该尊重和维护国际公认的各项人权；绝不参与任何漠视与践踏人权的行为"。① 全球契约要求跨国公司在结社自由权、集体谈判权、禁止雇佣童工、消除歧视、保护环境等方面都采取积极的措施，并强调跨国公司在保护人权领域的积极作为义务。迄今为止，"全球契约"被认为是参与成员最多、涉及行业范围最广、影响力最大的公司自愿性倡议。截至2016年，已经有来自167个国家的超过10000个参与者（其中包括9000多家跨国公司）加入UNGC。② UNGC的独特之处在于，相较于过去国际条约或规则大多由发达国家主导制定的传统，该契约在制定的过程中加入了大量发展中国家的参与活动，这也是UNGC能够赢得更为广泛的支持基础的主要原因之一。对于UNGC的未来发展方向，安南曾经提到过，UNGC将自己视为一个为不同利益相关者就"商业和人权问题"进行对话、教育和沟通活动而建立的论坛。其目的在于加强跨国公司同联合国之间的合作和交流，以便推进基本人权，以及实现国际社会的其他共同利益。③

然而，除了劳工标准之外，联合国全球契约并未对其他9项原则作出具体规定，这也为跨国公司在其生产经营活动中自行解释和适用该原则提供了较大的空间。此外，有学者也对UNGC的"自愿性质"提出了批判。他们尖锐地指出，联合国全球契约会因其并未规定任何实施和监督机制而陷入"没有牙齿"（no teeth）的尴尬局面。他们认为，大部分跨国公司加入全球契约的目的只是"面子上好看"。《纽约时报》（*The New York Times*）就曾将此种现象称之为"跨国公司的'洗蓝'行动"（blue wash），即大型跨国公司通过简单加入联合国全球契约等类似的宪章性组织或契约，在并不对其自身公司政策或行为进行任何实质性改变的情况下将自己"洗蓝"（联合国旗为蓝色）。这样做的结果是，使跨国公司仅需付出最小的成本却能获得最大的收益（即良好的社会形象等）。因此，尽管"没有牙齿"的UNGC"看上去很美"，但很可能在其实施的过程中出现以下局面：部分跨国公司通过加入联合国全球契约，既可以光明正大地

---

① United Nations Global Compact, https://www.unglobalcompact.org, 2016-10-11.

② UN Global Compact, UN Global Compact Participants, http://www.unglobalcompact.org/ParticipantsAndStakeholders/index.html, 2014-02-11.

③ United Nations Secretary-General, Address to Svenska Dagablates Executive Club, Press Release SG/SM/7004 (1999).

向外界宣称该公司是尊重和保障人权的"世界公民",又可以有恃无恐地在其生产经营活动中继续从事侵犯人权的活动。为弥补自身缺陷及缓解学界的疑虑,最近几年,UNGC 引进了全新的"契约实施机制"。该机制授权在"UNGC 成员出现特别严重的侵犯人权事件时,全球契约有权将涉案成员开除"。① 应该说,开除机制的出现,可以对加入 UNGC 的跨国公司的未来生产经营活动产生一定程度的威慑作用。毕竟在信息高度流通的当今社会,被"开除"出以推进和维护人类基本权利为宗旨的 UNGC 所带来的负面效应,肯定不是注重"良好商业形象"的跨国公司想要的。但该项实施机制的最终效果如何,还要拭目以待。

2. 《跨国公司和其他企业涉及人权的社会责任草案标准》

2003 年,鉴于跨国公司(特别是在采掘业和运动产品加工业领域)侵犯人权现象日趋严重,联合国促进和保障人权小组委员会(United Nations Sub-Commission on the Promotion and Protection of Human Rights)通过《跨国公司和其他企业涉及人权的社会责任草案标准》(*The Draft Norms on the Responsibilities of Transnational Corporations and Other Business Enterprises with Regard to Human Rights*,以下简称"草案")。② 此草案被认为是国际法层面第一个规范跨国公司责任的"非自愿性倡议"。草案的制定者希望,该草案可以作为未来制定承认跨国公司国际法义务的条约或其他具有国际法约束力的法律文件的模板。③ 草案重申了现存国际法及国际人权法中基本原则对跨国公司的要求。④ 在确认国家仍然是保障人权的主要义务承担者的同时,该草案规定了跨国公司在"其影响范围内"应承担"直接人权义务"。在草案注释中,强调跨国公司有义务确保其"行为不得直接或间接地触犯国际人权法,同时它们也不能直接或间接地从任何

---

① Global Compact, *Integrity Measures*, No. 4, http://www.unglobalcompact.org/AboutTheGC/integrity.html, 2014-01-09.

② Draft Norms on the Responsibilities of Transnational Corporations and Other Business Enterprises with Regard to Human Rights, E/CN.4/Sub.2/2003/12 (2003).

③ Global Compact, *Integrity Measures*, No. 4, http://www.unglobalcompact.org/AboutTheGC/integrity.html, 2014-01-09, at 914.

④ David Weissbrodt & Muria Kruger, "Norms on the Responsibilities of Transnational Corporations and Other Business Enterprises with Regard to Human Rights", *American Journal of International Law*, Vol. 97, 2003, pp. 901, 913.

它们明知可能触犯国际人权法的活动中获利"。① 在监督机制方面，草案制定者吸取了"联合国全球契约"的教训，在草案中规定了跨国公司的履约情况受到国家、国际组织和受害者三方监督。

《跨国公司和其他企业涉及人权的社会责任草案标准》出台之初，其主要起草人就曾预料，该草案的公布必将引发国际社会的广泛争议。② 果然，草案一经通过即在国际社会引起轩然大波。一方面，草案受到来自主要国际人权机构和非政府组织的大力欢迎；另一方面，几乎所有跨国公司均对草案表示强烈反对。反对派认为，如果草案得以最终实施，会使跨国公司承担过多政府应该承担的责任，而无法进行正常的生产经营活动。他们同时指出"草案代表国际人权责任的一次根本性转变——即使得国际人权责任的义务主体从政府变为私人主体（包括公司），这将导致国际人权法的最终实施'私有化'"。③ 为解决双方矛盾，2004 年，人权委员会（Commission on Human Rights）指示人权高专办（Office of the High Commissioner for Human Rights）就现有的世界各国涉及跨国公司的人权责任标准进行分析和总结。一年后，人权委员会接受人权高专办提交的报告，该报告虽然肯定了 2003 年草案中存在"有用的因素"，然而，却认为与各利益相关者之间的沟通是最终解决此问题的关键。④ 最终，经过磋商，人权高专办认为，尽管 2003 年草案具有积极意义，但"并没有法律上的

---

① Commentary on the Norms on the Responsibilities of Transnational Corporations and Other Business Enterprises with regard to Human Rights, U. N. ESCOR, Comm'n on Hum. Rts., Sub – Comm'n on the Promotion & Protection of Hum. Rts., 55th Sess., Agenda Item 4, ¶1 (b), U. N. Doc. E/CN. 4/Sub. 2/2003/38/Rev. 2 (2003), http: //daccessdds. un. org/doc/UNDOC/GEN/G03/160/18/PDF/G0316018. pdf? OpenElement, 2013 – 12 – 17.

② Bernadette Hearne, Proposed UN Norms on Human Rights: Is Business Opposition Justified?, ETHICAL CoRP., Mar. 22, 2004, http: //www. ethicalcorp. com/content. asp? ContentID = 1825, 2013 – 12 – 31.

③ United States Council for International Business, UN to Review Proposed Code on Human Rights for Business, Mar. 5, 2004, http: //www. uscib. org/index. asp? documentID = 2846, 2013 – 12 – 31. 同时，Thomas Niles, Letters to the Editor, UN Code No Help to Companies, FIN. TIMES (London), Dec. 17, 2003, p. 18。

④ Nils Rosemann, "The UN Norms on Corporate Human Rights Responsibilities: An Innovating Instrument to Strengthen Business' Human Rights Performance", *Dialogue on Globalization Occasional Papers*, 2005, p. 3.

意义，因此不推荐适用于监督企业的生产活动之中"。① 至此，2003 年草案名存实亡。尽管如此，大部分国际法学者仍然认可该草案在推动跨国公司履行其人权责任层面具有划时代的意义。虽然草案并不是真正意义上的条约（也就并不具备法律上的约束力），但与跨国公司自发性质的"行为规范"相比更具有权威性和进步性。

3. 联合国保护、尊重和救助框架

2005 年，《跨国公司和其他企业涉及人权的社会责任草案标准》的影响仍然在国际社会发酵。在认识到"跨国公司和人权问题"的严重性后，联合国经济和社会理事会任命约翰·鲁格教授为联合国秘书长特别代表从事关于跨国公司国际法责任及人权问题的研究。经过 3 年系统而深入地调研，在吸取 2003 年草案中过分强调跨国公司国际法责任的教训基础上，鲁格教授于 2008 年提出著名的"联合国保护、尊重和救助框架"（The United Nations "Protect, Respect and Remedy" Framework）。他指出，保护人权的责任不应仅仅赋予国家，还应当由国家与跨国公司共同承担。② 简言之，国家担负保护公民的责任，跨国公司承担尊重员工和当地居民基本人权的义务，而受害者则享有获得救济的权利。2011 年，鲁格教授进一步完善其"保护、尊重和救助框架"，提出了《企业与人权指导原则》（*Guiding Principles for Business and Human Rights*）。自此，"联合国框架"正式形成。

通过对"鲁格系列报告"的分析可以看出，"联合国框架"体系在认同跨国公司应承担相应国际法义务的同时，仍然承认国家是国际法责任的最主要承担者。③ 这一点也是"联合国框架"获得大部分跨国公司支持的重要原因之一。此外，鲁格教授还在其报告中详细总结了几乎世界上所有

---

① Alex Blyth, Compromise Deal Reached on LW Norms, ETHICAL CoRp., Apr. 21, 2004, http://www.ethicalcorp.com/content.asp?ContentID=1947, 2013-12-31. Bernadette Hearne, Proposed UN Norms on Human Rights Shelved in Favor of More Study, ETHICAL CoRP., May 3, 2004, http://www.ethicalcorp.comcontent.asp?ContentID=1981, 2013-12-31.

② John Ruggie, Protect, Respect and Remedy: a Framework for Business and Human Rights, http://www.reports-and-materials.org/Ruggie-protect-respect-remedy-framework.pdf, A/HRC/8/5, 2008.

③ John Ruggie, Guiding Principles for the Implementation of the United Nations "Protect, Respect and Remedy" Framework, http://www.ohchr.org/Documents/Issues/Business/A-HRC-17-31_AEV.pdf, A/HRC/17/31, 2011.

国家和地区对于跨国公司国际法责任问题的法律实施机制和相关实践活动,这对于相关领域的深入研究起到了极大的促进作用。应当说,《企业与人权指导原则》不仅是联合国人权理事会首次就如何解决当前面临的严峻的"跨国公司与人权问题"之间的矛盾所提出的指导性意见,还是该理事会首次在没有成员国政府参加的情况下向公众提交的涉及跨国公司国际法责任的首个标准性文本,[①] 这都为学界对相关问题的深入研究奠定了相当坚实的理论基础。

(二) 相关国际组织规约

尽管由联合国主导的确立跨国公司全球性统一行为规范的尝试成果寥寥,但一些地区性国际组织却在此领域上取得了较大的进展。20 世纪 70 年代开始,经济与合作组织(OECD)就开始了针对这一问题的立法工作。OECD 制定和通过的《经济合作与发展组织多国企业准则》(*The OECD Guidelines for Multinational Enterprises*,以下简称"OECD 准则")被认为是朝向全球性跨国公司行为规范化的一次重要努力。[②] OECD 准则内容主要涵盖缔约国政府对于本国跨国公司在其本国或他国进行生产经营活动时所提出的要求。[③] 该准则出台的最初目的是应对广大发展中国家建立"国际经济新秩序"的呼吁。OECD 成员国担心,该"经济新秩序"的建立可能限制其跨国公司在发展中或不发达国家生产的正常经营活动。为打消发展中国家的疑虑和维护其自身既得利益,OECD 准则得以制定。

该准则内容涵盖面相当之广,包含援引国际劳工组织确立的"核心劳工标准"和对跨国公司履行人权和保护员工劳动权、保护环境、消费者权益、反腐败等方面的建议和意见。然而,由于这些建议只适用于那些总部设在 OECD 国家内部且已经批准 OECD 准则的跨国公司,因此,满足不履行 OECD 准则的投诉对象要求的范围相当有限。基于此,OECD 准则

---

① John G. Ruggie, "Just Business: Multinational Corporations and Human Rights", 2013 Raymond and Beverly Sackler Distinguished Lecture, p. 3, http://www.wilmerhale.com/uploadedFiles/WilmerHale_Shared_Content/Files/PDFs/Roundtable%20Report%20FINAL_to%20print.pdf, 2014-02-10.

② 冼国名、葛顺奇:《跨国公司社会责任标准及在华实践》,载《南方周末》2008 年 10 月 23 日。

③ Article 1 (Preface) of The OECD Guidelines for Multinational Enterprises, in: OECD Guidelines for Multinational Enterprises, Global Instruments for Corporate Responsibility, Annual Report 2001, Paris, 2001, p. 127f. (127).

进行了多次修改。自 2000 年以来，经修改之后的 OECD 准则在投诉程序上，允许民权组织（或非政府组织）启动准则投诉程序，这在一定程度上降低了受害方获得准则保护的难度。① 目前，OECD 准则已先后经历了 5 次修改，最后一次修改的时间是在 2011 年。与以往的"小修小补"相比，最新一次的修改进行了相当大胆的尝试。主要体现为：（1）增加了涉及人权的章节。修改后的准则不仅要求"企业根据东道国政府的国际义务和承诺，尊重受其影响的人的人权"，同时提出跨国公司"应致力于实施联合国'保护、尊重和救助'框架"。② 除此之外，OECD 准则还要求跨国公司或企业适用更为有效的实施措施和适当的内部管理控制机制，以便更好地"尊重人权；避免参与违反人权的行为；避免通过其生产经营活动、产品或服务而侵犯人权；在人权问题上遵循尽职调查；以及制定相关政策以保障人权"。③（2）进一步从执行层面上明确和强化了"国家联络点"（National Contact Points, NCP）的作用。④ 这可谓是此次修改的最大亮点。NCP 作为 OECD 准则的实施与监督机制，在 OECD 国家内部享有调查权，并能够接受有关跨国公司不遵守准则的"具体申诉"，在一定程度上使准则的实施具有了"强制性"。但是，对于 NCP 的实际效用，一些学者却持怀疑态度。他们指出，因为大多数申诉和质询最终都是通过多边会议或对话的形式解决的，所以绝大部分 NCP 并未发挥任何作用。⑤ 同时，他们还认为，就如 OECD 准则在其文本中曾经承认的，"这些准则都是自愿性和无法律强制力的"。因此，该准则最终的执行力很成问题。⑥

---

① *Procedural Guidance of the OECD Guidelines for Multinational Enterprises*, No. 1, (revision 2000).

② OECD: OECD Guidelines for Multinational Enterprises (2011 Edition), p. 3, http://www.oecd.org/corporate/mne/48004323.pdf, 2014 - 02 - 09.

③ Ibid., p. 29.

④ Ibid., p. 3.

⑤ Jennifer A. Zerk, *Multinationals and Corporate Social Responsibility: Limitations and Opportunities in International Law*, Cambridge University Press, 2006, p. 254.

⑥ Organization for Economic Co - operation and Development, Declaration on International Investment and Multinational Enterprises, 15 I. L. M. 969 - 70, annex (1976). 同时参见 Seymour J. Rubin, "Transnational Corporations and International Codes of Conduct: A Study of the Relationship between International Legal Cooperation and Economic Development", *American Journal of International Law and Policy*, Vol. 10, 1995, pp. 1285 - 1286。

同一时期，国际劳工组织（ILO）也开始制定涉及跨国公司国际法责任的相关文件。1977年，国际劳工组织理事会通过《关于多国企业和社会政策的三方原则宣言》（*Tripartite Declaration of Principles Concerning Multinational Enterprises and Social Policy*，以下简称ILO宣言）。ILO宣言被认为是目前最完善且最具国际影响力的涉及跨国公司行为的国际标准。其核心精神与OECD准则完全一致。ILO宣言内容包括一般政策、就业、培训、劳资关系4部分，共59项条款。ILO宣言致力于为"劳工与人权"这一对极为敏感的社会和法律问题提供社会政策指导路线。[1] ILO宣言中明确提出，跨国公司应当承担国际法责任，并应在其经营过程中遵循《世界人权宣言》及其他重要人权条约中确立的人权标准。同时，在宣言制定的过程中，国际劳工组织利用自身优势采用的"三方模式"（即政府、企业和工人组织或工会）也十分值得借鉴。这种方式打破了国际性文件长期以来由发达国家"做主"的局面，更能够获得来自人权组织、跨国公司及发展中国家的支持。在实施机制方面，国际劳工组织也在ILO宣言中制定了详细的投诉程序。ILO的所有成员都可就另一成员或跨国公司不履行ILO宣言规定的义务的行为提出投诉（complaint）。收到投诉之后，一个调查委员会将会成立，并就相关投诉问题起草报告、提出建议意见并就事件的改进设立时间表。[2] 但由于国际劳工组织并不允许个人受害者或民权组织启动投诉程序，因此对于跨国公司侵犯人权行为的受害者利益的最终实现并无太多明显益处。同时，从ILO宣言的名称即可得知其"软法"性质（soft law），学界对于ILO宣言的实际实施效果普遍持较为悲观的态度。

除此之外，一些非政府组织制定的相关原则，如沙利文原则（The Global Sullivan Principles）、[3] 康克斯圆桌会议商务原则（Caux Round Table

---

[1] 冼国名、葛顺奇：《跨国公司社会责任标准及在华实践》，载《南方周末》2008年10月23日。

[2] *Constitution of the International Labour Organization*, art. 29, http://www.ilo.org/public/english/bureau/leg/download/constitution.pdf, 2014 – 02 – 09.

[3] 1977年，南非实行种族隔离制度，大量美国公司因抵触"当地法规"纷纷撤资，这就是"南非撤资运动"（Disinvestment from South Africa）。1962年11月，联合国大会通过了第1761号非强制决议，成立了联合国反对种族隔离制度特别委员会（United Nations Special Committee against Apartheid），呼吁对南非实行经济等方面的制裁。1977年，反隔离行动在美国斯（转接下页）

Principles for Business)、① 社会责任国际发布的 SA8000 标准（Social Accountability International – SA8000 Standard）② 等也都在不同的专业或行业发挥着重要作用。

综上，无论是联合国主导的"全球契约"及"保护、尊重、救助框架"，抑或是区域性或非政府组织提倡的共同宣言，都具有"自愿性"和"非强制性"的特点。这也跟国际性文件的"软法"性质相一致。尽管这些国际性文件并不具备法律上的强制约束力，且大多并未直接关注跨国公司的国际刑事责任问题，然而这些规范中包含的实地调查、法律分析等研究方法，在一定程度上为解决"跨国公司与人权、跨国公司与国际法、跨国公司与国际犯罪"等问题提供了另一种思路。③

此外，近些年来，国内外国际法学者对"国际软法"的效力态度也

坦福大学开始。早期取得了一些成功。1978 年密歇根大学提出撤资要求之后，密歇根州的三十多所大学和学院要求议会和政府从南非"脱离"（divestiture），这场运动的关键因素形成了日后所谓的"沙利文原则"（The Global Sullivan Principles）。这场运动的倡导者是里昂·沙利文（Leon Sullivan），非洲裔美国传教士，他也是美国通用汽车（General Motor）的董事会成员（1977）。当时，通用是在南非雇佣黑人最多的企业。沙利文原则要求企业运作的条件之一是，企业应当保证做到：员工不分肤色都必须得到平等的待遇，同时，无论是否在工作场所，资方都不得设立隔离环境。该原则直接违背了种族隔离时代南非政府所实行的种族歧视与隔离政策，因此，企业如果遵循沙利文原则，就不能在南非继续运作。1986 年，美国以联邦立法的形式推行了撤资行动（disinvestment campaign），该行动迫使南非政府开始就种族隔离问题进行谈判，并最终废除了种族隔离制度。相关资料参见 http：//www1.umn.edu/humanrts/links/sullivanprinciples.html，2014 – 02 – 20。

① 该圆桌委员会于 1986 年由飞利浦电子的前任总裁弗雷德里克·飞利浦（Frederik Philips）和欧洲工商管理学院（INSEAD）的副主席奥利维尔·基斯卡德·德埃斯丁（Olivier Giscard D'Estaing）建立。该圆桌会议成立的目的在于缓解日趋紧张的贸易局势。它关心所有参与该委员会的国家之间的建设性经济和社会关系的发展，也关心这些国家对世界上其他国家亟待承担的共同责任。相关资料参见 http：//www.cauxroundtable.org/index.cfm?menuid = 8，2014 – 02 – 20。

② SA8000 是全球首个道德规范国际标准。其宗旨是确保供应商所供应的产品，皆符合社会责任标准的要求。SA8000 标准适用于世界各地，任何行业，不同规模的公司。其依据与 ISO9000 质量管理体系及 ISO14000 环境管理体系一样，皆为一套可被第三方认证机构审核之国际标准。相关资料参见 http：//www.sa – intl.org/index.cfm?fuseaction = Page.ViewPage&PageID = 937，2014 – 02 – 20。

③ Wolfgang Kaleck and Miriam Saage – Maab，"Corporate Accountability for Human Rights Violations Amounting to International Crimes：The Status Quo and its Challenges"，*Journal of International Criminal Justice*，Vol. 8，2010，p. 710.

越来越积极。从长远看,非强制性国际性文件在巩固和重申现存国际法或国内法律原则、明确国际法义务等方面能够起到非常积极的作用。[①] 我国有学者甚至认为,从跨国公司的自身特点出发,涉及跨国公司国际法责任的国际软法比所谓硬法更具优越性。[②] 因此,尽管在实施效果方面存在本质上的缺陷,但这种国际性宣言或契约对于跨国公司国际法责任理论的向前发展还是存在一定的推动作用的。

二 相关国内法规定

与国际层面相比,解决跨国公司国际法责任的追责问题更主要是通过司法实践活动表现出来的,而适用国内法追究跨国公司犯罪的刑事或民事责任是其中不可缺少的一部分。目前,各国通用的涉及跨国公司国际法责任的国内法规范主要包括三种:东道国法律规制、母国法律规制与第三国法律规制。鉴于前两种法律规制都属于国内公司法研究的范畴,本书在此就不予赘述。本部分仅就最后一种形式,即第三国法律规制问题进行阐释。

第三国法律规制,主要是指受害人或其家属得在他国法院就跨国公司在别国的侵犯国际人权法或国际刑法的行为提起诉讼的法律制度。目前只有美国的《外国人侵权索赔法案》(*The Alien Tort Statue* 或 *The Alien Tort Claims Act*, *ATS*)[③] 授予了其国内联邦法院类似的管辖权。从20世纪90年代开始,美国联邦法院已经承认了私人公司应承担习惯国际法[④]所规定的相应国际法义务,并将跨国公司在他国(美国以外的其他国家)违反国际刑法的犯罪行为纳入 ATS 的管辖范畴。近年来,为数众多的受害者或其家属通过 ATS 实现了在美国状告大型跨国公司侵犯其基本人权行为的愿望。美国联邦法院也证实了部分跨国公司在外国生产经营活动中存在间接参与严重侵犯人权活动的行为,包括种族灭绝、酷刑、反人类罪、非

[①] 柳华文:《软法与人权和社会建设》,载《人权》2012年第2期。Charlos Lopez, Business, Human Rights and Accountability, *International Commission of Jurists*, 2008。

[②] 官欣荣:《企业社会责任的软法规制与司法介入》,载《中国商法年刊》2009年第00期。

[③] 28 U.S.C. § 1350 (2005).

[④] 习惯国际法(又称为"国际习惯法"),它是各国在国际交往中不断重复的一致实践,并且被认为具有约束力的惯例的总称。国际习惯是国际法最古老和主要的渊源。相关资料参见黄瑶《国际法关键词》,法律出版社2004年版,第8页。

法处决及强制劳动等。① 考虑到当今涉及跨国公司国际法责任的国际性文件普遍只具有"软法效力",以及美国联邦法院法官在审理案件时多通过援引各国际刑事司法审判判例来分析跨国公司的国际法责任,大多国际法学者认为 ATS 及其相关判例对跨国公司国际刑事责任的发展产生的影响力是不可忽视的。②

(一) 美国《外国人侵权索赔法案》产生及发展历程

ATS 隶属于《1789 年美国联邦司法法》(*The Judiciary Act of 1789*)。《联邦司法法》仅用一句话就完成了对 ATS 的描述,即"联邦地区法院享有审理违反国际法或联合国条约规定的侵犯外国人权利的民事案件"。③ 通过研究 ATS 的措辞可知,"ATS 本身并未要求犯罪行为发生在美国本土或行为人必须是美国国民,受理案件的各法院也未对上述两点做出任何要求"。④ 因此,美国联邦法院在受理外国人侵权索赔案件(即 ATS cases)之前必须确定其对于案件的被告具有管辖权。⑤

ATS 的立法初衷至今并不明确,但通说认为,制定该法的目的是增强美国联邦法院适用国际法的力度。然而,ATS 似乎并未立刻达到立法机关的期望。在其制定之后的 191 年间,ATS 一直处于"沉睡"(dormant)状态,仅在 2 起案件中被引用。⑥ 直到 1980 年,ATS 在费拉提加案(*Filártiga v. Peña-Irala*)⑦ 中才彻底焕发了青春。在该案中,乔里托·费拉提加(Joelito Filartiga)的家人因乔里托被巴拉圭警察虐待致死一事而

---

① Richard L. Herz, "The Liberalizing Effects of Tort: How Corporate Complicity Liability under the Alien Tort Statute Advances Constructive Engagement", *Harvard Human Rights Journal*, Vol. 21, 2008, p. 1.

② Beth Stephens, "Translating *Filártiga*: A Comparative and International Law Analysis of Domestic Remedies for International Human Rights Violations", *The Yale Journal of International Law*, Vol. 27, 2002, p. 1.

③ 相关资料参见 http://en.wikipedia.org/wiki/Alien_Tort_Statute, 2012-10-20。

④ Donald Francis Donovan & Anthea Roberts, "The Emerging Recognition of Universal Civil Jurisdiction", *America Journal of International Law*, Vol. 100, 2006, p. 146.

⑤ Anna Triponel, "Business and Human Rights Law: Diverging Trends in the United States and France", *America University International Law Review*, Vol. 23, 2008, p. 905.

⑥ Beth Stephens, "Translating *Filártiga*: A Comparative and International Law Analysis of Domestic Remedies for International Human Rights Violations", *The Yale Journal of International Law*, Vol. 27, 2002, p. 4.

⑦ *Filártiga v. Peña-Irala*, 630 F.2d at 881.

控告该国警察总长艾默里克·佩纳依拉拉（Americo Peña - Irala）犯有杀人罪。① 审理该案的上诉庭认为，被告作为国家工作人员故意对他人施加虐待的行为构成了对国际法的侵犯。因此，基于 ATS，美国法院有权对该案行使管辖权。② 可以说，费拉提加案的最主要贡献在于，确立了美国法院可以在审理 ATS 案件时适用习惯国际法的惯例，并确认"官方酷刑（official torture）是国际法所禁止的"。③

在费拉提加案之前，美国联邦法院对以跨国公司为被告的外国人侵权索赔案件的态度并不一致，如 1975 年的源大安诉基辛格案（*Nguyen Da Yen v. Kissinger*）④ 和同年的美国国际电话电报公司案（*ITT v. Vencap, Ltd.*）⑤。在基辛格案（*Kissinger*）中，第九巡回法庭认定被告拐卖和监禁儿童的行为侵犯了习惯国际法，应对基辛格等人所属公司适用 ATS。而在美国国际电话电报公司案中，审理该案的第二巡回法庭则拒绝对公司适用 ATS。第二巡回法庭认定，本案的关键在于原被告双方从事活动的商业本质而非费拉提加案中所确立的国际人权因素。

在费拉提加案之后，美国联邦法院在将 ATS 适用于跨国公司这一问题上态度似乎仍显模糊。在哈米德诉普华公司案（*Hamid v. Price*

---

① *Filártiga v. Peña - Irala*, at 878.

② 相关资料参见 P. Claude, "The case of Joelito Filàrtiga and the Clinic of Hope", *Human Rights Quarterly*, Vol. 5, 1983, pp. 275 - 295; D. E. Ovaska, "Internal Deed of Foreign Official Actionable in United States Court, *Filartiga v. Pena - Irala*", *Suffolk Transnational Law Journal*, Vol. 5, 1981, pp. 297 - 310; D. S. D., "Enforcement of International Human Rights in the Federal Courts After *Filartiga v. Pena - Irala*", *Virginia Law Review*, Vol. 67, 1981, pp. 1379 - 1393; "Federal jurisdiction, Human Rights, and the Law of Nations: Essays on *Filartiga v. Pena - Irala*: Symposium", *Georgia Journal of International and Comparative Law*, Vol. 11, 1981, pp. 305 - 341。

③ Beth Stephens, "Translating *Filártiga*: A Comparative and International Law Analysis of Domestic Remedies for International Human Rights Violations", *The Yale Journal of International Law*, Vol. 27, 2002, p. 4.

④ *Nguyen Da Yen v. Kissinger*, 528 F. 2d 1194 (9th Cir. 1975). 本案的原告是一批从越南被拐卖到美国，并被美国人收养的孩子。被告基辛格等人所在的公司是美国一家私人收养机构，该公司主要在越南从事拐卖越南儿童并将其运往美国，从而为美国人提供收养服务的活动。美国第九巡回法庭认定，私人收养机构这种在他国拐卖及监禁儿童的行为属于侵犯国际人权法的行为。

⑤ *ITT v. Vencap, Ltd.*, 519 F. 2d 1001 (2d Cir. 1975).

Waterhouse）① 中，第九巡回法庭援引美国国际电话电报公司案（*ITT v. Vencap, Ltd.*）中的观点驳回原告起诉。第九巡回法庭认为，原告不能证明被告公司的行为违反习惯国际法。然而，在奥盟木金属公司诉 FMC 金属公司案（*Amlon Metals v. FMC*）中，尽管该案所涉及的跨境污染行为并不属于习惯国际法的内容，但纽约西区法院仍认定 ATS 可以适用于被告 FMC 金属公司。② 在处于同一时期的德士古案（*Texaco*）③ 中，纽约地区法院再次基于原告方并未能够证明德士古公司污染环境的行为，认定 ATS 不能适用于该案。可以说，费拉提加案之后的将近 20 年的时间里，美国联邦法院在确立 ATS 管辖范围所适用的规则是，被告的行为是否违反了习惯国际法，而对于被告是个人主体还是公司主体则较少关注。

开始将跨国公司侵权行为引入 ATS 的是 1996 年的卡迪奇诉卡拉季奇案（*Kadic v. Karadzic*）④。尽管卡迪奇案并未从根本上解决跨国公司的国际法主体地位问题，但审理此案的第二巡回法庭的观点却为将公司主体适用于 ATS 指明了道路。在卡迪奇案中，第二巡回上诉法院认为"私人主体可能因违反国际法而承担 ATS 所规定的责任，因为当代国际法并没有将其适用范围限定在国家行为中"。⑤ 应该说，卡迪奇案之后，美国法院开始确立公司（包括跨国公司）应承担国际人权法中所规定的国际法责任这一基本原则。⑥ 1998 年，美国新泽西州纽瓦克联邦地区法院在对福特汽车公司提起的集团诉讼（*Iwanowa v. Ford Motor Co.*）⑦ 中提到，"仅仅因为跨国公司的行为并不与政府行为有关就不对其侵犯国际法的行为追究

---

① *Hamid v. Price Waterhouse*, 51 *F.* 3d 1411 (9th *Cir.* 1995). 在本案中，原告基于普华会计师事务所参与跨国诈骗行为及涉嫌参与国际商业信贷银行（Bank of Credit and Commerce International）破产活动提起告诉。

② *Amlon Metals v. FMC*, 775 *F. Supp.* 668 (*S. D. N. Y.* 1991).

③ *Aguinda I*, 1994 *U. S. Dist. LEXIS* 4718 *and Aguinda* II, 850 *F. Supp.* at 282.

④ *Doe v. Unocal Corp.*, 70 *F.* 3d 232, 236 (1995).

⑤ *Kadic*, 70 *F.* 3d at 239. 在该案中，波斯尼亚的受害者对波斯尼亚—塞尔维亚部队侵犯人权的暴行提出了指控。审理该案的法院认为，"酷刑的违反者不仅限于国家，私人行为（即非代表国家行使的人的行为，包括公司）也应承担独立的责任"。因此，该案对跨国公司可以符合 ATS "对人的管辖"，并由此为在侵犯人权的诉讼中独立承担法律责任提供了司法先例。

⑥ Saman Zia‐Zarifi, "Suing Multinational Corporations in the U. S. for Violating International Law", *UCLA Journal of International Law and Foreign Affairs*, Vol. 4, p. 103.

⑦ *Iwanowa v. Ford Motor Co.*, 67 *F. Supp.* 2d 424 (*D. N. J.* 1999).

责任的做法是没有任何逻辑的"。① 说明在这一时期，上述类似纽瓦克联邦地区法院的关于跨国公司应就其自身的行为承担国际刑事责任的观点已经开始在美国司法界普遍存在。

真正将适用 ATS 控告跨国公司侵犯人权行为的活动推向高潮的是优尼科案（Doe v. Unocal Corp.）。② 在优尼科案中，原告指控优尼科公司与缅甸军队共谋参与位于缅甸南部的天然气管道工程，在修建过程中存在大量严重侵犯人权的暴行，其中包括强制劳动、强奸、虐待劳工等行为。③ 美国第九巡回法庭在优尼科案中首次承认，跨国公司和公司高管可以对在他国的侵犯人权活动中的"帮助和煽动行为"（aiding and abetting）承担间接责任，且美国法院有权对此类案件援引 ATS 做出裁决。④ 优尼科案的巨大影响力使得美国社会真正开始关注跨国公司在国际犯罪中所起的作用。至此，大量外国受害人及其家属开始在美国法院就发生在别国的跨国公司侵犯人权行为提起侵权诉讼。⑤ 据统计，截至 2007 年，依该法案处理的 36 起涉及跨国公司的案件中，有 20 起被驳回，3 起得到解决（但没有 1 起判定被告胜诉）。⑥

虽然美国国际法学界及人权组织对适用该法案惩罚跨国公司的侵权行为抱有极大希望，但美国联邦最高法院却始终采取较为保守的态度。联邦最高法院虽曾在原则上重申了习惯国际法规则在美国法院审理案件中的地位，但却要求各级法院在适用该规则时应采取严格标准，即涉案的侵权行

---

① Iwanowa v. Ford Motor Co., at 455.

② John Doe I v. Unocal Corp., 963 F. Supp. 880（C. D. Cal. 1997）. 在本案中，原告是缅甸一部族的居民，而被告是优尼科公司（总部设在美国加利福尼亚州的跨国石油公司）、道达尔公司（法国石油公司）以及缅甸军政府和缅甸国有天然气公司 MOGE。由于原告所在的部落地处优尼科公司天然气管道项目之上，因此，缅甸军队为保障优尼科公司天然气管道建设的顺利完成，雇佣民兵强迫当地部落居民为修建该管道项目从事重体力劳动。有原告称，这些劳动经常是无偿的，且还会伴随军队的口头辱骂和暴力虐待。相关资料参见 International Labor Organization, Tripartite Declaration of Principles Concerning Multinational Enterprises and Social Policy, 17 I. L. M. 422 (1978), at IV. 12. B.

③ 963 F. Supp. 2d 880, 883（C. D. Cal. 1997）.

④ Unocal Corp., 963 F. Supp. 880, aff'd in part rev'd in part, 395 F. 3d 932（9th Cir. 2002）.

⑤ 其中包括起诉可口可乐公司在哥伦比亚的侵权行为、埃克森美孚公司在印度尼西亚涉嫌与印度尼西亚军队从事侵犯人权的共谋行为以及对于在南非种族隔离时期涉嫌参与种族隔离政策的众多跨国公司和银行的起诉等。

⑥《人权与跨国公司和其他工商企业问题秘书长特别代表的临时报告》，E/CN. 4/2006/97。

为必须是"具体的"、"强制性的"和"普遍性的"。同时，联邦最高法院的多数意见还建议低级法院在"适用国际法规则时应有所约束"。① 但是，联邦最高法院也并未将法院适用 ATS 的门关死。索萨诉阿瓦瑞兹－莫晨案（Sosa v. Alvarez – Machain）② 就是反映上述观点的典型判例。在索萨案（Sosa）中，美国联邦最高法院认为，被告从事的跨国绑架行为并不构成对于"万国法"（law of nations）的违反，因此不属于 ATS 的管辖范围。对于 ATS 的适用范围，联邦最高法院指出：

> 我们认为第一届国会在认定 ATS 的管辖范围时适用了布莱克斯通"三重罪"标准（Blackstone's three primary offenses），即侵犯安全通行权（violations of safe conducts）、侵犯大使的权利（infringement of the rights of ambassadors）及海盗行为（piracy）。因此，对于任何基于现代国际法律或原则而提起的诉讼请求，只有当它们的严重程度已经达到上述三种严重罪行之时，法院才能适用 ATS。③

同时，联邦最高法院还指出"联邦法院有权基于 ATS 对侵犯习惯国际法的行为做出判决，不管该行为发生在哪里"。④ 在该案的"结案陈词"中，法院也提到"对于那些恶劣程度同 1789 年制定 ATS 时确定的罪行程度相类似的犯罪行为，ATS 的门还是开着的，但是法院在适用 ATS 时仍应时刻保持警惕"。⑤ 除此之外，索萨案（Sosa）的重要性还在于，尽管该案的被告仅涉及个人而非公司，但美国联邦最高法院在其判决书中提到了公司，并表达了 ATS 也可适用于被告是公司的案件的可能性。⑥

可以说，在 ATS 法案重获生机的 30 多年时间里，美国联邦法院积累了大量判例及司法审判经验，这对于国际刑法在相关问题上的发展起了极

---

① 相关资料参见 http：//en. wikipedia. org/wiki/Alien_ Tort_ Statute, 2012 – 11 – 01。

② *Sosa v. Alvarez – Machain*, 542 U. S. 692（2004）. 本案的原告是墨西哥人阿尔瓦雷斯－马沁（Alvarez – Machain）医生，他宣称自己被美国缉毒局（Drug Enforcement Agency）官员索萨（Sosa）绑架到美国，并在绑架过程中索萨存在对其施加监禁及虐待行为。

③ *Sosa v. Alvarez – Machain*, 542 U. S. 692（2004）.

④ *Sosa v. Alvarez – Machain*, at 693 – 695.

⑤ *Sosa v. Alvarez – Machain*, at 729.

⑥ *Sosa v. Alvarez – Machain*, at 732 n. 20.

大的推动作用。费拉提加案（Filártiga）之后的卡迪奇案（Kadic v. Karadzic）①中，法院确认了种族灭绝罪和战争犯罪的国际强行法②地位。这一判决为从20世纪90年代开始的跨国公司作为私主体在ATS下承担人权责任奠定了基础。尤其值得一提的是1996年开始的优尼科系列案件（Doe v. Unocal）。联邦第二巡回法院在该案中确立的"公司共谋行为标准"（the standard for corporate complicity）及对公司"帮助和煽动行为"（aiding and abetting）的认定标准一直被国内外学界和实务界奉为经典，并已被纳入包括联合国秘书长特别代表报告等多个国际文件③之中。进入21世纪以来，尽管国际社会仍就跨国公司能否承担国际法责任争议不断，但美国联邦法院却在索萨案（Sosa）中指出，私人公司的行为只要满足习惯国际法所要求的"明确性、普遍性和强制性"的特点就可适用ATS。④联邦最高法院也认为，这一标准为美国联邦法院未来适用ATS时进行了严格限定。⑤

（二）柯欧贝案对涉跨国公司侵权索赔案件的影响

尽管适用ATS起诉跨国公司侵犯人权行为的司法救济途径似乎发展得相当顺利，然而，此种救济途径可能因2013年美国联邦最高法院在柯欧贝诉荷兰皇家石油公司案（Kiobel v. Royal Dutch Petroleum, Co.）⑥的判决而告终结。

2002年，来自尼日利亚的奥干尼族人（Ogoni）在美国纽约西区法院起诉荷兰和英国控股公司在奥干尼地区进行生产和经营活动时，帮助和煽

---

① Kadic v. Karadzic, 70 F. 3d 232, 64 USLW 2231. 在该案中，波斯尼亚的受害者对波斯尼亚—塞尔维亚部队侵犯人权的暴行提出了指控。法院认为"酷刑的违反者不仅限于国家，私人行为即非代表国家行使的人的行为（包括公司）也应承担独立的责任"。因此，该案对跨国公司可以符合ATS"对人的管辖"，并由此在侵犯人权的诉讼中独立承担法律责任提供了司法先例。参见吴琼《美国〈外国人侵权法令〉与跨国公司侵犯人权案介评》，载《广西政法管理干部学院学报》2009年第4期。

② 国际强行法是国际社会作为整体接受并认为不得背离的法律规则；这样的规则只能由以后具有同样性质的强行性法律规则才能更改。相关资料参见黄瑶《国际法关键词》，法律出版社2004年版，第14页。

③ Jennifer A. Zerk, *Multinationals and Corporate Social Responsibility: Limitations and Opportunities in International Law*, Cambridge University Press, 2006, p. 208.

④ Ibid., pp. 731 – 732.

⑤ Ibid., pp. 724 – 729.

⑥ Kiobel v. Royal Dutch Petroleum Co., 569 U. S. _ _ _, 133 S. Ct. 1659, 1669 (2013).

动尼日利亚政府从事侵犯人权的活动（包括施用酷刑、危害人类罪、任意逮捕以及监禁）。① 在一审判决中，法院部分支持了被告要求撤销起诉的动议并启动中间上诉程序，将此案上诉至联邦第二巡回法庭。② 第二巡回法庭认为，本案的关键在于涉及跨国公司的案件是否能够适用 ATS。"根据索萨案（Sosa）中确立的标准，第二巡回法庭认为本案中的公司行为并不符合联邦最高法院所确立的'特定的、普遍的和强制性'的侵权标准"，并由此做出裁定，认定"被告皇家荷兰石油公司的行为并不属于 ATS 的管辖范围"。③

第二巡回法庭的上述观点引发学界和实务界的激烈反弹。众多来自企业界、政府、学界、工会和人权组织的人士通过"法庭之友"（amicus curiae）报告的形式表达自己的意见。美国国务院及商务部也在其提交的"法庭之友"报告中指出，法院应将其关注重点集中在 ATS 是否有权管辖跨国公司的问题上，同时提出国际法应将法律的适用问题留给各国国内法律系统解决，而作为联邦普通法的 ATS 则具有管辖公司的权力。④ 来自英国与荷兰政府的报告则呼吁，法院在赋予 ATS 域外效力时应遵循"广泛性及根本性"原则。他们认为，由于柯欧贝案缺乏与美国"事实上的连接点"，因此被告公司不属于 ATS 的管辖范围。⑤

鉴于本案的影响力及争议度极高，美国联邦最高法院决定对此案作出司法意见。联邦最高法院认为，将 ATS 适用于发生在非美国本土的侵权行为的前提是涉案行为必须与美国存在重要的关系（with sufficient

---

① *Kiobel v. Royal Dutch Petroleum Co.*, No. 1：02 – cv – 07618（S. D. N. Y. filed Sep. 20, 2002）.

② *Kiobel v. Royal Dutch Petroleum Co.*, 456 F. Supp. 2d. 457（S. D. N. Y. 2006）.

③ *Kiobel v. Royal Dutch Petroleum*, 621 F. 3d 111（2d Cir. 2010）, reh' g denied, 642 F. 3d 268（2d Cir. 2011）, reh' g en banc denied, 642 F. 3d 379（2d Cir. 2011）.

④ Brief for the United States as Amicus Curiae Supporting Petitioners, at 6, *Kiobel v. Royal Dutch Petroleum Co.*, No. 10 – 1491（U. S. Dec. 21, 2011）.

⑤ Brief of the Governments of the United Kingdom of Great Britain and Northern Ireland and the Kingdom of the Netherlands as Amicus Curiae in Support of the Respondents, at 33, *Kiobel v. Royal Dutch Petroleum Co.*, No. 10 – 1491（U. S. Feb. 3, 2012）. 同时参见 Amicus Curiae Briefs of the Federal Republic of Germany, of BP America, et al.; and of Chevron Corp, et al, *Kiobel v. Royal Dutch Petroleum Co.*, No. 10 – 1491（U. S. Feb. 3, 2012）; Brief for Professors of International Law, Foreign Relations Law and Federal Jurisdiction as Amici Curiae in Support of Respondents, *Kiobel v. Royal Dutch Petroleum Co.*, No. 10 – 1491（U. S. Feb. 3, 2012）.

force)。① 如单纯从字面含义上分析，美国联邦最高法院的上述决定已经彻底排除了 ATS 对发生在他国国内的跨国公司侵犯人权案件的审理权。尽管承认上述观点，但一些学者仍对 ATS 抱有一线希望。他们认为，联邦最高法院的这一决定对美国联邦法院在跨国公司侵权案件中适用 ATS 的影响力还有待考证。但从当前的司法实践活动可以看出，虽然低级法院至少已在 3 起案件中选择不适用美国联邦最高法院在柯欧贝案中的决定，② 但发展趋势却是，绝大多数联邦法院正在大批量适用此原则。在很多被驳回起诉的案件中，法院给出的理由仅为"该侵犯人权的行为并未发生在美国本土"。③ 因此，很多学者认为，ATS 未来的发展并不乐观。他们预想"此后，可能仅仅在非常罕见的情况下，法院才会承认 ATS 对跨国公司的管辖权。而柯欧贝案则敲响了 ATS 涉及跨国公司侵犯人权案件的'丧钟'（death knell）"。④

（三）ATS 对欧盟的影响

从目前已经起诉的多起案件可以看出，欧洲国家国内法院涉及跨国公司侵犯人权的案件主要包括两种类型：（1）跨国公司同他国军政府或独裁政府合作，直接从事侵犯基本人权的行为；（2）跨国公司参与或煽动一国内战或其他冲突并从中牟利。除欧盟外，欧洲一些国家（如丹麦、荷兰和法国）也在其国内法中要求跨国公司履行国际人权义务及保护环境的责任。英国国会曾就跨国公司在海外经营过程中涉及的人权标准和劳工标准问题进行过立法讨论。⑤ 2001 年，英国上议院在一起案件中承认私

---

① *Kiobel v. Royal Dutch Petroleum Co.*, 569 *U. S.* _ _ _, 133 *S. Ct.* 1659, 1669（2013）.

② 截至 2013 年年底，美国各级联邦法院审理的适用 ATS 的案件中共有 3 起并未适用联邦最高法院在柯欧贝案中的决定。这些案件包括：*Mwani v. Laden*, 2013 WL 2325166（D. D. C. May 29, 2013）; *Sexual Minorities Uganda v. Lively*, 2013 WL 4130756（D. Mass. Aug. 14, 2013）; and *Ahmed v. Magan*, 2013 WL 4479077（S. D. Ohio Aug. 20, 2013）。但值得注意的是，这三起案件的被告都涉及跨国公司。

③ Gwynne Skinner, Robert McCorquodale, Olivier De Schutter, "The Third Pillar: Access to Judicial Remedies for Human Rights Violations by Transnational Business", 2013, http://accountability-roundtable. org/analysis/the – third – pillar – access – to – judicial – remedies – for – human – rights – violations – by – transnational – business/, 2014 – 01 – 07.

④ Ibid., p. 20.

⑤ G. Gagnon, A. Macklin, P. Simons, *Deconstructing Engagement: Corporate Self – Regulation in Conflict Zones*, Toronto: University of Toronto School of Law, 2003.

人公司属于"国际人权法的适用主体……"① 为寻求更为恰当的司法救济模式,大部分欧洲国家对美国 ATS 在跨国公司国际犯罪案件中的适用及其最终效果兴趣很大。因此,尽管美国国内对于 ATS 存在这样或那样的声音,但欧洲国家却对适用 ATS 处理涉及跨国公司犯罪案件的未来发展抱有很大的希望。不少欧盟国家希望能够在欧盟内部制定一个类似 ATS 的法律文件。欧盟似乎希望通过制定类似的法律文件来更好地实现对跨国公司行为的监督和管理。

早在 1998 年,欧洲发展与合作委员会(Committee on Development and Cooperation)就曾提议专门针对 ATS 进行调研,进而研究创建"欧洲版的 ATS"的可能性。② 2002 年,欧洲议会(European Parliament)在一项决议中指出,《关于民商事案件管辖权与裁判执行的布鲁塞尔公约》(*Brussels Convention on Jurisdiction and the Enforcement of Judgments in Civil and Commercial Matters* 1968)第 2 条③已授权各欧盟成员国法院享有对设立在其国内或总部设在成员国内部的跨国公司的管辖权(即使该跨国公司造成的损害位于第三国)。同时,欧洲议会还呼吁其成员国在本国内推进此种涉外管辖权的适用,并要求欧盟委员会(European Commission)就 ATS 在欧盟国家国内法院的适用进行可行性研究。④ 然而,基于美国和欧洲国家法律体系存在本质上的区别,欧洲国家的受害者和其代表人在起诉跨国公司侵犯人权行为时多发起刑事司法程序而非民事程序,⑤ 这就造成了在

---

① *Johnson v. Unisys, Ltd.*, UKHL/13,? 37 (22 March 2001) (Lord Hoffmann). *Fitzpatrick v. Sterling Housing Assoc., Ltd.*, 1999 WL 852150 (House of Lords 1999).

② *Report on EU standards for European Enterprises Operating in Developing Countries: Towards a European Code of Conduct*, Committee on Development and Cooperation, 17 December 1998, ¶16, http://eur-lex.europa.eu/LexUriServ/LexUriServ.do? uri = OJ: C: 1999: 104: 0180: 0184: EN: PDF, 2014-02-12.

③ Brussels Convention on Jurisdiction and the Enforcement of Judgments in Civil and Commercial Matters 1968, OJ C 221 (1998). Article 2: "Subject to the provisions of this Convention, persons domiciled in a Contracting State shall, whatever their nationality, be sued in the courts of that State. Persons who are not nationals of the State in which they are domiciled shall be governed by the rules of jurisdiction applicable to nationals of that State."

④ Resolution A5-0159/20002, para. 50. *Report on EU Standards for European Enterprises Operating in Developing Countries: Towards a European Code of Conduct*, art. 16.

⑤ European Center for Constitutional and Human Rights, ECCHR European Cases Database (2009), available upon request at info@ ecchr. eu.

欧洲国家内部审理民事侵权案件的 ATS 程序的巨大障碍。

（四）ATS 存在的问题

尽管采取适用 ATS 起诉跨国公司侵犯人权暴行的途径有其优越性，但此类案件对当事人双方也都存在巨大风险。对于原告方来说，案件最终的胜利固然可以使受害方获得大量金钱赔偿、精神上的慰藉以及对于跨国公司参与侵犯人权行为一定程度的"喝止效应"。但由于此类案件只能在美国联邦法院受理，因此一般需要受害方花费更多的时间、更为高昂的诉讼费用及大把的精力。这对于一般受害者来说都是很大的负担。对于被告公司一方来说，尽管跨国公司强大的经济和政治实力使其并不用太过担心巨额的诉讼费用账单，但案件费时越长，媒体对于该公司侵犯人权行为的"曝光"也就会更长，这对于重视"良好公关形象"的跨国公司肯定不是小事。如果跨国公司败诉，外国人侵权索赔案件还可能导致跨国公司因败诉而需要向原告方支付大笔赔偿金。同时也可能为其在类似地区继续从事生产经营活动造成不确定性。此外，从国家层面来讲，由于 ATS 并不限制美国联邦法院审理母国为非美国的跨国公司在外国的侵权行为，为保护本国经济利益，这些外国政府必然不愿意看到本国跨国公司在美国法院受审。在法院审理柯欧贝案（*Kiobel*）时，美国政府就曾收到来自英国政府的"对此事表示不满"的声明。相应地，美国政府也不愿被卷入这种左右为难的尴尬境地。有美国学者就认为，涉及跨国公司的外国人侵权索赔案件可能会使得美国法院陷入"外国事务"的泥潭。[①]

总的来说，30 多年来，美国联邦法院在涉及跨国公司侵犯人权的司法判例中大量适用 ATS，极大地加深了学界和实务界对"跨国公司国际刑事责任问题"的认识程度。在众多涉及跨国公司侵犯基本人权的案件中，美国联邦法院法官就国际司法实践在相关判例中的发展和演变过程，特别是国际刑事法院关于公司管辖权问题的讨论、跨国公司的国际法主体资格、跨国公司涉及国际犯罪中的共谋行为等问题进行了相当系统而深入的探讨。同时，在案件审理过程中，联邦法院法官始终坚持贯彻维护基本人权、国际法尊严及阻止国际犯罪等精神都为国际刑法学界和实务界人士在相关领域的进一步研究积蓄了十分宝贵的财富。《国际刑事法院规约》序

---

① Chimene I. Keitner, "Conceptualizing Complicity in Alien Tort Cases", *Hastings Law Journal*, Vol. 60, 2008, p. 64.

言中曾有过这样的表述,"对于整个国际社会关注的最严重犯罪,绝不能听之任之不予处罚。为有效惩治罪犯,必须通过国家一级采取措施并加强国际合作"。① 而从另一个角度也可以这么认为,民事诉讼中对于受害方给予金钱形式的补偿可以说是另一种"有效惩治犯罪"的方式。②

三 跨国公司的自愿"行为规范"

从20世纪70年代开始,欧美国家的人权组织对某些跨国公司在发展中国家建立"血汗工厂"的报道引发了全球性轰轰烈烈的"消费者运动"。③ 该运动促使各国政府、学者和社会公众开始思考跨国公司所应面对的环境保护和劳工权益等问题。④ 各主要国际性或区域性组织出台的具有倡议性的"生产经营准则",以及各跨国公司自主制定的"行为规范"也是从这一时期开始兴起的。

除前述国际性文件及国内法律规制之外,20世纪90年代以来,一些跨国公司还在其公司内部制定自愿"行为规范"(Code of Conduct)以彰显其保障基本人权的决心。国际劳工组织(ILO)对跨国公司的自愿"行为规范"有如下定义:"行为规范是指,一种书面政策或原则,被跨国公司用来作为其某种特定生产经营行为的基础的承诺。"⑤ OECD 对于"行为规范"也做过相类似的界定。OECD 认为,"行为规范是由跨国公司、组织或部门自愿做出的,用于规范其在工作场所的经营行为的一种承

---

① 《国际刑事法院罗马规约》序言,http://www.un.org/chinese/work/law/Roma1997.htm,2014-01-10。

② Katherine Gallagher, "Civil Litigation and Transnational Business: An Alien Tort Statute Primer", *Journal of International Criminal Justice*, Vol. 8, 2010, p. 767.

③ 消费者运动:指在市场经济条件下,消费者为了维护自身利益,自发的或者有组织的以争取社会公正、保护自己合法权益、改善其生活地位等为目的同损害消费者利益行为进行斗争的一种社会运动。消费者运动始于19世纪的英国,然后迅速波及西欧和北美。20世纪已经成为消费者运动的世纪。相关资料参见 http://baike.baidu.com/view/1070730.htm, 2013-02-14。

④ 朱锦程:《全球化背景下企业社会责任在中国的发展现状及前瞻》,载《中国矿业大学学报》2006年第1期。

⑤ International Labour Organisation Governing Body, Working Party on the Social Dimensions of the Liberalization of International Trade, *Overview of Global Developments and Office Activities Concerning Codes of Conduct, Social Labeling and Other Private Sector Initiatives Addressing Labour Issues* Executive Summary, GB 273/WP/SDL/1, 273d session Geneva, November, 1998.

诺"。① 可以看出，两定义都强调了跨国公司行为规范的两大最主要特性，即自愿性（voluntarily）及非强制性（non-binding commitments）。实践中，一项行为规范的内容大多包括跨国公司母国、东道国国内法律、行业规范及相关国际标准，但一般不包括外部监督机制及规范履行情况的报告机制。

实践表明，跨国公司内部"行为规范"的形成经历了一个跨国公司由勉强、被动接受到积极、主动参与的过程。② 1991年，全球媒体对于美国著名服装制造商"李维斯"（Levi-Strauss & Co.）在发展中国家建立"血汗工厂"事件的报道，使该公司的社会形象大跌。为挽回损失，李维斯公司制定了世界上第一个关于"劳工和社会责任的行为准则"（Levi-Strauss & Co. Global Sourcing & Operating Guidelines）。③ 此后，大量涉及保护人权等国际人权法基本原则的跨国公司"行为准则"开始出现在公众视野中。毕马威咨询公司（KPMG）在2011年的一份报告中指出，"虽然制定行为准则曾经仅仅被跨国公司认定为是对于社会的道德责任，但现在很多公司已经开始转变思路"。④ 越来越多的跨国公司开始意识到，制定行为准则不仅仅是"公司对外公关项目"。截至2011年，95%的"世界前250强"跨国公司都已开展"行为规范报告"活动。⑤ 正是因为"行为准则"的出现，使得跨国公司在其生产经营活动时不再"为所欲为"，对于其行为起到一定程度的规范作用。

2000年之后，大多数欧美跨国公司已经不再满足于单纯制定规范其自身的行为准则。这一时期，跨国公司们开始对其全球供应商实施"CSR（Corporate Social Responsibility，企业社会责任）评估和审核"，并将审查结果作为与之建立合作伙伴关系的前提。"履行企业社会责任"也越来越多地出现在跨国公司订单的附加条款中，从而将公司"行为规范"运动

---

① OECD survey 2001 op cit at 8.

② Steven R. Ratner, "Corporations and Human Rights: a Theory of Legal Responsibility", *The Yale Law Journal*, Vol. 111, 2001, p. 448.

③ 陈留彬：《中国企业社会责任理论与实证研究——以山东省企业为例》，博士学位论文，山东大学，2006年。

④ KMPG, KMPG International Survey of Corporate Responsibility Reporting 2011, *Retrieved* May 12, 2012, from http://www.kpmg.com/PT/pt/IssuesAndInsights/Documents/corporate-responsibility2011.pdf, 2014-02-09.

⑤ Ibid. .

扩展到生产制造基地的发展中国家。印度尼西亚、泰国、中国等国家都成为该运动的重点。在这一运动中，以 2000 年由部分发达国家、大型采掘及能源公司和非政府组织制定的《安全与人权自愿原则》（Voluntary Principles on Security and Human Rights）① 最为著名。该原则旨在维护人权及加强企业的社会责任，并致力于开启政府、企业同非政府组织在安全同人权问题上的对话模式。② 鉴于该原则在规范跨国采掘业企业的生产经营行为中所做的重要贡献，该原则获得了红十字国际委员会（International Committee of the Red Cross）作出的"目前唯一一个明确涉及跨国公司国际刑事责任及在原则中明确论及国际人道法的多边对话机制"③ 的高度评价。

近年来，中国的海外企业也在制定企业自愿性行为规范方面进步显著。一项研究显示，截至 2011 年，超过 60% 的中国跨国公司已经开始公开年度"企业责任报告"，其发展势头已经超过 3 年前的西班牙、意大利和荷兰等国。④ 尽管与欧美跨国公司相比，中国海外企业在制定"自愿性行为规范"上起步较晚，但其较高的质量及数量均获得了国际社会的广泛赞誉。但也有学者对中国跨国企业在制定报告时过分追求与"国际标准接轨"的做法提出批评。他们认为，由于中国跨国企业在"行为规范报告制度"建设一开始就严重依赖外国商业伙伴的推动及国际标准，导致企业本身缺乏制定符合国情和行情的动力，这将不利于形成企业制定、推广具有中国特色的报告机制的良好土壤，⑤ 也不利于培养中国跨国公司主动制定此类行为规范的内在动力。应当认识到，越来越多的跨国公司开始关注自身的行为规范，一定程度上也可以认为是跨国公司自身对于相关国际法责任的自我调控能力的加强。尽管此类倡议性公约或自愿行为规范在数量上和质量上都有很大提高，且在国际社会造成了相当大的影响，一

---

① 相关资料参见 http://www.voluntaryprinciples.org/，2014-02-20。

② What Are the Voluntary Principles?, Voluntary Principles on Security and Human Rights, http://www.voluntaryprinciples.org/what-are-the-voluntary-principles/, 2013-12-16.

③ ICRC, Business and International Humanitarian Law: An Introduction to the Rights and Obligations of Business Enterprises under International Humanitarian Law, 2006.

④ KPMG, KPMG International Survey of Corporate Responsibility Reporting 2011, http://www.kpmg.com/PT/pt/IssuesAndInsights/Documents/corporate-responsibility2011.pdf, 2014-02-09.

⑤ 梁晓辉：《中国企业社会责任标准和实施机制：应强化"当地所有权"意识》，载《WTO 经济导刊》2009 年第 3 期。

定程度上推动了跨国公司自愿承担一定程度的国际法责任,然而,由于这些公约、倡议自身存在内容过于笼统、缺乏强制性等缺陷,使得这些公约或规范并不能成为约束跨国公司行为的"治本良药"。因此,目前国际法学界对于跨国公司自愿行为规范的有效性问题观点不一。

赞成此措施的学者指出,公司的这种自我约束模式是走向跨国公司国际法责任"硬法"规制的第一步。[①] 因此,此种自愿性行为规范在规范跨国公司行为时被认为具有其他形式的行为规范所不具备的优势。[②] 首先,优势的重点集中在"自愿性"上。跨国公司行为规范强调公司个体的非强制性行为。通过公司充分发挥其"主观能动性"而确定的其对于人权尊重的承诺,由于该行为规范由跨国公司为自己"量身定做",不仅能够防止出现类似国际条约或契约等规定过于宽泛、难以执行等问题,而且也更能保障跨国公司自身对于"自愿性行为规范"的遵守。[③] 其次,与国内法律规范的局限性相比,跨国公司行为规范能够更好地适用于该公司位于其他国家的子公司或生产线,具有更为广泛的适用范围及实施效果。

也有学者提出,单纯依靠跨国公司的"自愿性调控"是远远不够的。首先,大部分"行为准则"不仅用语含糊,也并未规定任何监督机制。显然,对于跨国公司这种既做"运动员"又做"裁判员"的报告制度最终的实施效果,学者们深表怀疑。其次,部分跨国公司在制定自身行为规范时存在某种"功利思想"。此类跨国公司对制定行为规范的动力远远超过其执行规范的动力,而其对外宣传该规范的动力更远远超过其教育员工适用该规范的动力。因此,部分学者认为,"公司的行为规范至多可以被认为是大型跨国公司进行对外公关的重要工具"。[④] 而制定具有强制执行

[①] Jennifer A. Zerk, *Multinationals and Corporate Social Responsibility: Limitations and Opportunities in International Law*, Cambridge University Press, 2006, pp. 101 – 102.

[②] Patrick Macklem, "Corporate Accountability under International Law: The Misguided Quest for Universal Jurisdiction", *International Law FORUM de droit international*, Vol. 7, 2005, p. 285.

[③] B. Hepple, "A Race to the Top? International Investment Guidelines and Corporate Codes of Conduct", *Comparative Labour Law & Policy Journal*, Vol. 20, 1999, pp. 357 – 358.

[④] C. Sabel, D. O'Rourke, A. Fung, *Ratcheting Labor Standards: Regulation for Continuous Improvement in the Global Workplace*, 2000, p. 3, http://www.archonfung.net/papers/rls21.pdf, 2014 – 02 – 09.

力的国际条约或国内法律规章才是最终解决问题的王道。①

小 结

综上所述,经济全球化程度的不断加深,使得世界经济越来越紧密地联系在一起,而跨国公司对于世界各国及人民生活的影响力也表现得更为明显。跨国公司在为其东道国和母国创造丰厚财富的同时,也已经陷入侵犯当地民众基本人权的"泥潭"中不能自拔。而世界各国试图追究跨国公司国际责任的愿望也越来越强烈。具体而言,关涉跨国公司国际责任的规制主要来源于国际性文件和国内法律规范。

从国内法层面出发,跨国公司必须遵循驻在国的相关法律、法规,不得侵犯他人合法权利。在现实生活中,也有不少国家国内法已经承认了对跨国公司侵犯人权行为的管辖权,相关司法判例也不在少数。应该说,跨国公司东道国对于跨国公司生产经营活动的司法管辖,对于约束跨国公司的不法或犯罪行为有一定的积极阻吓效用,但此种处罚方式仍存在较大缺陷。首先,受害方很难真正通过一国国内司法救济途径获得来自跨国公司的赔偿。② 由于绝大多数犯罪行为发生在发展中国家或不发达国家,而大部分跨国公司总部则并不设在犯罪行为发生地,故基于"属地原则",这些跨国公司母公司一般会拒绝执行此类国家法院对其做出的败诉判决。而对于那些真正受到指控的跨国公司子公司或分公司来说,它们却通常并不具备强大的经济基础用于支付受害人的巨额赔偿金。这使得即使受害方胜诉也会陷入"进退两难"的局面。发生在 1984 年的印度博帕尔(Bhopal)毒气泄漏事件就是典型。根据相关人权机构的调查,截至今日,肇事公司"联合碳化公司"(Union Carbide Corporation)仍未向受害者履行

---

① Christopher Avery, Annabel Short, and Gregory Tzeutschler Regaignon, "Why All Companies Should Address Human Rights", Report 2, *Initiative on Human Rights*, p. 2.

② Mark B. Taylor, Robert C. Thompson, Anita Ramasastry, "Overcoming Obstacles to Justice: Improving Access to Judicial Remedies for Business Involvement in Grave Human Rights Abuses", 2010, http://www.shiftproject.org/publication/overcoming-obstacles-justice-improving-access-judicial-remedies-business-involvement-gra, 2014-02-09.

赔偿义务。① 其次，一国国内法就相关问题的规定也会限制本国公司向外国投资的热情，在一定程度上影响到不发达国家或处于战乱中国家经济的发展及国际社会的稳定。这就从另一个角度证明，在涉及跨国公司犯罪案件时，发展中国家或不发达国家中经常出现的"有法不依、执法不严"的现象。鉴于一国国内法律体系存在种种局限性，人们希望单纯依靠跨国公司东道国或母国内法来管控跨国公司行为的愿望几乎不可能实现。因此，国际社会开始从国际层面寻找追究跨国公司责任的途径。

从国际法层面来说，目前主要仍以非强制性国际文件为主。在规范跨国公司履行其人权保障等责任的诸多国际法机制中，虽然现存的大量非强制性国际文件对于跨国公司的行为在一定程度上起到了监督或促进义务履行的作用；同时，公司自愿性行为规范也至少从"表面上"体现出跨国公司尊重人权和国际法的意愿。但是，强制性法律规制或国际条约的欠缺，以及跨国公司大规模侵犯人权行为屡禁不止的现实也使得学界和实务界越来越深刻地认识到适用国际强行法②的必要性和紧迫性。

理论上，欧美国际法学者已就跨国公司对其行为应当承担一定程度的国际责任基本达成共识。但由于发展中国家与发达国家在此问题上的分歧较大，在实践中尚未形成统一的国际条约或规范。不能忽视的是，一些区域性国际组织（如欧盟）和国内法（如美国的 ATS）已经在此问题上取得了可喜的进步。与此同时，此领域也越来越多地看到我国国际法学者活跃的身影，尤其是在对跨国公司国际法主体资格研究、跨国公司的国际人权保护责任，以及跨国公司社会责任的国际法机制研究等方面也已形成了不少新颖的观点。近年来，我国跨国公司也在公司自愿性行为规范制定方面成绩斐然，这都对跨国公司国际法责任的进一步研究奠定了理论和实践上的基础。

---

① 相关资料参见 http://baike.baidu.com/view/3735497.htm? fromId = 412912, 2013 - 03 - 25。

② 国际法承认有限的一些强行规范，具有条约或习惯法都不能修改的最高法律的性质。在国际法上，强行法的起源不太清楚，但是，这一概念如今被接受了，并且在《维也纳条约法公约》中明确提到。参见 [美] 路易斯·亨金《国际法：政治与价值》，张乃根、马忠法等译，中国政法大学出版社 2004 年版，第 53 页。

第二章

国际刑法下跨国公司的国际刑事责任

现实中，跨国公司参与国际犯罪的行为多种多样，从跨国公司接收驻在国被掠夺的自然资源到直接参与驻在国的武装冲突活动都可在现实生活中找到真实案例。① 而且，跨国公司触犯国际刑法的严重程度也大不相同。一些跨国公司直接参与违反国际刑法的犯罪行为，如私人安保公司作为作战方直接参与到其驻在国内战或武装冲突之中。② 而另一些跨国公司参与国际犯罪的行为则表现得较为"隐蔽"。这些公司更多地是通过正常的生产经营活动而间接参与到他人的国际犯罪中来。比方说，一跨国公司为获得进入一国从事生产、经营活动的"准入证"，向该国政府提供武器装备或金钱。这些活动会在一定程度上加剧该国政府实施某些侵犯人权的犯罪行为。还有一些跨国公司以获取利益为目的，通过从特定组织购买资源、向反政府武装或政府军提供武器装备等方式加速驻在国当地人权恶化的状况。不管是上述何种行为，跨国公司在国际犯罪中的地位和作用已毋庸置疑，而国际社会对于追究跨国公司国际刑事责任的愿望也在不断加强。③

---

① 相关资料参见 Report of the Panel of Experts on the Illegal Exploitation of Natural Resources and Other Forms of Wealth of the Democratic Republic of the Congo, UN Doc. S/2001/357, 12 April 2001; UNSC Res. 1856 (2008), 22 December 2008, para. 21。

② P. W. Singer, *Corporate Warriors: The Rise of the Privatized Military Industry*, Ithaca: Cornell University Press, 2003; "Five Blackwater Employees Indicted on Manslaughter and Weapons Charges for Fatal Nisur Square Shooting in Iraq", *USA v. Slough et al.*, Indictment filed 4 December 2008. 同时参见 http://www.justice.gov/opa/pr/2008/December/08-nsd-1068.html, 2014-01-11。

③ Hans Vest, "Business Leaders and the Modes of Individual Criminal Responsibility under International Law", *Journal of International Criminal Justice*, Vol. 8, 2010.

第一节 跨国公司国际刑事责任概述

跨国公司的国际犯罪行为涉及很多侵犯国际刑法和国际人权法的问题。理论上说，国际刑法和国际人权法是有一定程度的交叉重叠的，但也有不少不同之处。国际刑法中很多部分与国际人权保障没有直接的关系，如关于劫持飞机罪、毒品罪行、环境保护等国际刑法规范。国际人权法也有很多部分与国际刑法没有直接的关系，因为国际人权法的主要内容是关于国家应当如何对待其国民、尊重和保障其人权的法律规范和行为准则。然而，为实现保护人权的宗旨，国际人权法的最终实现也不能缺少国际刑法的"保驾护航"。国际刑法的一个重要部分就是关于若干违反人权罪的界定和惩治。[①] 可以说，"尊重基本人权原则"已经成为国际刑法的基本原则之一，国际刑法极大地强化了国际人权监督机制，这是国际社会在通向普遍的人权和法治进程中迈进的巨大一步。[②] 通过国际刑事法律规范追究跨国公司国际刑事责任是维护和实现基本人权保障的应有之义也是必然选择。而探讨跨国公司国际刑事责任的理论基础则是了解国际刑事责任的概念及其发展历程。

一 国际刑事责任的理论发展

（一）国际刑事责任的概念

国际刑事责任，是指国家或个人对严重违背国际义务从而构成国际犯罪所引起的刑事法律后果的一种应有承担和国际社会对犯有国际罪行的国家或个人所作的最严厉的否定评价。[③]

通说认为，国际刑事责任具有以下四个特征：（1）国际刑事责任不

[①] 赵秉志、陈弘毅主编：《国际刑法与国际犯罪专题探索》，中国人民公安大学出版社2003年版，第46—47页。

[②] 张爱宁：《国际人权法的晚近发展及未来趋势》，载《当代法学》2008年第6期。盛洪生：《论国际人权法对国际刑法的影响》，载《法律科学》（西北政法大学学报）2012年第1期，http://www.criminallawbnu.cn/criminal/Info/showpage.asp? pkID=35131，2014-05-01。

[③] 甘雨沛、高格：《国际刑法学新体系》，北京大学出版社2000年版，第135页。

是一般法律责任和国内犯罪刑事责任,而是国际犯罪引起的刑事责任。因此,如行为人并未实施国际犯罪行为,而仅实施一般国际不法行为(如侵权行为、违约行为等),则不构成国际犯罪,也不承担国际刑事责任。(2)国际犯罪的刑事责任是国家或个人构成国际犯罪所引起的刑事法律后果的一种应有的承担。传统国际刑法理论认为,国际刑事责任的责任主体是国家或个人。国家或个人从事了严重违反国际刑法的行为,由此所产生的刑事法律后果是应当承担刑事责任。对于行为主体是个人的,刑法处罚主要包括剥夺其财产、人身乃至生命;对于行为主体是国家的,则主要通过罚金、没收财产、军事占领等限制主权的措施予以惩罚。(3)国际刑事责任是国际社会依照国际刑事法律规范,对犯有国际罪行的国家或个人所作的道德和政治上的否定性评价。对于国际犯罪行为主体从事的严重侵犯基本人权或破坏国际社会和平与安宁的最为严重的犯罪行为,由于该行为后果严重危害了国际社会的根本利益,因此,应当受到国际社会在道德上、政治上的严厉谴责和否定性评价。只有这样,才能最大限度地防止犯罪行为人再次从事此类犯罪行为。(4)国际刑事责任的本质是国际犯罪者同国际社会之间的一种刑事法律关系,也就是刑事方面的权利义务关系。①

(二)由"个人刑事责任"到"公司国际刑事责任"

由"国际刑事责任"的概念可知,传统国际刑法理论只承认个人或国家的国际刑事责任主体资格。在国际刑法的早期实践活动中,国际社会对个人违反国际刑事法律规范应承担相应国际刑事责任的认识较为统一。

个人刑事责任观念直接源于国际刑法的规定。通说认为,个人的国际刑事责任,是指个人对其所实施的国际犯罪,依据国际刑法所承担的刑事责任。② 纽伦堡国际军事法庭和远东国际军事法庭的刑事司法审判活动,在国际法实践中开创了追究国际犯罪者个人刑事责任的先例。第二次世界大战结束前夕,基于同盟国在战时和战后表示出的要惩办法西斯战犯的强烈意愿,美国、苏联、英国和法国代表在伦敦举行了会议,专门讨论设立国际法庭审判德国和日本战犯问题。同盟国代表于1945年8月8日签订

---

① 甘雨沛、高格:《国际刑法学新体系》,北京大学出版社2000年版,第135—136页。
② 同上书,第140页。

了关于设立国际军事法庭的四国协定和作为协定附件的《纽伦堡国际军事法庭宪章》，规定了法庭的组织、职权和审判的基本原则。[①] 1946 年，纽伦堡国际军事法庭在其判决书中明确声明，《纽伦堡国际军事法庭宪章》中关于"个人刑事责任"的规定表明，追究个人刑事责任已经成为国际刑法中的一项基本原则。

在纽伦堡审判之后，联合国大会指示国际法委员会将该国际军事法庭中适用的原则予以编纂，并一致肯定《纽伦堡国际军事法庭宪章》及纽伦堡国际军事法庭中所确认的国际法原则，即"纽伦堡原则"。[②] 1946 年，联合国大会发布了著名的"纽伦堡原则声明"，进一步确认了国际法上关于个人应直接承担刑事责任的原则，并认为这样做时无须考虑一国国内法律的规定。[③] 至此，至少在国际刑事司法实践活动中，个人完全能够对其从事的国际犯罪行为承担国际刑事责任。除明确规定"个人刑事责任"之外，《纽伦堡国际军事法庭宪章》还确定了关于"犯罪团体刑事责任"（criminal organizations）的原则。纽伦堡国际军事法庭对于"团体"国际刑事责任的认定，改变了传统国际刑法中只承认"个人或国家"作为国际犯罪主体的观念，为公司国际刑事责任问题的解决提供了全新的思路。

应该说，国际社会对于个人国际刑事责任的承认和理论探讨明显早于对以公司（包括跨国公司）为主体的国际刑事责任问题的研究。[④] 从国际刑法层面来看，个人刑事责任原则在纽伦堡审判和东京审判中便得到承认和彻底地贯彻与执行，使得该项原则逐渐成为现代国际刑法理论的重要基石之一。[⑤] 而此时的国际军事法庭对于将公司纳入国际刑法的管辖范围却持犹豫态度。纽伦堡国际军事法庭曾在美国诉戈林等人案（*The United*

---

① 朱文奇：《国际刑法》，中国人民大学出版社 2007 年版，第 54 页。
② 联合国大会 1946 年 12 月通过的 95 号（1）决议。
③ 朱文奇：《国际刑法》，中国人民大学出版社 2007 年版，第 54—55 页。
④ Ian Brownlie, *Principles of Public International Law*, 5th ed., 1998. 19 世纪中期开始，国际社会就开始就个人的国际刑事责任问题进行严肃讨论。
⑤ Volker Nerlich, "Core Crimes and Transnational Business Corporations", *Journal of International Criminal Justice*, Vol. 8 (3), 2010, p. 895.

States of America, et al. v. Hermann Wilhelm Goering, et al.)[①] 中，有过以下著名的表述"违反国际法的罪行是由人做出的，并不是虚拟实体，因此，也只有处罚那些真正犯罪的个人才能彰显国际法中体现的正义精神。"[②] 纽伦堡国际军事法庭在戈林案（Goering）中的这一观点，后又被多起涉及欧洲公司从事国际犯罪的案件所援引。这几乎排除了在纽伦堡审判时期承认公司可以承担国际刑事责任的可能性。

纽伦堡审判之后的60多年时间里，个人刑事责任原则先后在多个特别刑事法庭及国际刑事法院规约中得以进一步确立，[③] 并成为习惯国际法的重要原则。与之相应地，国际社会对于公司（包括跨国公司）国际刑事责任问题的态度也随着国际社会的发展而不断变化。虽然国际刑法强调的是对个人侵害基本人权的犯罪行为的惩治，但纽伦堡审判之后，国际刑法也开始对非国家参与者对公民权利的侵害问题予以关注。[④] 然而，由于二战时期公司的规模还较小，因此纽伦堡国际军事法庭和远东国际军事法庭对于追究公司的国际刑事责任一直持谨慎态度。此后，联合国大会通过的《世界人权宣言》（Universal Declaration of Human Rights）[⑤] 在其序言中强调"每一个人和社会机构"都应"促进对权利和自由的尊重"。该序言

[①] The United States of America, et al. v. Hermann Wilhelm Goering, et al., Opinion and Judgment (October 1, 1946), reprinted in America Journal of International Law, Vol. 41, p. 186. 本案中的被告之一赫尔曼·威廉·戈林是纳粹德国政治、军事领袖，与"元首"希特勒的关系极为亲密，在纳粹党内有相当巨大的影响力。他担任过德国空军总司令、"盖世太保"首长、"四年计划"负责人、国会议长、冲锋队总指挥、经济部长、普鲁士邦总理等跨及党政军三部门的诸多重要职务，并曾被希特勒指定为接班人。在本案中，戈林被判犯有"共谋罪"、"破坏和平罪"、"战争罪"和"危害人类罪"，并被判处死刑。相关资料参见 http://baike.baidu.com/view/202496.htm, 2014-03-02。

[②] The United States of America, et al. v. Hermann Wilhelm Goering, et al., Opinion and Judgment (October 1, 1946), reprinted in America Journal of International Law, Vol. 41, p. 186.

[③] 参见《国际刑事法院规约》第25条、《前南刑庭规约》第7条、《卢旺达刑庭规约》第6条、《塞拉利昂特别刑庭规约》第6条、《伊拉克特别刑庭规约》第15条及《柬埔寨特别法庭规约》第29条。

[④] Earth Rights International, The International Law Standard for Corporate Aiding and Abetting Liability, 2006, p. 2, http://www.earthrights.org/sites/default/files/publications/UNSRSG-aiding-and-abetting.pdf, 2014-02-09.

[⑤] UN General Assembly, Universal Declaration of Human Rights, 10 December 1948, 217 A (III), http://www.refworld.org/docid/3ae6b3712c.html, 2014-02-19.

对于"社会机构"的描述，使得学者们再次思考将公司纳入国际法（特别是国际刑法）管辖范围的可行性。① 到20世纪70年代之后，国际刑事司法实务界也开始正式接触涉及跨国公司国际犯罪的案件。伴随着经济全球化程度的不断加深，跨国公司从事国际犯罪的危害性逐渐为国际社会所重视。各主要特别刑事法庭也开始在跨国公司是否能够承担国际刑事责任问题上"松口"。同时，它们也更加深刻地认识到传统的以自然人为主体的国际刑事法理论已经不能再适应和解决这种大环境下所产生的越来越多新的问题，② 关于跨国公司的国际刑事责任问题的讨论开始正式登上历史舞台。③

二 跨国公司国际刑事责任的发展现状

现今学界普遍认为，跨国公司的国际刑事责任主要强调的是跨国公司应当成为国际犯罪的主体，并承担国际犯罪的刑事责任。世界经济形势的巨大变化，跨国公司实力的不断加强，以及近年来国际和国内司法实践活动的发展，都促使国际法学者更加加深了跨国公司应当承担国际刑事责任的认识。

从现实角度出发，随着经济全球化程度的不断加深，商业性公司（特别是跨国公司）对东道国、母国及其他利益相关者在政治上、经济上的影响大幅提升。各国在获得巨大利润的同时，也开始品尝公司肆无忌惮的侵犯人权行为所造成的恶果。近年来，各国爆发的严重侵犯人权事件已不再是以政府为唯一侵害方，跨国公司在广大发展中国家及不发达国家大规模侵犯当地民众基本人权的行为不断出现。④ 它们越来越多地参与到国际犯罪活动中来，主要为从事实际国际犯罪活动提供辅助（包括为战争

---

① Eric Mongelard, "Corporate Civil Liability for Violations of International Humanitarian Law", *International Review of the Red Cross*, Vol. 88, 2006, p. 669.

② 邵沙平：《国际刑法学：经济全球化与国际犯罪的法律控制》，武汉大学出版社2005年版，第117–118页。

③ Emeka Duruigbo, "Corporate Accountability and Liability for International Human Rights Violations: Recent Changes and Recurring Challenges", *Northwestern Journal of International Human Rights*, Vol. 6 (2), 2008, pp. 237–242; H. Lauterpacht, "The Subjects of the Law Nations", *The Law Quarterly Review*, Vol. 63, 1947, pp. 440–450.

④ Business & Human Rights Resource Center: A Brief Description, http://www.businesshumanrights.org/Aboutus/Briefdescription, 2013–07–29.

提供经济援助、武器装备等)。① 专门从事公司国际责任研究的非政府组织"公司与人权资料中心"(Business and Human Rights Resource Center)曾对各类跨国公司的侵权和犯罪行为做过统计。② 通过对来自超过 180 个国家的 3000 多家公司的人权表现进行跟踪调查,该中心得出以下结论:跨国公司的国际犯罪行为多发生在能源、矿产和制造业领域,主要行为包括污染环境、强迫劳动、酷刑甚至谋杀。③ 2008 年,世界银行采掘业工作组(The World Bank Extractive Industries Group)也在一份报告中承认"军事、警察机关及商业组织在特定区域中从事侵犯基本人权的行为的数量不占少数"。④ 国际社会也对此类问题表达了深切关注。国际法学家委员会(International Commission of Jurists)⑤ 在一份名为《公司共谋行为与法律责任》(Corporate Complicity & Legal Accountability)的报告中明确指出,由于现今各国国内法已经解决了公司刑事责任的问题,因此公司责任应当被涵盖在国际刑事法院的司法管辖权内。⑥ 应当说,这是该委员会首次公开提出将"公司纳入国际刑法管辖范围"这一观点,表明跨国公司国际刑事责任问题越来越受到国际法学界和实务界的重视,人们对于核心问题的

---

① 相关资料参见 International Peace Academy and Fafo, Business and International Crimes: Assessing the Liability of Business Entities for Grave Violations of International Law, 2004, http://www.fafo.no/pub/rapp/467/467.pdf, 2014 – 02 – 09。

② Business & Human Rights Resource Center: A Brief Description, quoting Mary Robinson, Director of the Ethical Globalization Initiative, former United Nations High Commissioner for Human Rights and President of Ireland.

③ Justin Levitt, "Corporate Liability for Violations of International Human Rights Law", *Harvard Law Review*, Vol. 114, 2001, p. 2025.

④ 相关资料参见 Jos'e Luis Gomez del Prado, President of the Working Group on the Use of Mercenaries as Means of Violating Human Rights and Impeding the Rights of Peoples to Self – Determination, Oral Statement at the Human Rights Council (March 10, 2008)。

⑤ 国际法律家委员会是一个国际人权非政府组织。1952 年正式建立。联合国经社理事会、联合国教育、科学及文化组织、欧洲委员会、非洲联盟都是其重要的合作和咨询机构。它负责世界各地人权调查和人权意见书的刊布。该委员会的宗旨在于,加强律师和法官更好地保护和促进人权、法治。相关资料参见 http://zh.wikipedia.org/zh – cn/%E5%9B%BD%E9%99%85%E6%B3%95 %E5%BE%8B%E5%AE%B6%E5%A7%94%E5%91%98%E4%BC%9A, 2014 – 03 – 17。

⑥ International Commission of Jurist (ICJ) Expert Legal Panel on Corporate Complicity in International Crimes, *Corporate Complicity & Legal Accountability*, Vol. 2: Criminal Law and International Crimes (2008), pp. 57 – 59, http://icj.org/IMG/Volume_2.pdf, 2014 – 01 – 11.

态度也越来越明确。

从国内司法实践角度出发,尽管国际社会对跨国公司国际犯罪问题给予了很大的关注,但与国际刑事司法实践相比,一些国家国内司法审判活动在此问题上表现得更为突出和积极。通过案例分析可知,跨国公司犯罪行为一般与东道国政府的行为联系在一起,这也在很大程度上形成了东道国法院在处理此类案件时面临极为困难局面的重要原因。近年来,国际社会最为关注的跨国公司涉嫌侵犯人权案件——优尼科案(Unocal)就是上述情况的典型。[①] 此案涉及美国优尼科公司同其合资子公司道达尔公司(Total)在缅甸从事与缅甸军政府相勾结大规模侵犯人权的行为。此案曾在美国联邦法院和欧洲法院均引起过轩然大波。[②] 在美国,优尼科公司最终通过庭外和解的方式免于受到危害人类罪的起诉;在法国,道达尔公司被指控雇佣由缅甸政府强征来的缅甸当地居民从事修建油气管道的工作,从事严重侵犯被害人基本人权的行为;在比利时,法院要求重审道达尔公司被指控犯有危害人类罪的案件。[③] 有学者就此认为,优尼科系列案件的结果表明,跨国公司长期以来赖以生存的"庭外和解"模式已经不再能够充当其在此类法律纠纷中的"护身符"。各国政府、非政府组织、学界及跨国公司自己都应重新审视跨国公司在国际人权方面的义务。[④]

尽管一些受害者在美国和欧洲的部分法院取得了阶段性胜利,但以"追究利益最大化"为核心价值的大部分跨国公司并未因此而停止其掠夺当地资源和侵犯基本人权的步伐。类似的现象也越来越引起国际社会地深

---

① As Myanmar Cracks Down on Protesters, Oil Companies Keep up Controversial Ties, *International Herald Tribune*, Sept. 28, 2007, http://www.iht.com/articles/ap/2007/09/29/business/AS - FINMyanmar - Fueling - the - Junta.php; Global Firms Provide Lifeline to Myanmar's Junta, *Agence France - Press*(AFP), Sept. 29, 2007, http://afp.google.com/article/ALeqM5jono5w9ykIWMyXNPZgt4Ji KLK-DTg, 2014 - 02 - 12.

② Caroline Karb, "Emerging Issues of Human Rights Responsibility in the Extractive and Manufacturing Industries: Patterns and Liability Risks", *Northwestern Journal of International Human Rights*, Vol. 6, 2008, pp. 327 - 328.

③ Belgium Reopens Myanmar Humanity Crimes Probe against Oil Giant Total, *Agence France - Press* (AFP), Oct. 2, 2007, http://afp.google.com/article/ALeqM5g84fzhRA8Y6IvW - gmt7YmonfEBKg, 2013 - 12 - 31.

④ Caroline Karb, "Emerging Issues of Human Rights Responsibility in the Extractive and Manufacturing Industries: Patterns and Liability Risks", *Northwestern Journal of International Human Rights*, Vol. 6, 2008, p. 328.

刻担忧。有学者将此类严重侵犯人权的现象称之为跨国公司挑起的"资源战争"(resource wars)。① 2003 年，联合国成立"关于非法掠夺民主刚果共和国自然资源和其他形式资源专家小组"(The Panel of Experts on the Illegal Exploitation of Natural Resources and other Forms of Wealth in the Democratic Republic of the Congo)。经该专家小组调查，在民主刚果共和国共有 157 个跨国公司直接或间接参与到对于该国自然资源的非法掠夺活动，而这些活动为民主刚果政府及反叛组织购买武器、从事战争罪及危害人类罪提供了巨大便利。② 在另一份联合国涉及民主刚果共和国的报告中，跨国公司越来越多地参与到驻在国为发展中国家的内战中，其中以塞拉利昂、安哥拉、民主刚果、阿塞拜疆及缅甸最为突出。③ 上述国家的共同特点是，自身拥有大量丰富的自然资源（如石油、钻石、金矿等矿产资源），外加腐败的政府官员为"跨国公司提供了极大的投资机会及动力"。④ 同年，来自世界银行的一份报告也认为，自然资源与武装冲突之间存在一定的联系，并暗示"这种对于自然资源的争夺有时会引发或延长当地的冲突斗争"。⑤ 2006 年，联合国秘书长特别代表在《促进和保护人权中期报告》(Interim Report on Promotion and Protection of Human Rights) 中谈到，"超过三分之二的关于公司侵犯人权的案例是采掘业所

---

① 资源战争，是指完全由经济参与者基于购买、运输、和占领市场等原因非法掠夺当地资源而引发的暴力活动。参见 James G. Stewart, *Corporate War Crimes: Prosecuting the Pillage of Natural Resources*, New York: Open Society Foundations, 2011, pp. 9 – 10。

② S/2003/1027, 15 October 2003.

③ Panel of Experts on the Illegal Exploitation of Natural Res. & Other Forms of Wealth of the Democratic Republic of the Congo, Report of the Panel of Experts on the Illegal Exploitation of Natural Resources and Other Forms of Wealth of the Democratic Republic of the Congo, ¶215, U. N. Doc. S/2001/357（Apr. 12, 2001）.

④ 相关资料参见 Panel of Experts on the Illegal Exploitation of Natural Resources and Other Forms of Wealth of the Democratic Republic of the Congo, Addendum to the Report of the Panel of Experts on the Illegal Exploitation of Natural Resources and Other Forms of Wealth of the Democratic Republic of the Congo, ¶145, U. N. Doc. S/2001/1072（Nov. 13, 2001）。

⑤ World Bank Report, Ian Bannon and Paul Collier（eds.）, *Natural Resources and Violent Conflict: Options and Actions*, 2003, http://web.worldbank.org/WBSITE/EXTERNAL/TOPICS/EXTSOCIALDEVELOPMENT/EXTCPR/0, contentMDK: 20486377menuPK: 1261144pagePK: 148956 piPK: 216618theSitePK: 407740, 00. html, 2014 – 01 – 15.

参与的反人类罪的共谋行为"。① 可见，人们越来越深刻地认识到，大型跨国公司明显违反国际法的行为已经并将持续给其驻在国、母国及第三国的政治、经济、社会等领域带来极其严重和恶劣的影响，这在很大程度上也推动了国际社会试图在国际刑法层面解决跨国公司国际刑事责任问题的决心。

从国际司法实践角度出发，一些国际刑事司法审判机构，如前南斯拉夫国际刑事法庭（以下简称"前南刑庭"）开始在其司法判例中加入跨国公司国际犯罪行为的审查力度。一位来自国际刑事法院检察官曾经说过："迄今为止，已经有不少国际人权组织的报告中将非洲、欧洲和中东国家发生的包括非法掠夺当地金矿、石油和武装冲突等暴行同大型跨国公司联系在一起。"② 然而，一方面，由于国际刑法基础理论方面的欠缺和各国国内法对相关核心问题的理解差别太大，在司法实务中，至少在国际法层面（特别是国际刑法层面），真正以跨国公司为对象的司法实务活动几成空白；另一方面，对很多东道国而言，仅仅依靠东道国政府自身的力量根本无法抗衡那些具有强大经济和政治实力的跨国公司，特别是那些极大依赖跨国公司的外来投资的国家。再加上经济全球化程度的不断加深，跨国公司完全可以以寻找更好的投资"天堂"为要挟，与东道国政府就相关问题进行讨价还价。③ 东道国政府为自身利益着想，几乎无法在这场"博弈"中占上风。因此，那些涉及跨国公司与当地政府相勾结的侵犯人权的案件更加不能依靠单一国家进行处理。④ 目前，为实现对跨国公司行为的监管，国际法、国际刑法学界及实务界在大量司法判例的基础上，开始形成一种"曲线救国"模式，即以起诉涉事公司员工、高管或负责人参与侵犯人权暴行的"共谋"行为来实现对其背后跨国公司的控制或相关

---

① UNSRSG Interim Report, Promotion and Protection of Human Rights, 2006, UN Doc: E/CN. 4/2006/97.

② James G. Stewart, *Corporate War Crimes: Prosecuting the Pillage of Natural Resources*, New York: Open Society Foundations, 2011, p. 10.

③ 吴林涛：《全球化背景下国家主权让渡的博弈分析》，载《法制与社会》2007年第3期。

④ 相关资料参见 Larissa van den Herik and Jernej Letnar Cernic, "Regulating Corporations under International Law: From Human Rights to International Criminal Law and Back Again", *Journal of International Criminal Justice*, Vol. 8, 2010。

犯罪行为的追究。① 国际刑事法院对利比里亚前总统查尔斯·泰勒（Charles Taylor）和民主刚果前副总统让－皮埃尔·本巴（Jean－Pierre Bemba）因其在"资源战争"中的领导地位及参与跨国公司的掠夺资源行为而进行的审判，就是上述"曲线救国"模式的典型范例。下文将对这两个案件作详细分析。

第二节　跨国公司的国际犯罪主体资格

追究跨国公司国际刑事责任的前提就是要确定跨国公司是否具备国际犯罪主体资格。

一　犯罪主体资格的定义

一般认为，犯罪主体资格，是指自然人或单位构成犯罪主体所必须具备的法定条件。② 简单来说，即指犯罪人成为"犯罪主体"的条件。由此可以看出，确定"犯罪主体资格"这一概念的前提是了解什么是"犯罪主体"。

按照国内刑法学理论的通说，"犯罪主体"是指达到法定的刑事责任年龄，具有刑事责任能力，实施了犯罪行为的自然人。③ 有的刑法学者提出："犯罪主体是指具备刑事责任能力，实施犯罪行为并且依法应负刑事责任的自然人。"④ 更有刑法学者直接提出："犯罪主体即是实施犯罪行为

---

① 现今大部分国际法律文件在探讨跨国公司的国际刑事责任问题时，多将该责任模式定义为"间接执行方式"（indirect enforcement method）。"间接执行方式"是指，国际条约或公约将跨国公司的责任施加于国家，即要求参与国或会员国在其国内法中引入跨国公司刑事责任以追究公司的犯罪行为。同时参见 J. H. H. Weiler, "Corporations and the International Criminal Court", *Global Law Working Paper*, 2005.

② 杨宗森：《论犯罪主体资格》，载《第六届中国律师论坛优秀论文集》，2006 年，第 492 页。

③ 苏惠渔等：《刑法概论》，浙江人民出版社 1987 年版，第 85 页。杨兴培：《犯罪主体的重新评价》，载《法学研究》1997 年第 4 期。

④ 相关文献参见赵秉志《犯罪主体论》，中国人民大学出版社 1989 年版，第 10 页。杨兴培《犯罪主体的重新评价》，载《法学研究》1997 年第 4 期。

的人。"① 尽管上述学者观点在文字表述上略有不同，但其想表达的核心思想却基本相同，即犯罪主体就是实施犯罪行为的人，没有犯罪行为也就没有犯罪主体。② 以此类推，国际刑法学者以国内刑法学理论中对于"犯罪主体"的理解为基础，对"国际犯罪主体"这一概念做出了如下定义。他们认为，所谓国际犯罪主体，是指符合国际刑法规范或惯例规定、实施了危害国际社会共同利益、能够承担刑事责任的行为者。③ 而国际犯罪主体资格，即指行为人成为"国际犯罪主体"的条件。关于国际犯罪主体的范围，国际刑法学界历来争议很大。主要分为以下三种观点：国际犯罪的主体是自然人，国际犯罪的主体是国家，国际犯罪的主体包括个人、组织或团体、国家、国际组织。④ 鉴于上文中已提到，国际刑法学界对于自然人在从事国际犯罪行为之后，应承担国际刑事责任这一观点并无争议，在此不再赘述。对于国家的国际犯罪主体资格问题，尽管学界争论较大，但由于此问题已超出本书的讨论范围，这一部分也不会涉及相关内容。而对于包括公司在内的组织或团体的国际犯罪主体资格问题，则是下文中要重点探讨的。

二 传统刑法理论中公司的犯罪主体资格探究

（一）各国国内刑法中的公司犯罪主体资格

国际刑法从产生之日起就与各国国内刑法的发展息息相关。因此，跨国公司的国际犯罪主体资格也要从各国国内刑事理论和实践活动谈起。在人类社会发展的早期阶段，古罗马法⑤主张的"社团不能犯罪"原则持续了近千年的时间，⑥ 这一观点直到近代资本主义经济兴起之后才被打破。

---

① 相关文献参见何秉松《对犯罪构成的哲学思考》，载《政法论坛》1992 年第 3 期。杨兴培《犯罪主体的重新评价》，载《法学研究》1997 年第 4 期。
② 杨兴培：《犯罪主体的重新评价》，载《法学研究》1997 年第 4 期。
③ 舒洪水、贾宇：《论国际犯罪主体的范围与特征》，载《河北法学》2008 年第 9 期。
④ 同上。
⑤ 罗马法，一般泛指罗马奴隶制国家法律的总称，存在于罗马奴隶制国家的整个历史时期。它既包括自罗马国家产生至西罗马帝国灭亡时期的法律，以及皇帝的命令，元老院的告示，成文法和一些习惯法在内。也包括公元 7 世纪中叶以前东罗马帝国的法律。
⑥ 李文伟：《法人刑事责任比较研究》，博士学位论文，中国政法大学，2002 年。

从时间上来看，普通法系国家①对于"公司也具备犯罪主体资格"的观点的接受时间明显早于大陆法系国家。② 然而，从发展趋势来看，两大法系国家对于"公司具备刑事责任能力，能够实施犯罪行为，并具备承担刑事责任的能力"的观点逐渐开始持肯定态度是经历了一个发展过程的，即从承认公司工作人员的个人的犯罪主体资格到对于公司的犯罪主体资格的认可。③ 下文将就几个重点国家刑事法体系中公司犯罪主体资格的产生和发展进行阐释。

1. 英国

尽管很勉强，但早在19世纪，英国就成为了世界上最早承认"公司具备刑事责任能力，并享有犯罪主体资格"的国家。④ 英国法院首先开始对那些因不履行修复公路和桥梁等法律义务而对他人造成危害结果的公司追究刑事责任。⑤ 究其原因，有以下几个方面。第一，当时的英国法律认为公司是一种法律拟制，它只能在其公司章程中规定的框架下行事。因此，只要公司章程并不涉及违法犯罪事项，公司本身就不可能犯罪。第二，公司缺乏必要的"犯罪心理"（mens rea），且无法出庭受审。长期以

---

① 英美法系，又称普通法法系。是指以英国普通法为基础发展起来的法律的宗乘。它首先产生于英国，后扩大到曾经是英国殖民地、附属国的许多国家和地区，包括美国、加拿大、印度等国。到18—19世纪时，英美法系终于发展成为世界主要法系之一。工业革命最早发生在英国、美国、加拿大等国。工业革命爆发之后不久，大批工业企业也在这些国家建立起来。公司在这些国家的迅猛发展也使得这些国家最先出现了涉及公司犯罪的刑事案件。为应对这些案件，英、美、加等国开始在其刑事法体系中加入管控公司行为的条款，因此，它们也成为最早接纳公司刑事责任的普通法系国家。

② 大陆法系，又称为民法法系，法典法系、罗马法系、罗马—日耳曼法系，它是以罗马法为基础而发展起来的法律的总称。它首先产生在欧洲大陆，后扩大到拉丁族和日耳曼族各国。历史上的罗马法以民法为主要内容。法国和德国是该法系的两个典型代表，此外还包括过去曾是法、西、荷、葡四国殖民地的国家和地区，以及日本、泰国、土耳其等国。

③ 参见 William S. Laufer, Corporate Bodies and Guilty Minds, *Emory Law Journal*, Vol. 43, 1994, pp. 651 – 655。

④ 18世纪担任大法官的瑟洛男爵（Baron Thurlow）在此问题上有过如下著名的评述。"对于一个没有灵魂去谴责也没有躯体去惩罚的公司，你怎么可能会期待它有责任心？"（"Did you ever expect a corporation to have conscience, when it has no soul to be damned and no body to be kicked?"）Quoted in: Coffee, John C, "No Soul to Damn: No body to kick. An Unscandalized Inquiry into the Problem of Corporate Punishment", *Michigan Law Review*, Vol. 79, 1981, p. 386。

⑤ 何秉松：《法人刑事责任的世界性发展趋势》，载《政法论坛》（中国政法大学学报）1991年第5期。

来，英国法官对于将一个不能"到庭"的公司作为"犯罪主体"并追究其刑事责任的观点一直无法接受。第三，即使法官对公司犯罪的案件进行了审理，但法院却无法对公司施以监禁等刑罚。英国法官认为，对于这种无法对实际犯罪实施者（公司）进行刑罚处罚的案件，更无所谓承认其犯罪主体资格了。[1] 因此，当时英国法院认定，公司成立具备犯罪主体资格的依据是法律将某些特定的义务专门归于公司而不是自然人或其代理人，而因履行此类义务所造成的危害结果则应由公司承担。

到19世纪初，英国法院已在其判例法中明确确认了"公司在民法和刑法上都应当像自然人一样承担责任"的观点。[2] 在此基础上，最初的英国法院只承认公司作为单独的犯罪主体可对那些不需要具备"犯罪心理"的犯罪行为（包括妨害公众安宁罪、刑事诽谤罪和蔑视法庭罪）承担刑事责任。[3] 直到1915年，英国上议院才在伦纳德运输公司案（*Lennard's Carrying Co. Ltd. V. Asiatic Petroleum Co. Ltd.*）[4] 中打破僵局。在该案中，一项处理公司犯罪的基本原则最终形成。该原则指出，部分公司高管的行为和心理状态（the directing minds）可以被认为是其所在公司的行为和心理状态。[5] 截至20世纪50年代，无论在制定法还是判例法中，公司作为独立的犯罪主体承担刑事责任已经成为英国刑法中的一项公认的基本

---

[1] Gerry Ferguson, "Corruption and Corporate Criminal Liability", p. 4. Paper presented at Corruption and Bribery in Foreign Business Transactions: A Seminar on New Global and Canadian Standards. 4–5 February 1999. Vancouver, Canada.

[2] 何秉松：《法人刑事责任的世界性发展趋势》，载《政法论坛》（中国政法大学学报）1991年第5期。

[3] Markus Wagner, "Corporate Criminal Liability National and International Responses", Background Paper for the International Society for the Reform of Criminal Law 13th International Conference, 1999, p. 4.

[4] *Lennard's Carrying Co. Ltd. v. Asiatic Petroleum Co. Ltd.*, [1915] AC 705. 本案中，属于伦纳德先生的货船为亚细亚火油公司运送一批货物。货船在运输过程中失火，最终沉没，船上的货物全部被销毁。亚细亚火油公司以伦纳德运输公司"玩忽职守"为由起诉该运输公司。在该案上诉阶段，上诉法庭认为，轮船公司的船主伦纳德先生在明知或应当知道其货船存在瑕疵时，仍命令货船出海，最终致使货船沉没。因此，上诉法庭认为，轮船公司因船主的玩忽职守行为而应承担相应的赔偿责任。

[5] Gerry Ferguson, "Corruption and Corporate Criminal Liability", p. 6. Paper presented at Corruption and Bribery in Foreign Business Transactions: A Seminar on New Global and Canadian Standards. 4–5 February 1999. Vancouver, Canada.

原则。

2. 美国

美国是继英国之后第二个在其国内刑法中强调确立公司的犯罪主体资格并就此追究公司刑事责任的国家。在立法层面，1887 年，美国在《洲际贸易法》中明确规定，"凡是故意违反该法的法人犯罪行为要科处罚金"，这是美国在制定法中第一次明文规定公司具备犯罪主体资格并明确了相关刑事责任。① 处于同一时期的《谢尔曼反托拉斯法》（*Sherman Antitrust Act*）② 和《洁净食品和药物法》（*Pure Food and Drug Act*）③ 也就以公司为主体而进行的犯罪行为予以相应的规定。在司法实践层面，从 20 世纪初期开始，美国部分法院就开始尝试将涉及公司犯罪活动扩展到包括要求"犯罪心理"的犯罪中。1909 年，美国联邦最高法院在纽约中心和哈德逊河铁路公司案（*New York Central & Hudson River Railroad Company v. U. S.*）④ 中肯定了上述观点。此后，美国地方法院迅速将该观点扩展适用。⑤

1962 年，美国法学会（American Law Institute, ALI）通过的《模范刑法典》（*Model Penal Code*），对于美国刑法法典化起到了极其重要的作用。《模范刑法典》中关于公司犯罪的范围与类型的规定，对美国法人犯罪的立法进程产生了很大影响。⑥ 早在 1951 年《模范刑法典》制定项目开始实施时，美国绝大多数州的《刑法典》处于相当"糟糕"的状态。面临如此境地，美国法学会决定起草一部《模范刑法典》，以期彻底改变这一情况。制定出的《模范刑法典》果然不负学者们的厚望。目前，在美国 50 个州中，有超过三分之二的州以该刑法典作为本州《刑法典》的蓝本。不仅如此，数以千计的法庭意见均引用《模范刑法典》作为有说服力的权威来解释现有制定法。可以说，该刑法典的影响已经远远超过最

---

① 何秉松：《法人刑事责任的世界性发展趋势》，载《政法论坛》（中国政法大学学报）1991 年第 5 期。

② 15 *U. S. C.* §§ 1-7

③ 34 *U. S. Stats.* 768

④ *New York Central & Hudson River Railroad Company v U. S.*, 212 *U. S.* 481（1909）.

⑤ Guy Stessens, "Corporate Criminal Liability: A Comparative Perspective", *International and Comparative Law Quarterly*, Vol. 43, 1994, p. 497.

⑥ 参见谢治东《法人犯罪立法的国际经验及其中国的借鉴》，载《法治研究》2013 年第 8 期。

初美国法学会"改革州法典现状"的构想。有学者认为,《模范刑法典》可以被称之为"其他任何一部刑法典都无法相比的、最接近美国的刑法典"。①

在美国,尽管《模范刑法典》不是有法律效力的法律文本,但其对美国刑法理论和司法实践所产生的影响却是重大的。《模范刑法典》在其第2章第7条②中有关于公司、非法人团体及其代表人的犯罪主体资格及应负刑事责任的根据和条件的具体规定。此外,《模范刑法典》第6章第4条也提出有关法人及非法人团体的制裁、法人资格或权利的剥夺或外国法人营业许可的取消、对犯罪的法人或其职员提起民事诉讼等具体问题作了明确规定。20世纪70年代以来,在美国刑法法典化的过程中,许多州在公司的犯罪主体资格及刑事责任问题上都以《模范刑法典》为蓝本陆续制定了刑法典。③ 上述现象意味着,公司具备犯罪主体资格及应就其犯罪行为承担相应的刑事责任的观点已经成为美国刑法中确定不移的原则。④

3. 日本及其他大陆法系国家

在大陆法系国家中,最早在其国内刑事法律文件中承认公司具备犯罪主体资格的是日本。⑤ 早在1876年,在《日本国立银行条例》中即可找到对犯罪银行科处罚金的规定,但直到1941年,日本法院才开始正式追究公司的刑事责任。第二次世界大战之后,涉及公司犯罪及其刑事责任的案件及立法逐渐增多并呈现迅速发展的势头。对于公司的犯罪主体资格问题,日本基本完全照搬了西方国家在相关问题上的刑事立法经验,除此之外,日本最高法院还在其司法实践活动中有所创新。日本最高法院特别要求日本工商企业必须建立和实施公司内部政策或规则来防止其下属或员工

---

① 保罗·H. 罗宾逊,马卡斯·德克·达博:《美国模范刑法典导论》,刘仁文、王祎译,载《时代法学》2006年第2期。

② 美国《模范刑法典》第2.07第6款:"无论何人,对于以法人或非法人团体之名义而实施的行为,要负与自己之名义而实施的行为的同一责任。"

③ 何秉松:《法人刑事责任的世界性发展趋势》,《政法论坛》(中国政法大学学报)1991年第5期。

④ 何秉松:《法人犯罪与刑事责任》,中国法制出版社2000年版,第175页。

⑤ 何秉松:《法人刑事责任的世界性发展趋势》,载《政法论坛》(中国政法大学学报)1991年第5期。

在生产经营过程中从事犯罪活动,① 此种做法可以被认为是当今跨国公司"行为规范"制度的雏形。继日本之后,德国和法国也先后在1919年和1938年在本国法律②中认可了公司具备犯罪主体资格,并逐渐完成以自然人的个人刑事责任为基础的刑法典模式,向以自然人和公司的刑事责任为基础的刑事法的转化。③

(二) 早期国际刑法对公司犯罪主体资格态度的转变

随着"公司具备犯罪主体资格"的观点在各国刑法中不断获得认可,以及公司参与犯罪行为在国际社会所引发的日益突出的社会问题,世界各国开始关注公司的国际犯罪问题,并开始试图从国际刑法层面解决大型公司的国际刑事责任问题。以此为契机,早期国际刑法只承认国家是严重侵犯人权行为的责任承担者,④ 否认公司属于国际刑法的管辖对象⑤的思路开始转变。1929年在罗马尼亚召开的第二届国际刑法学会上就讨论了公司犯罪主体资格问题。尽管该次会议并未就上述问题达成共识,但与会各方提出的对于公司犯罪的处分措施还是获得了国际社会的普遍赞同。⑥ 其后,国际社会分别在第四届国际刑法会议(1937)、第六届国际刑法会议(1953)和第七届国际刑法会议(1957)中就公司从事犯罪及其制裁问题、对犯罪的公司和法定代表人的处罚等问题进行了深入探讨和辩论。⑦

---

① Kensuke Ito, "Criminal Protection of the Environment and the General Part of Criminal Law in Japan", *International Review of Penal Law*, Vol. 65, N. 3 – 4, p. 1044.

② 德国于1919年制定的《帝国租税法》中第一次规定对公司犯罪的刑事处罚。法国于1938年开始,先后在《与偷税作斗争的法律》、《国外投资法》、《关于追诉有关报刊、信息发布和广告等与敌人合作犯罪企业的法令》、《关于惩治违反外汇管理条例的法令》和《关于惩治经济犯罪的法令》等法令中规定公司的刑事责任。

③ 何秉松:《法人刑事责任的世界性发展趋势》,载《政法论坛》(中国政法大学学报) 1991年第5期。

④ Steven R. Ratner, "Corporations and Human Rights: a Theory of Legal Responsibility", *The Yale Law Journal*, Vol. 111, 2001, p. 461.

⑤ Andrew Clapham, "Extending International Criminal Law Beyond the Individual to Corporations and Armed Opposition Groups", *Journal of International Criminal Justice*, Vol. 6, 2008, p. 900.

⑥ 何秉松:《法人刑事责任的世界性发展趋势》,载《政法论坛》(中国政法大学学报) 1991年第5期。

⑦ 同上。

通说认为，20世纪刑罚种类的变化对国际刑法在此问题上思路的转变也具有一定推动作用。早期的刑罚种类主要包括人身监禁和死刑，这些明显无法适用于公司的刑种也阻碍了国际社会向"公司能够享有犯罪主体资格"这一观点的转变。20世纪之后，刑罚种类中开始包含罚金、社会劳动及其他非人身监禁刑，这些都为以公司为主体从事犯罪行为的司法追究途径铺平了道路。① 同时，在国际刑法理论中，国际法律文件在蕴含个人刑事责任主体的同时，并未排斥其他主体从事国际犯罪并承担国际刑事责任的可能性。②

纽伦堡审判时期对于战争罪犯的审理，③ 标志着国际社会开始在国际法层面正式出现了由"公司不承担刑事责任"到公司有履行国际法下的义务的观点转变。这一观点的转变，开始于纽伦堡审判对于"非国家主体"（non-state actors）的"帮助和煽动责任"（aiding and abetting）的认定。④ 其中，在纽伦堡审判中，不仅在《欧洲国际军事法庭宪章》（Charter of the International Military Tribunal）第9条⑤中有关于"犯罪组织"的规定，体现了"纽伦堡国际军事法庭对与战争罪行有关的犯罪组织和犯罪团体的管辖权"。⑥ 同时，纽伦堡法庭还在弗里克案（The

---

① 相关资料参见 Sara Sun Beale & Adam G. Safwat, "What Developments in Western Europe Tell Us About American Critiques of Corporate Criminal Liability", *Buffalo Criminal Law Review*, Vol. 8, 2004, p. 159; Brent Fisse, "Reconstructing Corporate Criminal Law: Deterrence, Retribution Fault, and Sanctions", *Southern California Law Review*, Vol. 56, 1983, p. 1163。

② 蒋娜：《国际刑事责任的多元主体及其启示：以国际刑事责任原则的崭新进展为视角》，载《现代法学》2010年第1期。

③ Steven R. Ratner, "Corporations and Human Rights: A Theory of Legal Responsibility", *The Yale Law Journal*, Vol. 111, 2001, p. 447.

④ Earthright International, "The International Law Standard for Corporate Aiding and Abetting Liability", http://www.earthrights.org/sites/default/files/publications/UNSRSG-aiding-and-abetting.pdf, 2013-02-05.

⑤ 《欧洲国际军事法庭宪章》第9条："在对任何集团或组织的个别成员进行审判时，法庭可以（在被告被判决与各该集团或组织的任何行为有联系的情况下）宣告被告所属的集团和组织为犯罪组织。法庭在接受起诉之后，以其认为适当的形式宣告起诉当局准备提出申请，并根据本条款第一节条文予以公布。在此类情况下，该组织的任何成员均有权向法庭提出申请，听取有关该组织的犯罪性质的问题。法庭拥有核准或驳回此项申请之权。申请人被核准，法庭可规定申请人应以何种方式代理申请和听取陈述。"

⑥ 陈泽宪：《国际刑事法院管辖权的性质》，载《法学研究》2003年第6期。

United States of America vs. Friedrich Flick, *et al.*, or *Flick Trial*)① 中，认定纳粹党的领导集团、德国秘密警察组织（Gestapo，亦称为"盖世太保"）和保安勤务处（SD）、党卫军（SS）为犯罪组织。② 这一判决将国际刑法的管辖范围扩展至非国家主体，也为商业性公司的国际刑事责任主体地位的确定奠定了实践基础。该判例所确立的原则在此后的法本公司案（*The United States of America vs. Carl Krauch*, *et al.*, or *I. G. Farben Trial*)③ 中得到进一步发展。

法本公司案（*Farben*）是第二次世界大战之后国际刑事司法审判机构首次尝试在国际刑法层面通过个人刑事责任来追究"跨国公司"④ 的刑事

---

① 弗里克案：第二次世界大战之后德国被占领期间，美国军事法院曾针对德国企业家在纳粹时期侵犯人权的暴行进行过三次审判，即所谓的"企业家"案。本案全称为美国诉弗里德里希·弗里克等人案（以下简称"弗里克案"）。弗里克案是第一起企业家案，也是首个法院做出判决的企业家案。被告包括弗里德里希·弗里克和另外五名弗里克公司（*Flick Kommanditgesellschaft*, or *Flick KG*）高层员工（包括 Otto Steinbrink, Bernhard Weiss, Odilo Burkart, Konrad Kaletsch 和 Hermann Terberger）。六名被告被指控在第二次世界大战期间雇佣上千名被驱逐的外国劳工（主要来自集中营和战俘营）并强迫他们在弗莱克名下的矿山和工厂中进行高强度、不人道的工作。此外，弗里克和另一位公司主要负责人奥托·斯泰因布林克（Otto Steinbrinck）还因隶属于"希姆莱朋友圈"（"Circle of Friends of Himmler"）被以"参与犯罪组织"的罪名起诉。案件判决结果：三名被告（Friedrich Flick, Otto Steinbrinck 和 Bernhard Weiss）分别被判处 2 年半到 7 年有期徒刑，另外三名被告（Odilo Burkart, Konrad Kaletsch 和 Hermann Terberger）被宣告无罪释放。

② Antonio Cassese, *International Criminal Law*, Oxford University Press, 2003, p. 137.

③ 法本公司案：全称为美国诉卡尔·克劳赫等人案。鉴于本案的 24 名被告全部来自法本公司（I. G. Farben），因此又被称为法本公司案。本案所有被告被指控犯有组织和发动侵略战争罪、阴谋发动侵略战争罪、经济掠夺、强迫劳动和奴役罪。此外，另有三名被告（Christian Schneider, Heinrich Bütefisch 和 Erich con der Heyde）被指控参与纳粹党卫军活动。第二次世界大战期间，法本公司利用其本身的技术和经济优势，一方面，生产和制造大量齐克隆 B 气体（Zylkon B）用于杀害集中营中的犹太人；另一方面，该公司还大力发展合成汽油和橡胶，为纳粹德国的军工产业提供充足原材料。案件判决结果：10 名被告被认定对全部指控无罪，13 名被告被认定一项或多项罪名成立并被判处 1 年半到 8 年有期徒刑（由于健康原因，对 Max Brüggemann 的指控于 1947 年 9 月 9 日被撤销）。

④ 美国军事法庭经审理认定，法本公司至少在波兰、挪威和法国三国，通过当地公司从事掠夺当地平民财产的生产经营活动，因此，法本公司已经满足本文所界定的"跨国公司"的定义。

责任。① 审理法本公司案的美国军事法庭（The U. S. Military Court）在判决书中明确指出，被告人因其所在公司的行为被认定犯有战争罪。② 在该案中，法庭认为"目前存在超出合理怀疑的证据证明这些罪行是法本公司犯下的。在这种情况下，法本公司和其公司职员从事的掠夺平民财产的行为同纳粹德国的军人和政府官员掠夺平民财产的行为没有任何差别。因此，都构成违反《海牙公约》中规定的战争犯罪行为"。③ 由美国军事法庭的上述表述可以看出，法庭并未否认公司能够从事国际犯罪的可能性，但仅仅由于国际刑法并不承认公司的国际犯罪主体资格而无法直接追究涉案公司的刑事责任。学界普遍认为，"在法本公司案中，美国军事法庭将对犯罪组织的认定从政治组织扩大到一般性商业公司"。④ 这也是将"非国家主体"或私人团体、组织确定为国际犯罪主体的最初实践。⑤ 尽管该案中的被告仅为个人，但在审理本案的法官的案件笔录中有如下描述，"所有的被告都以法本公司为媒介进行活动"，⑥ 因此"他们属于该公司的一员，而该公司也与被控犯罪行为具有紧密的联系"。⑦ 这一观点也在2010年由美国第二巡回上诉法院审理的柯欧贝案（Kiobel v. Royal Dutch Shell）⑧ 中得到肯定。第二巡回法庭在柯欧贝案中指出，"正是因为公司才使得纳粹德国的战争罪及危害人类罪行为成为了可能"。此外，与纽伦

---

① Florian Jessberger, "On the Origins of Individual Criminal Responsibility under International Law for Business Activity: IG Farben on Trial", Journal of International Criminal Justice, Vol. 8, 2010, p. 784.

② Michael J. Kelly, "Grafting the Command Responsibility Doctrine onto Corporate Criminal Liability for Atrocities", Emory International Law Review, Vol. 24, 2010, pp. 682 – 683.

③ Charter of the International Military Tribunal, Aug. 8, 1945, art. 9, 59 Stat. 1544, 1547, 82 U. N. T. S. 279.

④ 范红旗:《法人国际犯罪主体问题探究》,载《中国刑事法杂志》2006年第6期。

⑤ 林欣、李琼英:《国际刑法新论》,中国人民大学出版社2005年版,第31页。

⑥ UN War Crimes Commission, Law Reports of Trials of War Criminals: Volume X: The I. G. Farben and Krupp Trials, London, 1949, 3 Count I, 4 Count II and Count III.

⑦ UN War Crimes Commission, Law Reports of Trials of War Criminals: Volume X: The I. G. Farben and Krupp Trials, London, 1949, 4 Count II.

⑧ Kiobel v. Royal Dutch Shell, United States Court of Appeals for the Second Circuit, 17 September 2010.

堡审判同期的东京审判中，远东国际军事法庭在金瓜石矿案（*Kinkaseki Mine Trial*）中也曾表示，"本案中的矿业公司对金瓜石战俘营战俘的死伤应承担法律责任"。① 因此，有学者认为，在纽伦堡审判阶段，公司已经被认定为能够承担国际刑事责任的"非国家主体"。②

三 当代国际刑法下跨国公司的国际犯罪主体资格

（一）第二次世界大战后初期国际刑法中的规定

第二次世界大战之后，人权保护成为现代社会备受关注的一个问题。从国内角度来说，重视人权、尊重人权并运用法律手段对人权予以保障已成为大多数国家的实践。从国际角度来说，对于人权的保护越来越引发国际社会的关注。战争后期，各种保护人权的国际性组织纷纷建立，各种保护人权的国际性法律文件相继出现，都表明尊重和保障人们的基本权利已经成为国际社会的核心价值观和共同理念，保护人权也已经成为国际法的一项重要原则。很显然，作为国际法的刑法方面以及国内刑法的涉外方面汇集而成的国际刑法，也必然接受人权的影响和洗礼。③

传统国际人权法只将国家作为严重侵犯人权行为的义务承担者。④ 因此，并不承认公司的国际犯罪主体资格。然而，从理论上说，国际刑法并不排除个人之外的其他主体承担国际刑事责任的可能性。⑤ 如上所述，在立法层面，涉及公司（团体或组织）享有国际犯罪主体资格的最初法律依据始于二战时期的《纽伦堡国际军事法庭宪章》（*Charter of the International Military Tribunal*，亦称《国际军事法庭宪章》或《纽伦堡国际军事

---

① A. Ramasastry, "Corporate Complicity: From Nuremberg to Rangoon, An Examination of Forced Labor Cases and Their Impact on the Liability of Multinational Corporations", *Berkeley Journal of International Law*, Vol. 20, 2002, p. 114. 金瓜石矿案：在本案中，来自日矿公司的九位高管被指控犯有在中国占领区虐待战俘及强迫战俘劳动罪；其中八位被告定罪（包括日矿公司经理等公司高管）。

② Gail Partin, International Criminal Law, ASIL Guide to Electronic Resources for International Law, Aug. 8, 2005, http://www.asil.org/resource/crim1.htm, 2013 - 12 - 31.

③ 张旭：《国际刑法论要》，吉林大学出版社 2000 年版，第 53—54 页。

④ Steven R. Ratner, "Corporations and Human Rights: a Theory of Legal Responsibility", *The Yale Law Journal*, Vol. 111, 2001, p. 461.

⑤ 蒋娜：《国际刑事责任的多元主体及其启示——以国际刑事责任原则的崭新进展为视角》，载《现代法学》2010 年第 1 期。

法庭宪章》）及远东监控委员会《第 10 号法案》（Control Council Law No. 10）。《欧洲国际军事法庭宪章》第 9 条、第 10 条和第 11 条的规定为此后国际军事法庭将公司认定为犯罪组织奠定了基础。其规定为：

  第 9 条　在对任何集团或组织的个别成员进行审判时，法庭可以（在被告被判决与各该集团或组织的任何行为有联系的情况下）宣告被告所属的集团和组织为犯罪组织……

  第 10 条　如某一集团或组织被法庭宣布为犯罪组织，任何前述的国家主管当局均有权将从属于某一此类犯罪组织的人员交付其国家法庭、军事法庭或占领区法庭提出诉讼……

  第 11 条　任何被法庭审判的个人均可因其作为某一犯罪集团或组织的成员犯有另一罪行而受到本条例第十条所成的某一国家法庭、军事法庭或占领区法庭的起诉，上述法庭可以在被告判决的情况下对被告补充判刑，并且不受法庭由于被告参与上述集团或组织的犯罪活动而判处的刑罚的限制。①

  由上述法律条款可以看出，一方面，上述条款明确规定了纽伦堡国际军事法庭有权将"任何集团或组织"宣布为犯罪组织，即强调了犯罪组织的可诉性。同时，第 9 条中有关于犯罪组织（criminal organization）主体对象的规定（即"任何集团或组织"）说明《宪章》并未排除纽伦堡

---

① 《欧洲国际军事法庭宪章》。Article 9: "At the trial of any individual member of any group or organization the Tribunal may declare (in connection with any act of which the individual may be convicted) that the group or organization of which the individual was a member was a criminal organization." Article 10: "In cases where a group or organization is declared criminal by the Tribunal, the competent national authority of any Signatory shall have the right to bring individual to trial for membership therein before national, military or occupation courts. In any such case the criminal nature of the group or organization is considered proved and shall not be questioned." Article 11: "Any person convicted by the Tribunal may be charged before a national, military or occupation court, referred to in Article 10 of this Charter, with a crime other than of membership in a criminal group or organization and such court may, after convicting him, impose upon him punishment independent of and additional to the punishment imposed by the Tribunal for participation in the criminal activities of such group or organization."

国际军事法庭对公司（包括跨国公司）的犯罪行为予以否定性评价的可能性。在之后的司法审判活动中，纽伦堡国际军事法庭及相关占领区法庭都曾在实际判例中明确表达过对于德国公司犯罪行为的批判态度。同时，在肯定犯罪组织的可诉性基础上，《国际军事法庭宪章》并未忽视对参与该犯罪组织的人员刑事责任的追究。纽伦堡国际军事法庭也在其判决书中指出："本法庭宣告有罪的组织成员，可因其具备该组织的成员身份而被定罪，并可因此被判处死刑。"有学者称，"这是作为国际刑事司法机构裁判之法律基础和依据的国际法第一次直接规定犯罪集团和组织的团体刑事责任"。[①] 从一个侧面反映了纽伦堡国际军事法庭对于犯罪集团和组织能够享有国际刑事犯罪主体资格持肯定态度。

另外，根据上述条款，检察官控告6个组织或团体[②]犯有反和平罪、危害人类罪及共谋行为。最终，纽伦堡国际军事法庭只认定其中3个组织［即纳粹党领导集团（the Leadership Corps of the Nazi Party）、党卫军（the S. S.）、盖世太保（the Gestapo）］为"犯罪组织"。原因在于，对于德国武装部队总参谋部及最高指挥部（the General Staff and High Command of the German Armed Forces）来说，法庭认为由于指控的人数过少，适用个人刑事责任完全可以解决对其中犯罪人的刑事责任追究，不需要将其列入"组织犯罪"之中。更为重要的理由在于，法庭并不承认总参谋部和最高指挥部属于《纽伦堡宪章》第9条中规定的一个"组织"（organization）或"团体"（group）。因此，不应对其适用"犯罪组织"条款。与此类似，纽伦堡法庭也否定了检察官提出的对于德意志内阁（Reich Cabinet）的"犯罪组织"资格。对于纳粹冲锋队（the S. A.）的犯罪组织资格，法庭认为，一方面，该组织的犯罪行为早于1939年德国入侵波兰，超过了法庭的管辖范围；另一方面，该组织主要由"恶棍和土霸"（ruffians and bullies）组成，他们的行为与纳粹发

---

① 张颖军：《打击跨国犯罪国际法律制度的新发展——法人责任》，载《甘肃社会科学》2005年第6期。

② 这些犯罪团体包括：德意志内阁（Reich Cabinet）、纳粹党领导集团（the Leadership Corps of the Nazi Party）、德国武装部队总参谋部及最高指挥部（the General Staff and High Command of the German Armed Forces）、党卫军（the S. S.）、盖世太保（the Gestapo）和纳粹冲锋队（the SA）。

动侵略战争的计划没有任何关系。

在司法实践层面,纽伦堡军事法庭首先认定"非国家主体"(non-state actors)的"帮助和煽动责任"。① 在美国等诉戈林等人案(*USA, France, UK, and USSR v. Hermann Goering et al.*)中,纽伦堡军事法庭认为,"当商人们在明知希特勒的计划却还与其合作时,他们就已经成为希特勒计划的共谋。既然他们已经知道自己在做什么,那么他们就不再是无辜的了"。② 此后的法本公司案(*I. G. Farben*)中,被告人因所在的公司行为被认定犯有战争罪。美国军事法庭在该案中的关注点在于,被告法本公司在第三帝国统治时期所起的作用及公司所应承担的刑事责任。这一司法实践的重要意义在于,"该法庭将对犯罪组织的认定从政治组织扩大到一般的商业公司"。③ 法本公司案的检察官也在该案起诉书中将该案被告们称之为那些利用法本公司来实现其犯罪活动的"穿着灰色大衣的将军们"。④ 此外,美国军事法庭还进一步指出,"被告利用其所在的德国企业作为战争的经济动员工具,同时他们还利用自己的企业为纳粹政权提供武力装备"。⑤ 一些学者认为,这是将"非国家主体"或团体、组织认定为国际犯罪主体的最初实践。但也有学者对此持反对意见。⑥ 克虏伯案(*Krupp*)中的检察官就曾在其"开场陈述"(opening statement)中提到,"本案中的被告并不应因其与克虏伯公司的关系而被指控。每名被告被指控的原因是因为检察官相信,他们对其自身的犯罪行为应承担个人刑事责任"。⑦ 纽伦堡国际法庭也在其判决书中明确表示,犯罪是个人行为,应避免适用集体刑罚,仅仅因行为人的团体或组织成员身份就对其施加刑

---

① 林欣、李琼英:《国际刑法新论》,中国人民大学出版社2005年版,第31页。

② Richard Herz, "Corporate Alien Tort Liability and the Legacy of Nuremberg", *Gonzaga Journal of International Law*, Vol. 10, 2007, p. 77.

③ 范红旗:《法人国际犯罪主体问题探究》,载《中国刑事法杂志》2006年第6期。

④ 参见 J. DuBois, *Generals in Grey Suits: The Directors of the "I. G. Farben" Cartel, Their Conspiracy and Trial at Nuremberg*, London: The Bodley Head, 1953.

⑤ Trial of the Major War Criminals Before the International Military Tribunal, Nuremberg, 14 November 1945 – 1 October 1946, Vol. 1, p. 183.

⑥ 林欣、李琼英:《国际刑法新论》,中国人民大学出版社2005年版,第31页。

⑦ 相关资料参见 Trials of War Criminals Before the Nuernberg Military Tribunals under Control Council Law No. 10, Washington: United States Government Printing Office, 1950, p. 60; Opening statement is recorded in mimeographed transcript, 8 December, 1947, pp. 18 – 113.

责任的刑事程序会给被告人带来极大的不公正。①

除法本公司案（I. G. Farben）外，美国军事法庭还分别在处于同一时期的弗里克案（U. S. v. Flick）和克虏伯案（U. S. v. Krupp）中有类似的表述。在上述案件中，大型德国企业负责人都曾因反人类罪、战争罪和反人道罪等罪名而被提起公诉。② 在克虏伯案中，法院因克虏伯公司曾对战俘进行强迫劳动而认定该公司具有犯罪意图；③ 在法本案中，法院在判决书中直接提到"公司的义务"，④ 并将法本公司称之为犯罪工具；⑤ 在弗里克案中，美国军事法庭认定两被告人有罪的依据是，他们"利用自己的影响力和经济实力"参与党卫军的活动，并在明知存在奴隶劳动的情况下仍然增加产量，进而构成战争罪的共谋。⑥ 因此，可以看出，虽然在以上所有案件中美国军事法院都仅就个人从事国际犯罪的行为所应承担的责任进行判决，但在审理过程和最终的判决书中，法官都在一定程度上承认了公司具备从事国际犯罪的能力或应承担国际法义务。在部分案件中，法官还将公司违反国际人权法的行为作为公司负责人承担国际刑事责任的基础或前提予以论述。⑦ 这些都表明，纽伦堡审判标志着一个从"公司不承担刑事责任"向公司可能由于其董事会成员或雇员的行为而承担刑事责

---

① [美] M. 谢里夫·巴西奥尼：《国际刑法导论》，赵秉志、王文华译，法律出版社 2006 年版，第 74 页。

② 参见 CCL NO. 10（Dec. 20, 1945），*reprinted in* 1 Trials of War Criminals before the Nuernberg Military Tribunals, at xvi（photo. *reprint* 1998）（1949）。

③ Anita Ramasastry, "Corporate Complicity: From Nuremberg to Rangoon An Examination of Forced Labor Cases And Their Impact on the Liability of Multinational Corporations", *Berkeley Journal of International Law*, Vol. 20, 2002, p. 112.

④ Steven Ratner, "Corporations and Human Rights: A Theory of Legal Responsibility", *The Yale Law Review*, Vol. 111, 2002, p. 478.

⑤ Anita Ramasastry, "Corporate Complicity: From Nuremberg to Rangoon An Examination of Forced Labor Cases And Their Impact on the Liability of Multinational Corporations", *Berkeley Journal of International Law*, Vol. 20, 2002, p. 106.

⑥ Michael J. Kelly, "Grafting the Command Responsibility Doctrine onto Corporate Criminal Liability for Atrocities", *Emory International Law Review*, Vol. 24, 2010, p. 682.

⑦ United States v. Krauch, 8 CCL NO. 10 TRIALS OF WAR CRIMINALS BEFORE THE NUERNBERG MILITARY TRIBUNALS, at 1081, 1153（1952）（U. S. Mil. Trib. VI 1948）. Matthew Lippman, "War Crimes Trials of German Industrialists: The 'Other Schindlers'", *Temple International and Comparative Law Journal*, Vol. 9, 1995, p. 173.

任的转变。①

应当看出，与纽伦堡审判相比，同一时期的美国军事法庭在公司的国际犯罪主体资格问题上的态度更加大胆。美国军事法官在审理案件的过程中更加直接地探讨了公司的行为性质及实行这些行为的个人所应承担的责任。同时，美国大部分学者对此问题也持肯定态度。他们认为，国际法早已将国际人权责任加之于除国家外的"非国家主体"（个人、跨国公司、叛乱组织等）之上。② 一方面，国际人权条约明确规定叛乱组织（rebel groups）应尊重在其管辖范围内的人民的基本权利；另一方面，一些国家也已在其国内法中承认"非国家主体"在大规模侵犯基本人权时应承担刑事责任。在一些国际文件中，特别是涉及废除奴隶的人权条约中，已经明确规定了私人组织（private actor）应承担的个人责任。③ 然而，尽管美国军事法庭对公司的国际犯罪主体资格和个人国际刑事责任进行了较为深入的分析和探讨，但此类实践活动却并未获得更深层次的发展。美国军事法庭也曾承认纽伦堡审判时期的经典观点，即"犯罪是个人行为，应避免适用集体刑罚，仅仅因行为人的团体或组织成员身份就对其施加刑事责任的刑事程序会带来极大的不公正"。④ 可以看出，在纽伦堡审判阶段，将公司直接列为国际犯罪主体的想法还过于超前。总的来说，虽然在部分案件中法官已将公司违反国际人权法的行为作为公司负责人承担国际刑事责任的基础或前提予以论述，⑤ 但单纯从公司的国际犯罪主体资格角度看，纽伦堡审判时期法院仍秉承以往的司法实践传统，即

---

① Eric Engle, "Extraterritorial Corporate Criminal Liability: A Remedy for Human Rights Violations?", *St. John's Journal of Legal Commentary*, Vol. 20, 2006, p. 292.

② Protocol Additional to the Geneva Conventions of 12 August 1949, and Relating to the Protection of Victims of Non - International Armed Conflicts (Protocol Ⅱ), *adopted* June 8, 1977, 1125 U. N. T. S. 609.

③ Steven R. Ratner, "Corporations and Human Rights: a Theory of Legal Responsibility", *The Yale Law Journal*, Vol. 111, 2001, p. 467.

④ [美] M. 谢里夫·巴西奥尼：《国际刑法导论》，赵秉志、王文华译，法律出版社 2006 年版，第 74 页。

⑤ *United States v. Krauch*, 8 CCL NO. 10 TRIALS OF WAR CRIMINALS BEFORE THE NUERNBERG MILITARY TRIBUNALS, note 131, at 1081, 1153 (1952) (U. S. Mil. Trib. Ⅵ 1948). Matthew Lippman, "War Crimes Trials of German Industrialists: The 'Other Schindlers'", *Temple International and Comparative Law Journal*, Vol. 9, 1995.

仅承认个人的国际刑事责任。同时，尽管这一阶段的国际刑事司法审判机构对于公司负责人的审理在数量上还较少，但一个涉及公司应承担国际犯罪责任的"责任网"（web of liability）已经开始形成并不断张开。①

（二）当代国际刑法下跨国公司的国际犯罪主体资格

纽伦堡审判后的几十年中，国际社会并未停止对公司犯罪行为的研究和探讨。尤其是近年来，随着跨国公司的不断涌现以及其经济势力的不断增强，近期的国际刑事司法实践活动日益彰显出国际刑事责任主体的多元化特点，即呈现出由单一的个人责任模式向多元主体的责任模式转化的趋势。②

1975 年，在日内瓦召开的第五届联合国预防犯罪和罪犯待遇大会（United Nations Congress on the Prevention of Crime and the Treatment of Offenders）中将"跨国公司犯罪作为国内犯罪和跨国犯罪的一种新形势"加以研究。③ 会后的大会报告中特别提到，"一些更为复杂的问题产生了跨国公司和其他具有垄断地位的实力雄厚的商业合伙人的非法行径"。④ 五年后的第六届联合国预防犯罪和罪犯待遇大会又指出，"考虑到经多国和跨国公司，特别是它们在发展中国家的活动，助长了滥用政治和经济权力……大会强调各国有必要采取紧急和彻底行动……"⑤ 之后，在第七届预防犯罪和罪犯待遇大会颁布的《从发展角度和新的国际经济秩序来看预防犯罪和刑事司法的指导原则》中明确提出跨国公司的国际犯罪主体资格问题。其中，第 6 项强调"犯罪是一种全球性的现象，预防犯罪不应限于一般罪行，也应包括特别有害的行为，例如经济罪、危害环境罪、非法贩运药品、恐怖主义、种族隔离和特别危害法律和平和国内治安相当严重的罪行。这种罪行包括公私机构、组织和个人可能直接或间接参与的

---

① Robert C. Thompson, Anita Ramasastry and Mark B. Taylor, "Translating Unocal: the expanding web of liability for Business Entities Implicated in International Crimes", *The George Washington International Law Review*, Vol. 40, 2009, p. 841.

② 蒋娜：《国际刑事责任的多元主体及其启示：以国际刑事责任原则的崭新进展为视角》，载《现代法学》2010 年第 1 期。

③ 何秉松：《法人刑事责任的世界性趋势》，载《中国政法大学学报》1991 年第 5 期。

④ 同上书，第 12 页。

⑤ 同上书，第 13 页。

罪行"。① 有学者通过分析上述国际性文件得出,国际社会已经越来越认识到跨国公司从事国际犯罪的严重性和危害性,并提出采取刑法手段制裁法人的要求越来越明确和强烈。② "随着国际刑法的发展,个人(个人、跨国公司)在武装冲突法和国际刑法方面似乎也直接承受国际法上的权利和义务。"③

这一时期,一些国际机构也对一些跨国公司行使过司法管辖权。国际法院(International Court of Justice, ICJ)就是其中之一。2000 年之后,ICJ 曾经审理过多起涉及自然资源方面的纠纷。④ 尽管这些纠纷中的公司都隐藏在国家或政府之后,但 ICJ 仍就涉案公司的行为进行了裁判。人权理事会(HRC)是另一个对公司(包括跨国公司)具备管辖权的国际机构。HRC 主要处理理事会成员侵犯人权案件及提出意见。⑤ 2008 年,HRC 在第 17 届会议中通过联合国秘书长特别代表提交的"保护、尊重和维护框架"的终期报告。⑥ 此报告被认为是联合国未来关于"跨国公司与侵犯人权行为问题"的行为准则。基于此,有学者认为,HRC 的来文申诉机制并未排除对跨国公司侵犯人权事件的处理。⑦

此后,国际刑事司法实务界和人权条约机构亦曾多次尝试厘清相关问题。⑧ 而相关的跨国公司国际犯罪主体资格问题也开始在前南刑庭和卢旺

---

① 何秉松:《法人刑事责任的世界性趋势》,载《中国政法大学学报》1991 年第 5 期。
② 同上书,第 13 页。
③ 朱文奇:《国际刑事法院与中国》,中国人民大学出版社 2009 年版,第 11 页。
④ 比方说,Armed Activities on the Territory of the Congo (*Democratic Republic of the Congo v. Uganda*), 2005 ICJ Rep 168; *Frontier Dispute* (*Benin/Niger*), 2005 ICJ Rep 90; Land and Maritime Boundary between Cameroon and Nigeria (*Cameroon v. Nigeria*: *Equatorial Guinea Intervening*), 2002 ICJ Rep 303。
⑤ 参见 UNHRC general information available at http://www2.ohchr.org/english/bodies/hrcouncil/, 2014 – 01 – 16。
⑥ 参见 UNSRSG Final Report, Guiding Principles on Business and Human Rights: Implementing the United Nations "Protect, Respect and Remedy" Framework, 2011, UN Doc, A/HRC/17/31。
⑦ Alice de Jonge, *Transnational Corporations and International Law*: *Accountability in the Global Business Environment*, Edward Elgar, 2011, p. 177。
⑧ 在欧洲人权机构、美洲人权法院、人权条约机构审议的多起案件(或申诉、个人来文)中都曾承认私主体侵犯人权的行为构成对于国际人权条约的违反。如人权事务委员会受理(Human Rights Committee)的 Hopu 等诉法国案(*Hopu and Tepoaitu Bessert v. France*), La'nsman(转接下页)

达刑庭的审判实践中初现端倪。这一时期的审判实践表明，"跨国公司犯罪参与者应承担相应的国际刑事责任。"① 相较于纽伦堡时期法院针对公司违反国际刑法的行为采取较为"直接"的态度，这些机构更愿适用"间接"手段来实现对涉案跨国公司的行为进行管辖。虽然多数案件或个人来文的最终结果②并未直接涉及对跨国公司的惩处，但审议机构似乎更乐于通过对相关国家不履行义务行为的抨击而迫使"被告国"采用"国内刑法或行政法"等手段处理涉案跨国公司违反国际法的行为。与此同时，国际刑事法院、前南刑庭和卢旺达刑事法庭③也都曾在司法实践中通过"帮助和煽动"等"共谋"（conspiracy）行为追究跨国公司负责人或高管的国际刑事责任。

可以看出，对于跨国公司能否具备国际犯罪主体资格问题，绝大多数国际刑事司法审判机构的表态都较为含蓄。从它们的司法实践活动来看，这些司法实践机构已经认识到了跨国公司在国际犯罪活动中的巨大破坏力及影响力，因此似乎也并不排斥追究公司侵犯国际刑法的行为。但限于其宪章的限制而不能直接将公司列为被告。与之相比，在跨国公司国际刑事

等诉芬兰案（La'nsman et al., v. Finland）；欧洲人权委员会受理（European Commission of Human Rights）的 Young 诉英国案（Young v. United Kingdom），Costello – Roberts 诉英国案（Costello – Roberts v. United Kingdom），López Ostra 诉西班牙案（López Ostra v. Spain）及 Guerra 诉意大利案（Guerra v. Italy）；美洲人权法院（The Inter – American Court of Human Rights）审理的 Awas Tingni 案；非洲人权与民族权委员会处理的社会和经济权利运动中心诉尼日利亚（奥格尼）（Social and Economic Rights Action Centre v. Nigeria (Ogoni)）等。

① 蒋娜：《国际刑事责任的多元主体及其启示——以国际刑事责任原则的崭新进展为视角》，载《现代法学》2010 年第 1 期。

② 如在 Hopu 诉法国案中，人权事务委员会认定法国允许其国有公司租用塔希提岛修建豪华酒店的行为并未考虑到当地土著居民对于祖先墓地的特有感情，因此侵犯了当地土著居民的家庭权利和隐私权。在 La'nsman 等诉芬兰案中，委员会却做出与 Hopu 案完全不同的认定。委员会认为芬兰政府将采石场授权一私人公司使用的行为已经完全考虑到当地土著居民的文化权利，因此芬兰政府的作法并不违反《经济、社会、文化权利国际公约》第 27 条的规定。

③ 国际刑事法院在 The Nicaragua 案中确立了"有效控制"原则（the effective control）；前南刑庭在塔迪奇（Tadic）案中认为，只要国家在"该军事组织中起到了组织、协调或计划的作用"，公司就应承担"教唆或帮助责任"。

责任问题上持更为进步和开放态度的是南非真相和解委员会①（South Africa Truth and Reconciliation Commission②）。1999 年，该委员会发布了《真相和解委员会南非报告》（*Truth and Reconciliation Commission of South Africa Report*）。该委员会在该报告的第四卷用了将近 40 页的篇幅，详尽描述了南非种族隔离时期私人公司直接、间接支援或促进白人政府强化种族隔离政策的行为。报告不仅明确肯定"私人公司是南非种族隔离时期经济稳定发展的核心力量"，③ 还确认了私人公司（特别是跨国公司）对南非政府种族隔离政策的推动作用。④ 此外，南非真相和解委员会还首次在报告中直接承认了公司应具备国际犯罪主体资格，且将公司在南非种族隔离政策中的"共谋行为"划分成不同等级。⑤ 这些做法不仅获得了学界的普遍支持，还推动了跨国公司成为国际犯罪主体理论的深入发展。更为重要的是，该报告采用听证会等形式真实反映了种族隔离时期南非社会各阶层的发展状况，使南非人"看清了自己和自己的国家，并抚平了南非人心中的怨恨，为南非今天的稳定与和解奠定了基础"。⑥

应该说，尽管跨国公司犯罪及其国际犯罪主体资格问题已经在一定程

---

① 南非真相和解委员会是南非为实现"在弄清过去事实真相的基础上促进全国团结与民族和解"的目标，于 1995 年 11 月 29 日，宣布成立的社会调解组织。该委员会创立的目的在于研究和揭露 1960 年 3 月到 1994 年 5 月间南非国内因种族隔离政策所带来的种种严重侵犯人权的行为。相关资料参见 http：//zh. wikipedia. org/wiki/% E5% 8D% 97% E9% 9D% 9E% E7% 9C% 9F% E7% 9B% B8% E4% B8% 8E% E5% 92% 8C% E8% A7% A3% E5% A7% 94% E5% 91% 98% E4% BC% 9A，2013 - 03 - 18。

② 真相和解委员会现象：此种现象多发生在南美洲国家。这些国家在经历了大规模暴力活动后，由于其国内仍存在一些客观障碍（如政府缺乏政治愿望、军政府的势力仍然根深蒂固等），在这种环境下，对于事件真相的追寻只能通过非司法手段来进行，故"真相和解委员会"应运而生。

③ Sabine Michalowski, "No Complicity Liability for Funding Gross Human Rights Violations?", *Berkeley Journal of International Law*, Vol. 30, 2012, p. 455.

④ Truth and Reconciliation Commission: "Truth and Reconciliation Commission of South Africa Report", Vol. 4, http：//www. info. gov. za/otherdocs/2003/trc/，2013 - 03 - 15.

⑤ Earthright International, "The International Law Standard for Corporate Aiding and Abetting Liability", http：//www. earthrights. org/sites/default/files/publications/UNSRSG - aiding - and - abetting. pdf，2013 - 02 - 05.

⑥ 相关资料参见 http：//zh. wikipedia. org/wiki/% E5% 8D% 97% E9% 9D% 9E% E7% 9C% 9F% E7% 9B% B8% E4% B8% 8E% E5% 92% 8C% E8% A7% A3% E5% A7% 94% E5% 91% 98% E4% BC% 9A，2013 - 03 - 18。

度上得到了世界范围内刑法学界和国际法学界的肯定和支持,① 但该项成果却没能在2002年公布的《国际刑事法院罗马规约》（以下简称《罗马规约》）中得到体现。② 2002年成立的国际刑事法院继承了自纽伦堡审判以来4个国际特设刑事法庭的传统，依旧将其管辖权局限于自然人，不包括公司。但在《罗马规约》拟定的过程中，与会各国代表也曾对公司是否能够作为国际犯罪的主体进行了广泛而深入的探讨。最初向大会提交的规约草案中曾规定"除了国家之外，本法院对公司具有管辖权"。③ 然而，最终基于对"非自然人国际审判复杂性的认识"，跨国公司国际犯罪才并未被列入国际刑事法院的管辖范围。④

在国际刑事立法方面，涉及跨国公司国际犯罪主体资格的国际公约在1997年之前多仅仅关注个人责任，即公司负责人或高管的责任。可见当时学界和实务界对追究公司高管背后的公司国际刑事责任问题尚未达成共识。⑤ 然而，在同年11月经济与合作组织通过的《关于打击国际商业交易中贿赂外国公职人员的公约》（OECD Convention on Combating Bribery of Foreign Public Officials in International Business Transactions）中，就首次出现了公司应就其犯罪行为承担相应的责任。该公约第2条"法人责任"中规定，"每一缔约方应依照其法律准则采取必要措施以确定法人因行贿外国公职人员而承担的责任"。⑥ 但应指出的是，该公约仍未完全承认法人的犯罪主体资格。在一同通过的《公约注释报告》第20条中，有"如根据一缔约方的法律制度，刑事责任不适用于法人，则不应要求该缔约方确定此种刑事责任"的规定。2007年，联合国秘书长特别代表约翰·鲁格（John Ruggie）在其报告中将跨国公司严重侵犯人权的行为同人权和国际犯罪联系到一起。有学者预见，虽然国际刑事法院或特别刑庭尚未对跨国公司行使过直接管辖权，但从国际刑事判例和发展趋势可以看出，跨

---

① 马呈元：《国际刑事法院管辖权的特点》，载《人民法院报》2005年4月8日。
② 陈泽宪：《国际刑事法院管辖权的性质》，载《法学研究》2003年第6期。
③ 联合国《设立国际刑事法院筹备委员会的报告》，第52页。
④ 范红旗：《法人国际犯罪主体问题探究》，载《中国刑事法杂志》2006年第6期。
⑤ 张颖军：《打击跨国犯罪国际法律制度的新发展——法人责任》，载《甘肃社会科学》2005年第6期。
⑥ OECD Convention on Combating Bribery of Foreign Public Officials in International Business Transactions, 37 ILM 1, *Entered Into Force*, February 15, 1999.

国公司将在不久的将来与个人一样享有国际犯罪主体资格,并承担类似的国际刑事责任。[1]

(三) 学界的观点

晚近,部分国际法学者对跨国公司享有国际犯罪主体资格,并应在一定程度上承担国际刑事责任一说持肯定态度。他们认为,国际法早已将国际人权责任加之于除国家外的"非国家主体"(个人、跨国公司、叛乱组织等)之上。[2] 尤其是在一些国际文件中已经明确规定了私人组织(private actors)应享有国际犯罪主体资格。[3] 早在 1949 年,国际法院(International Court of Justice)就曾在对赔偿案(Reparations case)[4] 的咨询意见(Advisory Opinion)中认定联合国的国际法主体资格,[5] 并在此案中确立了认识国际法主体的全新"界定标准",即国际法主体不能以国际法的性质为根据来确定。[6]

1986 年,美国《外交关系重述》[*Restatement (Third) of Foreign Relations*] 也曾含蓄地承认公司具有国际法主体地位。[7] 自此,越来越多的学

---

[1] Doug Cassel, "Corporate Aiding and Abetting of Human Rights Violations: Confusion in the Courts", *Northwestern Journal of International Human Rights*, Vol. 6, No. 2, 2008, pp. 22-23.

[2] Protocol Additional to the Geneva Conventions of 12 August 1949, and Relating to the Protection of Victims of Non - International Armed Conflicts (Protocol II), *adopted* June 8, 1977, 1125 U. N. T. S. 609.

[3] Steven R. Ratner, "Corporations and Human Rights: a Theory of Legal Responsibility", *The Yale Law Journal*, Vol. 111, 2001, p. 467. 在此案中,法院认为联合国是国家集体活动逐渐增加的产物,为了实现其目的和宗旨,它必须具备国际人格。同时参见辛崇阳《对国际法主体的界定标准及其内容的再思考》,载《比较法研究》2006 年第 4 期。

[4] 赔偿案:1948 年,一位来自瑞典的联合国调停官员在耶路撒冷执行联合国任务时被杀害。由于当时以色列尚不属于联合国会员国,联合国大会就以"对非会员国的追偿问题和联合国的国际法主体资格等问题"要求国际法院(International Court of Justice)给出咨询意见。国际法院在 1949 年出具的咨询意见(Reparation for Injuries Suffered in the Service of the United Nations, April. 11th, 1949)中承认了联合国的国际法主体资格。

[5] Michael J. Kelly, "Grafting the Command Responsibility Doctrine onto Corporate Criminal Liability for Atrocities", *Emory International Law Review*, Vol. 24, 2010, p. 687.

[6] 辛崇阳:《对国际法主体的界定标准及其内容的再思考》,载《比较法研究》2006 年第 4 期。

[7] *Restatement (Third) of Foreign Relations* pt. II, intro. note (1986). "In the past it was sometimes assumed that individuals and corporations, companies or other juridical persons created by the laws of state, were not persons under (or subjects of) international law."

者和研究机构开始认识到公司在国际法中的作用,[①] 相关国际条约和公约也开始在此问题上采取更为开明的态度。对此问题,我国政府也持肯定态度。在《防止及惩治种族灭绝罪公约》(Convention on the Prevention and Punishment of the Crime of Genocide) 的筹备阶段,我国与会代表林谋生先生(音译: Mr. Lin Mousheng) 曾在"公约勘误会议第四次特别会议"上发言,对一些国家代表提出的在公约中加入"政治性组织"表示质疑,并首次陈述我国在此问题上的观点。我国政府认为,"如果政治性组织可以作为种族灭绝罪的犯罪主体,没有理由不将其管辖范围扩大到社会、经济性组织"。[②] 此外,从现实角度出发,由于公司的集体行为所能造成损害的危害性极有可能严重于个人的单独犯罪行为。因此,从逻辑上来讲,既然个人已被列为国际刑法的管辖对象,没有理由还将危害更大的公司排除在外。[③] 在实践中,一些国家也早已在其国内法中承认了"非国家主体"应对其大规模侵犯基本人权的行为承担刑事责任。晚近各国的立法实践表明,不仅传统承认"公司具备国际犯罪主体资格"的英美法系国家在积极创设对相关犯罪的"普遍管辖权",[④] 而且一些深受"社团法人不能犯罪"法律传统影响的大陆法系国家也开始在其国内法中确立公司的刑事责任。[⑤]

综上,虽然当前主流国际司法实务界在对公司国际刑事责任的追责过程中仍将"国家行为"在犯罪活动中的作用作为主要考量对象,[⑥] 但近些

[①] Michael J. Kelly, "Grafting the Command Responsibility Doctrine onto Corporate Criminal Liability for Atrocities", *Emory International Law Review*, Vol. 24, 2010, p. 687.

[②] Hirad Abtahi and Philippa Webb, *The Genocide Convention: The Travaux Preparatorie*, Martinus Nijhoff Publishers, 2008, p. 724.

[③] Simon Chesterman, "Oil and the International Law: the Geopolitical Significance of Petroleum Corporations: Oil and Water: Regulating the Behavior of Multinational Corporations through Law", *New York University Journal of International Law and Politics*, Vol. 36, 2004, p. 310.

[④] 传统英美法系国家,如澳大利亚《刑法典》引入国际刑法中企业"共谋"行为的表述,明确规定了企业应承担国际刑事责任。具体内容参见 Jennifer G. Hill, "Corporate Criminal Liability in Australia: An Evolving Corporate Governance Technique?", *Journal of Business Law*, 2003。

[⑤] 晚近,大陆法系国家,如荷兰、挪威、冰岛、法国、芬兰、比利时、斯洛伐克、土耳其等均开始确立法人刑事责任制度。范红旗:《法人国际犯罪主体问题探讨》,载《中国刑事法杂志》2006 年第 6 期。

[⑥] Steven R. Ratner, "Corporations and Human Rights: a Theory of Legal Responsibility", *The Yale Law Journal*, Vol. 111, 2001, pp. 470–471.

年来，越来越多的学者开始认识到"传统国际法有关犯罪主体主要是自然人的理论显然不能再适应经济全球化形势下控制国际犯罪的要求"。[①]他们提出，"随着国际刑法的发展，个人（个人、公司）在武装冲突法和国际刑法方面似乎也直接承受国际法上的权利和义务"。[②] 同时，他们还认为尽管目前国际刑事法院只能够追究个人的刑事责任，但并不意味着组织或机构不能成为承担国际犯罪刑事责任的主体。[③] 理论上说，国际刑法基本理论并未排除这种可能性。在此基础之上，各种国际条约和公约的出现，以及各国刑事司法实践的发展，都为公司国际刑事责任制度的进一步提升提供了良好的契机。

第三节　跨国公司承担国际刑事责任的意义

从20世纪初期开始，商业性公司对东道国、母国及其他利益相关者在政治上、经济上的影响大幅提升。然而，跨国公司侵犯雇员基本人权、破坏当地环境，甚至干预东道国内政等恶行却屡屡见诸报端。[④] 在此背景下，一方面，传统的国际刑法理论中关于个人是国际犯罪主体的说法已经不再能够完全适应"全球化形势下控制国际犯罪的要求"。[⑤] 另一方面，跨国公司国际犯罪活动的危害程度已经开始威胁到国际社会的"共同利益"，这也在一定程度上促使国际社会达成通过国际刑法来惩治此类行为的共识。[⑥] 有学者指出，正是经济全球化的浪潮使得跨国公司所从事的国

[①] 邵沙平：《经济全球化与国际犯罪的法律控制》，武汉大学出版社2005年版，第118页。

[②] 朱文奇：《国际刑事法院与中国》，中国人民大学出版社2009年版，第11页。

[③] 张旭：《国际犯罪刑事责任再探》，载《吉林大学社会科学学报》2001年第2期。

[④] 其中以私人公司侵犯劳工权利、破坏当地环境等报道尤盛。如发生在1984年12月印度博帕尔的毒气泄漏事件，被认为是21世纪影响最严重的工业安全事故。事发后2天就导致5000人死亡，最终造成的死亡人数可能超过2万人，另外有6万人需要接受长期治疗。相关资料参见http://baike.baidu.com/view/3735497.htm?fromId=412912，2013-03-25。

[⑤] 邵沙平：《国际法治的新课题：国家控制跨国公司犯罪的权责探析》，载《暨南学报》（哲学社会科学版）2012年第10期。

[⑥] 同上。

际性犯罪的危害性逐渐被国际社会所认识,[①] 也正因为如此,跨国公司的国际刑事责任问题才逐渐受到了社会各界的关注。

国际金融家乔治·索罗斯(George Soros)曾经说过,"目前世界上对自由和民主过程最大的威胁可能就是政府与商业之间的邪恶同盟。这并不是什么新事物。过去我们将它称之为法西斯主义……"[②] 如索罗斯所言,随着经济全球化程度的不断加深,跨国公司在国际社会和世界各国的各个层面都发挥着越来越重要的作用。如硬币的正反面,跨国公司在极大推动和促进世界各国经济发展、社会进步和文化交流的同时,其负面影响也随之产生并呈逐渐扩大的趋势。然而,当前世界各国的法律发展现状却表明,各主要国家对跨国公司在其生产经营过程中行为的管理和约束却远远不足。究其原因,大致有两方面:一方面,各国(特别是发展中国家和不发达国家或地区)在经济上和政治上对大型跨国公司的依赖度较大。在跨国公司侵犯人权的"重灾区",即广大发展中国家和不发达国家,跨国公司的行为在很大程度上处于"真空"状态,这些国家不仅没有能力而且也不愿对跨国公司的行为予以一定程度的约束;另一方面,鉴于当前国际刑法并未将跨国公司纳入其管辖范围,[③] 各主要国际刑事司法审判机构虽然已经意识到跨国公司犯罪的严重性及广泛性,但由于其规约的限制,并不能直接追究"罪魁祸首"——跨国公司的直接刑事责任,也因此而不能完全行使其维护世界和平与正义的使命,这也就又增加了国际刑事司法实践活动在国际层面对跨国公司管理和监督的难度。

在国际刑法层面,将跨国公司内部职员(如公司普通员工和公司高级管理人员)的个人刑事责任延伸到跨国公司的国际刑事责任是非常有必要的。对于跨国公司直接承担国际刑事责任的意义,国际刑法学界也存在不少观点。通过对主要观点的总结,大致可以从以下四个层面进行说明。

1. 从司法实践的效果来看,由国际刑事司法审判机构来直接对跨国

---

① 邵沙平:《国际法治的新课题:国家控制跨国公司犯罪的权责探析》,载《暨南学报》(哲学社会科学版)2012 年第 10 期。

② George Soros, *Open Society*: *Reforming Global Capitalism*, Public Affairs, 2000, xi.

③ Jessie Chella, "The Complicity of Multinational Corporations in International Crimes: An Examination of Principles", unpublished Ph. D. dissertation, Bond University on file with author, p. 2.

公司施加刑事处罚，有利于表达国际社会对于跨国公司犯罪行为的谴责态度。[1] 跨国公司通过其生产经营行为从事侵犯人权的活动已经侵害到社会公众的基本利益，而跨国公司作为国际社会的一分子，应当对于其犯罪行为承担刑事责任。只有由国际社会最具权威的司法审判机构对跨国公司的行为进行审理，才能真正实现国际法中所提倡的公平和正义。[2] 而来自国际刑事司法审判机构对于跨国公司国际犯罪行为的否定性评价，最能彰显国际社会对于跨国公司从事此类行为的态度，这也能够在精神层面给予受害者及其家属一定程度的抚慰。

2. 从防止跨国公司"再次犯罪"的角度出发，对于跨国公司承担国际刑事责任的追究，有利于降低跨国公司再次犯罪的概率，对于跨国公司今后的行为具有一定程度上的威慑作用。类比国内刑法中关于公司犯罪的处罚决定可以看出，败诉之后，由于跨国公司很可能面临的巨大经济赔偿以及包括禁止、限制法人权利或剥夺、取消法人资格等类似"死刑"的严厉刑罚，为避免再次受到此类处罚，跨国公司有可能在未来的生产经营活动中更为注意自己的行为模式。因此，此类刑罚对于遏制跨国公司犯罪无疑具有积极意义。

3. 从保障受害者利益角度出发，与跨国公司员工个人承担赔偿责任相比，由经济实力超强的跨国公司来承担国际刑事责任，能够更有利于保障受害者的权益。[3] 在现实中，由于当前国际刑法尚不承认国际刑事司法审判机构对于跨国公司的管辖权，因此在涉及跨国公司国际犯罪时，各国际刑事司法审判机构只能追究少数处于该公司最顶端的公司高管的刑事责任。这种做法不仅为真正属于主谋的跨国公司在触犯国际刑法之后通过这些"替罪羊"来脱罪提供了极大的方便，而且也会大大降低跨国公司在败诉之后需要向受害者及其家属支付的赔偿金额。相反地，如直接将跨国公司列为案件被告，则具有"一举三得"的功效：跨国公司雄厚的经济实力不仅能够达到对受害者及其家属最大程度的赔偿力度，而且也能保障

---

[1] Sara Sun Beale and Adam G. Safwat, "What Developments in Western Europe Tell Us about American Critiques of Corporate Criminal Liability", *Buffalo Criminal Law Review*, Vol. 8, 2004, p. 103.

[2] Pamela Bucy, "Corporate Criminal Liability: When Does it Make Sense?", *American Criminal Law Review*, Vol. 46, 2009, p. 1437.

[3] Mordechai Kremnitzer, "A Possible Case for Imposing Criminal Liability on Corporations in International Criminal Law", *Journal of International Criminal Justice*, Vol. 8 (3), 2010, p. 913.

法庭判决的执行力度,① 同时还可以通过对跨国公司本身的惩罚使其更为深刻地认识到自己的错误,避免再次犯错。

4. 从案件审理实践角度出发,由跨国公司来承担国际犯罪的责任,则更有利于实现对国际犯罪行为的追究。由于跨国公司本身结构的复杂性,跨国公司的犯罪行为很可能通过多个子公司来实现,这对于检察官确定实际犯罪行为人造成了极大障碍。同时,大型跨国公司在生产经营活动时往往涉及大量人员在不同国家之间的流动,这也为检察官确定最终犯罪行为人提高了难度。② 因此,由跨国公司本身而非具体行为人承担国际刑事责任,可以很大程度上解决上述难题,进而对于最终消除跨国公司犯罪及实现社会公平正义具有非常重要的意义。

小 结

总的来说,通过60多年的国内和国际立法和司法实践,国际社会和国际法学者对跨国公司能否具备国际犯罪主体资格,以及是否能够承担国际刑事责任这两个问题的态度越来越鲜明。在某些特定的国际法领域,跨国公司具有且能够承担国际刑事责任的认识已经深入人心。

在国内法领域,目前,来自两大法系的绝大部分国家已经开始转变思路,不再拘泥于"公司不能犯罪"的古老原则,并先后在国内刑法典中承认了公司具有承担刑事责任的能力。最近30年来,国内司法实务界就跨国公司(或公司)国际刑事责任问题提出过不少新思路和新方法,其成果是有目共睹的。在国际法领域,一方面,国际社会越来越重视对于跨国公司国际犯罪行为的责任追究。相关国际性法律规范及条约的出台数量逐年上升;另一方面,在国际刑事司法实务界,各主要国际刑事司法审判机构对于跨国公司国际犯罪主体资格问题的理解也不断深入。这对于跨国公司国际刑事责任的演进来说确实是一种可喜的发展趋势。

---

① Mordechai Kremnitzer, "A Possible Case for Imposing Criminal Liability on Corporations in International Criminal Law", *Journal of International Criminal Justice*, Vol. 8 (3), 2010, p. 913.

② Jonathan Clough and Carmel Mulhern, *The Prosecution of Corporations*, Oxford University Press, 2002, p. 6. 同时参见 Joanna Kyriakakis, "Corporations and the International Criminal Court: The Complementarity Objections Stripped Bare", *Criminal Law Forum*, Vol. 19, 2008, pp. 115, 149。

然而，在国际刑事司法实务界，尽管近年来一些国际刑事司法审判机构已经开始在其判决中明确表达法院对于公司（包括跨国公司）犯罪行为的否定意见，但在相关正式法律文本中对跨国公司的国际犯罪主体资格问题仍然持沉默甚至否认态度。这种缺乏实体法律规范的状况，对于国际刑事司法审判机构审理相关案件造成了很大的障碍。在国际刑法学界，学者们对于相关问题的研究更加热烈。世界各国的学者们在肯定跨国公司应具备国际犯罪主体资格的基础上，就跨国公司承担国际刑事责任的现实意义、理论意义提出了各自的看法。虽然这些观点还只是停留在理论上，以至于在一定程度上存在局限性，但此类理论探讨对于推动国际刑事司法实践的发展必然将大有裨益。

第三章

跨国公司国际刑事责任的演进

历史上，在国际刑法产生之前，个人或公司严重侵犯基本人权的犯罪行为只能由国内刑事法院审理。公司的国际犯罪行为开始引起国际刑法学界和实务界的注意始于第二次世界大战期间。自此，国际社会就再未停止过对于公司（包括跨国公司）参与国际犯罪及其国际刑事责任追究问题的研究。

事实上，跨国公司国际刑事责任的演进与国际刑法的发展是紧密相连的。对于国际刑法的发展历程，著名学者巴西奥尼（M. Cherif Bassiouni）提出："国际刑法是国内刑法的国际方面和国际法的刑事方面的结合。"[1]因此，跨国公司国际刑事责任的发展不仅与学者的研究分不开，而且与国际刑法立法和司法实践活动也是分不开的。从发展脉络来看，跨国公司国际刑事责任的演进主要可分为三个阶段，即初步发展期、规范文件形成期以及司法实践期。

第一节 初步发展期

按照事物发展的规律，国际刑法对于跨国公司国际刑事责任的探讨是从一般公司从事国际犯罪行为开始的。第二次世界大战之后的国际审判是国际刑事司法审判机构接触此类案件的开端。[2]

---

[1] M. C. Bassiouni (ed.), *International Criminal Law*, Vol. 1, Ardsley, NY: Transnational Publishers, 1999, chapter 1. 同时参见赵秉志、陈弘毅主编《国际刑法与国际犯罪专题探索》，中国人民公安大学出版社2003年版，第45页。

[2] Simon Chesterman, "Oil and the International Law: the Geopolitical Significance of Petroleum Corporations; Oil and Water: Regulating the Behavior of Multinational Corporations through Law", *New York University Journal of International Law and Politics*, Vol. 36, 2004, p. 313.

一 公司国际刑事责任的萌芽

早期国际刑法只承认国家是严重侵犯人权行为的责任承担者。[①] 传统国际刑法学者秉承"公司不能犯罪"原则否认公司属于国际刑法的管辖对象。[②] 直到第二次世界大战之后,这种情况才有所变化。

一般认为,最早将公司国际犯罪引入国际刑法的司法判例源于纽伦堡审判和东京审判。[③] 第二次世界大战之后,国际刑法开始首次将个人纳入管辖范围,[④] 并就涉及公司参与纳粹暴行的案件进行审理。但此时,公司在国际刑法中的地位还较为模糊。纽伦堡审判首次认定了"非国家主体"的"帮助和煽动责任"。[⑤] 在之后的纽伦堡后续审判(the subsequent Nuremberg trials)[⑥] 中,法庭对公司国际刑事责任的态度逐渐明朗。这种态度在著名的"企业家案"(The industrialist cases)中表现得尤为突出。

尽管美国军事法庭在"企业家案"中对公司的国际刑事责任进行了较为深入的分析和探讨,但此类实践活动却并未在后续的司法实践中得到进一步发展。但从纽伦堡国际军事法庭及远东国际军事法庭对涉案公司在战争期间"助纣为虐"行为的彻底否定态度仍可以看出,国际刑事司法学界和实务界对于公司承担国际刑事责任的观点已经开始萌芽。不过,总的来说,虽然在部分案件中法官已将公司违反国际法的行为作为公司负责

[①] Steven R. Ratner, "Corporations and Human Rights: a Theory of Legal Responsibility", *The Yale Law Journal*, Vol. 111, 2001, p. 461.

[②] Andrew Clapham, "Extending International Criminal Law Beyond the Individual to Corporations and Armed Opposition Groups", *Journal of International Criminal Justice*, Vol. 6, 2008, p. 900.

[③] Kendra Magraw, "Universally Liable? Corporate – Complicity Liability under the Principle of Universal Jurisdiction", *Universal Jurisdiction & Corporations*, Vol. 18, 2009, pp. 458 – 459.

[④] Ibid..

[⑤] Earthright International, "The International Law Standard for Corporate Aiding and Abetting Liability", http://www.earthrights.org/sites/default/files/publications/UNSRSG – aiding – and – abetting.pdf, 2013 – 02 – 05.

[⑥] 纽伦堡审判,"指1945年11月21日至1946年10月1日间,由第二次世界大战战胜国对欧洲轴心国的军事、政治和经济领袖进行的数十次军事审判。其中,除被告22人,还包括德国内阁在内的6个组织。除22名被告和6个团体,其余被告均在1946年至1949年接受美国军事法庭审判,即'纽伦堡后续审判'"。相关资料参见http://zh.wikipedia.org/wiki/%E7%BA%BD%E4%BC%A6%E5%A0%A1%E5%AE%A1%E5%88%A4, 2013 – 03 – 25.

人承担国际刑事责任的基础或前提予以论述,① 但单纯从公司的国际刑事责任角度看,整个纽伦堡审判时期法院仍秉承以往的司法实践传统,即仅承认个人和国家的国际刑事责任。在下文中,笔者将对相关审判活动及其影响进行深入阐释。

二 纽伦堡国际军事法庭对欧洲公司的态度

晚近,学界关于公司(特别是跨国公司)是否属于国际法主体这一问题的争议仍在继续。② 然而,就公司是否能够承担国际刑事责任的看法却逐渐明朗。③ 就后一议题的探讨可以追溯到第二次世界大战结束之后。这主要是由当时部分欧洲企业对于战争推动的重要作用所决定的。由于第二次世界大战期间一些欧洲和日本的公司从事参与或帮助"轴心国"的行为,使得战后两大国际刑事司法审判机构(即纽伦堡国际军事法庭及远东国际军事法庭)开始关注涉及公司及其员工犯罪的案件。学界普遍认为,纽伦堡审判时期对于德国公司的审理已经成为展现公司具备通过财经手段推动、促进和便利国际犯罪能力的典型案例。

在第二次世界大战期间,大批德国企业强行征用大量来自本国或欧洲其他国家的已经沦为奴隶的平民或犹太人为其工作,并从中牟取暴利。其

---

① *United States v. Krauch*, 8 CCL NO. 10 TRIALS OF WAR CRIMINALS BEFORE THE NUERNBERG MILITARY TRIBUNALS, note 131, at 1081, 1153 (1952) (U. S. Mil. Trib. VI 1948); Matthew Lippman, "War Crimes Trials of German Industrialists: The 'Other Schindlers'", *Temple International and Comparative Law Journal*, Vol. 9, 1995, p. 173.

② 相关资料参见朱晓青《国际法学》,社会科学出版社2012年版,第55页;周鲠生《国际法(上)》,武汉大学出版社2007年版,第49—50、56页;梁西《国际法(第三版)》,武汉大学出版社2012年版,第73页;王铁崖《国际法》,法律出版社2007年版,第46—56页;[美]汉斯·凯尔森《国际法原理》,王铁崖译,法律出版社1995年版,第80—81页;[英]M.阿库斯特《现代国际法概论》,汪暄、朱奇武等译,中国社会科学出版社1983年版,第80—86页;余劲松《跨国公司法律问题专论》,法律出版社2008年版,第301—303页;汪玮敏《跨国公司人权责任的规制路径研究》,载《合肥工业大学学报》2008年第2期;Steven R. Ratner, "Corporations and Human Rights: a Theory of Legal Responsibility", *The Yale Law Journal*, Vol. 111, 2001, p. 475; Kamminga, M, S. Zia - Zarifi (eds.), *Liability of Multinational Corporation under International Law*, The Hague: Kluwer Law International, 2000, pp. 259 - 262。

③ 相关资料参见黄风、凌岩、王秀梅《国际刑法学》,中国人民大学出版社2007年版,第77页;Ronald C. Slye, "Corporations, Veils, and International Criminal Liability", *Brooklyn Journal of International Law*, Vol. 33, 2008, p. 957。

中大部分公司的利润或生产产品都被直接供给纳粹德国政府或军队使用，这些企业对于第二次世界大战的巨大"贡献"已经不言而喻。据统计，战争期间，纳粹德国非法使用劳工的数量超过百万。① 纽伦堡国际军事法庭的大法官们也认识到了这个问题。在美国大法官罗伯特·H. 杰克逊（Robert H. Jackson）写给时任美国总统杜鲁门（Truman）的第一份报告中就曾就此问题明确表达了自己的观点，"纽伦堡审判的目的在于追究大量个人和来自政府、军队及经济、工业等部门的个人的刑事责任，这些人对于纳粹德国的帮助行为以任何文明标准都会被认为是罪犯的行为"。② 从杰克逊大法官的上述观点可以看出，纽伦堡军事法庭已经承认了战争期间欧洲"经济、工业等部门"帮助纳粹德国的行为是严重违反国际刑法的也是"以任何文明标准都会被认为是罪犯的行为"。但也应看到，杰克逊大法官在这份报告中，还是将报告讨论的重点集中在这些部门中的"个人的刑事责任"之上。因此，尽管他已经认识到这些"部门"从事的犯罪行为所带来的巨大恶果，但在国际刑事司法审判层面，杰克逊还是强调追究属于这些"部门的个人"的国际刑事责任，而并未要求直接追究犯案公司的国际刑事责任。

杰克逊大法官的上述观点与纽伦堡国际军事法庭在整个审判过程中所表现的态度基本一致。也就是说，尽管纽伦堡国际军事法庭已经认识到工商企业或公司对于战争局势的进一步加剧所起到的"不可或缺的"作用，但它并未将涉及公司犯罪的案件作为法庭审理的重点。在案件实际审理过程中，纽伦堡国际军事法庭不仅在涉及公司员工犯罪案件的审理数量上远远低于预期，而且对于那些真正受审的商人所判处的刑罚也较轻。③ 但在纽伦堡审判中，虽尚未出现涉及公司或公司员工的案件，但法庭已将"非国家主体"的犯罪行为纳入管辖范围。

在之后的纽伦堡后续审判中，法庭开始正式审理涉及公司犯罪行为的国际刑事犯罪案件，其对公司国际刑事责任的态度也更加明确。这一态度

---

① Jonathan A. Bush, "The Prehistory of Corporations and Conspiracy in International Criminal Law: What Nuremberg Really Said", *Columbia Law Review*, Vol. 5, p. 1105.

② Ibid., p. 1110.

③ Earthright International, "The International Law Standard for Corporate Aiding and Abetting Liability", http://www.earthrights.org/sites/default/files/publications/UNSRSG - aiding - and - abetting.pdf, 2013 - 02 - 05.

在著名的"企业家案"(the industrialist cases)① 中表现得最为明显。与纽伦堡审判相比,审理"企业家案"的美国军事法庭更加大胆、直接地探讨了公司犯罪行为的性质及实施这些行为的个人所应承担的责任。有学者认为,纽伦堡后续审判在上述判例中的态度已经明确表明,国际刑事司法实务界已经开始承认团体、组织和公司应承担国际刑事责任的观点。然而,也有一些学者对此问题持否定意见。这些学者认为,纽伦堡国际军事法庭对于犯罪组织的宣告仅仅是为了"打击共同犯罪"。纽伦堡审判的判决书中也表明了这种态度,即"犯罪是由个人负责的,应该避免处罚集体。仅仅因行为人的团体或组织身份就对其施加刑事责任的刑事程序,会带来极大的不公正"。② 判决书中的这种态度也被持否定意见的学者作为证明纽伦堡审判时期国际社会并未承认公司国际刑事责任的重要例证。即使如此,纽伦堡国际军事法庭法官在仅有的少数涉及公司从事国际犯罪活动案件中的法理分析和推理过程也非常值得研究。这些都对国际法学界和实务界进一步讨论跨国公司侵犯国际人权的国际刑事责任问题提供了重要的理论和实践经验。③

三 远东国际军事法庭对日本商人和经济领袖的审判

与纽伦堡审判属于同一时期的《远东国际军事法庭宪章》(Charter of the International Military Tribunal for the Far East) 在第 5 条"对于人与罪之管辖权"项中也提到,"本法庭有权审判及惩罚被控以个人身份或团体成员身份犯有各种罪行包括破坏和平罪之远东战争罪犯"。④ 该条款中关于"团体成员"(as members of organizations) 的规定从一个侧面反映了远

---

① 企业家案:是指第二次世界大战之后由美国军事法庭审理的,在战争期间帮助或协助纳粹德国犯下严重触犯国际刑法行为的德国大企业家的案件。共三起案件,包括弗里克案、法本公司案和克虏伯案。

② 汤宗舜、江左译:《国际军事法庭审判德国首要战犯判决书(纽伦堡:一九四六年九月三日至十月一日)》,世界知识出版社 1955 年版,第 108 页。

③ G. Skinner, "Nuremberg's Legacy Continues: The Nuremberg Trials' Influence on Human Rights Litigation in U. S. Courts under the Alien Tort Statute", *Albany Law Review*, Vol. 71, 2008, pp. 321 – 367.

④ Article 5: "Jurisdiction over persons and offences. The Tribunal shall have the power to try and punish Far Eastern war criminals who as individuals or as members of organizations are charged with offences which include Crimes against Peace."

东国际军事法庭并未排斥犯罪团体的说法。此外，第5条第（c）款还进一步明确了犯罪团体的成员应承担的责任，即"凡参加上述任何罪行之共同计划或阴谋之领导者、组织者、教唆者与共谋者，对于任何人为实现此种计划而做出之一切行为，均应负责"。① 说明远东国际军事法庭对于并非主犯但参与了犯罪团体（participating in the formulation or execution of a common plan）的个人应追究其"共谋责任"（conspiracy）的明确态度。

在司法实践中，远东国际军事法庭在星野直树（Hoshino Nakoi）案②与贺屋兴宣（Kaya Okinori）案③中也曾适用以上观点。法庭认为，"两人的罪过并不在于其作为政府要员的身份，而与其参与的私人的或商业活动和这些商业活动为战争带来的不可分割的经济支持是分不开的"。④ 这说明法庭在审理上述两起案件中已经明确认识到被告的"商人"身份，也承认两人从事的"商业活动"为战争带来了"不可分割的经济支持"。正是因为上述原因，导致法院认定两被告的行为"具有罪过"。然而，虽然

---

① 《远东国际军事法庭宪章》，第5条第（c）款。"Crimes against Humanity: Namely, murder, extermination, enslavement, deportation, and other inhumane acts committed against any civilian population, before or during the war, or persecutions on political or racial grounds in execution of or in connection with any crime within the jurisdiction of the Tribunal, whether or not in violation of the domestic law of the country where perpetrated. Leaders, organizers, instigators and accomplices participating in the formulation or execution of a common plan or conspiracy to commit any of the foregoing crimes are responsible for all acts performed by any person in execution of such plan."

② 星野直树案：被告星野直树曾任满洲国国务院总务厅官长、内阁书记官长等职。他策划成立了由日本人控制的满洲国中央银行，控制满洲金融命脉，并鼓动日本国内财阀到中国东北投资。1937年，日本公司垄断和控制了中国东北地区的工业。在星野直树的经济政策下，无数中国企业破产。1948年，远东国际军事法庭判处其终身监禁。《判决书》认定其罪状之一为"他是'兴亚院'的组织者之一，并且是该院的政治及行政部门的首长。在这种地位上，他促进了开发利用日本在华占领区的动作"。相关资料参见 http://baike.baidu.com/view/1574675.htm, 2013 – 03 – 25。

③ 贺屋兴宣案：被告贺屋兴宣于1941年至1944年间担任日本财政大臣。其"独创"的战时财政经济政策，为日本发动太平洋战争打开了方便之门，提供了可靠的财政支持与物资保障。日本战败后，贺屋兴宣作为第一批被捕的甲级战犯接受远东国际军事法庭的审判。1948年11月，法庭以战争罪判处贺屋兴宣无期徒刑。相关资料参见 http://baike.baidu.com/view/1574699.htm, 2013 – 03 – 25。

④ Kyle Rex Jacobson, "Doing Business with the Devil: the Challenges of Prosecuting Corporate Officials Whose Business Transactions Facilitate War Crimes and Crimes Against Humanity", *The Air Force Law Review*, Vol. 56, 2005, pp. 196 – 197.

纽伦堡审判和东京审判都曾宣告公司为"犯罪组织"（criminal organization or common plan），但两刑庭宪章均排除了法庭对公司的管辖权，而强调法庭应"仅对这些组织、实体的负责人、领导人进行定罪和惩罚"。[①] 因此，可以看出，尽管此时的学界和实务界已经认识到公司作为"犯罪组织"在战争中的严重危害性，并试图在当时的国际刑事司法实践中有所作为，但由于国际刑法界对是否承认公司具备国际刑事责任存在较大争议，上述进步观点并未出现在当时的两大宪章中。尽管如此，这些司法实践活动仍对相关理论研究起到了相当大的推动作用，同时也促进了跨国公司国际刑事责任的进一步向前发展。

第二节　规范文件形成期

经过纽伦堡和东京审判的推动，国际刑法理论和实践均有了很大的发展。国际刑法学界对于跨国公司国际犯罪问题的认识也逐渐成形。第二次世界大战之后的几十年里，国际社会局势发生了巨大的变化。一方面，经济全球化程度日益加深，使得跨国公司开始登上世界舞台并对人们的日常生活发挥着前所未有的影响；另一方面，随着跨国公司实力的不断增强，国际社会对于公司国际刑事责任的关注开始转移到跨国公司身上。人们认为，跨国公司以其强大的经济和政治实力，如果参与到国际犯罪中来，将会产生"难以想象"的后果。因此，20世纪70年代到90年代间，国际社会掀起了制定关于跨国公司行为规范性文件的高潮。以联合国为首的国际组织和一些区域性组织都加入了这一浪潮。这些规范性文件的出台，为之后的前南刑庭及卢旺达刑庭等国际刑事司法审判机构审理涉及跨国公司国际犯罪的案件提供了非常丰富的理论和立法基础。

一　区域性组织制定的相关文件

纽伦堡审判结束之后，国际社会很快进入"冷战"时期。在这一时期，国际刑法的发展也由于东西方阵营的全面对峙而几乎进入停滞状态。冷战

[①] 张颖军：《从纽伦堡审判到国际刑事法院——国际刑事司法的法人责任研究》，载《武汉大学学报》（哲学社会科学版）2008年第6期。

后期，经济发展上升为世界各国的头等大事，经济全球化成为当代世界经济的最根本特征及不可抗拒的潮流，跨国公司作为世界经济的重要载体再次承担起推动全球经济发展的重担。与此同时，涉及跨国公司干涉他国内政、侵犯驻在国人民基本人权、污染当地环境等的报道不断传出。为维护东道国国家及人民的基本利益，也为了更好地促进跨国公司的发展，发展中国家和发达国家对于在国际层面为跨国公司确定新的行为规范的观点达成空前一致。从20世纪80年代后期开始，一些区域性组织就开始为制定关涉跨国公司应承担国际刑事责任的相关法律文件做着准备。此后，这些组织也在这一领域一直走在世界的前列。[1] 其中，以欧洲联盟（European Union，以下简称"欧盟"）、经济合作与发展组织（OECD）表现最为突出。

（一）欧洲联盟（EU）

早在1988年，欧洲委员会部长理事会即在通过的《关于企业从事犯罪行为时应具有法人资格并承担相应责任的倡议》[*Concerning Liability of Enterprises Having Legal Personality for Offences Committed in the Exercise of Their Activities*, Recommendation No. R（88）18]中承认，目前欧洲国家内部存在大量因企业的行为而对个人和社会造成巨大损害的企业犯罪行为，并因此强调加强对于公司行为的管控。该倡议要求，"基于许多欧洲国家的法律传统，企业应对其犯罪行为承担刑事责任，不仅包括其在国外的犯罪行为，也包括其在本国内的犯罪行为"。[2] 同时，该倡议书第5条还明确规定，"企业承担刑事责任的行为并不能使得应负担刑事责任的自然人免责。特别是如果此自然人处于企业的管理级别时（persons performing managerial functions），则他应对其违反公约的行为承担相应责任"。[3] 即不

---

[1] 范红旗：《国际反腐败公约中的法人犯罪：兼论国际刑法中的法人犯罪及责任模式》，载《外交评论》2006年第88期。

[2] *Concerning Liability of Enterprises Having Legal Personality for Offences Committed in the Exercise of Their Activities*, Recommendation No. R（88）18, 1988. Art. 1：" Enterprises should be made liable for offences committed in the exercise of their activities, even where the offence is alien to the purposes of the enterprise."

[3] Concerning Liability of Enterprises Having Legal Personality for Offences Committed in the Exercise of Their Activities, Recommendation No. R（88）18, 1988. Art. 5：" The imposition of liability upon the enterprise should not exonerate from liability a natural person implicated in the offence. In particular, persons performing managerial functions should be made liable for breaches of duties which conduce to the commission of an offence."

仅要求追究公司的刑事责任，还不应放弃对公司负责人（尤其是公司高级管理人员）犯罪行为的追究。两年之后，欧盟理事会（Council of the European Union）提出《关于法人责任的建议》（Recommendation Liability of Enterprises for Offences），指出"无论是否能够确定实施构成犯罪的行为的自然人，法人都应当承担刑事责任"。[①] 应当强调的是，欧盟理事会在当时欧盟绝大多数国家国内法对"法人刑事责任"仍持反对态度的情况下表达自己的声音，为公司刑事责任在欧盟法律体系中的发展起到了极大的推动作用，也带动了之后大批欧盟国家在其国内法中就相关问题进行修改。此后，1997年欧盟起草的《打击涉及欧共体官员或欧盟成员国官员腐败行为的公约》（The EU Convention On the Fight Against Corruption Involving Officials of the European Communities or Officials of Member States of the European Union）中第6条[②]明确规定了公司责任人的刑事责任。该公约督促"所有成员国采取必要措施，使公司负责人或任何在公司内享有决策权或控制权的人，能根据其国内法确定的原则，被宣布对其授权代表公司的人所犯的腐败案件承担刑事责任"。[③] 从上述规定可以看出，这一时期，公约制定者已经注意到公司具有参与腐败犯罪的可能性，但在最终法律文本中却"只强调具体行为的公司领导者的责任"，而对是否追究其所代表

[①] 李文伟：《法人刑事责任比较研究》，博士学位论文，中国政法大学，2002年。

[②] 欧洲委员会（Council of Europe）：On the Fight Against Corruption Involving Officials of the European Communities or Officials of Member States of the European Union。第6条："Criminal liability of heads of businesses. 6. 1. This Article is almost completely drawn from Article 3 of the Convention on the protection of the European Communities' financial interests. Like that provision, its purpose is to ensure that heads of businesses or other persons exercising legal or effective power within a business are not automatically exempt from all criminal liability where active corruption has been committed by a person under their authority acting on behalf of the business. The Convention leaves Member States considerable freedom to establish the basis for criminal liability of heads of businesses and decision – makers. As well as covering the criminal liability of heads of businesses or decision – makers on the basis of their personal actions (as authors of, associates in, instigators of, or participants in the fraud), Article 6 allows Member States to consider making heads of businesses and decision – makers criminally liable on other grounds. Within the meaning of Article 6, a Member State may make heads of businesses and decision – makers criminally liable if they have failed to fulfil a duty of supervision or control (*culpa in vigilando*); The criminal liability of the head of a business or decision – maker could also attach to negligence or incompetence。"

[③] 范红旗：《国际反腐败公约中的法人犯罪：兼论国际刑法中的法人犯罪及责任模式》，载《外交评论》2006年第2期。

的公司的责任却并未有明确表述。这也能暗示出当时在欧洲国家内部对于公司刑事责任制度的态度尚不能达成一致。

一年之后,欧盟理事会公布了《打击在私营部门中腐败行为的联合行动》(*Joint Action of 22 December 1998 adopted by the Council on the basis of Article K. 3 of the Treaty on European Union, on corruption in the private sector*,以下简称《联合行动》)。《联合行动》中首次出现对公司的定义(第1条)以及关于公司责任(第5条)的规定。[①] 规定如下:

第1条 本《联合行动》中的"个人"是指,任何代表某一自然人或法人工作的雇员或其他人;此处的"法人"是指,任何依一国国内法具有独立法律地位的组织,不包括那些代表成员国或其他公共实体的组织或国际法组织……

第5条 法人责任。

1. 所有成员国都应采取必要措施以保证法人能够为其积极的腐败行为承担责任……

2. 除上述第1款中所提到的行为外,各成员国还应采取所有必

---

① 欧盟理事会 (Council of the European Union): Joint Action of 22 December 1998 adopted by the Council on the basis of Article K. 3 of the Treaty on European Union, on corruption in the private sector。第1条: "For the purposes of this Joint Action: – 'person' means any employee or other person when directing or working in any capacity for or on behalf of a natural or legal person operating in the private sector; – 'legal person' means any entity having such status under the applicable national law, except for States or other public bodies acting in the exercise of State authority and for public international organisations..." 第5条: "Liability of legal persons: 1. Each Member State shall take the necessary measures to ensure that legal persons can be held liable for active corruption of the type referred to in Article 3 committed for their benefit by any person, acting either individually or as part of an organ of the legal person, who has a leading position within the legal person... 2. Apart from the cases already provided for in paragraph 1, each Member State shall take the necessary measures to ensure that a legal person can be held liable where the lack of supervision or control by a person referred to in paragraph 1 has made possible the commission of an act of active corruption of the type referred to in Article 3 for the benefit of that legal person by a person under its authority; 3. Liability of a legal person under paragraphs 1 and 2 shall not exclude criminal proceedings against natural persons who are involved as perpetrators, instigators or accessories in the active corruption."

要的措施以确保法人对于其缺乏控制的下属的腐败行为承担责任。

3. 上述第 1 款及第 2 款中规定的法人责任并不应排除当事国对于行为人、煽动者或共谋者的刑事处罚。

尽管《联合行动》仅就公司的腐败行为进行了规定,而腐败行为也并不属于国际刑法的管辖范围,然而,《联合行动》存在的重要意义在于,上述规定标志着欧盟对于公司刑事责任的承认,并确定了欧盟在此问题上的态度。此后,欧盟在所有涉及公司刑事责任问题上都持肯定态度,并逐渐将其法律规范引入国际刑法领域。此后在反恐怖主义和打击腐败领域,欧盟开始制定了大批涉及公司国际刑事责任的公约或纲领。例如,1999 年的《反腐败刑法公约》(*Criminal Law Convention on Corruption*)、[①] 2002 年的《打击恐怖主义的框架决定》(*Council Framework Decision of 13*

[①] 欧洲委员会(Council of Europe):Criminal Law Convention on Corruption。第 18 条:"Corporate liability. 1. Each Party shall adopt such legislative and other measures as may be necessary to ensure that legal persons can be held liable for the criminal offences of active bribery, trading in influence and money laundering established in accordance with this Convention, committed for their benefit by any natural person, acting either individually or as part of an organ of the legal person, who has a leading position within the legal person, based on:... 2. Apart from the cases already provided for in paragraph 1, each Party shall take the necessary measures to ensure that a legal person can be held liable where the lack of supervision or control by a natural person referred to in paragraph 1 has made possible the commission of the criminal offences mentioned in paragraph 1 for the benefit of that legal person by a natural person under its authority. 3. Liability of a legal person under paragraphs 1 and 2 shall not exclude criminal proceedings against natural persons who are perpetrators, instigators of, or accessories to, the criminal offences mentioned in paragraph 1。"第 19 条:"Sanctions and measures. 1. Having regard to the serious nature of the criminal offences established in accordance with this Convention, each Party shall provide, in respect of those criminal offences established in accordance with Articles 2 to 14, effective, proportionate and dissuasive sanctions and measures, including, when committed by natural persons, penalties involving deprivation of liberty which can give rise to extradition. 2. Each Party shall ensure that legal persons held liable in accordance with Article 18, paragraphs 1 and 2, shall be subject to effective, proportionate and dissuasive criminal or non-criminal sanctions, including monetary sanctions. 3. Each Party shall adopt such legislative and other measures as may be necessary to enable it to confiscate or otherwise deprive the instrumentalities and proceeds of criminal offences established in accordance with this Convention, or property the value of which corresponds to such proceeds。"

June 2002 on Combating Terrorism)、①《打击网络犯罪公约》(Convention on Cybercrime)② 和 2005 年的《防止恐怖主义公约》(Convention on the Prevention of Terrorism)③ 等。

---

① 欧盟理事会 (Council of the European Union): Council Framework Decision of 13 June 2002 on Combating Terrorism。第 7 条: "Liability of legal persons. 1. Each Member State shall take the necessary measures to ensure that legal persons can be held liable for any of the offences referred to in Articles 1 to 4 committed for their benefit by any person, acting either individually or as part of an organ of the legal person, who has a leading position within the legal person, based on one of the following:... 2. Apart from the cases provided for in paragraph 1, each Member State shall take the necessary measures to ensure that legal persons can be held liable where the lack of supervision or control by a person referred to in paragraph 1 has made possible the commission of any of the offences referred to in Articles 1 to 4 for the benefit of that legal person by a person under its authority. 3. Liability of legal persons under paragraphs 1 and 2 shall not exclude criminal proceedings against natural persons who are perpetrators, instigators or accessories in any of the offences referred to in Articles 1 to 4." 第 8 条: "Penalties for legal persons. Each Member State shall take the necessary measures to ensure that a legal person held liable pursuant to Article 7 is punishable by effective, proportionate and dissuasive penalties, which shall include criminal or non-criminal fines and may include other penalties, such as..." 第 9 条: "Jurisdiction and prosecution. 1. Each Member State shall take the necessary measures to establish its jurisdiction over the offences referred to in Articles 1 to 4 where: (d) the offence is committed for the benefit of a legal person established in its territory..."

② 欧洲委员会 (Council of Europe): Convention on Cybercrimes。第 12 条: "Corporate liability. 1. Each Party shall adopt such legislative and other measures as may be necessary to ensure that legal persons can be held liable for a criminal offence established in accordance with this Convention, committed for their benefit by any natural person, acting either individually or as part of an organ of the legal person, who has a leading position within it, based on... 2. In addition to the cases already provided for in paragraph 1 of this article, each Party shall take the measures necessary to ensure that a legal person can be held liable where the lack of supervision or control by a natural person referred to in paragraph 1 has made possible the commission of a criminal offence established in accordance with this Convention for the benefit of that legal person by a natural person acting under its authority. 3. Subject to the legal principles of the Party, the liability of a legal person may be criminal, civil or administrative. 4. Such liability shall be without prejudice to the criminal liability of the natural persons who have committed the offence." 第 13 条: "Sanctions and measures. 2. Each Party shall ensure that legal persons held liable in accordance with Article 12 shall be subject to effective, proportionate and dissuasive criminal or non-criminal sanctions or measures, including monetary sanctions."

③ 欧洲委员会 (Council of Europe): Convention on the Prevention of Terrorism。第 10 条: "Liability of legal entities. 1. Each Party shall adopt such measures as may be necessary, in accordance with its legal principles, to establish the liability of legal entities for participation in the offences (转接下页)

(二) 经济合作与发展组织 (OECD)

经济合作与发展组织 (OECD) 是一个致力于联合世界上主要市场经济国家，共同应对全球化带来的经济、社会和政府治理等方面的挑战，并把握全球化带来的机遇的组织。它在跨国公司国际刑事责任问题上当然不会甘居人后。1997 年，OECD 公布了《关于打击国际商业交易中行贿外国公职人员行为的公约》(*OECD Convention on Combating Bribery of Foreign Public Officials in International Business Transactions*)。其中，第 2 条[①]和第 3 条[②]分别提到了法人责任及其制裁措施。

> 第 2 条 法人的责任。每一缔约方应依照其法律准则采取必要措施以确定法人因行贿外国公职人员而承担的责任。

> 第 3 条 处罚。如果根据一缔约方法律制度，刑事责任不适用于法人，则该缔约方应保证因行贿外国公职人员，法人应受到有效的、相称的且具劝戒作用的非刑事处罚，包括货币处罚。

从文本内容上看，OECD 成员国显然已经注意到法人从事跨国犯罪的可能性，且"首次提出了跨国犯罪中的法人责任。但在如何追究法人刑事责任问题上，缔约国之间还存在争议"。[③] 对于那些国内刑法尚未承认公司刑事责任的国家，该公约虽仍然强调应追究该法人的其他责任，但并未将刑事责任强加于所有会员国。

---

set forth in Articles 5 to 7 and 9 of this Convention. 2. Subject to the legal principles of the Party, the liability of legal entities may be criminal, civil or administrative. 3. Such liability shall be without prejudice to the criminal liability of the natural persons who have committed the offences。

① 《关于打击国际商业交易中行贿外国公职人员行为的公约》，第 2 条："每一缔约方应依照其法律准则采取必要措施以确定法人因行贿外国公职人员而承担的责任。"

② 第 3 (2) 条："如根据一缔约方法律制度，刑事责任不适用于法人，则该缔约方应保证因行贿外国公职人员，法人应受到有效的、相称的且具劝诫作用的非刑事处罚，包括货币处罚。"

③ 张颖军：《打击跨国犯罪国际法律制度的新发展——法人责任》，载《甘肃社会科学》2005 年第 6 期。

值得一提的还有美洲国家组织（Organization of American States, OAS）。① 基本与欧洲国家就跨国公司国际刑事责任问题的探讨处于同一时期，该组织也开始承认跨国公司国际刑事责任并制定了相应的国际文件。《美洲国家组织宪章》（Charter of the Organization of American States）第 36 条中明文规定，"跨国企业和外国私人投资应当遵循东道国法律和相应法院的管辖，并应遵循国际条约和公约的相关规定……"② 除此之外，美洲国家组织制定的相关文件主要集中在打击腐败与反洗钱等跨国犯罪领域。1996 年公布的《美洲反腐败公约》（Inter - American Convention Against Corruption）③ 明确要求各缔约国"在不违反其宪法和法制基本原则的前提下，禁止并惩罚其国民、在其境内有惯常住所的人或商业机构，在任何经济或商业交易中直接或间接向其他国家的政府官员提供或答应提供财务或其他利益，以换取该政府官员在执行公务中的作为或不作为"。④《关于麻醉药品和其他严重犯罪的洗钱犯罪示范规则》（Model Regulations on Money Laundering Offenses Related to Drug Trafficking and Other Criminal Offenses）中也有关于自然人参与洗钱、腐败等犯罪的条款同样适用于公

---

① 美洲国家组织，由美国和西班牙美洲地区的国家组成的区域性国际组织，前身是美洲共和国国际联盟。成立于 1890 年 4 月，1948 年在波哥大举行的第 9 次泛美大会上改称现名。目前有 34 个成员国，并先后有 58 个欧美及亚非的国家或地区在该组织派有常驻观察员。宗旨是加强本大陆的和平与安全；保障成员国之间和平解决争端；在成员国遭到侵略时，组织声援行动；谋求解决成员国间的政治、经济、法律问题，促进各国经济、社会、文化的合作；控制常规武器；加速美洲国家一体化进程。相关资料参见 http://baike.baidu.com/view/81269.htm, 2013 - 03 - 19。

② Charter of the Organization of American States, Article 16: "Transnational enterprises and foreign private investment shall be subject to the legislation of the host countries and to the jurisdiction of their competent courts and to the international treaties and agreements to which said countries are parties, and should conform to the development policies of the recipient countries."

③ 美洲国家组织（Organization of American States）: Inter - American Convention against Corruption。第 8 条: "Subject to its Constitution and the fundamental principles of its legal system, each State Party shall prohibit and punish the offering or granting, directly or indirectly, by its nationals, persons having their habitual residence in its territory, and businesses domiciled there, to a government official of another State, of any article of monetary value, or other benefit, such as a gift, favor, promise or advantage, in connection with any economic or commercial transaction in exchange for any act or omission in the performance of that official's public functions."

④ 范红旗:《国际反腐败公约中的法人犯罪：兼论国际刑法中的法人犯罪及责任模式》，载《外交评论》2006 年第 2 期。

司的规定。①

二 联合国框架下的相关文件

在联合国的推动下，部分国际刑法公约开始就跨国公司的国际刑事责任"明确予以规定"。② 联合国框架下最早涉及管控公司（特别是跨国公司）犯罪行为的国际性文件出现在 20 世纪 70 年代中期。1973 年联合国大会通过《禁止并惩治种族隔离罪行国际公约》（International Convention on the Suppression and Punishment of Crime Apartheid），公约第 3 条中提出"任何个人、组织或机构的成员、或国家代表，不论出于任何动机，如有下列行为，即应负国际罪责"。③ 该公约被认为是最早规定公司国际犯罪责任的国际性文件。此后，在殖民地和半殖民地国家相继独立的大背景下，发展中国家或新独立国家在国际舞台上积极呼吁"建立国际经济新秩序"。鉴于这些国家大多曾经饱受发达国家侵略之苦，为维护民族独立的胜利果实，它们对母国是发达国家的跨国公司在其国内从事的经济行为十分警惕。因此，联合国在此领域的立法实践不仅在时间上早于上述区域性国际组织，而且在内容上也表现得更为激进。

20 世纪 70 年代到 90 年代初，在广大发展中国家的大力支持下，这一阶段联合国大会的决议内容表现得更为直接，多以加强对跨国公司行为的监管及维护东道国经济主权为主，并多在决议文本中直接标明其适用对象为"跨国公司。"④ 1974 年，联合国大会第 6 届特别会议通过的第 3201 号和第 3202 号决议就是此类典型。两决议分别肯定了各国对境内外国资本和跨国公司的监督和管理权，并就"对跨国公司活动的管理和控制"指出，国际社会应努力制定、通过和执行一项关于跨国公司的国际行动准

---

① 范红旗：《国际反腐败公约中的法人犯罪：兼论国际刑法中的法人犯罪及责任模式》，载《外交评论》2006 年第 2 期。

② 邵沙平：《国际法治的新课题：国家控制跨国公司犯罪的权责探析》，载《暨南学报》（哲学社会科学版）2012 年第 10 期。

③ 《禁止并惩治种族隔离罪行国际公约》第 3 条："任何个人、组织或机构的成员、或国家代表，不论出于什么动机，如有下列行为，即应负国际罪责，不论是住在行为发生地的国家的领土内或其他国家：(a) 触犯、参与、直接煽动或共同策划本公约第二条所列举的行为；(b) 直接教唆、怂恿或帮同触犯种族隔离的罪行。"

④ 这一时期的《建立新的国际经济秩序序言》中就明确限制和监督跨国公司的行动进行了规定。

则，以防止它们干涉东道国的内政和同种族主义、殖民政府进行勾结。①同年的联大第29届会议中，与会国以压倒性多数通过了《各国经济权利和义务宪章》(Charter of Rights and Obligations of National Economies)。其中第2条第2项②重申了上述精神。可以看出，这一时期的国际文件尽管并未强调跨国公司的国际刑事责任，但却体现出发展中国家致力于发展本国经济并追求国家经济独立的强烈愿望，具有非常鲜明的时代烙印。在打击恐怖主义领域，20世纪70年代初的《关于制止非法挟持航空器的公约》(Convention for the Suppression of Unlawful Seizure of Aircraft) 和1971年的《制止危害民用航空安全的非法行为的公约》(Convention For The Unification Of Certain Rules For International Carriage By Air) 也就"国家有责任预防、禁止和惩治公约所规定的恐怖主义犯罪行为"进行了规定，并将公约的适用对象扩展到"法人，包括跨国公司"。③1983年5月，于1974年建立的联合国跨国公司委员会在《关于非法支付协定》的基础上通过了《联合国跨国公司行动守则草案》，④至此，联合国进一步加强了对跨国公司行为的治理和管控。

然而，发展中国家试图限制跨国公司发展的意图并未持续太久。进入21世纪以来，随着经济全球化的不断深入，发达国家在经济实力和政治实力方

---

① 联合国大会第六届特别会议通过的决议 [3200 (S_ VI) -3202 (S_ VI)]，补编第1号 (A/9559)。

② 联合国大会第二十九届会议，《各国经济权利和义务宪章》，3281 (XXIX)，1974。第2条："1. 每个国家对其全部财富、自然资源和经济活动享有充分的永久主权、包括拥有权、使用权和处置权在内，并得自由行使此项主权。2. 每个国家有权：(a) 按照其法律和规章并依照其国家目标和优先次序，对在其国家管辖范围内的外国投资加以管理和行使权力。任何国家不得被迫对国外投资给予优惠待遇。(b) 管理和监督其国家管辖范围内的跨国公司的活动，并采取措施保证这些活动遵守其法律、规章和条例及符合其经济和社会政策。跨国公司不得干涉所在国的内政。每个国家在行使本项内所规定的权利时，应在充分顾到本国主权权利的前提下，与其他国家合作。(c) 将外国财产的所有权收归国有、征收或转移，在收归国有、征收或转移时，应由采取此种措施的国家给予适当的赔偿，要考虑到它的有关法律和规章以及该国认为有关的一切情况。因赔偿问题引起的任何争论均应由实行国有化国家的法院依照其国内法加以解决，除非有关各国自由和互相同意根据各国主权平等并依照自由选择方法的原则寻求其他和平解决办法。"

③ 邵沙平：《国际法治的新课题：国家控制跨国公司犯罪的权责探析》，载《暨南学报》(哲学社会科学版) 2012年第10期。

④ 宋家法：《联合国与跨国公司犯罪的法律控制》，载《暨南学报》(哲学社会科学版) 2013年第5期。

面全面赶超发展中国家。再加上发展中国家为发展自身经济对来自发达国家的外来投资的依赖越来越大，国际社会关于保障跨国公司利益的呼声便不断高涨。这一时期，联合国在履行其核心使命的同时，也推进了控制公司犯罪的国际法规则和措施的发展，将控制跨国公司犯罪问题纳入全球治理的范畴，① 主要在打击恐怖主义犯罪、② 打击跨国有组织犯罪、③ 反腐败领域、④

---

① 宋家法：《联合国与跨国公司犯罪的法律控制》，载《暨南学报》（哲学社会科学版）2013年第5期。

② 联合国大会：《制止向恐怖主义提供资助的国际公约》（International Convention for the Suppression of the Financing of Terrorism）标志着在联合国框架下首次规定法人责任。第5条："1. 每一缔约国应根据其本国法律原则采取必要措施，以致当一个负责管理或控制设在其领土内或根据其法律设立的法律实体的人在以该身份犯下了本公约第2条所述罪行时，得以追究该法律实体的责任，这些责任可以是刑事、民事或行政责任。2. 承担这些责任不影响实施罪行的个人的刑事责任。3. 每一缔约国特别应确保对按照上面第1款负有责任的法律实体实行有效、相称和劝阻性的刑事、民事或行政制裁。这种制裁可包括罚款。"

③ 联合国大会：《联合国打击跨国有组织犯罪公约》（United Nations Convention Against Transnational Organized Crime），是第一个在联合国框架下首次规定了腐败犯罪的法人责任。第10条："1. 各缔约国均应采取符合其法律原则的必要措施，确定法人参与涉及有组织犯罪集团的严重犯罪和实施根据本公约第五条、第六条、第八条和第二十三条确立的犯罪时应承担的责任。2. 在不违反缔约国法律原则的情况下，法人责任可包括刑事、民事或行政责任。3. 法人责任不应影响实施此种犯罪的自然人的刑事责任。4. 各缔约国均应特别确保使根据本条负有责任的法人受到有效、适度和劝阻性的刑事或非刑事制裁，包括金钱制裁。"第18条："当在某一缔约国境内的某人需作为证人或鉴定人接受另一缔约国司法当局询问，且该人不可能或不愿到请求国出庭，则前一个缔约国可应该另一缔约国的请求，在可能且符合本国法律基本原则的情况下，允许以电视会议方式进行询问，缔约国可商定由请求缔约国司法当局进行询问且询问时应有被请求缔约国司法当局在场。"第31条："（四）防止有组织犯罪集团对法人作不正当利用……"

④ 联合国大会：《联合国反腐败公约》（United Nations Convention against Corruption）。该公约对法人责任的再次肯定，扩大了国际刑事责任主体的范围。第26条："1. 各缔约国均应当采取符合其法律原则的必要措施，确定法人参与根据本公约确立的犯罪应当承担的责任。2. 在不违反缔约国法律原则的情况下，法人责任可以包括刑事责任、民事责任或者行政责任。3. 法人责任不应当影响实施这种犯罪的自然人的刑事责任。4. 各缔约国均应当特别确保使依照本条应当承担责任的法人受到有效、适度而且具有警戒性的刑事或者非刑事制裁，包括金钱制裁。"第28条："作为犯罪要素的明知、故意或者目的。根据本公约确立的犯罪所需具备的明知、故意或者目的等要素，可以根据客观实际情况予以推定。"

反洗钱领域①及新型犯罪领域②中强化跨国公司的刑事责任。同时，涉及公司国际法义务（特别是国际刑事责任）的条约也不少。

1996年，为维护经济全球化下国际商业交易的稳定与透明，促进经济及社会发展和环境保护，联合国第51届大会通过《联合国犯罪国际商业交易中的腐败贿赂行为宣言》（United Nations Declaration against Corruption and Bribery in International Commercial Transactions）。该宣言呼吁从事国际商业交易的公私营公司，包括跨国公司和个人负起社会责任并遵守适当的道德标准，强调公私营公司的犯罪问题，并将公司纳入行贿主体，要求成员国采取对抗措施。③ 1997年之后，涉及跨国公司国际刑事责任的国际性文件呈逐年递增趋势。④ 近年来，相关国际法文件不仅在数量上上升明显，而且在涉及内容的明确性、广泛性等方面也有了质的提高。1999年，联合国大会通过的《制止向恐怖主义提供资助的国际公约》（International Convention for the Suppression of the Financing of Terrorism）中明确将"资助恐怖主义行为"规定为犯罪，并在该公约中明确承认"资助恐怖主义的自然人和法人均要承担责任"。⑤ 其后，2002年联合国大会通过的《联合国打击跨国有组织犯罪公约》第10条中明确表明，"法人能够并且应当对该公约的所有刑事定罪行为承担责任"。⑥ 与此同时，《联合国宪章》第七章中关于以安理会决议的形式"对于和平之威胁、和平之破坏

---

① 1988年《联合国非法禁止贩运麻醉药品和精神药物公约》中第一次以国际公约的形式将洗钱规定为犯罪；2000年《联合国打击跨国有组织犯罪公约》和2003年《联合国反腐败公约》也将洗钱规定为犯罪。

② 2001年《网络犯罪公约》（Convention on Cyber – Crime）中也明确规定了"法人责任"。与同时期的其他公约相比，《网络犯罪公约》中关于法人责任的规定更为具体和详尽。在2011年召开的联合国打击网络犯罪政府间专家组会议中，与会各国政府一致认为《网络犯罪公约》已经成为事实上的"全球法律标准"，而俄罗斯、巴西等一些发展中国家也提出了基于该公约制定新的打击网络犯罪的国际公约的倡议。参见邵沙平《国际法治的新课题：国家控制跨国公司犯罪的权责探析》，载《暨南学报》（哲学社会科学版）2012年第10期。

③ 李文伟：《法人刑事责任比较研究》，博士学位论文，中国政法大学，2002年。

④ ［美］M. 谢里夫·巴西奥尼：《国际刑法评论（第1卷）》，王秀梅译，中国人民公安大学出版社2006年版，第30页。

⑤ 宋家法：《联合国与跨国公司犯罪的法律控制》，载《暨南学报》（哲学社会科学版）2013年第5期。

⑥ 李文伟：《法人刑事责任比较研究》，博士学位论文，中国政法大学，2002年。

及侵略行为"① 采取除武力之外的其他制裁措施一项也确保了联合国安理会对法人行为的控制和约束。首先,联合国安理会有权对"那些对国际社会和平与安全造成威胁的个人和实体(团体、企业和实体)列名进行制裁"。② 1991 年海湾战争后,联合国安理会通过一项决议,限制任何公司从伊拉克购买原油。③ 2000 年,安理会又就"血腥钻石"问题在一项决议中呼吁私人公司控制自己的行为。④ 对于此问题,早在 2003 年,国际刑事法院检察官莫雷诺 - 奥坎波(Luis Moreno - Ocampo)就曾公开指出,"发生在民主刚果的人权灾难有可能是由于对于自然资源的掠夺以及武装贸易而引起的……而这些贸易的源头可以追溯到国际贸易体系"。他相信,"对引发这些人权灾难的经济层面的调查能够从根本上防止将来此类案件的再次出现"。他进一步承诺"国际刑事法院检察官办公室将会与当地的调查员和检察官协力合作以证实是否公司在民主刚果的行为与大规模人权灾难有关"。对于民主刚果共和国存在的跨国公司参与掠夺当地钻石资源的行径,奥坎波检察官也承诺,"如果这些企业在获取钻石时知道这些钻石是通过从事种族灭绝行为得来的,那么它们(这些企业)就应当属于种族灭绝罪的参与者"。⑤ 可以看出,尽管这些制裁的指向对象多为国家,但要保障此类制裁决议的顺利执行必然离不开跨国公司的合作。因此,可以说,联合国安理会通过"经济制裁"的方式间接将国际法责任附加在跨国公司身上。其次,安理会有权要求涉案公司所在国政府对涉案公司施以包括"法人犯罪、追究法人责任、冻结法人财产等"刑事责

---

① 联合国大会:《联合国宪章》第七章。

② 宋家法:《联合国与跨国公司犯罪的法律控制》,载《暨南学报》(哲学社会科学版) 2013 年第 5 期。

③ S. C. Res. 986, U. N. Doc. S/RES/986 (Apr. 14, 1995) (approving a report of the secretary - general requiring private purchasers of oil from Iraq to follow certain procedures, including depositing proceeds in an escrow account). The Secretary - General, Report of the Secretary - General Pursuant to Paragraph 5 of Security Council Resolution 706 (1991), ¶56, U. N. Doc. S/3006 (Sept. 4, 1991).

④ S. C. Res. 1306, ¶10, U. N. Doc. S/RES/1306 (July 5, 2000) ("Encourages the International Diamond Manufacturers Association … and all other representatives of the diamond industry to work with the Government of Sierra Leone and the Committee … to facilitate the effective implementation of this resolution [.]").

⑤ *Firms Face "Blood Diamonds" Probe*, BBC NEWS, Sept. 23, 2003, http://news.bbc.co.uk/2/hi/business/3133108.stm (*quoting* Prosecutor Ocampo), 2014 - 02 - 12.

任。有学者就此指出，联合国安理会有权直接向公司行为提出制裁。① 事实也证明，这些措施也确实对控制跨国公司犯罪具有较好的效果。②

总的来说，第二次世界大战之后的很长一段时间，国际社会更加倾向于通过追究当事国的国家责任来"间接"管控公司的不法行为。尽管此种管控方式有一定效果，然而，从20世纪70年代以来层出不穷的跨国公司侵权暴行可以看出，单纯依靠某一单一国际刑事法律条约规范跨国公司的行为必然存在不足。一方面，这些单一国际性刑事法律条约多仅适用于某个国际刑法领域（如反腐败领域、打击恐怖主义领域等），缺乏对于跨国公司应承担国际刑事责任的原则性规定；另一方面，这些条约大多仅简单援引国际人权法的基本原则，并不能够为国际社会提供可以被普遍适用的国际刑事法律原则。应当看到，国际社会用了60多年的时间对公司（包括跨国公司）能够承担国际刑事责任这一课题的态度越来越鲜明。上述条约的出现已经明确表明国际社会希望通过制定一个统一的国际刑事法律规范来规制跨国公司行为的强烈愿望。③ 在某些特定的领域，公司（特别是跨国公司）具有且能够承担国际刑事责任的认识已经深入人心。

第三节　司法实践期

纽伦堡审判之后，学界对公司（包括跨国公司）国际刑事责任的讨论从未中断过。其中核心问题有二：第一，跨国公司是否有能力从事国际犯罪活动？第二，如对于上述问题的回答是肯定的，那么从事国际犯罪活动的跨国公司是否具有国际刑事主体资格？这些问题在上文中已基本上做了解答。在这一部分中，笔者将主要从国际司法实务领域出发，从早期的

---

① Kyle Rex Jacobson, "Doing Business with the Devil: The Challenges of Prosecuting Corporate Officials Whose Business Transactions Facilitate War Crimes and Crimes Against Humanity", *The Air Force Law Review*, Vol. 56, 2005, p. 222.

② 宋家法：《联合国与跨国公司犯罪的法律控制》，载《暨南学报》（哲学社会科学版）2013年第5期。

③ Natalya S. Pak and James P. Nussbaumer, "Beyond Impunity: Strengthening the Legal Accountability of Transnational Corporations for Human Rights Abuses", *Hertie School of Governance Working Papers*, No. 45, 2009, pp. 14–15.

司法实践活动谈起,重点对国际刑事审判机构,即前南刑庭、卢旺达刑庭和国际刑事法院对跨国公司国际刑事责任问题的态度和司法实践活动进行分析和探讨。

一 纽伦堡军事法庭的态度

早期公司国际刑事责任的司法实践活动,要从纽伦堡审判中的个人国际刑事责任谈起。个人的国际刑事责任,是指"个人承担国际刑事责任的事实存在"。[①] 由于目前主要国际刑事审判机构均尚未享有对公司的刑事管辖权,因此在处理涉及以公司为媒介严重侵犯人权的案件时,法院只能通过以起诉实际施暴的涉案公司员工的方式来实现对正义的伸张。又鉴于国际刑事司法审判机构本身存在案件积压严重,资金、人力资源等方面的极度不足,因此,法院在审理类似案件时多仅起诉位于"最高端"的公司高级管理人员或董事。同时,由于国际刑事审判活动中所涉犯罪具有复杂性及影响力极广的本质特征,故而对于相关国际犯罪行为中从犯的共谋行为或犯罪责任的认定就显得格外重要。事实上,国际刑法从纽伦堡审判时期开始就并未将其关注的重点集中在实际犯罪行为人身上。反之,则更加强调追究那些策划或控制整个犯罪计划的"首脑"的最终责任。[②] 有学者通过总结国际刑法理论和实践经验得出,国际刑法经历了以私人身份从事国际犯罪的个人为国际犯罪主体,到规定以官方身份从事国际犯罪的个人为国际犯罪主体,再到公司以及自然人以法人代表身份从事国际犯罪的国际犯罪主体的三个阶段。[③] 鉴于此,在研究跨国公司国际刑事责任制度时,通常要探讨个人国际刑事责任中的"指挥官责任或上级责任原则"(command responsibility or respondent superior)。[④]

[①] 黄风、凌岩、王秀梅:《国际刑法学》,中国人民大学出版社2007年版,第93页。

[②] International Commission of Jurists, Corporate Complicity & Legal Accountability, Vol. 2: Criminal Law and International Crimes, 2008, p. 12, http://www.refworld.org/pdfid/4a78423f2.pdf, 2014 - 02 - 09.

[③] 张颖军:《〈国际刑法学 - 经济全球化与国际犯罪的法律控制〉介评》,载《法学评论》2006年第1期。

[④] 黄风、凌岩、王秀梅:《国际刑法学》,中国人民大学出版社2007年版,第382页。"指挥官责任,尤指指挥官因未对属下所犯的罪行采取防止或制止的措施而负责任的情况,在纽伦堡和远东军事法庭宪章的管辖权条款中都未予以明文规定,该理论是在第二次世界大战之后通过对战犯的审判实践迅速发展起来的。"

第二次世界大战之后,指挥官责任原则在纽伦堡国际刑事法庭和远东国际军事法庭(亦称为"东京审判"[①])对战犯的审判实践中逐渐发展成熟起来。纽伦堡后续审判曾对纳粹德国的大企业家在战争期间帮助或直接参与纳粹德国暴行的行为进行审判,[②] 进而开启了"指挥官责任"的先河。而在纽伦堡国际军事法庭和远东国际军事法庭成立之前(1945年10月),美国军事法庭在菲律宾马尼拉对山下奉文(Tomoyuki Yamashita case)[③]案的审理奠定了指挥官责任原则在后期国际刑事审判活动中得以适用的重要司法先例。主审此案的斯通大法官(Chief Justice Stone)在判决书中对"指挥官责任原则"有如下表述,"关键的问题在于是否国际法规定军事指挥官在其管辖范围内对于其下属违反国际法的行为承担相应的领导责任"。[④] 至此,山下奉文案标志着现代国际法意义上的指挥官责任原则的出现。[⑤]

在此基础上,指挥官责任原则建立起来并被适用于纽伦堡审判中对战争犯的审理。需要强调的是,纽伦堡审判并未将指挥官责任原则的适用对象局限于军事长官。在之后的案件中,指挥官责任的范围还被扩展到商界或政治界领袖。[⑥] 在司法实践中,美国军事法庭在适用指挥官责任原则时还采取了更为严格的标准。美国军事法庭认为,在确认"一军事指挥官的领导责任时,如能确认此指挥官在已经出现大规模的报复行为之时仍未采取任何有效措施去发现和控制此类犯罪行为,则应认定该指挥官对此犯

---

① 东京审判:指1946年1月19日至1948年11月12日在日本东京对第二次世界大战中日本首要战犯的国际审判。相关资料参见 http://baike.baidu.com/view/121478.htm, 2013-03-17。

② Ronald C. Slye, "Corporations, Veils, and International Criminal Liability", *Brooklyn Journal of International Law*, Vol. 33, 2008, p. 960.

③ 山下奉文案:1945年10月到12月间,美国军事法庭在马尼拉审理山下奉文将军案。山下将军被指控在1945年2月间对其领导下的日军犯下"马尼拉大屠杀"(Manila Massacre)及多起发生在菲律宾和新加坡的针对平民和战俘的屠杀行为负有指挥官责任。最终,法庭认定山下奉文战争罪罪名成立。山下奉文于1946年2月23日被执行死刑。

④ German Industry Fails to Meet the Terms of the Forced Labor Settlement, *German Law Journal*, Vol. 1, 2000, http://www.germanlawjournal.com/index.php?pageID=11&artID=8, 2013-03-15.

⑤ Matthew Lippman, "The Evolution and Scope of Command Responsibility", *Leiden Journal of International Law*, Vol. 13, 2000, p. 142.

⑥ 参见 1 INT'L MILITARY TRIBUNAL, TRIAL OF THE MAJOR WAR CRIMINALS BEFORE THE INTERNATIONAL MILITARY TRIBUNAL v (1947)。

罪行为承担责任，甚至是刑事责任"。① 然而，也许是此标准为检察官架设了过高的举证责任，在山下奉文案之后，纽伦堡国际军事法庭的法官们在之后的审判活动中明显降低了这一标准。因此，在此后的案件中，检察官一般只需证明指挥官"实际了解"非法行为的发生即可。

纽伦堡审判在将指挥官责任原则扩展到商业首脑的同时，还曾创新性地将通过"帮助和煽动"行为破坏和平的共犯行为列入法院的管辖范围。此类行为与公司员工或高管的刑事责任联系更为密切。1950 年，联合国国际法委员会更将此类行为扩展到战争罪和危害人类罪。② 晚近的《前南斯拉夫国际刑事法院规约》（以下简称《前南刑庭规约》）和《卢旺达国际刑事法庭规约》（以下简称《卢旺达刑庭规约》）也明确规定"任何帮助和煽动参与或计划参与"③ 的行为均构成种族灭绝罪、战争罪或危害人类罪。1996 年由国际法委员会起草并制定的《危害人类和平与安全治罪法草案》（*Draft Code of Crime Against the Peace and Security of Mankind*）中对上述行为进行了更为深入的阐释。草案指出，一个人"在明知的情况下帮助、煽动或采取其他直接或间接的方式帮助种族灭绝罪、危害人类罪

---

① Eugenia Levine, "Command Responsibility – The *Mens Rea* Requirement", *Global Policy Forum*, 2005, p. 1.

② Doug Cassel, "Corporate Aiding and Abetting of Human Rights Violations: Confusion in the Courts", *Northwestern Journal of International Human Rights*, Vol. 6, 2008, p. 307.

③ 《前南刑庭规约》第 7 条："1. 凡计划、教唆、命令、犯下或协助煽动他人计划、准备或进行本规约第 2 条至第 5 条所指罪行的人应当为该项犯罪负个人责任。2. 任何被告人的官职，不论是国家元首、政府首脑、或政府负责官员，不得免除该被告的刑事责任，也不得减轻刑罚。3. 如果一个部下犯下本规约第 2 条至第 5 条所指的任何行为，而他的上级知道或应当知道部下将有这种犯罪行为或者已经犯罪而上级没有采取合理的必要措施予以阻止或处罚犯罪者，则不能免除该上级的刑事责任。4. 被告人按照政府或上级命令而犯罪不得免除他的刑事责任，但是如果国际法庭裁定合法法理则可以考虑减轻。"《卢旺达刑庭规约》第 6 条："1. 凡计划、教唆、命令、犯下或协助或煽动他人计划、准备或进行本规约第 2 条至第 4 条所指罪行的人应当为该项犯罪负个人责任。2. 任何被告人的官职，不论是国家元首、政府首脑、或政府负责官员，不得免除该被告的刑事责任，也不得减轻刑罚。3. 如果一个部下犯下本规约第 2 条至第 4 条所指的任何行为，而他的上级知道或应当知道部下将有这种犯罪行为，或者已经犯罪而上级没有采取合理的必要措施予以阻止或处罚犯罪者，则不能免除该上级的刑事责任。4. 被告人按照政府或上级命令而犯罪不得免除他的刑事责任，但是如果卢旺达国际法庭裁定合乎法理则可以考虑减刑。"

和战争罪（及其他罪行）的实行的，应承担个人刑事责任"。① 这都为进一步确立共谋行为的犯罪心理要件（mens rea）提供了条件。

二 前南刑庭及卢旺达刑庭的态度

与纽伦堡审判相比，以更多、更为直接的司法判例作支撑，前南刑庭和卢旺达刑庭对跨国公司国际刑事责任问题的研究更为深入。前南刑庭和卢旺达刑庭的司法实践活动显然比早期的国际刑事审判活动更进了一步。由于两刑庭规约均将法庭的管辖范畴限定在"个人刑事责任"之内，因此两刑庭多通过适用"上级责任原则"（或指挥官责任原则）及"帮助和煽动行为"为主的"共谋行为"等国际刑法基本理论来追究涉及跨国公司犯罪的公司高管或员工的刑事责任。与前南刑庭相比，由于在卢旺达大屠杀期间部分卢旺达公司充当了宣扬种族灭绝的重要工具或起到主导地位，因此卢旺达刑庭中涉及更多跨国公司严重侵犯基本人权的案件。也正因如此，卢旺达刑庭在对待跨国公司国际刑事责任的态度上表现得更为坚决。

在媒体案（the Media case）② 中，以前南刑庭塔迪奇案（Tadic）③

---

① Draft Code of Crimes against the Peace and Security of Mankind, [1996] 2 Y. B. Int'l L. Comm'n., ch.2, arts.2 (3) (d), 17, 18, 20, U. N. Doc. A/CN.4/SER. A/1996/Add.1 (Part.2), http：//untreaty.un.org/ilc/texts/instruments/english/draft%20articles/7_4_1996.pdf, 2013-03-16.

② Prosecutor v. Nahimana, Barayagwiza & Ngeze, Case No. ICTR-99-52-T, Judgment and Sentence (Dec.3, 2003), http：//www.ictr.org/ENGLISH/cases/Ngeze/judgement/mediatoc.pdf, 2014-02-09. 殖民统治时期，殖民者将卢旺达同文同种的两个兄弟族群——图西人和胡图人分成"优秀种族"和"劣等种族"。这一伪学说在卢旺达社会影响至深。自1990年起，占据政府核心、自称为"胡图人力量"的激进胡图人"精英"，将图西人妖魔化，诽谤他们是叛国者。"精英"们借助当时的主要媒体广播电台，向胡图人灌输这些思想，还说图西人可能对胡图人实施"种族迫害"。在"精英"们的煽动下，大批头脑发热的胡图人拿起砍刀，挥向了自己身边的图西人，包括他们的老师、邻居甚至妻子。2003年12月3日，卢旺达国际刑事法庭判处三名前媒体负责人利用各自掌控的媒体共同策划、煽动和实施屠杀图西族人罪名成立，其中两人被判终身监禁，一人被判35年监禁。这宗案件是国际法庭首次对媒体进行审判的案件。

③ Prosecutor v. Dusko Tadic, ICTY (Trial Chamber), Judgment of 7 May 1997, Case No. IT-94-1-T. 本案被告塔迪奇出生于波黑普里耶多尔地区（Prijedor）卡萨拉克市（Kozarac）有名望的塞族家庭。1990年加入塞族民主党，被捕前任该党地方委员会主席兼社团执行书记。塔迪奇于1992年参加塞族在普里耶多尔地区（包括在奥马尔斯卡、特尔诺波尔耶等难民营）的种族清洗活动。塔迪奇被判处反人类罪，并被判处20年有期徒刑。

为基础,卢旺达刑庭向跨国公司的国际刑事责任问题迈出了尝试性的一步。在此案中,卢旺达刑庭承认涉案的电台及报社(公司)从事危害人类罪的行为本身属于国际犯罪的范畴。[1] 尽管本案的被告仍为个人,但由于卢旺达刑庭在媒体案中认定涉案公司的"某些行为"可以构成种族灭绝罪及危害人类罪,因此,该案被认为是国际刑事司法审判机构向跨国公司应承担国际刑事责任迈出的一大步。在媒体案中,卢旺达刑庭在判决中明确提出,《觉醒》报纸(*Kanguar* newspaper)"煽动了胡图族对于图西族民众的屠杀活动"、[2] "并为卢旺达大屠杀铺平了道路"。[3] 而"千丘自由广播电台-电视台"(Radio Télévision Libre des Mille Collines, RTLM 电台)也被法院认定为,其行为"不仅仅被用于制造大屠杀前的恐怖气氛,还煽动并直接导致对于个别民众的屠杀活动"。[4] 最后,卢旺达刑庭总结得出,《觉醒》报纸同 RTLM 电台不仅明确且不断地煽动卢旺达国内胡图族对图西族的仇恨,同时还呼吁对图西族进行"彻底消灭",[5] 这些都充分表明该公司完全具备从事种族灭绝行为的能力。此外,卢旺达刑庭还确认 RTLM 电台的两名主管的行为构成煽动种族灭绝罪,并强调两被告的行为应该被认定为其所属电台行为的一部分。[6]

一直以来,在对跨国公司高管"帮助和煽动行为"的认定方面,学界和实务界对这种"犯罪行为"(*actus reus*)的构成要件争议较小。相关经典表述来自弗伦基亚案(*Prosecutor v. Anto Furundzija*)。[7] 在弗伦基亚案中,前南刑庭认为"帮助和煽动行为是指,提供实际帮助、鼓励或精神

---

[1] Theodor Meron, International Criminalization of Internal Atrocities, *American Journal of International Law*, Vol. 89, 1995, p. 558.

[2] *Nahimana*, at 325.

[3] *Nahimana*, at 318.

[4] *Nahimana*, at 165.

[5] *Nahimana*, at 320 – 321.

[6] *Prosecutor v. Nahimana*, Case No. ICTR – 99 – 52 – T, Judgment and Sentence, ¶¶ 99 – 101 (Dec. 3, 2003).

[7] 弗伦基亚案:被告弗伦基亚(Anto Furundzija)是隶属于克罗地亚防御委员会(HVO)特殊行动小组组长。在一次讯问中,被害者"证人 A"(Witness A)和"证人 B"(Witness B)在被告在场的情况下,被被告下属以武力威胁、殴打和强奸等方式套取口供。法院认定被告属于虐待罪和强奸罪的共犯,并同时认定其帮助和煽动侵犯他人人格罪名成立,已经构成违反国际法或战争法。最终,弗伦基亚被判处 10 年有期徒刑。

支持，且这种支持对于犯罪的准备具有非常重要的作用"。① 在此案之后的大多数案件和学术研究中，学者和法官们在对"犯罪行为要件"的分析时均采用上述观点，几成通说。因此，目前主要争论焦点还集中在对"帮助或教唆行为"的"心理要件"（mens rea）的认定上。通说认为，跨国公司高管及工作人员"帮助或煽动"行为的心理要件标准是"知道标准"（knowledge test）。在前南刑庭和卢旺达刑庭的绝大多数判决中也都适用"知道标准"，即"仅仅知道本人的帮助行为会导致犯罪结果的发生就能满足帮助和煽动行为的犯罪意图"。② 此外，前南刑庭还指出煽动者和帮助者的心理要件并不需要符合所有主犯的心理要件即可构成犯罪。也就是说，他们的行为可能本身是合法的，仅仅是在涉及到帮助主犯的行为时才转变成犯罪行为。这一标准也在 2006 年的《国际法委员会示范草案》（International Law Commission Draft Code）中得到确认。③ 相较而言，卢旺达刑庭将"知道标准"进一步细化。卢旺达刑庭提出帮助行为和煽动行为本身是可分的（disjunctive），检察官只需证明被告从事了其中的一种行为就能被认定有罪。④ 关于"帮助和煽动行为"及共谋行为的认定问题，在本书下几章中将有详细阐释，此处不再赘述。

除却帮助和煽动行为之外，国际司法实务界对与跨国公司国际刑事责任联系更为紧密的跨国公司高管的上级责任原则的探讨更为丰富。关于上级责任原则，《前南刑庭规约》第 7 条第 3 款⑤和《卢旺达刑庭规约》第

---

① Doug Cassel, "Corporate Aiding and Abetting of Human Rights Violations: Confusion in the Courts", *Northwestern Journal of International Human Rights*, Vol. 6, 2008, p. 308.

② *Prosecutor v. Furundzija*, IT - 95 - 17/1 - T, Judgment (Dec. 10, 1998).

③ Michael A. McGregor, "Ending Corporate Impunity: How to Really Curb the Pillaging of Natural Resources", *Case Western Reserve Journal of International Law*, Vol. 42, 2009, p. 486.

④ Ibid., p. 487.

⑤ 《前南刑庭规约》，第 7 条。"1. 凡计划、教唆、命令、犯下或协助煽动他人计划、准备或进行本规约第 2 条至第 5 条所指罪行的人应当为该项犯罪负个人责任。2. 任何被告人的官职，不论是国家元首、政府首脑、或政府负责官员，不得免除该被告的刑事责任，也不得减轻刑罚。3. 如果一个部下犯下本规约第 2 条至第 5 条所指的任何行为，而他的上级知道或应当知道部下将有这种犯罪行为或者已经犯罪而上级没有采取合理的必要措施予以阻止或处罚犯罪者，则不能免除该上级的刑事责任。4. 被告人按照政府或上级命令而犯罪不得免除他的刑事责任，但是如果国际法庭裁定合法法理则可以考虑减轻。"

6条第3款①中均作了规定，但却并未区分"军事指挥官责任"和"民事上级责任"。② 尽管两规约并未区分上级责任原则的不同适用对象，但在司法实践中，法官在审理军事指挥官及民事上级或公司高管的案件时，不论对于被告的犯罪行为要件，还是心理要件都有不同的区分。在穆塞马案（*Prosecutor v. Musema*）③ 中，卢旺达刑庭将上级责任原则适用于公司，进一步发展了公司国际刑事责任原则。④ 在此案中，卢旺达刑庭认为，被告阿尔弗雷德·穆塞马（Alfred Musema）在担任茶厂厂长一职期间，利用其对雇员在"法律上和经济上的控制"（legal and financial control），迫使他们抢劫、杀害和强奸图西族妇女。鉴于穆塞马在 Gisovu 茶厂具有奖惩员工行为的绝对权力，卢旺达刑庭因此认定被告对其雇员和茶厂享有"实质上"（*de facto*）和"法律上"（*de jure*）的绝对领导地位。在全面回顾远东国际军事法庭的广田弘毅（Kōki Hirota）案⑤中涉及的指挥官责任

---

① 《卢旺达刑庭规约》第6条："1. 凡计划、教唆、命令、犯下或协助或煽动他人计划、准备或进行本规约第2条至第4条所指罪行的人应当为该项犯罪负个人责任。2. 任何被告人的官职，不论是国家元首、政府首脑、或政府负责官员，不得免除该被告的刑事责任，也不得减轻刑罚。3. 如果一个部下犯下本规约第2条至第4条所指的任何行为，而他的上级知道或应当知道部下将有这种犯罪行为，或者已经犯罪而上级没有采取合理的必要措施予以阻止或处罚犯罪者，则不能免除该上级的刑事责任。4. 被告人按照政府或上级命令而犯罪不得免除他的刑事责任，但是如果卢旺达国际法庭裁定合乎法理则可以考虑减刑。"

② Julia Graff, "Corporate War Criminals and the International Criminal Court: Blood and Profits in the Democratic Republic of Congo", *Human Rights Brief*, Vol. 11, 2004, p. 25.

③ 穆塞马案：1984年到1994年间，被告阿尔弗雷德·穆塞马（Alfred Musema）担任卢旺达基布耶地区 Gisovu 茶厂（Gisovu Tea Factory）厂长。担任厂长期间，穆塞马被指控曾经强奸两名图西族妇女，并曾怂恿、教唆他人抢劫、强奸和杀害多名图西族妇女。1995年，被告在瑞士被捕。1996年，卢旺达刑庭以被告在任厂长期间犯下种族灭绝罪和危害人类罪为由对其提起诉讼。2000年1月，卢旺达刑庭最终判定被告罪名成立并判处其终身监禁。

④ Kendra Magraw, "Universally Liable? Corporate – Complicity Liability under the Principle of Universal Jurisdiction", *Minnesota Journal of International Law*, Vol. 18, 2009, p. 478.

⑤ 广田弘毅案：时任日本首相兼外相的广田弘毅是远东国际军事法庭审判中唯一一个被判处死刑的文官。其获罪的三项罪名包括：违反国际法而发动侵略战争、发动对中华民国的无端侵略，以及对下属违反国际法的行为承担漠视责任。多数学者对远东国际刑事法庭对广田弘毅判处刑罚的严厉性提出质疑。就此，法庭提出自己的理由："法庭指出，其定罪量刑的主要依据是广田弘毅在明知已经发生了南京大屠杀这一明显违反国际法的暴行时，应当采取行动但并未采取任何行动结束此类暴行。"相关资料参见 http://zh.wikipedia.org/wiki/%E5%B9%BF%E7%94%B0%E5%BC%98%E6%AF%85，2013 – 03 – 25。

标准后，卢旺达刑庭提出新的"指挥官责任原则三标准"，即"一旦法院明确被告处于某一领导地位，要进一步明确其指挥官责任应满足以下三个条件：其一，被告的下属应实行了《卢旺达刑庭规约》第2条至第4条中所规定的行为；其二，被告知道或应当知道下属将要实施这些行为或已经实施了这些行为；其三，被告并未采取必要的和合理的措施去避免此类行为的发生或对其下属的行为予以惩罚"。[1] 这一原则与前南刑庭在阿列科索夫斯基案（*Prosecutor v. Zlatko Aleksovski*）[2] 中确立的指挥官责任标准[3]不谋而合。此标准的确立具有判例的作用，且对跨国公司国际刑事责任制度的发展产生了相当深远的影响。不仅将指挥官责任适用于公司，使跨国公司的国际刑事责任得到进一步发展壮大，还在一定程度上加深了国际刑法对国际人权的保护力度。[4] 关于上级责任原则在公司国际刑事责任中的适用问题，在下文中将有专章予以论述，此处不再赘述。

---

[1] Judgement and Sentence, *Prosecutor v. Musema*, Case No ICTR - 96 - 13 - T (27 January 2000) [Aspegren J (Presiding) (Sweden), Kama J (Senegal) and Pillay J (South Africa)], p. 892.

[2] 阿列科索夫斯基案：阿列科索夫斯基于1993年1月到5月间负责塞尔维亚境内克鲁舍瓦茨（Kaonik）一所监狱的安全和保卫工作，职务为监狱长。前南刑庭法官认为，被告在任职期间，组织、帮助和煽动下属对狱中的穆斯林囚犯进行精神上和肉体上的虐待。这种虐待行为已经触犯《前南刑庭规约》第3条之规定。审判庭（Trial Chamber）还认为，被告作为监狱的管理者，在明知虐待行为发生的情况下，并未采取任何措施进行补救或惩罚施暴者，因此应承担《前南刑庭规约》第7条第3款下规定的指挥官刑事责任。此外，被告还被发现曾在监狱外部帮助和煽动其下属将监狱囚犯用作"人体盾牌"（human shields）并强迫其进行重体力劳动。这些行为都触犯了《前南刑庭规约》第7条第1款关于严重侵犯个人尊严的规定。被告在审判庭中被判处2年半有期徒刑。在上诉庭中，上诉庭认为审判庭对本案被告的刑罚过轻，鉴于其行为的严重性和后果的极端恶劣性，上诉庭最终判处被告7年有期徒刑。

[3] 前南刑庭在阿列科索夫斯基案中提出"上级责任原则标准"：要认定上级责任需确认以下三要素同时存在。(1)"上级 - 下属"关系明确存在，即实际实行罪行的人应服从被告的上级；(2) 上级知道或有理由知道犯罪即将发生或已经发生；(3) 上级并未采取任何必要和合理的措施阻止犯罪的发生或惩罚罪行的实施者。International Law Commission, Draft Code of Crimes Against the Peace and Security of Mankind, art. 6, as quoted in "Judgement", *Prosecutor v Aleksovski*, Case No IT - 95 - 14/1 - T (25 June 1999).

[4] Cecile Aptel and Jamie A. Williamson, "*Prosecutor v. Musema*: A Commentary on the *Musema* Judgment Rendered by the United Nations International Criminal Tribunal for Rwanda", *Melbourne Journal of International Law*, Vol. 1, 2000, p. 12.

三 国际刑事法院的态度

《国际刑事法院罗马规约》(*Rome Statute of the International Criminal Court*,以下简称《罗马规约》)①也对"帮助和煽动行为"有相类似的规定。②虽然国际刑法学界对《罗马规约》抱有极大希望,但《罗马规约》中关于国际刑事法院的管辖权、共谋行为及上级责任的犯罪心理要件的规定却使日益明朗的跨国公司国际刑事责任问题蒙上阴影。1998年7月,《罗马规约》在国际刑事法院全权代表外交会议中通过并于2002年7月1日开始生效。令人失望的是,《罗马规约》在管辖范围上仍沿袭50多年前纽伦堡审判中确立的"国际犯罪是由自然人实施的,并不是抽象实体"的原则。③《罗马规约》第25条第1款④明确规定国际刑事法院的管辖权仅及于自然人,而不包括法人(legal persons or juridical persons)。

实际上,在罗马大会召开期间,大多数国家是同意在规约文本中加入法人责任的,但北欧国家、日本、瑞士、俄罗斯等国始终持反对意见。⑤鉴于上述国家反对态度比较坚决,工作组在最后提交的方案中将"法人的刑事责任"中的"法人"部分仅限于"私营公司",排除了国际刑事法院对于"国家和其他公共的非盈利组织"的管辖。尽管如此,谈判仍然陷入僵局。⑥最终,由于与会代表在此问题上争议过大,为避免会期过长,与会各国最终放弃将法人(公司)的国际刑事责任加入《罗马规约》的构想。部分学者因此认定《罗马规约》缔约国的意图是从原则上禁止国际刑事法院对公司行使管辖权。这种观点一直广受批评。有学者在研究《罗马规约》筹备过程的文献资料后即得出相反的结论。他们认为,事实

---

① UN General Assembly, *Rome Statute of the International Criminal Court* (*last amended* 2010), 17 July, 1998, ISBN No. 92 - 9227 - 227 - 6, http://www.refworld.org/docid/3ae6b3a84.html, 2014 - 02 - 22.

② Art. 25.3 (c), Rome Statute of the International Criminal Court.

③ Julia Graff, "Corporate War Criminals and the International Criminal Court: Blood and Profits in the Democratic Republic of Congo", *Human Rights Brief*, Vol. 11, 2004, p. 23.

④ 《罗马规约》(*Rome Statute of the International Criminal Court*),第25条第1款。"本法院根据本规约对自然人具有管辖权。"

⑤ 李世光、刘大群、凌岩编:《国际刑事法院罗马规约评释(上册)》,北京大学出版社2006年版,第260页。

⑥ 同上。

上，在《罗马规约》的制定阶段，部分国家代表对国际刑事法院的管辖范围还是持比较开明的态度的。同时，第25条第3款第4项①中的规定也依稀能看出"犯罪组织责任的痕迹"。该项要处罚的对象实际是犯罪组织或集团中的个人，但前提是个人所帮助的这一组织或集团本身就有实施《罗马规约》所管辖的严重犯罪的目的，或者正在或已经实施了这些犯罪行为。②

法国代表团的意见是支持将公司刑事责任原则纳入《罗马规约》的一派学者的重要支撑点。选择法国代表的意见为其理论基础最主要的原因应该是，在罗马会议上法国代表曾强烈要求将企业法人加入国际刑事法院的管辖范围之内，并成为此派观点的积极推动者。③ 从保护被害人角度出发，他们认为对公司予以刑事处罚能够更好地实现对于被害人的赔偿责任。在大多数情况下，个人的赔偿能力显然无法同实力雄厚的公司（特别是跨国公司）相提并论。法国代表认为，对于那些人身权和财产权都遭受了极大伤害的受害者而言，如果在案件胜诉之后不能如愿以偿获得合理的经济赔偿，不仅不利于公平正义的最终实现，还会为受害者造成二次伤害，这都是不符合国际法和国际人权法基本原则的。然而，经过多番激烈讨论，部分与会国家代表排斥法国代表的修改意见。反对方仍主张，"授权国际刑事法院对由自然人代表法人所实施的犯罪转而由'法人'来承担刑事责任是不现实的。同时，由于当时法人刑事责任观念尚未被一些国家法律传统所接受，在《罗马规约》中贸然追究公司的国际刑事责任，不仅违反法治原则，而且还会使（国际刑事法院的）补充性原则难以为继"。④ 因此，综合各方意见，与会代表最终决定在《罗马规约》的正式文本中放弃将法人纳入管辖范围。

---

① 《罗马规约》第25条第3款第4项。"以任何其他方式支助以共同目的行事的团伙实施或企图实施这一犯罪。这种支助应当是故意的，并且符合下列情况之一：（1）是为了促进这一团伙的犯罪活动或犯罪目的，而这种活动或目的涉及实施本法院管辖权内的犯罪；（2）明知这一团伙实施该犯罪的意图……" http://www.un.org/chinese/work/law/Roma1997.htm，2014-02-22。

② 张颖军：《打击跨国犯罪国际法律制度的新发展——法人责任》，载《甘肃社会科学》2005年第6期。

③ Simon Chesterman, "Lawyers, Guns, and Money: The Governance of Business Activities in Conflict Zones", *Chicago Journal of International Law*, Vol. 11, 2011, p. 321.

④ 王世洲编：《现代国际刑法学原理》，中国人民公安大学出版社2009年版，第342页。

尽管如此，法国代表的意见却并未退出历史舞台。尤其是《罗马规约》筹备会议上各国的激烈讨论也极大地引起了国际法学者、人权组织及实务界人士对相关问题的研究和探讨热情。他们开始就《罗马规约》中规定的共谋责任条款是否能够引发公司员工和高管的国际刑事责任等议题展开讨论。[1] 在《罗马规约》通过六个月之后，时任联合国秘书长科菲·安南就提出"全球契约"的构想，安南在"全球契约"中呼吁全球的企业（尤其是跨国公司）应当尊重人权、劳工权利和环境权利。[2] 虽然《国际刑事法院规约》明确排斥对公司刑事犯罪的司法管辖，但《罗马规约》第 25 条第 3 款[3]中却允许国际刑事法院审理企业主管及工作人员通过"帮助或煽动行为"而犯下战争罪行、种族灭绝罪或危害人类罪行。[4] 也就是说，从这一角度出发，《罗马规约》并未完全关闭国际刑事法院审理涉及公司犯罪案件的大门。同时，从司法实践角度出发，与经常用于追究公司高管责任的"指挥官责任原则"相比，该条款中所涉及的"帮助与煽动责任"在犯罪"心理要件"上仅要求"知道"或"仅仅知道犯罪团伙有意图犯罪就可定罪"。因此，在涉及公司犯罪案件时，如适用此原则，国际刑事法院法官对检察官举证责任的标准会大大降低，从而能够很大程度上提高法院对公司管理人员的惩罚力度。

总体来讲，第二次世界大战之后的几十年也是国际刑法理论和实践活

---

[1] Gilles Carbonnier, "Corporate Responsibility and Humanitarian Action: What Relations Between the Business and Humanitarian Worlds?", *International Review of the Red Cross*, Vol. 83, 2001, p. 959.

[2] Simon Chesterman, "The Turn to Ethics: Disinvestment from Multinational Corporations for Human Rights Violations – The Case of Norway's Sovereign Wealth Fund", *American University International Law Review*, Vol. 23, 2008, p. 596.

[3] 《罗马规约》第 25 条第 3 款："有下列情形之一的人，应依照本规约的规定，对一项本法院管辖权内的犯罪负刑事责任，并受到处罚：1. 单独、伙同他人、通过不论是否负刑事责任的另一人，实施这一犯罪；2. 命令、煽动、引诱实施这一犯罪，而该犯罪事实上是既遂或未遂的；3. 为了便利实施这一犯罪，帮助、教唆或以其他方式协助实施或企图实施这一犯罪，包括提供犯罪手段；4. 以任何其他方式支助以共同目的行事的团伙实施或企图实施这一犯罪。5. 就灭绝种族罪而言，直接公然煽动他人灭绝种族；6. 已经以实际步骤着手采取行动，意图实施犯罪，但由于其意志以外的情况，犯罪没有发生。但放弃实施犯罪或防止犯罪完成的人，如果完全和自愿地放弃其犯罪目的，不按犯罪未遂根据本规约受处罚。"

[4] Michael A. McGregor, "Ending Corporate Impunity: How to Really Curb the Pillaging of Natural Resources", *Case Western Reserve Journal of International Law*, Vol. 42, 2009, p. 482.

动飞速发展的几十年。就跨国公司的国际刑事责任问题而言,虽然晚近学界讨论颇多,但在国际司法实务中仍呈现一大困局,即尽管从纽伦堡审判到现今的特别刑庭已形成了不少涉及公司员工、董事违反国际刑法的案例,但至今仍未出现一起以肇事公司为被告的国际刑事案件。为应对此种矛盾局面,在实践中,各主要国际审判机构"退而求其次",大多通过采取将跨国公司刑事责任"间接"移植到该公司负责人或实际施暴者身上的方式来确保跨国公司严重侵犯国际人权的行为能够得到最终的惩处。虽然这种做法并不能从根本上实现对于公司(包括跨国公司)国际刑事责任的追究,但至少有以下两方面好处:首先,此做法能够通过国际刑事司法审判机构对于涉案公司高管行为的惩处表达国际社会对于公司从事此类行为的态度;其次,从目前的司法实践经验来看,尽管国际社会尚无权直接追究跨国公司的国际刑事责任,但对于其高级管理人员犯罪行为的定罪也能够在一定程度上对跨国公司今后的行为起到适度的规范和警示作用。因此,有学者总结得出,即使国际刑事法院及特别刑庭尚未将跨国公司列为管辖范围之内,但通过当前各国刑事司法实践和国际社会的发展可以看出,国际刑法层面对于跨国公司行为的管控已不再是不足的。[1] 有学者预见,虽然国际刑事法院或特别刑事法庭尚未享有对跨国公司的直接管辖权,但从国际刑事判例和理论研究的发展趋势来看,商业性公司(特别是跨国公司)将会在不久的将来承担与个人类似的国际刑事责任。[2]

四 国内涉及跨国公司国际刑事责任的司法实践活动

与国际刑事司法审判活动不同,一些国家内部关于跨国公司侵犯国际刑法行为的司法实践活动表现更为积极。一方面,鉴于大部分国家在其国内刑法中都已承认跨国公司能够承担刑事责任,再加上法官们在判决中多热衷于援引相关国际刑事法院判例作为判案论据,因此在案例审理过程中能够很好地推进或解决跨国公司国际刑事责任问题在实践中常出现的疑难点(如跨国公司高管上级责任原则的认定标准问题、跨国公司员工的共谋行为的认定标准等),这都表明对于这些国内司法判例的研究是探讨跨

---

[1] Joanna Kyriakakis, "Corporate Criminal Liability and the ICC Statute: The Comparative Law Challenge", *Monash University Research Paper No. 2009/45*, p. 348.

[2] Doug Cassel, "Corporate Aiding and Abetting of Human Rights Violations: Confusion in the Courts", *Northwestern Journal of International Human Rights*, Vol. 6, 2008, pp. 22 – 23.

国公司国际刑事责任不可缺少的一环；另一方面，在这些国家的民事或侵权诉讼活动中，尽管此类法律责任的性质与刑事责任有本质上的区别，但法官在审理涉及公司（包括跨国公司）侵犯基本人权暴行的案件时，大多通过适用国际法、国际人权法基本理论进行说理，并以众多特殊国际刑事法庭判例为依托，具有很强的理论研究价值。同时，由于此类民事诉讼或侵权诉讼的案件数量远远高于刑事案件，因此在学术研究领域，国际刑法学者也并未忽视对此类司法实践活动的研究。近年来，此类民事诉讼也并未令学者们失望。尤其是以美国为首的《外国人侵权索赔法案》判例（ATS判例），众多国际刑法领域中关于跨国公司国际刑事责任的理论和实践问题都能够在ATS判例中寻找到些许端倪或研究亮点。此外，从20世纪后期开始，欧美国家纳粹受害者、其后代家属和人权组织推动的"追偿运动"也将第二次世界大战期间作为纳粹德国同谋的大批跨国公司再次推上了审判台，从国内法的角度推进了跨国公司国际刑事责任的进一步发展。

（一）"大屠杀追偿运动"

从20世纪70年代开始，以美国为首的欧美国家掀起了大规模的"大屠杀追偿运动"（the Holocaust restitution movement）。[1] 在这一时期，大批纳粹大屠杀时期的幸存者和纳粹德国统治下的受迫害者开始通过法律手段向当初的施害个人和企业寻求经济性赔偿。这轮风风火火的追偿运动受到了西方政治界和公众的广泛关注。[2] 此运动专门针对那些在第二次世界

---

[1] 大屠杀追偿运动：此次运动产生的起因可以追溯到二战时期。第二次世界大战前期，《瑞士联邦银行法》第47条规定银行的保密政策，用以吸引欧洲国家的犹太人和那些可能遭受盖世太保迫害的人们。第47条规定，银行应当保护那些可能遭受政府迫害的存款者的利益，银行职员如有意泄露这些客户的个人信息可能会遭受刑事指控。正因为此，第二次世界大战之前，大批欧洲犹太人将其存款和财物存入瑞士银行。然而，战争开始之后，"银行保密条款"不仅并未能够保护犹太人的财物，还成为了那些臭名昭著的独裁者洗钱的"保护伞"。参见 Lutz Krauskopf, "Regents'Lectures: Comments on Switzerland's Insider Trading, Money Laundering, and Banking Secrecy Laws", *International Tax and Business Law*, Vol. 9, 1991, p. 293。

[2] Roland Bank, "The New Programs for Payments to Victims of National Socialist Injustice", *German Yearbook of International Law*, Vol. 44, 2001, p. 307. Benjamin B. Ferencz, *Less Then Slaves*, Bloomington: Indiana University Press, 2002, p. x. Barbara Ann Hocking, "Confronting the Possible Eugenics of the Past through Modem Pressures for Compensation", *Nordic Journal of International Law*, Vol. 69, 2000, p. 501.

大战期间直接或间接参与或帮助纳粹德国实现其非人道统治的美国和欧洲公司（其中大部分为跨国公司）。[1] 在运动的推动下，大批欧洲国家幸存者组织和受害者团体就其先人或本人在纳粹统治时期被强迫劳动或奴隶劳动、一些欧洲银行非法冻结犹太人资产的行为，以及纳粹非法掠夺犹太人财产和艺术品的行为进行追偿。[2] 与欧洲国家相比，美国由于其独特的司法体制以及犹太人群体在政治上和经济上的强大优势，从20世纪90年代开始率先掀起了"大屠杀追偿运动"的新高潮。

1990年之后的10年间，美国犹太人组织和个人在美国本土发起集体诉讼，就部分跨国公司参与纳粹德国侵犯人权活动的共谋行为进行起诉，并追偿数以百万计美元的赔偿金。[3] 其中，以美国犹太人组织诉瑞士银行非法侵占和掠夺其财产的集体诉讼案件最为引人关注。其实，早在冷战结束之后，少数在美国的犹太人组织就已开始了针对瑞士银行在大屠杀时期的共谋行为进行法律诉讼的活动，但早期的活动并未引起太多重视。直到近些年来，越来越多的类似案件开始浮出水面，并受到公众的广泛关注。仅以美国一国为例，从1995年至今，就有超过50例涉及纳粹大屠杀追偿的案件被法院受理，其中绝大部分被告是来自奥地利、[4] 法国、[5]

---

[1] Princz v. Federal Rep. of Germany, 26 F. 3d 66 (D. C. Cir. 1994); Haven v. Rep. of Poland, No. 99 C 727 (N. D. Ill. filed June 25, 1999).

[2] Libby Adler and Peer Zumbansen, "The Forgetfulness of Noblesse. A Critique of the German Foundation Law: Compensating Slave and Forced Labourers of the Third Reich", *Harvard Journal on Legislation*, Vol. 39, 2002, p. 14.

[3] Peter van der Auweraert, "Holocaust Reparation Claims Fifty Years After: The Swiss Banks Litigation", *Nordic Journal of International Law*, Vol. 71, 2002, p. 558.

[4] In March 1999, these lawsuits were consolidated as *In re Austrian and German Bank Holocaust Litigation* before the U. S. District Court for the Southern District of New York [Case No. CV 98 – 3938 (S. D. N. Y. 1999)].

[5] 1997—1998年，一些法国银行因其在纳粹统治时期接收被纳粹德国非法征收的纳粹人财产而被起诉，案件包括：*Bodner v. Banque Paribas*, Case No. CV 97 – 7443 [E. D. N. Y., 7 December 1997] 及 *Benisti v. Banque Paribas*, CV 98 – 785 (E. D. N. Y., 23 December 1998)]。最终原被告双方达成协议，被诉银行同意建立两个赔偿基金专门用于向受害者及其家属进行赔偿。

德国、① 瑞士和美国②的银行和跨国公司。

在所有的这些案件中,最受学界关注的莫过于由美国的"世界犹太人追偿组织"(World Jewish Restitution Organisation,WJRO)于1996年发起的对三个瑞士银行在大屠杀中违反国际刑法的五起集体诉讼。③ 此次集体诉讼的目的是使大屠杀受害者及其后代能够取得其在1933年至1945年间存在瑞士银行中的数以万计的个人存款。WJRO认为,从纳粹统治时期开始,瑞士银行就故意妨碍这些大屠杀受害人的后代获取曾经属于他们先辈的财产。WJRO最初仅计划帮助这些受害者后代重新获得其父辈的财产,但随着此次集体诉讼活动的进一步曝光,这次单纯的诉讼行为很快转换成一场全面的针对瑞士企业在第二次世界大战期间帮助纳粹德国实行血腥统治的公众调查活动。④ 在这五起集体诉讼中,犹太人原告起诉的理由一般包括以下三个方面内容:第一,被告银行拒不确认和返还原告父辈们于1933年到1945年在其银行中所存财物,并已将属于犹太人的个人财物转化为银行财产(即"休眠账户主张")。第二,这四家银行积极资助纳粹德国侵犯人权的暴行。主要表现在,它们接受并允许使用在纳粹统治下因强制劳动和奴役劳动获取的财物(即"强制劳动主张")。第三,这些银行的行为违反习惯国际法。它们在明知这些财物是纳粹同党通过抢掠的

---

① 在美国,犹太人组织先后向法院就德国公司在第二次世界大战中强迫劳动和奴役劳动的行为起诉的案件超过40起,但大多被法院以"不属于司法管辖范畴"而被驳回[参见:Iwanowa v. Ford Motor. Co., 67 FR. Supp. 2d 424 (D. N. J. 1999), and Burger – Fischer v. Degussa A. G., 65 F. Supp. 2d 248 (D. N. J. 1999)]。尽管如此,此类行动还是迫使德国政府和德国企业建立了一个数额高达一百亿德国马克的基金,专门用于赔偿美国的纳粹受害者。参见 Sean D. Murphy, "Contemporary Practice of the United States Relating to International Law", American Journal of International Law, Vol. 93, 1999, p. 885; and, by the same author, "Contemporary Practice of the United States Relating to International Law: Nazi – Era Claims against German Companies", American Journal of International Law, Vol. 94, 2000, p. 682。

② Iwanowa v. Ford Motor Co., 67 F Supp. 2d 424 (D. N. J. 1999).

③ 这五起集体诉讼中,被告分别为三家瑞士商业银行:包括瑞士信贷(Credit Suisse)、瑞士联合银行(Union Bank of Switzerland)和瑞银公司(Swiss Banking Corporation)以及瑞士国家银行(Swiss National Bank)。

④ 此次活动得以曝光的一个重要原因是大量涉及瑞士企业在第二次世界大战时暴行的书籍和研究论文被公开发表。

方式获得的,仍允许其存放在其银行内(即"抢掠财产主张")。① 而正是基于与这些银行的合作,使得纳粹德国能够获得数以千计的物资以及其他战争资源。一份来自美国政府的报告显示,瑞士作为"纳粹的银行家"(bankers for the Nazis)至少将战争延长了一年。②

面对以上指控,被告银行方做出以下反驳。首先,银行方认为,美国地区法院应当避免就此问题做出有利于原告的判决。因为,他们可以通过一个更为高级的、合作形式的机构(即伏尔克委员会,The Volcker Commission③)来解决此类问题,而非将其诉诸法律。④ 其次,银行方认为,由于原告并不能证明这些银行从那些被掠夺的或通过奴役劳动而获取的财物中获得利润,因此其起诉原因站不住脚。⑤ 最后,这些案件都应以"最方便法院原则"而被法院驳回。由于上述案件的主要证据都存留在瑞士,同时瑞士现存法律也适用于原告提出的绝大多数主张,因此,根据最方便法院原则,瑞士法院应为更便捷和适合的"法院地"。⑥ 此外,被告银行方还强调,即使上述反驳意见都被法院驳回,但基于习惯国际法,私人公司一般不应承担国际法责任。因此,在任何情况下,德国的国家社会主义政府同一个中立国瑞士的银行进行的这种私人商务交往行为并不违反习惯国际法的任何规定。⑦

对于被告提出的上述辩护理由,原告方予以一一驳斥。鉴于具体反驳理由与本部分主旨关系不大,本部分就不再详述。但原告方对于被告方关于"依习惯国际法规定,私人公司不应承担国际法责任"主张的反驳意见却是非常值得一提的。原告方在援引习惯国际法时将"纽伦堡原则"

---

① Detlev F. Vagts, "Restitution for Historic Wrongs: The U. S. Courts and International Law", *American Journal of International Law*, Vol. 92, 1998, p. 235.

② William Z. Slany, U. S. and Allied Efforts to Recover and Restore Gold and Other Assets Stolen or Hidden by Germany During World War II (May 1997), http://www.state.gov/regions/eur/rpt_9705_ng-links.html, 2014-01-02.

③ 伏尔克委员会,又称名人独立委员会(Independent Committee of Eminent Persons, ICEP),始建于1996年,用于调查第二次世界大战期间(1933—1945)存储在多个瑞士银行的冻结资产。相关资料参见 http://en.wikipedia.org/wiki/Volcker_Commission, 2014-02-13。

④ Distribution Plan, Vol. I, p. 75.

⑤ Ibid., p. 76.

⑥ Ibid., p. 77.

⑦ Ibid., p. 81.

(the Nuremberg Principles)① 作为主要习惯法渊源。原告方在其反驳理由主要适用纽伦堡原则第6条和第7条。这两条的规定如下：

第6条 违反国际法应受处罚的罪行是：
（一）反和平罪
计划、准备、发起或进行侵略战争或破坏国际条约、协定或承诺的战争；参与共同策划或胁从实施上述第1项所述任何一项行为的。
……
（三）反人道罪
对任何平民居民进行谋杀、生物实验、放逐和其他非人道行为，或基于政治、种族、宗教背景的迫害，而此类行为已实施或此类迫害已执行或此类行为与任何反和平罪或任何战争犯罪相关联的。

第7条 共谋犯下原则六所述的反和平罪、战争罪或反人道罪是国际法上的罪行。②

以"纽伦堡原则"第7条为基础，原告方强调瑞士银行"帮助和煽动"了纳粹德国的战争罪行为和反人类罪行为，并促使这两类罪行的最终实现。他们还指出，纽伦堡审判和《纽伦堡国际军事法庭宪章》中都曾明确指出"共犯、帮助犯和煽动犯都应为他们的行为承担刑事责任"。③因此，作为战争罪等罪行参与者的瑞士银行理应为自己的共谋行为承担相应的刑事责任。此外，原告方还就被告银行在国际法中的法律地位问题进行了答辩。他们认为，这些瑞士银行可以被称为"通过债务清偿、处置和资金转换为纳粹德国根除犹太人和进行战争提供资金的最主要来源"。④

---

① 纽伦堡原则是由国际法委员会起草完成，主要重申了《纽伦堡宪章》及纽伦堡审判过程中使用的大量国际法律原则。纽伦堡原则被认为是习惯国际法原则的集大成者。参见 Fogelson, "The Nuremberg Legacy: An Unfulfilled Promise", *Southern California Law Review*, Vol. 63, 1990, p. 868.

② Principles of the Nuremberg Tribunal, http://deoxy.org/wc/wc-nurem.htm, 2014-02-23.

③ Holocaust Plaintiffs' International Law Reply, at 31.

④ Ibid.

因此，这些瑞士银对于纳粹战争机器的暴行起到了根本和本质的推动作用。① 如若法律不能追究这些战争机器幕后推手的刑事责任，国际法、国际人权法及国际人道法的基本原则就不能得到最终的实现。

由于所有案件最终都以原被告双方和解了结，因此并无法了解到美国地区法院对以上问题的态度和看法。但通过对于审理该案的纽约西区法院在案件审理过程中对于原被告双方的意见表态，以及法院积极促成双方达成和解协议等行为，也可窥见出当时学界和实务界就此案关键问题中的看法。从犹太人角度出发，一方面，由于绝大多数原告年龄偏大，因此确实不适合参与长时间诉讼活动；另一方面，鉴于当时美国法院在涉及"大屠杀追偿"问题的案件中判定原告胜诉的概率较小，因此，即使坚持完成诉讼程序，也无法保证原告能够获得绝对法律上的胜利，② 而选择庭外和解至少能够更好地确保受害者经济利益的最终实现，未尝不是一件好事。从银行角度出发，从案件被起诉之日起，这些银行就遭受到来自美国政府、媒体的巨大压力。一些美国政府官员甚至威胁，如果瑞士银行不能够与犹太人集团达成和解协议，就要对其采取经济制裁。③ 这对于极其重视商业形象的瑞士银行界来说无疑是沉重的打击。此外，瑞士银行的高管们可能也越来越深刻地意识到，案件存续时间越长，媒体和公众对其"侵犯人权"的报道就会愈演愈烈，最终可能形成难以扭转的局面。④ 即使最终胜诉，被告银行不需支付巨额赔偿金，但也难免丢掉长久以来积累的良好声誉，做这种"捡了芝麻，却丢了西瓜"的"亏本买卖"肯定是得不偿失的。最后，可能也是最重要的一点，那就是，通过与被害方达成协议，可以"一劳永逸"地保证这些银行将来不再受到任何相关法律诉讼的威胁。这对于涉案银行家来说确实是一个极大的诱惑。

总的来说，不管从受害的犹太人角度出发，还是从瑞士银行视角看问

---

① Holocaust Assets Oral Argument, at 201.

② Eizenstat Testimony on Worldwide Holocaust Restitution Efforts: Hearing before the Senate Foreign Relations Committee, 106th Cong. (5 April 2000) (statement of Stuart E. Eizenstat, U. S. Deputy Secretary and Special Representative for Holocaust Issues).

③ Alfonse D'Amato, "Justice, Dignity, and Restitution of Holocaust Victims' Assets", *Cardozo Law Review*, Vol. 20, 1998, p. 430.

④ 来自世界各地的媒体都在大篇幅报道瑞士银行案。尽管欧洲国家的媒体并不像美国媒体那样煽情和反应强烈，但他们也对犹太人受害者及其家属报以更多的同情。比方说，Arnold Kemp, "Les Mensonges Suisses sur l'Or Nazi", *Le Monde*, 19 September 1996。

题,庭外和解协议也应该算是一项"两全其美"的解决办法了。可以说,这些案件的出现使国际社会更加认识到,随着非国家主体在国际舞台上所起的作用的不断提升,跨国公司在国际法中的地位也越来越显现出来。因此,与20年前相比,尽管上述案件并未最终通过诉讼程序解决,但国际法学界和实务界对瑞士银行和其他跨国银行今后的行为都划定了更高的行为标准要求。[①]

(二) 对二战时期日本企业的追诉

与对纳粹德国企业和欧洲企业的追诉活动相比,美国政府对第二次世界大战期间日本企业参与暴行的司法追究活动则呈现出另一片光景。第二次世界大战期间,为确保战时物资的有效保障,加之日本本国人力资源的短缺,日本政府决定将数以千计的战俘运输到日本本土用于本国战时经济发展。这些战俘在非常恶劣的条件下被迫劳动,主要从事采矿、军需、装卸货物、工程和建筑等工作。[②] 可以说,日本企业对于战时日本政府所提供的经济上、人力上、物资上的帮助程度绝对不亚于同一时期德国企业对于纳粹德国的资助。尽管1907年《陆战法规和惯例公约》(又称《海牙第四公约》)[Convention (Ⅳ) respecting the Laws and Customs of War on Land and its annex: Regulations concerning the Laws and Customs of War on Land][③] 中允许交战国使用战俘进行适当劳动,但该公约明确规定"这种劳动不能过量,也不能与战争的进一步发展有任何关系",同时此种劳动必须是有偿的。[④] 因此,日本政府及相关公司在战争期间的行为明显违反了上述公约中的规定。

基于犹太受害者在"大屠杀追偿运动"中的巨大胜利,2000年前后,

---

① Anita Ramasastry, "Secrets and Lies? Swiss Banks and International Human Rights", *Vanderbilt Journal of Transnational Law*, Vol. 31, 1998, p. 330.

② B. V. A. Roling & C. F. Ruter eds., *The Tokyo Judgment: The International Military Tribunal for the Far East*, 1977, pp. 414, 416.

③ International Conferences (The Hague), *Hague Convention (Ⅳ) Respecting the Laws and Customs of War on Land and Its Annex: Regulations Concerning the Laws and Customs of War on Land*, 18 October 1907, http://www.refworld.org/docid/4374cae64.html, 2014-02-23.

④ Convention [No. Ⅳ] Respecting the Laws and Customs of War on Land, Oct. 18, 1907, annex, art. 6, 36 Stat. 2277, 2297, 1 Bevans 631, 644, *reprinted in* 2 AJIL 90 (Supp. 1908).

在美国二战时期的美军战俘和平民①开始向战争期间日本企业强迫其进行奴役劳动的行为追究法律责任。1999 年,一些第二次世界大战期间被日本政府奴役的战俘的后代和人权团体开始向美国加利福尼亚州地区法院提起集团诉讼,指控第二次世界大战期间著名日本公司从他们的奴隶劳动中获利。这些公司包括三菱公司(Mitsubishi Corporation)、三井物产(Mitsui and Company)以及日本制铁会社(Nippon Steel Corporation)。大部分原告的主张是基于加利福尼亚州一项新颁布的法律,该法律允许"纳粹统治时期的战俘(包括他们的同盟者或同情者)就其在战争中沦为奴隶的行为向获利方或其继任者寻求经济补偿……"②

2000 年 3 月 24 日,加利福尼亚州东区法院提请美国政府就美国联邦法律是否有权管辖美国军人在第二次世界大战期间被日本政府绑架及监禁事项发表意见。同年 5 月 22 日,美国政府就此事项发表声明(statement of interest),认为此类诉讼主张应适用美国联邦法律并由美国联邦法院管辖。③ 声明中还特别提到美国政府于 1951 年同日本政府签订的《和平条约》(1951 Treaty of Peace)。④ 在该条约中,美国政府(代表政府及其国民)明确表示放弃追究任何日本政府及其国民在战争中的行为的法律责任。美国国务院副法律顾问罗纳德·J. 贝陶尔(Ronald J. Bettauer)曾就《和平条约》签订的目的这么说,"签订此条约的首要目的是为了将因战争而引发的纠纷带来彻底的和全球性的终结。其根本属性是为了向战争受害者提供补偿、重建日本经济以及将日本转化成美国强有力的同盟者。而在条约签订之时,如果不将向日本政府和日本企业追偿在此条约中堵上口

---

① 第二次世界大战期间,超过 36000 名美军士兵沦为日本战俘。日军同时逮捕了将近 14000 名美国平民。有将近 25000 名美国人被转运到日本本土或日军占领的亚洲其他国家为日本企业从事高强度劳动。参见 Michael J. Bazyler, "The Holocaust Restitution Movement in Comparative Perspective", *Berkeley Journal of International Law*, Vol. 20, 2002, p. 25。

② 3 CAL. CIV. PROC. CODE § 354.6 (West Supp. 2000).

③ Statement of Interest of United States of America, *In re* World War II Era Japanese Forced Labor Litigation, 114 F. Supp. 2d 939 (N. D. Cal. 2000) (No. MDL - 1347) (filed May 22, 2000).

④ Treaty of Peace with Japan, Sept. 8, 1951, 3 UST 3169, 136 UNTS 45. 参见 98 CONG. REc. 2594 (1952)。

子，这些目的就完全无法实现"。① 从贝陶尔的上述声明可以看出，早在 1951 年同日本政府签订《和平条约》之日起，美国政府就对于其国民通过法律程序追究第二次世界大战期间日本企业侵犯人权的责任的做法持彻底反对意见。然而，在对德国企业的索赔事件中，美国政府的态度则截然相反。在一起涉及德国公司的"大屠杀追偿案件"中，美国地区法院也曾要求美国政府就其地位及所涉及战后和平条约问题进行解释，但与"对日企索赔案件"不同，政府并未就相关问题给予回复。部分学者和政府官员对美国政府在"对日企索赔"同"对德企索赔"态度上存在"差别待遇"表示强烈不满。② 前参议员奥林·哈奇（Orrin Hatch）曾在一份书面答复中指出，"尽管美国政府并不在与德战后条约中持任何立场，但却建议法院推进德国政府及德国企业对战争受害者的赔偿谈判"。③

2000 年 8 月 8 日，日本政府在一份向美国政府提交的外交函件中提到"日本政府完全同意美国政府在《和平条约》问题上的态度。此外，对于近期美国国内出现的对日企在第二次世界大战期间的行为再次追究赔偿责任的行为，日本政府认为不符合《和平条约》的精神，也将会影响两国之间的友好关系"。④ 第二日，美国政府即发表二次声明。⑤ 在该声明中，美国政府重申了其在《和平条约》中的立场，并强调对于第二次世界大战期间美国战俘的战争赔偿应完全按照《美国战争追偿法案》规定进行。9 月 21 日，美国地区法院驳回原告对于日本企业的起诉，并承认美国政府的声明对于其做出此项驳回裁定起到了"决定性作用"（signifi-

---

① Former U. S. World War II POW's: A Struggle for Justice, Hearing Before the Senate Comm. on the Judiciary, 106th Cong. 14, 14 – 15 (2000) (statement of U. S. State Department Deputy Legal Adviser Ronald J. Bettauer).

② Sean D. Murphy, "Contemporary Practice of the United States", *American Journal of International Law*, Vol. 93, 1999, pp. 883, 885. *American Journal of International Law*, Vol. 94, 2000, p. 682.

③ Former U. S. World War II POW's: A Struggle for Justice, Hearing before the Senate Comm. on the Judiciary, 106th Cong. 47 (2000) (Department of Justice responses to questions posed by Senator Hatch).

④ Diplomatic Note from the Embassy of Japan to the U. S. Department of State (Aug. 8, 2000) (on file at George Washington University).

⑤ Statement of Interest of United States of America, *In re* World War II Era Japanese Forced Labor Litigation, 114 F. Supp. 2d 939 (N. D. Cal. 2000) (No. MDL – 1347) (filed Aug. 9, 2000).

cant weight)。然而，就美国政府提出的美国国民无权再向日本政府及企业提出战争追偿的问题，法院存在不同见解。法院认为，"政府的行为使得那些在战争中深受痛苦的战俘及其他幸存者和亲属丧失了获得纯粹经济赔偿的机会，不符合自由社会和更和平环境的要求"。[①]

(三) 优尼科案

1.《外国人侵权索赔法案》的发展历程

如上所述，关于跨国公司国际刑事责任的国内司法判例，主要涉及两方面内容。一是第二次世界大战受害者及其家属对第二次世界大战期间为协约国（日本和德国）的战争暴行提供支持和协助的大型企业的索赔诉讼；二是受害者通过美国《外国人侵权索赔法案》起诉跨国公司海外犯罪行为的民事侵权诉讼。由于上文中已经对美国《外国人侵权索赔法案》（ATS）的背景进行过详细阐述，因此此处仅简要补充回顾一下 ATS 的产生与发展历程。

1789 年，作为美国《司法法》的一部分，《外国人侵权索赔法案》制定并颁布施行。该法案最初授予地区法院"对于外国人提起的侵犯国际法或美国政府签署的条约的侵权行为享有最初管辖权"。[②] 此后 200 多年的时间里，ATS 一直处于"沉睡"状态。直到 1980 年，美国第二巡回法庭上诉法院在费拉提加案（*Filartiga v. Pena – Irala*）[③] 中适用 ATS，指出"以官方名义故意施加酷刑的行为"触犯国际法，而在本案中适用 ATS 是恰当的。[④] 费拉提加案在美国学界和司法实务界引发对 ATS 存在目的和适用范围的热烈讨论，[⑤] 也同时引发了外国人适用 ATS 在美国联邦法

---

① *In re* World War Ⅱ Era Japanese Forced Labor Litigation, 114 F. Supp. 2d, at 948 – 949 (N. D. Cal. 2000).

② 28 *U. S. C.* 1350.

③ 费拉提加案：费拉提加一家是巴拉圭的普通市民。1976 年，时任亚松森市（巴拉圭首都）警察局检察长佩纳·依拉拉（Pena – Irala）因不满费拉提加医生的政治主张，将其刚满 17 岁的儿子绑架并施以酷刑，最终将其虐待致死。1978 年，费拉提加医生的女儿多利·费拉提加（Dolly Filartiga）在美国发现伊拉拉，遂将此情况报告美国移民归化局。随后，多利根据 ATS 向伊拉拉提起诉讼，要求被告因其酷刑致人死亡行为赔偿 10000000 美元。

④ 630 *F. 2d* 876 (*2d Cir.* 1980), at 878.

⑤ 讨论主要分为两个阵营：一方认为费拉提加案存在一定问题并需要对 ATS 的适用范围进行缩小解释；另一方则大力支持法院在费拉提加案中的观点，并强调应扩张解释 ATS。参见 Tel – Oren v. Libyan Arab Republic, 726 F. 2d 774, 798 – 823 (D. C. Cir. 1984); Joseph（转接下页）

院提起对个人或跨国公司涉及国际公法责任的起诉高潮。此后的 30 年时间里，ATS 经历了由从费拉提加案中就外国政府官员的起诉，到开始追究外国政府的责任，[①] 一直到 90 年代开始的追究跨国公司责任的热潮的发展历程。应当认识到，美国是世界上唯一一个允许此类诉讼的国家。[②] 尽管 ATS 仅管辖民事侵权案件，但 ATS 中允许外国人就美国人或跨国公司严重侵犯人权的行为提及诉讼，[③] 且法官在审理 ATS 案件时多适用习惯国际法及国际刑事司法判例，这都对在国际刑法角度研究跨国公司的国际刑事责任问题提供了丰富的案例和法理支撑。

2. 优尼科案

在众多涉及跨国公司国际犯罪的外国人侵权索赔案件中，最为轰动和典型的是历时将近十年的缅甸人诉优尼科公司案（*Doe v. Unocal Corp.*）。尽管该案最终以庭外和解方式终结，但美国联邦法院在案件审理过程中对于跨国公司国际法主体资格、跨国公司从事国际犯罪的可能性、跨国公司在国际犯罪中的帮助和煽动行为等问题的法律分析堪称经典，是完全值得一提的。

1988 年，缅甸军方开始统治缅甸并创建国家法律与秩序恢复委员会（The State Law and Order Restoration Council，SLORC）。[④] SLORC 夺取政权后，在缅甸先后颁布《戒严法》（*Martial Law*）并将缅甸国名由 Burma 改为 Myanmar。[⑤] 作为新政府的代表，SLORC 与优尼科公司（Unocal）签订联合协作合同，约定将在缅甸德林达依河地区（Tenasserim Coast）建立一条油

Modeste Sweeney, "A Tort Only in Violation of the Law of Nations", *Hastings International & Comparative Law Review*, Vol. 18, 1995, pp. 445, 447, 477 – 83; "The Alien Tort Statute and the Judiciary Act of 1789: dge of Honor", *American Journal of International Law*, Vol. 83, 1989, pp. 461, 475; William R. Casto, "The Federal Courts' Protective Jurisdiction over Torts Committed in Violation of the Law of Nations", *Connecticut Law Review*, Vol. 18, 1986, pp. 467 – 501; William S. Dodge, "The Historical Origins of the Alien Tort Statute: A Response to the 'Originalists'", *Hastings International & Comparative Law Review*, Vol. 19, 1996, pp. 221, 237 – 256。

① *Argentine Republic v. Amerada Hess Shipping Corp.*, 488 *U. S.* 428 (1989).

② 参见 Lori Fisler Damrosch, "Enforcing International Law through Non – Forcible Measures", *Receuil des Cours: Collected Courses of the Hague Academy of International Law*, Vol. 269, 1997, pp. 176 – 177。

③ 28 *U. S. C.* 1350 (1994).

④ *Doe v. Unocal Corp.*, 963 *F. Supp.* 880, 883, 884 (*C. D. Cal.* 1997).

⑤ *Doe v. Unocal Corp.*, 963 *F. Supp.* 884.

气管道。在管道建设过程中,为保障工程的顺利进行及优尼科公司在缅人员和财产安全,缅甸军政府派遣民兵为该油气管道提供安保工作。1997年,缅甸当地居民就缅甸政府及其员工在修建管道期间严重侵犯人权的行为向美国加利福尼亚州中区法院提起诉讼。

首先,因被告的行为已经触犯了国际强行法（jus cogens）,故法庭认定该案属于 ATS 的管辖范畴。[1] 由于国际法主要是规范国家间而非私人公司的行为活动,因此,法院开始就跨国公司是否有权承担国际刑事责任问题进行详细地分析及探讨。在此问题上,法院专门援引了美国第二巡回法庭在卡迪奇案（Kadic）及第五巡回法庭在丹尼斯案（Dennis v. Sparks）[2] 中的相关观点。在卡迪奇案中,第二巡回法庭认为"个人需要在同政府或政府雇员共同行动时才能承担国际法责任"。[3] 在丹尼斯案中,第五巡回法庭认为"私人主体如果有意参与到与政府的合作中,则该私人主体可被认为是政府的一员",[4] 该私人主体因此而应承担其行为所产生的法律后果。综合上述观点,中区法院认定优尼科公司在本案中与缅甸政府具有"合作"的关系,并共同参与了缅甸民兵侵犯人权的行动,已经满足 ATS 对于诉讼请求的要求。[5]

其次,法庭进一步指出,除了参与政府行动之外,私人主体也可能因特定的行为而承担国际法责任,例如海盗行为和奴隶贸易。法庭援引美国联邦最高法院在卡迪奇案（Kadic）中的观点,"如公司参与海盗行为、奴隶贸易、种族灭绝或战争罪的行为,则不管其行为是否涉及政府参与都应就其行为负责。而如果公司从事了其他国际法规定的禁止性行为,则应在确立政府的参与行为之后才能追究其责任"。[6] 鉴于此,法庭指出,优尼科公司在修建亚达那（Yadana）油气管道期间涉嫌参与的强迫劳动行为已经可以构成"一种形式的奴隶贸易",因此,"即使优尼科公司与缅甸政府没

---

[1] *Doe v. Unocal Corp.*, 963 *F. Supp.* 890.

[2] 449 *U. S.* 24 (1980). 在丹尼斯案中,美国联邦最高法院认定,私人主体行贿法官的行为将失去其司法豁免权。因此,应对其行为产生的后果承担相应的法律责任。

[3] *Kadic v. Karadzic*, 70 *F.* 3d 232, 245 (2d *Cir.* 1995); *Lugar v. Edmondson Oil Co.*, 457 *U. S.* 922, 941 – 42 (1982).

[4] *Dennis*, 449 *U. S.* at 27.

[5] *Unocal*, 963 *F. Supp.* at 891.

[6] *Unocal*, 963 *F. Supp.* at 892 (quoting *Kadic*, 70 *F.* 3d at 239).

有合作关系也应独立承担刑事责任"。① 可以说，法院通过优尼科案实现了对于跨国公司国际法主体资格的态度的转变：由最初的只承认国际法主要管辖国家与国家之间的关系，到 1995 年在卡迪奇案（Kadic）中认定私人主体可以在与国家行为有关的情况下承担国际法责任，最后到优尼科案（Unocal）中认定私人公司可以完全独立地承担国际法责任。上述观点对于美国联邦法院在此后适用 ATS 审理涉跨国公司国际犯罪案件提供了巨大的便利，也表明美国法院向着承认跨国公司国际刑事责任方向前进了一大步。

小　结

综上，从第二次世界大战之后的纽伦堡及东京审判开始，国际社会对于公司（后发展为跨国公司）国际刑事责任问题的讨论一直没有停歇。随着国际刑法理论、规范性文件以及国际刑事司法实践活动地不断发展，人们对于相关问题的思考更加深入，理解也更为全面。

从当今司法审判活动来看，在国际层面，虽然目前涉及跨国公司大规模侵犯人权的案例已不占少数，但由于缺乏对跨国公司国际刑事责任的管辖权，在所有国际刑事司法实践中尚未出现直接以公司作为被告的司法判决。但也应当看到，越来越多的国际法学者或国际组织已经认识到商业性公司在国际刑法中的重要地位，实践中也已出现在特定领域中明确承认公司国际刑事责任的规定或声明。关于跨国公司从事国际犯罪的规定已经广泛见诸主要的国际刑法公约中，且渐成体系。在国内层面，一些国内法院在向全面承认跨国公司的国际刑事责任问题上走的更快、更远。以美国《外国人侵权索赔法案》及"大屠杀追诉"活动为契机，各国积极通过国内刑事、民事或侵权诉讼手段处理跨国公司的海外犯罪行为。同时，各国法官还在案件审理的过程中，积极援引相关国际刑法理论及国际刑事判例，这都对于国际刑法在关键问题上的发展起到了重要的推动作用。

国际刑事法院首席检控官奥坎波先生（Luis Moreno - Ocampo）曾公

---

① *Unocal*, 963 *F. Supp.*

开支持跨国公司应承担国际刑事责任的观点,[1] 并许诺将其上任之后的主要工作集中在调查经济参与者（economic actors）在刚果共和国武装冲突中所起的作用上。[2] 这一观点的确立为国际刑法学界和实务界在跨国公司犯罪问题上采取协调一致的步调提供了理论前提，也为跨国公司国际犯罪主体资格的确立提供了国际法依据。[3] 可以预见，在不久的将来，随着国际法学界对相关理论问题研究的进一步深入，以及国际刑事司法实践的探索进一步加深，跨国公司国际刑事责任的理论基础将更为清晰。

---

[1] Michael J. Kelly, "Prosecuting Corporations for Genocide under International Law", *Harvard Law & Policy Review*, Vol. 6, 2012, p. 362.

[2] Luis Moreno‐Ocampo, Second Assembly of States Parties to the Rome Statute of the International Criminal Court Report of the Prosecutor of the ICC, http://untreaty.un.org/cod/icc/asp/2ndsession/ocampo_ statement_ 8sep (e) .pdf, 2013 - 03 - 25.

[3] 范红旗:《法人国际犯罪主体问题探究》，载《中国刑事法杂志》2006 年第 6 期。

第四章

跨国公司员工的共谋行为

在过去的几十年里，随着跨国公司在国家内部及国际市场上的影响力逐渐增强，[①] 国际社会加强了在国际刑法层面控制跨国公司行为的对策研究。2001年，时任联合国秘书长安南在提交给安全理事会的《关于武装冲突中保护平民的报告》（*Report on the Secretary - General to the Security Council on the protection of civilians in armed conflict*）中指出，"在冲突地区谋求经济利益所造成的影响已受到日益严密的监督。一些公司已被指控参与侵害人权，一些公司的所得利润继续被用于加剧战争。众所周知，交战方通过出售钻石和其他贵重矿物，为自己装备了小武器和轻武器，从而延长并加剧了战火以及平民的痛苦"。[②] 这表明国际社会已经意识到跨国公司参与国际犯罪行为后果的严重性，并有志于减少此类现象的再次发生。

如前所述，国际刑法理论并不承认国际刑事司法审判机构对于跨国公司的司法管辖权。鉴于此，国际刑事司法实务界主要通过追究跨国公司员工的共谋行为及跨国公司高管的上级责任这两种模式来"间接"追究涉

[①] A. Clapham, "The Question of Jurisdiction Under International Criminal Law Over Legal Persons: Lessons From the Rome Conference on an International Criminal Court", in M. Kamminga and S. Zia - Zarifi (eds.), *Liability of Multinational Corporation Under International Law*, The Hague: Kluwer Law International, 2000, p. 189. R. Kapur, "From Human Tragedy to Human Rights: Multinational Corporate Accountability for Human Rights Violations", *Boston College Third World Law Journal*, Vol. 10, p. 2.

[②] 《秘书长提交安全理事会关于武装冲突中保护平民的报告》, 2001, UN Doc. S/2001/331, ¶ 61, http://daccess - dds - ny.un.org/doc/UNDOC/GEN/N01/300/29/PDF/N0130029.pdf?OpenElement, 2014 - 01 - 16。

及跨国公司国际犯罪的刑事责任。① 笔者将在本章及第五章分别探讨这两种模式。

第一节 国际刑法中跨国公司员工的共谋行为

一 共谋行为的定义

(一) 国内和国际刑法理论对共谋行为的界定

我国国内刑法学界对于共谋行为有以下界定。共谋,又可称为通谋,是指两个以上行为人就实行特定犯罪而进行的同谋和合意。② 欧美国家将国内犯罪中的共谋行为 (complicity) 定义为：一行为人 (通常被称为第二主体或从犯) 应对另一犯罪人 (通常被称之为主犯、第一主体、实际犯罪人) 的犯罪行为负责。从上述两个定义可以看出,在国内刑法理论中,共谋行为的刑事法律责任至少涉及两个行为人：一为主犯,即具有犯罪心理并直接从事犯罪行为的人；二为从犯,即存在必要的帮助主犯犯罪心理的行为人。③

在国际犯罪中,除了有个人或国家实施的国际犯罪外,还存在大量共谋犯罪 (又称为共同国际犯罪)。由于此类共同国际犯罪涉及多名犯罪人,且他们多采取相互分工、密谋的方式犯案,因此,此类犯罪行为的犯罪方法更为复杂、多变,具有更大的国际社会危害性。④ 由此,国际犯罪中的共谋行为也一直是国际刑法学者和国际刑事司法审判机构长期关注的问题。从国际刑事司法实践来看,国际刑法学界关于共谋行为的界定来源于国内刑法的相关规定,并在此基础上有所发展。通说认为,国际刑法对

---

① P. T. Muchlinski, *Multinational Enterprise and the Law* (2nd edn.), New York: The Oxford International Law Library, 2007, p. 514. D. Weissbrodt and M. Kruger, "Norms on Responsibilities of Transnational Corporations and Other Business Enterprises with Regard to Human Rights", *American Journal of International Law*, Vol. 97, 2003, p. 903.

② 林亚刚、何荣功：《论 "共谋" 的法律性质及刑事责任》,载《浙江社会科学》2002 年第 3 期。

③ Beth Van Schaack and Ronald C. Slye, *International Criminal Law and Its Enforcement: Cases and Materials*, New York: Foundatoin Press, 2007, p. 713.

④ 甘雨沛、高格：《国际刑法学新体系》,北京大学出版社 2000 年版,第 125 页。

共谋行为的界定多集中在各主要国际刑事司法审判机构的宪章和公约中。在纽伦堡审判时期,《欧洲国际军事法庭宪章》中对于共谋行为的规定还较为模糊。《宪章》第6条第1款"破坏和平罪"中提到,"策划、准备、发动或进行侵略战争或违反国际条约、协定或保证的战争,或为实现上述行为而参与共同计划或密谋"。① 这应该是国际刑事立法中首次对于"共谋行为"或"共同国际犯罪行为"进行界定。我国国际刑法学者也对国际刑法中的共谋行为的概念作了如下规定:共谋行为是指,二人以上或团体(组织)基于共同故意而共同实施的国际犯罪。②

随着近些年来跨国公司参与国际犯罪行为程度及次数的增多,国际社会也开始关注对于跨国公司员工参与他人犯罪行为的"共谋责任"问题。相关的学术研究也不断出现。2008年,联合国秘书长特别代表约翰·鲁格教授在一份报告中将"公司的共谋行为"作了如下界定:"共谋行为是指,公司间接参与由政府或非政府主体直接从事的侵犯人权的行为。"③ 具体而言,共谋行为包括并不限于:帮助和煽动行为(aiding and abetting)、鼓励(encouraging)、命令(ordering)、计划(planning)、取得(procuring)、忠告(counselling)、提供方便(facilitating),以及刺激(inciting)等。

(二)追究跨国公司员工共谋行为责任的原因

近年来,越来越多的严重侵犯人权事件已经不再仅仅与政府有关,跨国公司大规模违反国际人权法、国际人道法的行为也表现得越来越突出。④ 有报告指出,跨国公司违反国际刑法的行为多发生在能源、矿产和生产工业领域。涉及的犯罪行为包括环境污染、强迫劳动、酷刑甚至谋杀。⑤ 部分跨国公司甚至涉嫌从事最严重的国际犯罪行为,如荷兰皇家壳牌石油公司(Royal Dutch Shell)涉嫌在尼日利亚虐待、强行拘捕和监禁、

---

① United Nations, *Charter of the International Military Tribunal – Annex to the Agreement for the Prosecution and Punishment of the Major War Criminals of the European Axis* ("*London Agreement*"), 8 August 1945, http://www.refworld.org/docid/3ae6b39614.html, 2014-03-21.

② 甘雨沛、高格:《国际刑法学新体系》,北京大学出版社2000年版,第125页。

③ Protect, Respect and Remedy, UN Doc A/HRC/8/5, para 73.

④ 商业与人权资料中心(Business & Human Rights Resource Center):A Brief Description, http://www.businesshumanrights.org/Aboutus/Briefdescription, 2014-02-13。

⑤ Justin Levitt, "Corporate Liability for Violations of International Human Rights Law", *Harvard Law Review*, Vol. 114, 2001, p. 2025.

谋杀当地民众的行为;[1] 优尼科公司（Unocal Corporation）涉嫌协助缅甸军方强制当地居民劳动和强制迁移等行为;[2] 弗里波特 – 麦克莫兰铜金公司（Freeport – McMoran Copper & Gold）涉嫌在其印度尼西亚矿场侵犯人权、污染环境、进行种族灭绝和文化灭绝等行为。[3]

根据国际刑法基本原理及相关判例，学界将跨国公司参与国际犯罪活动所应承担的国际刑事责任分为两种：一为跨国公司应对其从事的构成国际犯罪的行为承担国际刑事责任；二为跨国公司高管（或员工）对其下属根据其指挥或要求实施的国际犯罪，应承担的间接个人刑事责任，即针对实际犯罪行为的共谋行为承担刑事责任。[4] 而通过研究实际案例可以发现，跨国公司在国际犯罪中一般并不以主犯形式出现，而多以主要犯罪行为的共犯身份存在。[5] 在绝大多数案件中，国际刑事司法审判机构都曾认定跨国公司高管通过帮助或煽动行为共谋参与国际犯罪活动。[6] 对于此类现象，当前国际社会的一般意见是，跨国公司在生产经营活动中应当承担一定的国际法责任，特别是当它们与已知侵犯人权者进行合作时尤为如此。这一观点已经获得包括国际法学家委员会及联合国秘书长特别代表约翰·鲁格教授的认可。[7] 目前学界对涉及跨国公司员工共谋行为的认识仍然存在争议。国际和国内司法实践中对于相关问题的看法也有较大差异，这种现象在纽伦堡审判时期就已出现。为更好地实现对跨国公司行为的监管，国际法学界、国际刑法学界及国际刑事司法实务界在大量司法判例的

---

[1] *Wiwa v. Royal Dutch Petroleum Co.*, 226 F. 3d 88, 92 – 93 (2d Cir. 2000).

[2] *Doe v. Unocal Corp.*, 963 F. Supp. 880, 883 (C. D. Cal. 1997).

[3] *Beanal v. Freeport – McMoran, Inc.*, 197 F. 3d 161, 163 (5th Cir. 1999).

[4] 蒋娜：《国际刑事责任的多元主体及其启示——以国际刑事责任原则的崭新进展为视角》，载《现代法学》2010年第1期。

[5] FAFO, *Business and International Crimes: Assessing the Liability of Business Entities for Grave Violations of International Law*, 2004, p. 12.

[6] *Prosecutor v. Tadic*, Case No. IT – 94 – 1 – T, Opinion and Judgment, ¶¶ 688 – 92 (May 7, 1997).

[7] International Commission of Jurists (ICJ), *Corporate Complicity & Legal Accountability*, vols I, II & III, Geneva, 2008. Human Rights Council, *Business and Human Rights: Mapping International Standards of Responsibility and Accountability for Corporate Acts*, Report of the Special Representative of the General Secretary on the Issue of Human Rights and Transnational Corporations and other Business Enterprises, John Ruggie, UN Doc. A/HRC/4/35, 2007, p. 61.

基础上，汲取 60 多年的经验，开始形成一种以起诉涉事公司员工、高管或负责人"共谋"行为的"曲线救国"模式，试图以此实现对跨国公司行为的监管。① 这就是国际司法审判机构追究跨国公司员工共谋行为的最初动因。

二 早期国际刑法中公司员工的共谋行为

20 世纪中期开始，国际社会对公司（特别是跨国公司）在其本国、东道国和第三国生产经营活动中涉及的大规模侵犯基本人权行为的报道屡见不鲜。② 随着经济全球化程度的不端加深，跨国公司对其本国、母国和第三国的影响力不可小觑。③ 鉴于跨国公司的行为具有危害性大、影响面广、涉及人数众多等显著特征，各国政府和国际法学者逐渐开始重视对跨国公司在国际刑法中的地位和其犯罪行为进行惩处等问题的研究和讨论。经过 60 多年的发展，从国内法层面讲，世界上大多数国家国内刑法典都已承认公司具备承担刑事责任的能力。④ 但是，在国际刑法层面，由于国际社会始终未能对公司能否承担国际刑事责任达成共识，因此在涉及公司（包括跨国公司）刑事犯罪的国际刑事审判活动中，相关司法审判机构仍沿用个人刑事责任原则，即通过审判涉案公司高管或员工共谋行为的"间接"模式追究其幕后公司的刑事责任。与其他共谋行为相比，在司法实践中最常适用的是公司员工对于国际犯罪行为的"帮助和煽动行为"

---

① 现今大部分国际法律文件在探讨公司国际刑事责任问题时，多将该责任模式定义为"间接执行方式"（indirect enforcement method）。该模式的含义是指国际条约或公约将公司的责任施加于国家，即要求国家在其国内法中引入公司刑事责任制度以实现对公司行为的监控。相关资料参见 J. H. H. Weiler, "Corporations and the International Criminal Court", *Global Law Working Paper*, 2005, p. 14。

② International Commission of Jurists, *Corporate Complicity in International Crimes* (2008), Volume 1, http://www.refworld.org/docid/4a78418c2.html, 2014 – 02 – 09。

③ 有研究表明，截至 2010 年，世界上 100 名最有影响力的经济体中，有 40 个排位由跨国公司占据。相关资料参见 This Comparison Was Made by the Author Following the 2000 Example of S. Anderson and J. Cavanagh in their "Top 200: the rise of global corporate power", p. 9, http://www.ipsdc.org/files/2452/top200.pdf, 2014 – 02 – 09。

④ Joanna Kyriakakis, "Corporate Criminal Liability and the ICC Statute: The Comparative Law Challenge", *Netherlands International Law Review*, Vol. 6, 2009, p. 333.

的责任。①

最早涉及公司员工共谋行为的国际刑事司法实践活动可以追溯到纽伦堡审判时期。纽伦堡国际军事法庭曾在司法判例中指出，"私人公司的商业活动为战争带来不可分割的经济支持"。② 但由于该法庭《宪章》排除了对公司的管辖权，当时的学界和实务界对是否承认公司的国际刑事主体资格及公司员工的共谋行为仍然存在较大争议。1943 年，德国著名企业家古斯塔夫·克虏伯（Gustav Krupp）因其军工厂在战争期间为纳粹德国提供了极大的经济及军用物资帮助而受审。③ 在美国诉戈林案（*United States v. Goering*）中，纽伦堡国际军事法庭认为"当（企业家）知道（希特勒）的目的仍给予其帮助时，他们即与该计划形成共谋关系。因此，如果他们知道他们在做什么……那么，他们就并不像想象得那么无辜"。④ 从克虏伯案和戈林案都可以看出，在纽伦堡审判时期，纽伦堡国际军事法庭对于公司员工共谋行为的认识已经相当类似于当代国际刑法的相关规定。但早期的纽伦堡军事审判活动在涉及德国公司的问题时，并未将德国公司本身强迫劳动或向集中营贩卖毒气等行为作为探讨重点，而是侧重于追究这些公司对希特勒战前经济上的巨大支持，以及战后对其非法统治的维护等方面的行为。⑤ 例如，在部长案（The *Ministries* Case）中，美国军事法庭认定金钱为可替代的商品，因此向非法组织提供资金的行为属于正常交际行为，而此种正常的交易活动应不属于国际刑法中所规定的共谋行为。⑥ 而在弗里克案（*Flick*）中，法院却又因被告向党卫军（S.S.）提

---

① Jessie Chella, "The Complicity of Multinational Corporations in International Crimes: An Examination of Principles", A thesis submitted in fulfillment of the requirements for the degree of Doctor of Philosophy (Ph. D.), Bond University, 2012, p. 224.

② Kyle Rex Jacobson, "Doing Business with the Devil: the Challenges of Prosecuting Corporate Officials Whose Business Transactions Facilitate War Crimes and Crimes Against Humanity", *The Air Force Law Review*, Vol. 56, 2009, pp. 196 – 197.

③ Jonathan A. Bush, "The Prehistory of Corporations and Conspiracy in International Criminal Law: What Nuremberg Really Said", *Columbia Law Review*, Vol. 5, 2009, p. 1102.

④ 6 *F. R. D.* 69, 112 (Nuremberg Tribunal 1947).

⑤ Jonathan A. Bush, "The Prehistory of Corporations and Conspiracy in International Criminal Law: What Nuremberg Really Said", *Columbia Law Review*, Vol. 5, 2009, p. 1105.

⑥ *U. S. v. Weizaecker* (Ministries case), Trials of War Criminals Before the Nuremberg Military Tribunals Under Control Council Law No. 10, No. 14, 1952, pp. 621 – 622.

供资金援助的行为被用于纳粹暴行,而确定被告战争罪的共谋罪名成立。① 纽伦堡国际军事法庭还曾创新性地将通过"帮助和煽动"破坏和平的共犯行为纳入管辖范围。此类行为与公司职工或高管的共谋责任联系更为密切。② 在齐克隆 B 案(Zyklon B case)中,英国军事法庭认定毒气供应公司应对其将毒气提供给纳粹毒气室的行为承担刑事责任。③ 在克虏伯案(Krupp)中,尽管美国军事法庭仅认定了 12 名被告的战争罪罪名成立,但在判决书中还就克虏伯公司作为主犯参与犯罪行为及作为战争罪和反人类罪的从犯进行了很大篇幅的探讨。④

纽伦堡审判时期,涉及公司员工共谋行为最为著名的案件是纽伦堡国际军事法庭对纳粹商人瓦尔特·冯克(Walter Funk)的审判。冯克于 1931 年加入纳粹党,不久即成为希特勒的私人经济顾问之一。当纳粹进行侵略战争的计划明确制订完毕之后,冯克在经济领域中表现极为活跃。因此,身为德意志国家银行(Reichsbank)总裁的冯克也应对使用集中营劳工一事承担间接责任。该家国家银行曾由冯克作主给纳粹德国政府开出了高达 12000 万马克的银行账户,用于筹建准备使用集中营劳工的工厂。最终,纽伦堡国际军事法庭根据起诉理由第一条判决冯克无罪,但根据第二、第三条和第四条起诉理由宣判他有罪,并将其判处无期徒刑。⑤ 法庭认定冯克作为德意志国家银行管理者的身份是确凿的。因此,"他在接收

---

① *U. S. v. Weizaecker*, at 1221.

② 纽伦堡审判时的齐克隆 B 案(*Zyklon B* case)和克虏伯案(*Krupp*)表明,当时法院认定公司有能力从事严重侵犯国际刑法的犯罪行为。

③ The *Zyklon B* Case, Trial of Bruno Tesch and Two Others, 1 Law Reports of Trials of War Criminals 93, 93 (Brit. Mil. Ct., Hamburg, 1946) (United Nations War Crimes Commission ed., London, His Majesty's Stationary Office, 1947), http://www.ess.uwe.ac.uk/WCC/zyklonb.htm, 2014 - 01 - 02.

④ *United States v. Krupp, et al.*, The *Krupp* Trial, 8 LAW REPORTS OF TRIALS OF WAR CRIMINALS 69 (1949), at 140, 168 - 69.

⑤ 纽伦堡审判的起诉理由包括:第一条——反和平密谋罪、第二条——侵略计划、实行罪、第三条——战争罪、第四条——反人道罪。瓦尔特·冯克被认定有罪的罪名包括侵略计划实行罪、战争罪及反人道罪,并被国际军事法庭判处无期徒刑。相关资料参见 http://baike.baidu.com/link?url = jqW8k0OTcHCPkuI0bJASszzgjDXLf_ pbIDe0E5hjd_ 0P7uWKFoBDRDy5NCaWzB8w - GIfO - T - USV3os4eUPmbQP_ , 2014 - 02 - 23。

党卫军从犹太人手中掠夺的财物时处于明知其来源或睁只眼闭只眼的状态"。[①] 1943 年,冯克作为中央计划委员会(Central Planning Board)成员之一,有权决定为德国军工企业征召的工人的人数,且基于其所属职位,冯克完全了解绝大部分被征召的工人来自被占国的平民。因此,法庭最终认定冯克"帮助和煽动"了集中营计划的制订,并在明知的情况下为党卫军提供资金,其行为构成侵略计划实行罪、战争罪及反人道罪的共谋。[②]

可以说,尽管《纽伦堡国际军事法庭宪章》中并未明文禁止"帮助和煽动行为",但关于"帮助和煽动行为"的规定却在之后的纽伦堡审判中逐渐形成。此外,纽伦堡国际军事法庭的法官在部分判决书中对于公司刑事责任和公司共谋行为的肯定态度,也为后期跨国公司国际刑事责任及其员工共谋行为的认定奠定了坚实的基础。[③] 1950 年,联合国国际法委员会更将共谋行为扩展到战争罪和危害人类罪。[④] 纽伦堡审判后的几十年中,国际刑事司法实务界亦曾多次尝试厘清相关问题。其中,以前南刑庭、卢旺达刑庭和国际刑事法院的表现最为突出。

三 当今国际刑法中跨国公司员工的共谋行为

如上所述,纽伦堡审判后的几十年中,随着跨国公司在全球范围内的迅猛发展,涉及跨国公司侵犯基本人权的案件数量已经远远超过第二次世界大战之后的纽伦堡及东京审判时期。尽管国际刑法界仍未对跨国公司直接承担国际刑事责任"松口",但随着相关案件数量的不断增多,也导致各主要国际刑事司法审判机构不得不更为直接地面对涉及跨国公司国际犯罪的国际刑事案件。基于国际刑法自身的限制,司法审判机构在面临此类案件时仍仅能指控跨国公司高管或员工的共谋行为或领导责任。

20 世纪 90 年代初期,联合国安理会在建立前南刑庭和卢旺达刑庭时

[①] Trial of the Major War Criminals Before the International Military Tribunal, Nuremberg, 14 November 1945 – 1 October 1946, Vol. 1, p. 306.

[②] Trial of the Major War Criminals before the International Military Tribunal, pp. 304 – 307.

[③] Doug Cassel, "Corporate Aiding and Abetting of Human Rights Violations: Confusion in the Courts", *Northwestern University Journal of International Human Rights*, Vol. 6, 2008, p. 315.

[④] Ibid., p. 307.

仍然继承了纽伦堡审判时期所确立的个人刑事责任传统。① 两大特别刑事法庭规约中均未授权法庭享有对公司的刑事管辖权。② 因此，在涉及跨国公司犯罪的司法实践活动中，两大特别刑庭均转而审理跨国公司员工在国际犯罪行为中的共谋行为。尽管国际组织③和国际刑法学界就跨国公司员工的共谋行为问题进行了如火如荼的讨论，但对于最基本的问题，即共谋行为的构成要件在理论上和实务中仍未得出清晰的答案。④ 在具体分析了共谋行为在国际刑法及各国内刑法中的演变历程后，联合国秘书长特别代表约翰·鲁格教授（John Ruggie）将跨国公司共谋行为的研究重点集中在"帮助和煽动行为"上，并因此提出，"一共谋者（帮助者和煽动者）是指，在明知的情况下提供物质帮助或精神鼓励并对犯罪行为的最终完成产生实质性影响"⑤ 的犯罪活动的间接参与者。

1996 年，由国际法委员会起草并制定的《危害人类和平与安全治罪法草案》中对上述行为进行了更为深入的阐释。草案指出，一个人"在明知的情况下帮助、煽动或采取其他直接或间接的方式帮助种族灭绝罪、危害人类罪和战争罪（及其他罪行）的实行的，应承担个人刑

---

① The Secretary – General, Report of the Secretary General Pursuant to Paragraph 2 of Security Council Resolution 808, ¶51, U. N. Doc. S/25704 (May 3, 1993).

② Statute of the International Tribunal for Rwanda art. 5, Aug. 11, 1994, 33 I. L. M. 1598 [originally adopted by S. C. Res. 955, U. N. Doc. S/RES/955 (1994) (Nov. 8 1994), and amended by S. C. Res. 1878, U. N. Doc. S/RES/1878 (July 7, 2009)], http：//www. ictr. org/legal. htm, 2014 – 02 – 09; Updated Statute of the International Criminal Tribunal for the Former Yugoslavia art. 6 (2009) [originally adopted by S. C. Res. 827, U. N. Doc. S/RES/827 (May 25, 1993), and amended by S. C. Res. 1877, U. N. Doc. S/RES/1877 (July 7, 2009)], http：//www. icty. org/x/file/Legal%20Library/Statute/statute_ sept09_ en. pdf, 2014 – 02 – 09.

③ 比方说，the UN Global Compact, http：//www. unglobalcompact. org; 同时参见 ICJ, *Corporate Complicity in International Crimes*, Vol. 3, 2008, http：//www. icj. org。

④ UNSRSG Report, Promotion and Protection of all Human Rights, Civil, Political, Economic, Social and Cultural Rights, including the Right to Development "*Clarifying the Concepts of 'Sphere of Influence' and 'Complicity'*", UN Doc, A/HRC/8/16, 2008.

⑤ *Protect, Respect and Remedy*, UN Doc A/HRC/8/5, ¶74. David Glovin, Talisman Court Upholds Sudan Genocide Suit Dismissal, 2 October 2009, Bloomberg, www. bloomberg. com/apps/news? pid = 20601082&sid = av47UyrplgEQ, 2014 – 02 – 09.

事责任"。① 与此同时，国际刑事法院、前南刑庭和卢旺达刑庭②也都曾在司法实践中通过"帮助和煽动"等"共谋"行为追究跨国公司负责人的国际刑事责任。1999 年，南非真相和解委员会在发布的《真相和解委员会南非报告》中详尽描述了南非种族隔离时期私人公司及跨国公司直接、间接支援或促进白人政府强化种族隔离政策的行为。报告中不仅强调"私人公司是南非种族隔离时期经济稳定发展的核心力量"，③ 还确认了私人公司（特别是跨国公司）对南非政府种族隔离政策的推动作用。④ 此外，南非真相和解委员会还首次在报告中将公司在南非种族隔离政策中的"共谋行为"划分成不同等级。⑤ 晚近的《前南刑庭规约》和《卢旺达刑庭规约》也明确规定，"任何帮助和煽动参与或计划参与"⑥ 的行为均构

---

① Draft Code of Crimes against the Peace and Security of Mankind, [1996] 2 Y. B. Int'l L. Comm'n., ch. 2, arts. 2 (3) (d), 17, 18, 20, U. N. Doc. A/CN. 4/SER. A/1996/Add. 1 (Part. 2), http: //untreaty. un. org/ilc/texts/instruments/english/draft% 20articles/7 _ 4 _ 1996. pdf, 2013 - 03 - 16.

② 国际刑事法院在 The Nicaragua 案中确立了"有效控制"原则（the effective control）；前南刑庭在塔迪奇（Tadic）案中认为，只要国家在"该军事组织中起到了组织、协调或计划的作用"，公司就应承担"教唆或帮助责任"。

③ Sabine Michalowski, "No Complicity Liability for Funding Gross Human Rights Violations?", Berkeley Journal of International Law, Vol. 30, 2012, p. 455.

④ Truth and Reconciliation Commission, "Truth and Reconciliation Commission of South Africa Report", Vol. 4, http: //www. info. gov. za/otherdocs/2003/trc/, 2013 - 03 - 15.

⑤ Earthright International, "The International Law Standard for Corporate Aiding and Abetting Liability", http: //www. earthrights. org/sites/default/files/publications/UNSRSG - aiding - and - abetting. pdf, 2013 - 02 - 05.

⑥ 《前南刑庭规约》，第7条。"个人刑事责任。1. 凡计划、教唆、命令、犯下或协助煽动他人计划、准备或进行本规约第2条至第5条所指罪行的人应当为该项犯罪负个人责任。2. 任何被告人的官职，不论是国家元首、政府首脑、或政府负责官员，不得免除该被告的刑事责任，也不得减轻刑罚。3. 如果一个部下犯下本规约第2条至第5条所指的任何行为，而他的上级知道或应当知道部下将有这种犯罪行为或者已经犯罪而上级没有采取合理的必要措施予以阻止或处罚犯罪者，则不能免除该上级的刑事责任。4. 被告人按照政府或上级命令而犯罪不得免除他的刑事责任，但是如果国际法庭裁定合法法理则可以考虑减轻。《卢旺达刑庭规约》，第6条原文：个人刑事责任。1. 凡计划、教唆、命令、犯下或协助或煽动他人计划、准备或进行本规约第2条至第4条所指罪行的人应当为该项犯罪负个人责任。2. 任何被告人的官职，不论是国家元首、政府首脑、或政府负责官员，不得免除该被告的刑事责任，也不得减轻刑罚。3. 如果一个部下犯下本规约第2条至第4条所指的任何行为，而他的上级知道或应当知道部下将有这种犯罪行为，（转接下页）

成种族灭绝罪、战争罪或危害人类罪。然而，应当看到，尽管国际刑法和国内刑法对于自然人的个人刑事责任问题早已达成共识，但仍就以跨国公司为主体进行国际犯罪的行为的追究机制存在很大疑虑。当今国际刑法仍不承认对于公司或其他法人的刑事管辖权，使得国际社会对于跨国公司犯罪行为的追究存在一块空白。这也就在很大程度上催生了解决国际社会"最严重的犯罪行为"方法的愿望。①

第二节　跨国公司员工共谋行为的行为要件

犯罪的行为要件（actus reus），是指除了犯罪心理要件以外的一切犯罪要件，即犯罪行为、犯罪结果和犯罪情节。国际刑法中的行为要件强调犯罪行为必须是有"意识的行为"，主要表现为以下几种形式：（1）作为，是指身体的积极动作。国际犯罪行为中的"作为"的表现形式多种多样，包括计划和命令、煽动、引诱或煽动的行为；积极参与行为、帮助、协助的行为；以及持有的行为。（2）不作为，是指消极的身体无动作。不作为行为主要出现在传统国际人道法对禁止性行为的要求，如交战双方禁止从事违反国际标准的行为的义务（如杀害平民、强奸妇女等）。②具体到涉及跨国公司国际刑事责任的司法实践活动，由于目前所有国际刑事审判机构都未拥有对公司的刑事管辖权，因此在处理涉及以跨国公司为媒介严重侵犯人权的案件时，法院只能通过起诉实际施暴的涉案公司员工进而实现对正义的伸张。又鉴于国际刑事司法审判机构本身存在案件积压严重及资金、人力资源等方面的极度不足，法院在审理类似案件时一般仅起诉位于"最高端"的公司高管或董事的"共谋行为中的帮助和煽动行为"。

或者已经犯罪而上级没有采取合理的必要措施予以阻止或处罚犯罪者，则不能免除该上级的刑事责任。4. 被告人按照政府或上级命令而犯罪不得免除他的刑事责任，但是如果卢旺达国际法庭裁定合乎法理则可以考虑减刑。"

① ICJ, *Corporate Complicity in International Crimes*, 2008, Volume 1, p. 1, http://www.icj.org, 2014-01-15.

② 黄风、凌岩、王秀梅：《国际刑法学》，中国人民大学出版社2007年版，第116—118页。

一 跨国公司员工共谋行为中的"帮助和煽动"行为

当一公司的行为为实际犯罪行为人犯罪行为的最终实现提供了实质性帮助,并在明知此种行为可能帮助或促进侵害人权行为的实现时仍提供此类帮助,则该公司应对其从事的"帮助和煽动"侵犯人权的行为承担责任。[①] 在很多涉及跨国公司员工共谋行为的国际犯罪中,大多跨国公司帮助和煽动的行为都涉及参与一国政府或军队违反国际刑法的行为中。[②] 一国政府的政治实力以及社会影响力,再加上跨国公司强大的经济实力,如果两者"强强联手",其所能造成的经济、社会、环境等方面的损失的可怕程度是难以想象的。因此,至少从纽伦堡审判时期,各国际刑事司法审判机构中已开始出现审理涉及公司员工和公司"帮助和煽动犯罪"的司法案件。

一直以来,学界和实务界对"帮助和煽动行为"中"犯罪行为"(*actus reus*)的构成要件争议较小。[③] 早在纽伦堡审判之后,《纽伦堡原则》第7条就明确指出"共谋犯下原则六所述的反和平罪、战争罪或反人道罪是国际法上的罪行"。[④] 在美国第二巡回法庭审理的鲁马尼诉巴克

[①] Earthrights International, The International Law Standard for Corporate Aiding and Abetting Liability, 2006, p. 5, http: //www. earthrights. org/sites/default/files/publications/UNSRSG – aiding – and – abetting. pdf, 2014 – 02 – 09.

[②] Earthrights International, The International Law Standard for Corporate Aiding and Abetting Liability, 2006, p. 4.

[③] 相关文件资料参见 Article 2 (2) of *Control Council Law No.* 10, Article 7 (1) of the *ICTY Statute*, Article 6 (1) of the *ICTR Statute*, Article 29 new of the *ECCC Law*, Article 6 (1) of the *SCSL Statute*, Article 25 (3) (c) of the *ICC Rome Statute*, Section 14 (3) (c) of *Regulation* 2000/15, and Article 15 (2) (c) of the *IHT Statute*. The law on complicity by aiding and abetting is also well established in domestic jurisdictions。同时参见 Lex Mundi Business Crimes and Compliance Practice Group, *Business Crimes and Compliance Criminal Liability of Companies Survey*, 2008, https: //www. lexmundi. com/images/lexmundi/PDF/Business_ Crimes/Criminal_ Liability_ Survey. pdf, 2014 – 02 – 09; FAFO, *Business and International Crimes*: *Assessing the Liability of Business Entities for Grave Violations of International Law*, 2004, http: //www. ipinst. org/publication/policy – papers/detail/139 – business – and – international – crimes – assessing – the – liability – of – business – entities – for – grave – violations – of – international – law. html, 2014 – 02 – 09。

[④] Report of the International Law Commission, Principles of International Law Recognized in the Charter of the Nürnberg Tribunal and in the Judgment of the Tribunal, 5 GAOR Supp. (No. 12) ¶¶ 126 – 127, U. N. Doc. A/1316 (1950), *reprinted* in [1950] 2 Y. B. Int' l L. Comm' n 377 – 78.

莱国家银行案（*Khulumani v. Barclay National Bank, Ltd.*）[①]中，也认定"帮助和煽动行为的国际刑事责任已经在国际法中得以肯定"。[②] 在纽伦堡审判中，法庭就曾在"企业家案"中将涉案公司非法剥夺犹太人财产、强迫工人劳动、将战俘驱逐出境等行为认定为"帮助和煽动德国进行侵略战争"[③] 的行为。尽管在纽伦堡审判阶段，法庭曾将部分被告以"帮助和煽动行为"定罪量刑，然而，这一阶段的国际刑事法庭却并未就"帮助和煽动行为"的构成要件加以详尽分析。这种情况在前南刑庭审判阶段终告改变。

学界普遍认为，前南刑庭对弗伦基亚案（*Prosecutor v. Anto Furundzija*）[④] 的审理为"帮助和煽动行为"行为要件的界定奠定了良好的基础。[⑤] 在弗伦基亚案中，前南刑庭法院通过对近50年来习惯国际法在相关问题上的观点和意见进行归纳和总结，最终确定了"帮助和煽动"犯罪行为的含义，即"帮助和煽动行为是指，提供实际帮助、鼓励或精神支持，且这种支持对于犯罪的准备具有非常重要的作用"。[⑥] 其中，此类帮助行为"可能是作为行为也可能是不作为行为，且可能发生在主犯犯罪行为之前、之中或之后"。[⑦] 具体而言，"帮助"（aid）行为是指辅助某人完成犯罪行为；"煽动"（abet）行为是指鼓励、建议或鼓动行为人完成某项犯罪行为。从犯罪心理层面来分析，一般来说，行为人可能在未知的情况

[①] *Khulumani v. Barclay Nat'l Bank Ltd.*, 504 F. 3d 254 (2d Cir. 2007).

[②] Brief of the United States of America as Amicus Curiae Supporting Defendant – Appellees at 21, *Khulumani v. Barclay Nat'l Bank, Ltd.*, 504 F. 3d 254 (2d Cir. 2007) Nos. 05 – 2141 – cv, 05 – 2326 – cv.

[③] The *Farben Case*, Military Tribunal Ⅵ, Case 6: *U. S. v. Krauch*, in 8 TRIALS OF WAR CRIMINALS UNDER CONTROL COUNCIL LAW NO. 10, p. 1169 (1948).

[④] 弗伦基亚案：被告弗伦基亚（Anto Furundzija）是隶属于克罗地亚防御委员会（HVO）特殊行动小组组长。在一次讯问中，被害者"证人A"（Witness A）和"证人B"（Witness B）在被告在场的情况下，被被告下属以武力威胁、殴打和强奸等方式套取口供。法院认定被告属于虐待罪和强奸罪的共犯，并同时认定其帮助和煽动侵犯他人人格罪名成立，已经构成违反国际法或战争法。最终，弗伦基亚被判处10年有期徒刑。

[⑤] Earth Rights International, "The International Law Standard for Corporate Aiding and Abetting Liability", 2006, p. 5.

[⑥] Doug Cassel, "Corporate Aiding and Abetting of Human Rights Violations: Confusion in the Courts", *Northwestern Journal of International Human Rights*, Vol. 6, 2008, p. 308.

[⑦] *Blagojevic and Jokic*, ¶726；同时参见 *Tadic*, ¶¶689, 691 – 92。

下为他人的犯罪行为提供帮助；而就煽动行为而言，该行为本身则蕴含着行为人对于他人的犯罪行为有一定的了解，即行为人已经"知道"（knowledge）他人的犯罪行为，并从事了鼓励、建议或鼓动该犯罪人的行为。① 此种帮助行为并不需要直接导致主犯犯罪行为的发生，但却必须对于主犯犯罪行为的完成产生"实质性影响"（substantial effect）。② 对于何种行为能够构成"实质性影响"，国际刑事司法审判机构在不同案件中多采用"具体问题具体分析的方式"（a fact-based inquiry）予以确定。③

根据以往判例可知，"帮助和煽动行为"的构成要件是对主犯犯罪行为构成"直接"和"实质性"贡献。国际法委员会曾在对1996年的《威胁人类和平及安全治罪法草案》"一般性意见"中明确上述标准，即帮助和煽动行为必须"对犯罪行为的完成具有明显帮助"。④ 对于此处所提到的"明显帮助"的标准，前南刑庭在塔迪奇案（Tadic）中进一步指出，明显性帮助并不必然指对于犯罪行为最终完成的影响，还包括对于主犯主要犯罪行为的影响。⑤

应当说，尽管在前南刑庭审理的所有案件中均未有专门针对跨国公司员工的案件，但其对于共谋行为的定义却极大地影响了之后卢旺达刑庭在审理涉及跨国公司员工共谋犯罪的案件。与前南刑庭较少涉及跨国公司犯罪案件相比，基于卢旺达大屠杀时期部分卢旺达国内公司对于大屠杀的进一步发展从事了明显的煽动行为，卢旺达刑庭对于涉及跨国公司犯罪的案件审理经验明显多于前南刑庭。在卢旺达刑庭中，至少有三件专门处理公

---

① Charles E. Torcia, *Wharton's Criminal Law*, Clark Boardman Callaghan, 1993, p. 29.

② *Prosecutor v. Blagojevic and Jokic*, Judgement, Case No. IT-02-60-A, App. Ch., 9 May, 2007, para. 187. *Prosecutor v. Vasiljevic*, Judgement, Case No. IT-98-32-A, App. Ch., 25 February, 2004, para. 102. *Prosecutor v. Aleksovski*, Judgement, Case No. IT-05-14/1-A, App. Ch., 24 March, 2000, para. 162.

③ *Prosecutor v. Blagojevic and Jokic*, Judgement, Case No. IT-02-60-A, App. Ch., 9 May, 2007, para. 134.

④ Judgement, *Mrksic & Sljivancan* (IT-95-13/1-A), Appeals Chamber, 5 May, 2009, ¶159.

⑤ Judgement, *Tadic* (IT-94-1-T), Trial Chamber, 7 May, 1997, ¶689.

司员工的国际犯罪犯罪的案件,即媒体案(the Media case)、① 塔基鲁提马纳案(Ntakirutimana & Ntakirutinama)② 及穆塞马案(Musema)。其中,在塔基鲁提马纳案(Ntakirutimana)中,法院确认了下列事实,即被告杰拉尔德·塔基鲁提马纳作为一名医院负责人,其向屠杀者运输武器的行为最终导致所在医院数百名图西族人死亡的后果。法院因此认定,被告"在明知一行为人将要使用武器从事犯罪行为的情况下,仍然向该行为人提供武器的行为使得被告人成为该犯罪行为的共犯。被告的上述帮助行为也使得其成为参与大屠杀行动的一分子"。③ 从上述表述也可以看出,卢旺达刑庭在公司员工共谋行为的构成要件方面完全继承了前南刑庭在弗伦基亚案中的观点。

二 跨国公司共谋行为的三种类型

尽管国际刑事司法审判机构不能直接将跨国公司作为被告审理其国际犯罪行为,但国际刑法学界对于跨国公司参与国际犯罪共谋行为的研究热情并未减弱。为更加有效地追究跨国公司国际犯罪行为,国际法学界以大量相关国际刑事司法判例为基础,尝试将跨国公司参与国际犯罪活动中的共谋行为予以分类。其中,最为著名的分类法来自安德鲁·克拉彭教授(Andrew Clapham)与斯科特·杰尔比教授(Scott Jerbi)的"三分法"。④该观点将跨国公司的共谋行为大致分为三类,即直接共谋行为(direct complicity)、间接共谋行为(indirect complicity)和沉默的共谋行为(si-

---

① Judgement, *Nahimana, Barayagwiza & Ngeze* (ICTR – 99 – 52 – T), Trial Chamber, 3 December, 2003. 本案又称"媒体案",被告分别为千丘自由广播电台 – 电视台(Radio Télévision Libre des Mille Collines)创始人纳西曼纳、《觉醒》杂志总编哈森 – 奈茨及千丘自由广播电台 – 电视台的高级官员巴拉亚戈维扎。他们利用自己所控制的报纸、电台和电视台煽动民族仇恨,导致大量民众在教堂、学校及医院等处被无辜屠杀。三名被告的罪名包括种族灭绝、煽动种族灭绝、阴谋、危害人类和迫害罪。这期案件被视为自卢旺达刑庭成立以来最重要的案件之一,三名被告最终被判处该法庭最严厉的刑罚——终身监禁。

② Judgement, *Ntakirutimana & Ntakirutimana* (ICTR – 96 – 10 – A & IT – 96 – 17 – A), Appeals Chamber, 13 December 2004. 2003 年 2 月,卢旺达刑庭判处以利撒反·塔基鲁提马纳和其子杰拉尔德种族灭绝罪罪名成立。法院认为,两被告为胡图族人运送武器的行为导致数百名图西族人的死亡。

③ *Ntakirutimana & Ntakirutimana*, at 530.

④ Andrew Clapham and Scott Jerbi, "Categories of Corporate Complicity in Human Rights Abuses", *Hastings International and Comparative Law Review*, Vol. 24, 2001, p. 339.

lent complicity)。① 该分类法对于进一步清晰地了解跨国公司国际犯罪活动和理清相关法律关系具有相当积极的作用。其后的"全球契约"（UN-GC）、② 国际标准组织（International Organization for Standardization）③ 及联合国秘书长特别代表约翰·鲁格教授的报告中都曾援引上述分类标准。④

（一）直接共谋行为

在国际刑事司法实践中，跨国公司的直接共谋行为被认为是最积极和最明显的一种共谋犯罪形式。该行为发生在一公司直接帮助主犯从事犯罪行为，并积极参与到该侵犯人权的犯罪活动中。⑤ 例如，一公司在明知可能侵犯当地居民和员工基本人权的情况下仍支持、鼓励或推动强制当地居民搬迁的行为，可以被认定为是一种直接共谋行为。⑥ 在司法判例中，澳大利亚跨国公司安维尔矿业公司（Anvil Mining）为保护其在民主刚果共和国的正常生产经营秩序，向当地政府提供飞机、汽车等运输工具用于亲政府军的运输。亲政府军在对安维尔矿业公司的工地提供保护的同时，却对该工地所在的基卢瓦镇（Kilwa）的平民展开了大规模屠杀、强制逮捕、强奸和虐待等暴行。⑦ 基于以上标准，安维尔矿业公司的行为被认定为直接共谋行为。虽然此类共谋行为最容易被法院认定有罪，但应当提到的

---

① Celia Wells & Juanita Elias, "Catching the Conscience of the King: Corporate Players on the International Stage", in *Non – State Actors and Human Rights*, Philip Alston ed., 2005, p. 163.

② United Nations Global Compact, *Global Compact Principle Two*, 10 January 2010, http://www.unglobalcompact.org/About TheGC/TheTenPrinciples/Principle2.html, 2014 – 02 – 09.

③ International Organization for Standardization, "Guidance on Social Responsibility ISO 26000" (Report, 2010) [6.3.5.1].

④ *Clarifying the Concepts*, UN Doc A/HRC/8/16, para 58.

⑤ UN *Global Compact*, Commentary on "Principle 2: Businesses should make sure they are not complicit in human rights abuses".

⑥ A. Clapham & S. Jerbi, "Categories of Corporate Complicity in Human Rights Abuses", *Hastings International and Comparative Law Review*, Vol. 24, 2001, p. 342.

⑦ UN Mission in Democratic Republic of Congo (MONUC) Special Investigations Unit, Preliminary Report, *Report of the Special Investigation in Kilwa 22 – 24 October 2004*, Lubumbashi (10 November 2004), pp. 8 – 37.

是，迄今为止，跨国公司因直接共谋行为而被定罪的案件非常少见。[1] 仅有的几例也多发生在第二次世界大战后期，如在第二次世界大战结束之后的纽伦堡审判中，纽伦堡国际军事法庭就曾将克虏伯工厂老板掠夺平民财产、驱逐和强制征用集中营中的战俘进行重体力劳动等行为认定为"直接帮助纳粹政权的行为"。[2] 究其原因，很有可能是因为与二战时期不同，当今世界尊重和保障人权等国际法基本原则已经深入人心。为保全本公司的良好形象，即使是那些在不发达地区从事生产经营活动的跨国公司也并不会轻易参与到直接侵犯人权的行动中。因为如此行事，不仅可能导致该跨国公司陷入长久的刑事或民事诉讼中，还会极大地影响该公司在消费者和投资者心目中的形象，这对于跨国公司来说是相当得不偿失的。

(二) 沉默的共谋行为

对于国际刑事司法审判机构的检察官来说，"沉默的共谋行为"是三类共谋行为中最难在法庭上证明的共谋行为。通说认为，"在适当的情况下"（under appropriate circumstances），沉默的共谋行为只能通过疏忽行为（omission）来实现。国际法学家委员会在一份报告中指出，"跨国公司经常会在此种情况下面临指控，即当他们在一些存在公民的基本人权被普遍侵犯的国家或地区作业时，跨国公司基于其政治上或经济上的能力，能够阻止当地政府侵犯其本国国民人权的行为，但却并未对此种国际犯罪行为做出任何反应"。[3] 国际法学家委员会还认为，在此种情况下跨国公司应当承担国际法责任的原因在于，尽管它们仅仅是单纯地"保持沉默"且并未直接或间接地参与到侵犯人权的行为中，但当地政府或武装部队侵犯人权的行为却使得其获得了经济利益。因此，该跨国公司"沉默的行

---

[1] 目前，能够找到的以直接共谋行为为一公司定罪的案件只有纽伦堡后续审判中的法本案、弗里克案和克虏伯案。Anita Ramasastry, "Corporate Complicity: From Nuremberg to Rangoon: An Examination of Forced Labor Cases and Their Impact on the Liability of Multinational Corporations", *Berkeley Journal of Internatoinal Law*, Vol. 20, 2002, p. 102。

[2] The *Krupp Case*, Military Tribunal Ⅳ, Case 10; *U. S. v. Alfried Krupp et al.*, Jul. 31, 1948, in 9 TRIALS OF WAR CRIMINALS UNDER CONTROL COUNCIL LAW NO. 10, p. 4 (1948).

[3] International Commission of Jurists, Corporate Complicity & Legal Accountability, Volume 1: Facing the Facts and Charting a Legal Path, 2008, p. 14.

为"本身也并不是中立的。① 仅仅作为一个"安静的旁观者"(silent bystanders)并不能使跨国公司彻底免罪,其"沉默的行为"本身也有可能导致相应的共谋责任的产生。② 一般刑法理论认为,旁观者可以仅仅观察犯罪行为的完成而并不承担任何刑事责任,即使是该旁观者对主犯犯罪行为表示同情也不能"因心定罪"。然而,现代刑法也承认下面的说法,即如果一旁观者对于他人犯罪行为提供帮助或具有愿意提供帮助的意思表示,那么该旁观者可能转化为从犯。③ 此外,如一旁观者具有某种法定意义上的干预义务而并未履行该义务,则也有可能引发共谋责任。④

一般来说,这种"沉默行为"会被认为是将会"与相关主体一起引发系统性和持续性的侵犯人权的行为"。⑤ 因此,可以说,如果能够证明涉事跨国公司沉默的行为对于犯罪行为的发生确实具有实质性影响,且主犯将该跨国公司的存在看做对于其犯罪行为的许可或鼓励,⑥ 那么该跨国公司就可能因为"沉默"而为其行为承担责任。卢旺达刑庭曾经在阿卡耶苏案(Akayesu)⑦ 中就"沉默的共谋行为"有过如下表述,即在面对

---

① *Kiobel*, 456 F. Supp. 2d 457, 468. (S. D. N. Y. Sep. 29, 2006), *leave for interlocutory appeal granted*, Nos. 06 - 4800 & - 4876 (2d Cir. Dec. 27, 2006). Klaus Leisinger, *Business and Human Rights*, Embedding Human Rights in Business Practice, UN Global Compact Office ed., 2004, pp. 50, 56.

② Klaus Leisinger, *Business and Human Rights*, Embedding Human Rights in Business Practice, p. 15.

③ *Johnson v. United States*, 195 F. 2d 673 (8th Cir. 1952).

④ Laurel E. Fletcher, "From Indifference to Engagement: Bystanders and International Criminal Justice", *Michigan Journal of International Law*, Vol. 26, 2005.

⑤ Andrew Clapham, Human Rights Obligations of Non - State Actors, 2006, p. 221 (quoting *Report of the United Nations High Commissioner for Human Rights to the 56th Session of the General Assembly*, at ¶111, U. N. Doc. A/56/36/2001 (2001)).

⑥ UNSRSG Report, Promotion and Protection of all Human Rights, Civil, Political, Economic, Social and Cultural Rights, including the Rights to Development "*Clarifying the Concepts of 'Sphere of Influence' and 'Complicity'*", UN DOC, A/HRC/8/16, 2008, pp. 39 - 40.

⑦ *The Prosecutor v. Jean - Paul Akayesu (Trial Judgement)*, ICTR - 96 - 4 - T, International Criminal Tribunal for Rwanda (ICTR), 2 September, 1998. 本案中的被告让·保罗·阿卡耶苏(Jean-Paul Akayesu)于1993年4月到1994年6月担任卢旺达塔巴市(Taba)市长。在其担任市长期间,阿卡耶苏负责塔巴市的行政管理及安全,职位仅低于当地地方首长(prefect)。在卢旺达大屠杀期间,塔巴市众多图西族人被杀害或沦为种族仇恨的暴力牺牲品。阿卡耶苏不仅并未试图阻止这些仇杀,还亲自负责了多起谋杀图西族人的行为。1998年9月,卢旺达国际刑庭判处阿卡耶苏反人道罪的共谋罪名成立。

严重侵犯人权的行为时，如被告人的沉默的行为"已经达到可以对实际犯罪行为的最终实现产生直接和实质性贡献的程度"，则该被告人有可能面临帮助和煽动行为的指控。① 此外，如被告人本身处于直接行为人的上级或指挥官的位置而仍对实际犯罪人的犯罪行为保持沉默，此时也可触发对该上级行为犯罪责任的追究。② 有学者指出，在那些极其残忍的大型暴力事件发生时，直接施暴者的罪行通常由于那些旁观者不干预的行为而显得更加没有人性。从这种意义上来说，"什么都不做"（doing nothing）就是"做了什么"（doing something）。从而，旁观者们也因其不作为的行为而成为这些杀人机器的重要组成部分（an integral part）。③

基于此种观点，前南刑庭在弗伦基亚案（Furundzija）中指出，"在一定情况下，帮助和煽动行为并不需要是有形的，对于主犯犯罪行为最终实现的精神上的鼓励或支持也可能成立"。④ 在弗伦基亚案中，尽管前南刑庭并未找到被告口头鼓励其下属强奸和虐待证人的证据，但从被告对于下属强奸证人行为的默认及并未立刻终止审讯活动的行为可以认定，弗伦基亚的行为已经构成对实际行为人犯罪行为无形的精神支持和鼓励，因此构成侵犯和侮辱他人人格罪的共谋。此后，卢旺达刑庭在卡伊施玛和鲁兹达纳案（Kayishema and Ruzindana）中也支持了前南刑庭在弗伦基亚案中的观点。⑤

美国地方法院也曾基于《外国人侵权索赔法案》（ATS）对众多跨国公司"沉默的共谋行为"进行过审理。⑥ 在库鲁马尼诉巴克莱国家银行案（Khulumani v. Barclay National Bank Ltd.）中，原告声明被告巴克莱国家银行在实行种族隔离制度下的南非的"单纯商业行为"（mere business ac-

---

① *Akayesu*, at 477, 548.

② *Akayesu*, at 65.

③ Laurel E. Fletcher, From Indifference to Engagement: Bystanders and International Criminal Justice, *Michigan Journal of International Law*, Vol. 26, 2005.

④ *Prosecutor v. Furundzija*, ICTY Case No. IT-95-17/1-T (Trial Chamber Dec. 10, 1998), ¶199.

⑤ *Prosecutor v. Kayishema and Ruzindana*, ICTR Case No. ICTR-95-1-T (Trial Chamber May 21, 1999), ¶202, http://69.94.11.53/ENGLISH/cases/KayRuz/judgement/index.htm, 2013-12-17. *Prosecutor v. Galic*, ICTY Case No. IT-98-29-T (Trial Chamber Dec. 5, 2003), ¶¶169, 170-172, http://www.un.org/icty/galic/trialc/judgement/index.htm, 2013-12-17.

⑥ *Khulumani v. Barclay National Bank Ltd.*, 504 F. 3d 254 (2d Cir. 2007).

tivity)就可构成对国际法的违反。① 对这个提法,纽约南区地区法院态度较为保守。南区法院认为,"在处理此类案件时应非常谨慎。法院不会仅仅因跨国公司在一些人权记录不是很好的国家进行生产经营活动,就必然认定这些公司的行为即属于《外国人侵权索赔法案》的管辖范畴"。② 然而,在2007年10月,美国第二巡回法庭上诉庭将纽约南区法院不予受理巴克莱国家银行案的裁定驳回,并要求其重新审理。③ 就此问题,学界也有不同的意见。部分学者认为,跨国公司不能因"沉默的共谋行为"本身而被认定为有罪。他们指出,目前国际刑法学界关于跨国公司的共谋行为的说法已经开始影响这些公司对不发达国家或发展中国家的对外直接投资力度,而沉默的共谋行为中确立的较低的定罪量刑标准可能造成这种情况的进一步恶化。④ 目前,对于"沉默的共谋行为"是否能够成为确认跨国公司国际犯罪行为的定罪标准,学界和实务界还存在较大争议。

(三)间接共谋行为

间接共谋行为又被称为有利可得的共谋行为(beneficial complicity)。该行为强调行为者对于主犯行为应具有"实质性影响"(substantial effect),并不要求该帮助者和煽动者的行为在犯罪行为中能产生任何"直接的作用"(a direct role)。⑤ 间接共谋行为主要出现在以下情形中:在第三者从事侵犯人权的行为时,跨国公司并未直接参与其中,但第三人的侵权行为是在该跨国公司的生产经营活动中进行的。同时,该跨国公司还能够从此种犯罪行为中获利。⑥

纽伦堡审判后期,英国军事法庭在齐克隆B案(The *Zyklon B* Case)

---

① *Khulumani v. Barclay National Bank Ltd.*, 346 *F. Supp.* 2d 538, 548, 551 (*S. D. N. Y.* 2004).

② *Khulumani*, at 557.

③ *Khulumani*, 504 *F.* 3d, at 260, 264.

④ Jacqueline Duval – Major, "Note, One – Way Ticket Home: The Federal Doctrine of Forum Non Conveniens and the International Plaintiff", *Cornell Law Review*, Vol. 77, 1992, pp. 674 – 675. 参见 Dominic Bencivenga, "Human Rights Abuses: Suits Attempt to Extend Liability to Corporations", *New York Law Journal*, Sept. 4, 1997, p. 5。

⑤ EarthRights International, "The International Law Standard for Corporate Aiding and Abetting Liability", 2006, p. 12.

⑥ Anita Ramasastry, "Corporate Complicity: From Nuremberg to Rangoon: An Examination of Forced Labor Cases and Their Impact on the Liability of Multinational Corporations", *Berkeley Journal of International Law*, Vol. 20, 2002, p. 102.

中指出，尽管本案的各被告并不掌握或了解齐克隆 B 气体的最终用途，但由于其在明知该气体可能被用于对集中营战俘进行大屠杀的前提下，仍选择为该种气体的制造提供"帮助"，因此应当认定该行为属于间接共谋行为。① 在处于同一时期的弗里克案（Flick）中，美国军事法庭也做出相同的判决。即尽管被告施泰因布林克（Steinbrinck）无法控制主犯的行为，但其在明知的情况下向纳粹组织捐款的行为仍被认定为对该主犯犯罪行为提供了具有"实质性影响"的帮助和煽动。② 美国军事法庭在对弗里克的判词中更将此种观点推向极端。该法庭认为，即使弗里克并"未对纳粹德国的奴役劳动计划起到任何作用、或参与和实施该计划的任何一部分内容"，但仍应认定弗里克有罪，③ 因为纳粹德国的此项计划为弗里克的公司带来了大量的利润。

总体来看，国际刑事司法实践经验证明，沉默的共谋行为应属最难被法院认定有罪的一类涉及跨国公司犯罪的共谋行为。④ 对于检察官来说，直接共谋行为比间接共谋行为更容易在法庭上确立跨国公司的刑事责任。⑤ 应当说，克拉彭教授与杰尔比教授的"三分法"可以更加明确地区分跨国公司在现实生产经营活动中纷繁复杂的"共谋行为"，对于学界和实务界进行相关问题的系统研究或司法审判工作都大有裨益。

三 美国法院确立的跨国公司共谋行为标准

在当代国际刑事司法实践中，涉及跨国公司的最常见的共谋行为的案件是保安公司同跨国公司的共谋犯罪行为。在此类案件中，位于跨国公司驻在国的保安公司经常会采取压制或暴力手段为驻在国跨国公司的工作场

---

① Trial of Bruno Tesch and Two Others, 1 LAW REPORTS OF TRIALS OF WAR CRIMINALS 93 (Brit. Mil. Ct. 1947).

② *U. S. v. Friederich Flick*, in 6 TRIALS OF WAR CRIMINALS BEFORE THE NUREMBERG MILITARY TRIBUNALS UNDER CONTROL COUNCIL LAW NO. 10, pp. 1217, 1222 (1947).

③ *U. S. v. Friederich Flick*, at 1196, 1198.

④ Andrew Clapham & Scott Jerbi, "Categories of Corporate Complicity in Human Rights Abuses", *Hastings International and Comparative Law Review*, Vol. 24, 2001, p. 348.

⑤ Ibid., p. 341.

所或工地提供安保服务，如为公司驻地提供安全保障、镇压和平示威等活动。[1] 而驻在国跨国公司在获得这种安全保障利益的同时，也可能会为此类安保公司提供包括金钱、人力和物资等在内的帮助。在司法实践中，由于雇佣安保公司在驻在国从事侵犯人权的行为而被法院判定跨国公司应承担共谋责任的案件并不少见。其中最为著名的要数下文中将提到的优尼科案（Unocal）。

（一）美国第九巡回法庭确立的跨国公司共谋行为标准

正如上文中所提到的，在国内法院处理以跨国公司为主体的国际刑事案件中，早已开始援引国际法及国际刑事司法判例。近些年来，美国《外国人侵权索赔法案》中规定的"帮助和煽动责任"越来越多地被受害者作为在美国联邦法院起诉跨国公司侵犯人权行为的法律依据。[2]

涉及跨国公司共谋行为的行为标准和心理标准最早确立于美国第九巡回上诉法庭审理的优尼科案（Doe v. Unocal）。[3] 在共谋行为的犯罪心理要件方面，以前南刑庭和卢旺达刑庭相关判例为基础，美国地区法庭认为共谋行为需要"公司在明知的情况下从事了实际参与或鼓励行为，且这些行为对于犯罪行为具有实质性影响"才能成立。[4] 因此，在此"知道标准"下，原告必须证明被告跨国公司"知道或有理由知道"它的行为促进了犯罪行为的发生。[5] 而这个"知道标准"作为跨国公司共谋行为的犯罪心理要件，为该公司的行为同直接犯罪人的行为之间搭建了一个重要的连接点（nexus）。对于这一连接点的确立，学界和实务界归纳了以下几个标准：包括跨国公司可以从侵权行为中获利时，此种同谋行为通常被称为

---

[1] United Nations Global Compact, The Ten Principles: Principle Two, http://www.unglobalcompact.org/AboutTheGC/TheTenPrinciples/Principle2.html, 2013-12-31.

[2] 在美国，第二巡回上诉法庭及第九巡回上诉法庭是追究跨国公司共谋行为最为活跃的两个司法审判机构。比方说，Doe v. Unocal Corp., 395 F.3d 932, 944 (9th Cir. 2002)。

[3] 尽管美国第九巡回上诉法庭已经决定重审优尼科案，但由于原被告双方达成庭外和解协议而告终结，因此该案的判决并未持续太长时间。但是，该法庭对公司共谋行为的分析和认定被之后的国际和国外刑事审判机构多次引用，形成相关理论的经典学说。

[4] Doe v. Unocal Corp., 395 F.3d 932, 948, 951 (9th Cir. 2002).

[5] Doe v. Unocal Corp., at 951 [quoting Prosecutor v. Musema, Case No. ICTR 96-13-T, Judgment & Sentence, ¶180 (Jan. 27, 2000)].

"有利可图的共谋"、① 跨国公司的性质、在该跨国公司知道侵权行为发生后仍然从事促进该侵权行为的持续性及是否存在共同犯罪目标等。② 然而,他们却未能就该连接点的最终确立标准达成共识。③

在共谋行为的犯罪行为要件方面,美国联邦第九巡回法庭的认定则更为清晰。2000 年,优尼科案的初审法院(美国加利福尼亚中区地区法院)认为优尼科公司的行为并不符合使用强迫劳动中的"积极地参与"这一标准。因为该公司仅仅从缅甸政府强迫劳动行为中获利,但并未直接参与到强迫当地民众劳动的活动之中。④ 就此观点,第九巡回法庭援引前南刑庭判例予以反驳,认为"帮助的行为"并不需要成为主犯行为的原因。只要从犯的行为对主犯犯罪行为的完成具有"实质性影响"即可,也就是说,主犯的犯罪行为如果没有从犯的协助就不可能完成。⑤

(二) 跨国公司共谋行为"犯罪行为要件"的新发展

另一起值得一提的涉及跨国公司帮助和煽动行为的外国人侵权索赔案件是南非种族隔离案件(South African Apartheid Case)。2008 年到2009 年间,一批涉及南非种族隔离时期跨国公司侵犯人权行为的案件被美国地区

---

① Anita Ramasastry, "Corporate Complicity: From Nuremberg to Rangoon: An Examination of Forced Labor Cases and Their Impact on the Liability of Multinational Corporations", *Berkeley Journal of International Law*, Vol. 20, 2002, pp. 102, 145. Andrew Clapham, Human Rights Obligations of Non - State Actors, 2006 [quoting *Report of the United Nations High Commissioner for Human Rights to the 56th Session of the General Assembly*, at ¶111, U. N. Doc. A/56/36/2001 (2001)]. at 221 - 22, 257.

② Anita Ramasastry, "Corporate Complicity: From Nuremberg to Rangoon: An Examination of Forced Labor Cases and Their Impact on the Liability of Multinational Corporations", *Berkeley Journal of International Law*, Vol. 20, 2002, pp. 102 - 103. 同时参见 Ralph G. Steinhardt, "Corporate Responsibility and the International Law of Human Rights: The New Lex Mercatoria", in *Non - State Actors and Human Rights*, pp. 199 - 200。

③ Ralph G. Steinhardt, "Corporate Responsibility and the International Law of Human Rights: The New Lex Mercatoria", in *Non - State Actors and Human Rights*, pp. 198 - 202. Ramasastry, at 102 - 03.

④ *Unocal*, 395 F. 3d at 947 - 48; *Doe v. Unocal Corp.*, 110 F. Supp. 2d 1294, 1310 (C. D. Cal. 2000). 同时参见 Andrew Clapham, "The Complexity of International Criminal Law: Looking Beyond Individual Responsibility to the Responsibility of Organizations, Corporations and States", in *From Sovereign Impunity to International Accountability: The Search for Justice in a World of States*, Ramesh Thakur & Peter Malcontent eds., p. 242, 2004。

⑤ *Unocal*, 395 F. 3d at 950 [quoting *Prosecutor v. Tadic*, Case No. IT - 94 - 1 - T, Opinion & Judgment ¶688 (May 7, 1997)]。

法院依 ATS 进行审理。在这些案件中,美国联邦法院进一步细化了跨国公司员工的共谋行为及其犯罪行为要件标准。

在被统称为"南非种族隔离案"(Re South Africa Apartheid Litigation)中,原告指控被告公司[戴姆勒公司(Daimler)、IBM 公司和瑞士联合银行(UBS)]在南非种族隔离时期,支持南非政府推行种族隔离政策,并为南非政府提供武器、具有军事用途的车辆以及配备识别具有种族歧视标示的护照和电脑等行为,是侵犯人权的帮助和煽动行为。[①] 2009 年春天,法院对该案进行审理,但并未认可原告关于向当时的南非政府安全部门提供普通汽车和"普通"电脑设备的行为也构成对该政府侵犯人权行为的主张。[②] 相反,法院认为,要构成共谋行为,涉案公司提供的商品必须与犯罪行为本身存在"紧密的联系"(a close link)。这样才能满足共谋行为的犯罪行为构成要件。最后,法院总结指出,尽管发生在种族隔离时期的这些暴行是令人厌恶的(repugnant),且被告们决定与这些公司做生意的行为也可能在道德上是"令人尴尬的"(embarrassing),但是法院的职责是适用法律而非表达某种道德观点。[③] 很明显的,法院不能支持这些原告的请求。

在另外几起涉及以阿根廷独裁政府统治时期及南非种族隔离时期的以大型银行为被告的外国人侵权索赔案件[④]中,美国联邦法院也基本认同上述南非种族隔离案法院中提出的"紧密的联系"观点。原告提出,这些银行向当时的南非政府提供贷款的行为不仅有助于南非政府增加其军费开支,还为南非政府种族隔离政策的全面实施铺平了道路。没有这些资金保障,南非政府的运作就不具备物质保障,其系统性侵犯人权的行为也就不可能出现。[⑤] 而一些学者则认为,仅仅因为这些银行"做了个坏榜样"即

---

① C. Huchens, "International Law in the American Courts – Khulumani v. Barclay National Bank Ldt.: The Decision Heard Round the Corporate World", German Law Journal, Vol. 9, 2008, p. 639. T. Nemerow, "Untying the Khulumani Knot: Aiding and Abetting Liability under the Alien Tort Claims Act after Sosa", Columbia Human Rights Law Revue, Vol. 40, 2008, pp. 231 – 239.

② In re South African Apartheid Litigation, 02 MDL 1499 (S. D. N. Y. 2009), at 59.

③ In re South African Apartheid Litigation, 02 MDL 1499 (S. D. N. Y. 2009).

④ In re South African Apartheid Litigation, at 57 et seq.

⑤ J. P. Bohoslavsky and V. Opgenhaffen, "The Past and Present of Corporate Complicity: Financing the Argentinean Dictatorship", Harvard Human Rights Journal, Vol. 23, 2010.

认定其行为符合帮助和煽动行为的犯罪行为要件的说法是不准确的。[①] 这样做只会提高跨国公司发展海外业务的成本，进而对其向全球发展带来不利的影响。

第三节　跨国公司员工共谋行为的心理要件

由于国际犯罪的广泛性与多样性，国际刑法中并没有一个能够统一适用于所有国际犯罪行为的犯罪心理要件（mens rea）。[②] 如上所述，对于涉及跨国公司员工共谋行为的案件，以及弗伦季亚案（Furundzija）之后的大多数案件和学术研究都对跨国公司员工共谋行为中的"行为要件"评判标准基本持一致意见。因此，学界的主要争论焦点就集中在对跨国公司员工"帮助或煽动行为"犯罪心理标准的认定上。

早在纽伦堡审判时期，法庭就曾在弗里克案（Flick）中就被告人从事共谋行为的犯罪心理确立了如下标准，即"如果被告人明知其影响力或金钱资助可能会导致犯罪行为的最终发生，那么被告人就不再是案件的主犯，而是该案的从犯"。[③] 以此为基础，前南刑庭和卢旺达刑庭在其司法实践中在帮助和煽动行为的"心理要件"的确立上进行了更为深入的研究。

一　"知道标准"与"意图标准"之争

（一）国际刑事司法审判机构观点

1. 纽伦堡审判时期

一般认为，就共谋行为"犯罪心理要件"的认定标准主要存在两种观点，即"知道标准"和"意图标准"。在涉及"帮助和煽动行为"时，早期的纽伦堡国际军事法庭大多选择适用"知道标准"。知道标准，是指帮助者和煽动者不需要与主犯具有共同的犯罪意图和犯罪目的，而只需要

[①] In re South African Apartheid Litigation, 02 MDL 1499 (S. D. N. Y. 2009), at 70.

[②] 黄风、凌岩、王秀梅：《国际刑法学》，中国人民大学出版社2007年版，第119页。

[③] U. S. v. Friederich Flick, in 6 Trials of War Criminals before the Nuremberg Military Tribunals under Control Council Law No. 10, pp. 1217, 1222 (1947).

知道该实际犯罪人的犯罪行为的核心内容即可。① 其中,"帮助者和煽动者既不需要知道主犯想要从事的实际犯罪行为,也不需要知道主犯已经犯下的犯罪行为。如果他知道上述犯罪行为中的一个行为可能会发生,而且其中的一个行为确实发生了,那么他的此种心理就符合帮助者和煽动者的犯罪心理要件"。② 通说认为,在涉及跨国公司员工共谋行为的犯罪心理时,只要该名员工明确了解其行为可能导致的后果,即使是正常的工作行为也可能导致共谋行为的成立。

在克虏伯案（Krupp）③ 中,由于被告克虏伯在"明知"其雇员中存在大量被驱逐出境的集中营囚犯及战俘的情况下,仍强迫他们在极端恶劣的工作环境下劳动,美国军事法庭就此认定克虏伯战争罪等共谋行为成立。由此可以看出,美国军事法庭在共谋行为的犯罪心理要件中适用"知道标准"。在法本公司案（Farben）中,美国军事法庭也有类似的表述。法庭认为,"只有能够证明被告'知道并积极参与'到侵略战争的计划、准备或推动中,就能够确定被告危害和平罪罪名成立"。④ 在纽伦堡审判后期,美国军事法庭在其审理的12起案件中,也在对共谋行为犯罪心理的认定中适用"知道标准"。

---

① ICTY, *Simic*,（Appeals Chamber）28 November 2006, para. 86. ICTY, *Aleksovski*（Appeals Chamber）24 March 2000, para. 162.

② ICTY, *Blaskic*,（Appeals Cahmber）29 July 2004, para. 50.

③ 克虏伯案：克虏伯案是最后一起在纽伦堡审理的"企业家案"。第二次世界大战期间,克虏伯集团作为德意志军国主义的柱石,受到国家最高当局的垂青,一直尽心尽力地扮演第三帝国"军械师"的角色。战争开始之后,一方面,该公司全力为德国军队制造大炮、装甲车、坦克、潜艇和各种轻型武器；另一方面,克虏伯雇用大批遭流放的犹太人和战俘,并强迫其在极端恶劣的条件下从事长时间作业。第二次世界大战结束后,包括阿尔弗雷德·克虏伯（Alfied Krupp）在内的12位克虏伯集团董事被指控犯有危害人类罪、掠夺被占领地区和阴谋反对和平罪。判决结果：仅1名被告（Karl Heinrich Pfirsch）被宣告无罪；其余11名被告被判处3年到12年有期徒刑。法庭还命令主犯克虏伯变卖所有家产以作为对受害者的赔偿。相关资料参见 http：//www. baidu. com/link？url＝oW1KGJqjJ4zBBpC8yDF8xDhiqDSn1JZjFWsHhEoSNd85PkV8Xil8qsgnRnWrynaE, 2013 － 03 － 25。

④ *IG Farben*, Trials of War Criminals Before the Nuremberg Military Tribunals under Control Council Law No. 10, Vol. Ⅷ, Nuernberg, October 1946 － April 1949, Washington, D. C. ：United States Government Printing Office, 1953, http：//www. mazal. org/NMT － HOME. htm, 2014 － 01 － 12, pp. 1082 － 1083.

在其后的特别行动队案（*Einsatzgruppen* trial）[①] 中，美国军事法庭再次适用"知道标准"，判定全部被告人危害人类罪、战争罪和参与犯罪组织罪罪名成立。在该案中，担任纳粹机动杀人部队在苏联的翻译和指挥官的被告人沃尔德马·克林格霍夫（Waldemar Klingelhoefer）被定罪的原因是，他"知道那些人会被处决但仍为纳粹特别行动队进行翻译"。[②] 法庭同时认识到，正是克林格霍夫从事翻译的行为真正促进了行刑活动的进行，那么"他的行为应当属于危害人类罪的共谋行为"。[③] 此外，法院在该案中还指出，尽管检察官能够证明被告"明知处决犹太人的行为正在发生，也承认作出行刑的决定'过于草率'。但并无证据证明被告曾经设法阻止或避免过此类行为的发生"。[④] 就这一观点，英国军事法庭（British Military Tribunal）在齐克隆 B 案（the *Zyklon B* case）[⑤] 中也明确表示过，如果公司员工明确知道其行为会导致犯罪结果的发生，那么他们就应为自己的行为承担相应的法律责任，[⑥] 即在确认帮助和煽动行为时适用"知道

[①] 特别行动队案：全称为美国诉奥托·奥伦多夫等人案。特别行动队（又称突击队、行刑队）是纳粹德国的由占领区党卫军中的一等兵组成的部队。他们的任务是大规模执行抓捕、屠杀、搜索犹太人、异己分子与地下反抗组织，并把他们送上开往集中营的火车。本案的被告是包括主犯奥伦多夫在内的 24 名特别行动队队员。在 1941 年到 1943 年间，他们谋杀了超过一百万名的犹太人和上万名游击队员、罗马人、残障人士、苏共党员等。所有被告都被指控犯有危害人类罪、战争罪和参与犯罪组织罪。美国军事法庭最后判处 24 名被告全部罪名成立。相关资料参见 http://baike.baidu.com/view/1909139.htm, 2013 - 03 - 25。

[②] 4 *Tr. War Crim.* 569 (1949).

[③] 4 *Tr. War Crim.* 569 (1949).

[④] Trial of Otto Ohlendorf and Others (Einsatzgruppen), 4 TRIALS OF WAR CRIMINALS BEFORE THE NUERNBERG MILITARY TRIBUNALS UNDER CONTROL COUNCIL LAW NO. 10, 572 (William S. Hein & Co., Inc. 1997) (1949) *quoted in Furundzija*, Case No. IT - 95 - 17/1 - T, ¶ 218.

[⑤] 齐克隆 B 案：Bruno Tesch 是一间提供杀虫毒气（主要为齐克隆 B 气体）工厂的工厂主。第二次世界大战期间，党卫军也是 Tesch 的主要雇主之一。Karl Weinbacher 是该工厂的第二把手。Joachim Drosihn 是工厂的气体处理师。这三人被指控在明知的情况下，将用于杀虫的毒气齐克隆 B 提供给党卫军用于杀害同盟国公民和集中营囚犯，因此犯有战争罪。辩方宣称被告对于毒气的投放地点并不知情，Drosihn 也辩称对毒气的供应已经超出了其控制范围。案件判决结果：Tesch 和 Weibacher 被判处死刑，Drosihn 被宣告无罪释放。

[⑥] Kyle Rex Jacobson, "Doing Business with the Devil: the Challenges of Prosecuting Corporate Officials Whose Business Transactions Facilitate War Crimes and Crimes Against Humanity", *The Air Force Law Review*, Vol. 56, 2006, p. 195.

标准"。

纽伦堡时期唯一对共谋行为的犯罪心理适用"意图标准"（intent）的是"部长案"（The Ministries case）。① 意图标准要求"共谋者"不仅应知道其帮助或煽动行为会导致主犯犯罪行为的成立，还应主观上希望（意图）主犯犯罪行为能够得以最终实现。在部长案中，被告是德意志德累斯顿银行（Dresdner Bank）主席卡尔·拉希（Karl Rasche）。他在明知纳粹企业使用集中营中的囚犯进行强制劳动的情况下，仍向这些公司提供贷款的行为被法院宣告无罪。② 审理本案的美国军事法庭认为，虽然卡尔·希拉的行为应该在精神层面被予以谴责，然而法庭很难就被告这种试图牟利的行为进行定罪。因为希拉提供贷款的行为仅仅是属于其日常工作范畴的一部分。法庭认为，在部长案中，检察官并未提出足够的证据证明被告拉希主观上希望纳粹从事发动战争的行为。这就表明，法院在对被告犯罪心理进行认定时，并未单纯强调其"知道"主犯犯罪行为，还追加了另一心理要件，即被告必须希望主犯犯罪行为的发生（在本案中即指被告希望其提供贷款的公司继续支持纳粹德国的法西斯政策）。对于此处追加的心理要件是"知道标准"同"意图标准"之间存在的根本性区别。

尽管美国军事法庭在部长案中明显适用了与之前完全不同的"意图标准"，有学者们仍认为，并不能因此就将此案中的"意图标准"纳入确立跨国公司员工共谋行为的犯罪心理要件之中。他们指出，美国军事法庭之所以在部长案中改变之前惯常适用"知道标准"的做法，完全是由于该法庭认为，"如果将银行家向不法企业贷款的行为也纳入国际刑法中的共谋责任中，可能会出现施法过重的局面"。③ 同时，认真分析两种标准不难发现，后期出现的"意图标准"明显提高了法院对于共谋行为的定罪标杆，即检察官要在满足了"知道标准"的基础上，还需证明被告人

---

① 部长案：因本案的21名被告全部来自纳粹德国各部门首长或高级工作人员，因此，此案又被简称为部长案。本案中的被告因其公职身份或所承担的职务或参与的活动而面临包括危害人类和平与安全罪、计划、预谋和发动侵略战争罪、战争罪等指控。本案审理时间历时10个月，是纽伦堡审判中审理时间第二长的案件。最终，两名被告（Otto von Erdmannsdorff 和 Otto Meissner）被宣告无罪，其余19名被告被判处3年到25年有期徒刑。

② *United States v. von Weizsaecker*, 14 Nuernberg Trials, at 622, 854.

③ Chimene I. Keitner, "Conceptualizing Complicity in Alien Tort Cases", *Hastings Law Journal*, Vol. 60, 2008, p. 89.

具有希望主犯犯罪行为成立的"意图"。对此，学界和实务界的普遍观点是，适用"意图标准"将大大增加法院对跨国公司员工国际犯罪行为定罪的难度，而大量司法实践也肯定了这一说法。鉴于此，部长案之后，绝大多数国际刑事司法审判活动仍将"知道标准"作为认定跨国公司员工共谋行为的犯罪心理。同时，当今绝大多数国际公约和国际法规则在谈及跨国公司国际刑事责任时，也都在某些程度上将从事"帮助和煽动行为"的心理要件确定为"知道标准"，即帮助或煽动方至少在一定程度上知道主犯的犯罪目的，即使该帮助方或煽动方并非意在犯罪。[①]

此外，在司法实务中，要证明被告人"知道"主犯犯罪行为这一标准也并不简单。法院并不会仅仅因为参与共谋行为的员工所隶属的跨国公司位于犯罪行为发生地，或该公司因实际犯罪行为而盈利就必然认定该跨国公司的员工知道主犯的犯罪行为。通过以往判例可知，在面对此类问题时法庭一般会通过案件发生时的客观事实来推断被告人的主观心理状态。[②] 在纽伦堡审判时期，英国军事法庭在斯彻菲德案（Schonfeld）中就有类似的论述。在该案中，9 名被告驾车前往一处位于荷兰提母堡（Tilburg）的民宅进行突击搜查（raid）。在搜查过程中，三名加拿大空军士兵被被告之一迈克尔·罗茨霍夫（Michael Rotschopf）发现并射杀。审理本案的英国军事法庭法官指出，尽管除罗茨霍夫以外的其他被告的行为极大地推动了主犯犯罪行为的最终实现，但由于他们并不知道其鼓励罗茨霍夫的行为可能导致的最终后果，因此最终被判定无罪。[③]

2. 前南刑庭时期

纽伦堡审判之后的几十年里，世界各主要特别刑事法庭对于共谋行为的犯罪心理要件的认定观点较为一致。《前南刑庭规约》、《卢旺达刑庭规约》以及《塞拉利昂特别法庭规约》对于帮助者和煽动者的犯罪心理要

---

① Juan Pablo Bohoslavsky and Veerle Opgenhaffen, "The Past and Present of Corporate Complicity: Financing the Argentinean Dictatorship", *Harvard Human Rights Journal*, Vol. 10, 2010, p. 168.

② *Farben* Case, p. 1187, Trial of the Major War Criminals Before the International Military Tribunal, Nuremberg, 14 November 1945 – 1 October 1946, Vol. 1, pp. 305 – 306. ICTY, *Tadic*, (Trial Chamber) 7 May 1997, ¶¶ 675 – 676, 689; ICTR, *Akayesu*, (Trial Chamber) 2 September 1998, ¶ 548. ICTY, *Aleksovski*, (Trail Chamber) 25 June 1999, ¶ 65; ICTY, *Krstic*, (Appeals Chamber) 19 April 2004, pp. 26 – 54.

③ Trial of Franz Schonfeld and Nine Others, 11 Law Reports of Trials of War Criminals 64, pp. 66 – 67 (Brit. Mil. Ct., Essen, June 11 – 26, 1946).

件均采用"知道标准"(knowledge),即帮助者和煽动者的行为对于主犯犯罪行为的完成具有促进作用,且他们知道自己的行为对于犯罪行为的最终实现具有实质性效果。同时,帮助者和煽动者不需要知道主犯的明确犯罪意图,而只需要知道主犯的犯罪行为可能会发生即可。① 基于"知道标准",上述特设刑事法庭进一步提出,法庭并不要求被告具有"明确"知道其行为有辅助犯罪完成的作用,② 这种观点在前南刑庭部分判决中得到了肯定。③

在前南刑庭的大多数判决中,法庭对跨国公司员工从事共谋行为的犯罪心理的认定方面适用"知道标准",即"仅仅知道本人的帮助行为会导致犯罪结果的发生就能满足帮助和煽动行为的犯罪意图"。④ 其中,前南刑庭在弗伦基亚案(Furundzija)中已明确肯定,"知道"是适当的"犯罪心理要件",否认帮助者和煽动者必须"意图"犯罪行为的最终发生这一附加要件。⑤ 法庭还认为,仅仅"知道"被告的行为会帮助主犯犯罪行为的实施就足以保障帮助和煽动行为的最终成立。⑥ 因此,帮助者和煽动者并不需要了解主犯的犯罪意图,只要他们大概知道主犯的犯罪行为即可。⑦

在其后的瓦西列维奇案(Vasiljevic)中,前南刑庭上诉庭进一步肯定了上述观点。上诉庭认为,"帮助者和煽动者知道他们的行为会导致主犯犯罪行为的最终实现,已经能够满足此种犯罪行为的犯罪心理要件"。⑧

---

① Judgment, *Mrksic and Sljivancanin* (IT-95-13/1-A), Appeals Chamber, 5 May 2009, para. 159. Judgment, *Vlasiljevic* (IT-98-32-A), Appeals Chamber, para. 102. Judgment, *Blaskic* (IT-95-14-A), Appeals Chamber, 29 July 2004, para. 49. *Sesay, Kallon, Gbao* (SCSL-04-15-A), Appeals Chamber, 26 October 2009, para. 546. *Brima et al.*, Appeals Judgement, 22 February 2008, paras. 242-243.

② *Sesay, Kallon, Gbao*, Appeals Judgment, para. 546. *Ntakirutimana and Ntakirutimana*, Appeals Judgment, para. 466; *Blaskic*, Appeals Judgment, para. 49.

③ *Mrksic and Sljivancanin*, Appeals Judgment, para. 159.

④ *Prosecutor v. Furundzija*, IT-95-17/1-T, Judgment (Dec. 10, 1998).

⑤ *Furundzija*, ¶252; see also *Tadic*, ¶¶689, 691-692.

⑥ *Prosecutor v. Furundzija*, 38 I. L. M. 317, (Int1 Criminal Tribunal for the former Yugosla-via 1999), at 366-67.

⑦ *Prosecutor v. Furundzija*, at 366.

⑧ *Prosecutor v. Vasiljevic*, ICTY Case No. IT-98-32 (Appeal Chamber Feb. 25, 2004) ¶102, http://www.un.org/icty/vasiljevic/appeal/judgement/index.htm, 2013-12-17.

此外，同谋者并不需要具备同"主犯完全相同的犯罪心理，只需要具有积极地希望该犯罪行为能够实现的愿望即可"。① 在德拉里奇案（Delalic）案中，前南刑庭重申了"知道标准"并将该标准进一步细化，提出"帮助行为并不需要与实际犯罪行为的发生处于同一时间和同一地点"。② 在布拉戈耶维奇和约基奇案（Blagojevic and Jokic）中，上诉庭认为，只要被告人在"明知"（knowingly）的情况下参与到犯罪行为之中，且其行为已经对于该犯罪行为的最终实现产生"实质性影响"，那么他的行为就能构成"帮助和煽动行为"，尽管有可能这种"帮助和煽动行为"仅仅是该被告人的"日常工作"也不能将其免责。③

此外，德拉里奇案（Delalic）还明确承认了帮助和煽动行为属于习惯国际法的一部分。④ 就存在多名主犯及共谋者的情况，前南刑庭指出，认定煽动者和帮助者的犯罪心理要件并不需要符合所有主犯的犯罪心理即可构成犯罪。也就是说，他们的行为可能本身是合法的，仅仅是在涉及帮助主犯的行为时才转变成犯罪行为。这一说法也在 2006 年的《国际法委员会示范草案》（International Law Commission Draft Code）中得到确认。⑤ 在涉及种族灭绝罪等对于犯罪心理要件有"特别需要"⑥ 的国际犯罪中，前南刑庭对于帮助者和煽动者犯罪心理要件的要求有些许不同。在科斯蒂奇

---

① *Prosecutor v. Furundzija*, IT-95-17/1-T, Judgment (Dec. 10, 1998) at ¶245.

② *Prosecutor v. Delalic*, ICTY Case No. IT-96-21 (Trial Chamber Nov. 16, 1998), ¶327, http://www.un.org/icty/celebici/trialc2/judgement/index.htm, 2013-12-17.

③ *Prosecutor v. Blagojevic and Jokic*, Judgement, Case No. IT-02-60-A, App. Ch., 9 May 2007, para. 189.

④ *Prosecutor v. Delalic*, ¶321. 同时参见 A. Ramasastry, "Corporate Complicity: From Nuremberg to Rangoon, An Examination of Forced Labor Cases and Their Impact on the Liability of Multinational Corporations", *Berkeley Journal of International Law*, Vol. 20, 2002, p. 114。

⑤ Michael A. McGregor, "Ending Corporate Impunity: How to Really Curb the Pillaging of Natural Resources", *Case Western Reserve Journal of International Law*, Vol. 42, 2009, p. 486.

⑥ 《防止与惩治危害种族罪公约》（Convention on the Prevention and Punishment of the Crime of Genocide）第 2 条。"本公约内所称危害种族系指蓄意全部或局部消灭某一民族、人种、种族或宗教团体，犯有下列行为之一者……"此处的"蓄意"（specific intent）是种族灭绝罪同其他国际犯罪行为最大的不同。因此，在司法实践中，检察官必须证明被告"蓄意"全部或部分消灭一个"受保护团体"（a protected group）。

案（Krstic）[①]中，前南刑庭上诉庭认为被告科斯蒂奇通过帮助和煽动进行种族灭绝罪罪名成立。其原因在于，科斯蒂奇知道（knowledge）他人具有种族灭绝的意图但仍参与其中。相较而言，此后的卢旺达刑庭将"知道标准"进一步细化。卢旺达刑庭提出帮助行为和煽动行为本身是可分的（disjunctive），检察官只需证明被告从事了其中的一种行为就能被认定有罪。[②]

（二）国内司法审判机构观点

与国际刑事司法实践相比，一些国家国内涉及跨国公司员工共谋行为的司法审判活动，不仅数量更多且法官在法理分析方面更为细致和具体。一方面，由于大多数国家在其国内刑法中已经承认对于公司的刑事管辖权，因此通过国家内部的司法审判机构，法官多可直接就跨国公司的国际犯罪问题进行探讨。这与上述国际特别刑庭法官基于管辖权限制而"放不开"的情况形成了鲜明的对比。因此，国内法院更能分析出问题的本质。一些国内法院对跨国公司员工帮助和煽动行为犯罪心理要件的分析更是已经被之后的国际刑事司法审判机构奉为经典。另一方面，国内法院在审理跨国公司国际犯罪案件时，多援引习惯国际法或国际法院或特别刑庭判例，并在此基础上结合本国法律特点及国际刑法原则进行探讨，这对于国际刑法理论的发展，特别是对跨国公司员工共谋行为的法理认识都是大有裨益的，也是有必要探讨的。

1. 塔里斯曼能源公司案及优尼科案（美国）

与前南刑庭和卢旺达刑庭在共谋行为的犯罪心理要件上持相对较为统一的观点不同，在不同案件中，美国联邦法院对此问题的认识却存在一定

[①] *Prosecutor v. Krstic*, Case No. IT-98-33-A, Judgement, April 19, 2004. 本案的被告是拉迪斯拉夫·科斯蒂奇（Radislav Krstic）。1995年11月，被告时任波黑塞族共和国（the Bosnia Serb）Drina 部队（Drina Crops）总司令。1995年7月11日，在波斯尼亚和黑塞哥维那的斯雷布雷尼察发生一场大屠杀（Srebrenica massacre），造成约8000名当地男子死亡。屠杀由被告带领的塞族共和国军队在波斯尼亚战争期间执行。1998年，科斯蒂奇被前南刑庭起诉犯有战争罪及种族灭绝罪。2001年8月，法院认定被告种族灭绝罪成立，判处其46年有期徒刑。之后，被告上诉至前南刑庭上诉庭。前南刑庭上诉庭作出终审判决，认定被告犯有种族灭绝罪的共谋，并将其刑期缩减至35年。相关资料参见 http://en.wikipedia.org/wiki/Radislav_Krsti%C4%87, 2014-02-24。

[②] Michael A. McGregor, "Ending Corporate Impunity: How to Really Curb the Pillaging of Natural Resources", *Case Western Reserve Journal of International Law*, Vol. 42, 2009, p. 487.

差异。其中，以卡茨曼法官（Katzman）的观点最为引人关注。

在索萨案（Sosa）中，卡茨曼法官认为，要满足帮助和煽动行为的前提条件是帮助者或煽动者"为犯罪行为的最终实现有意提供帮助"，且此类帮助对于犯罪行为的成立具有根本性作用。① 从表面上看，这一观点似乎蕴含着适用"意图标准"的意味。美国第二巡回上诉法庭也曾在部分案件中完全接受了卡茨曼法官在索萨案（Sosa）中的观点。在塔里斯曼公司案（Talisman）中，第二巡回上诉法庭认为，"仅仅适用意图标准而非知道标准"就能够满足国际社会关于个人责任的普遍要求。② 在库鲁马尼诉贝克莱银行案（Khulumani）③ 中，卡茨曼法官继续选择适用意图标准，而非习惯国际法中常用的"在明知的情况下施加有实质性效力的帮助"标准。也就是在贝克莱国家银行案判决中，卡茨曼法官解释了其选择适用"意图标准"的原因。首先，卡茨曼法官认为，一跨国公司不能"仅仅因其在一个人权记录不是很好的国家进行生产经营活动"而必然引发国际刑事责任。④ 这样不仅不利于世界经济的发展，还有碍公平正义的实现。其次，与"意图标准"相比，《罗马规约》中关于构成帮助和煽动行为犯罪心理要件所确立的规定（即目的标准，purpose standard，下文将有详述），似乎更加适合。同时，他也强调，对于帮助和煽动行为的犯罪行为要件应参照前南刑庭关于该问题的规定（即共谋者需为实际犯罪人的犯罪行为提供"有实质性效果的帮助"）。⑤

真正引起学界对跨国公司共谋行为犯罪心理要件之争始于塔里斯曼能源公司案（Talisman）。⑥ 塔里斯曼能源公司案的一审法庭在判决中指出，"帮助和煽动行为"的犯罪心理要件为所谓的"意图标准"而非"知道标准"。对于该案一审法庭作出适用"意图标准"的结论，学界的批判声一直不断。有学者认为，该案一审法庭仅仅通过引用纽伦堡法庭在部长案（The *Ministries* Case）中的观点，即宣称"在纽伦堡审判时期，习惯国际

---

① *Khulumani v. Barclay National Bank, Ltd.*, 504 *F.* 3d 254, 282 (2d Cir. 2007)（Katzmann, J., concurring）at 277.

② *Talisman*, 582 *F.* 3d at 259.

③ *Khulumani v. Barclay National Bank, Ltd.*, 504 *F.* 3d 254, 277 n. 12 (2d Cir. 2007).

④ *Khulumani*, at 295 n. 5.

⑤ *Khulumani*, at 277.

⑥ *The Presbyterian Church of Sudan v. Talisman Energy, Inc.*, 582 *F.* 3d 244 (2d Cir. 2009).

法就已确认构成帮助和煽动责任的犯罪心理只能是意图标准"[1] 的观点太过片面。如上所述,通过对纽伦堡审判时期的相关案例分析可知,除部长案外,"知道标准"被应用于纽伦堡审判时期的所有判例中。在齐克隆 B 案(The *Zyklon B* Case)中,英国军事法庭因两被告人在"知道"的情况下向纳粹提供毒气用于杀害集中营囚犯的行为判处其死刑。[2] 此案中的军事检察官明确指出,只需要证明三件事就能认定被告人有罪:第一,同盟国的公民确实被齐克隆 B 气体所毒杀的;第二,被告的工厂确实曾经向纳粹提供此种气体;第三,"被告知道此种气体是用来杀人的"。[3] 在英国军事法庭审理的另一起案件中,军事检察官也曾在判决书中做出过以下比喻,"如果一被告并未在凶案现场出现,但他确实知道另外一个人将要杀人,那么他也跟那个杀人的人同样有罪"。[4] 为进一步说明"知道标准"的普遍适用性,该检察官还援引了1949年法国军事法庭审理的劳士领案(*Roechling*)[5] 中的表述。在劳士领案中,初审法庭在判决书中的"根本考虑因素"项下提到,"被告可以因知道犯罪行为而被纳入国际军事审判法庭管辖权范围内"。事实上,审理劳士领案的上诉法院还进一步指出,被告对犯罪行为的"知道"可以通过推断得出。[6]

---

[1] *Talisman*, 582 *F.*3d at 259.

[2] 参见 In *re Tesch* (The *Zyklon B* Case), 13 Int'l L. Rep. 250 (1947), Brit. Mil. Ct., Hamburg, Mar. 1 – 8, 1946。同时参见 Matthew Lippmann, "War Crimes Trials of German Industrialists: The 'Other Schindlers'", *Temple International & Comparative Law Journal*, Vol. 9, 1995, pp. 181 – 182。

[3] Raymond Phillips (ed.), Trial of Josef Kramer and Forty – Four Others (The *Belsen* Trial), 2 War Crimes Trials xxxiv, 1949.

[4] *Trial of Werner Rhode and Eight Others*, 5 Law Reports of Trials of War Criminals 54, Brit. Mil. Ct., Wuppertal, May 39 – June 1, 1946.

[5] *Government Commissioner of the General Tribunal of the Military Government for the French Zone of Occupation in Germany v. Roechling*, Judgment on Appeal to the Superior Military Government Court of the French Occupation Zone in Germany (*Roechling* Judgment on Appeal), 14 Tr. War Crim. 1097 (1949).

[6] "The defense of lack of knowledge – No superior may prefer this defense indefinitely; for it is his duty to know what occurs in his organization, and lack of knowledge, therefore, can only be the result of criminal negligence. For the rest, the acceptance of superior orders on the other hand, and the lack of knowledge as to their execution by subordinates, on the other, would lead to the abolishment of any penalty; the executing agents would seek cover behind his lack of knowledge and say: 'I had no knowledge of that.'" *Roechling* Judgment on Appeal, at 1106.

与塔里斯曼能源公司案不同，美国第九巡回法庭在优尼科案（Unocal）中则明确表示认同"知道标准"。法院在对优尼科公司责任的最终认定中指出："首先，优尼科公司员工知道或应当知道'国家法律与秩序重建委员会'（SLORC）所采取的强迫劳动的行为；其次，他们知道并持续从 SLORC 的侵犯人权的行为中获利；最后，他们为保障本公司在亚达那油气管道工程（Yadana Pipeline）中的利润，共谋或直接参与了 SLORC 侵犯原告基本人权的行为。"① 由于优尼科公司是在明确知道缅甸军政府严重侵犯人权的行径的情况下，仍与其签订合作合同并默认 SLORC 的侵犯人权的行为。因此，第九巡回法庭认为，优尼科公司应当对其行为承担责任。同时该法庭还强调，认定共谋行为的标准是：以上三点要素都是不可缺少的，缺少任何一点法院都不会认定优尼科公司有罪。② 尽管在法院作出最终判决之前，原被告双方已就相关问题达成调解协议，但应认识到，美国法院已经接受跨国公司应对其国际犯罪行为的共谋行为承担责任这一观点，③ 且对共谋行为的构成要件提出了自己的观点和意见。

2. 弗朗斯·范·安拉特案和古斯·范·考恩霍白案（荷兰）

2007 年，荷兰海牙上诉法院在审结的弗朗斯·范·安拉特案（Public Prosecutor v. Van Anraat）④ 中也将跨国公司员工的帮助和煽动行为中的犯罪心理要件确定为"知道标准"。

从 1984 年开始，荷兰商人范·安拉特通过自己设在瑞士的"FCA 承包商公司"（FCA Contractor）将数以千吨的化学物质提供给萨达姆政府。这些化学物质之后被确定为是制造两伊战争（the Iran–Iraq War）和哈拉比亚毒气袭击事件（Halabja position gas attack）中化学毒气的最主要来源。⑤ 2005 年，荷兰鹿特丹市地区法庭对范·安拉特提起诉讼，他涉嫌向伊拉克的萨达姆政权贩卖用于制造芥子气与神经毒气的化学物质，并被指

---

① *Unocal*, 963 F. Supp. at 896.

② *Unocal*, 963 F. Supp.

③ Kristen Hutchens, Development, International Law in the American Courts—*Khulumani v. Barclay National Bank Ltd.*: The Decision Heard 'Round the Corporate World, *German Law Journal*, Vol. 9, 2008, p.658.

④ Court of Appeal, The Hague, 9 May 2007; *Public Prosecutor v. Van Anraat*, LJN: BA4676, ILDC (International Law in Domestic Courts) 753 (NL 2007).

⑤ *Public Prosecutor v. Van Anraat*, LJN: BA4676, ILDC (International Law in Domestic Courts) 753 (NL 2007).

控犯有战争罪与种族灭绝罪的共谋。

2005年12月，法院作出判决。法院确定这一事实基础：基于当时伊拉克的工业水平，如此大容量的化学物质中至少有一部分是被用于制造芥子气的。因此，法院认定被告安拉特帮助和煽动战争罪罪名成立，而对于检察官提出的种族灭绝罪的共谋行为，法庭以并无明显证据证明安拉特知道萨达姆政府具有种族灭绝的意图为由不予支持。[①] 此后，检察官和被告安拉特分别向海牙上诉法院提起上诉。上诉法院再次重申了地区法院确立的重要事实基础，即萨达姆军队在伊拉克用于屠杀库尔德人（Kurdish people）及用于两伊战争中化学武器的原料确实来自于范·安拉特提供的化学物质。但是却认为，相关证据既无法证明范·安拉特本人存在对于库尔德人的仇恨，也不能证明他出售这些武器的目的是灭绝整个库尔德种族。因此，上诉法院在该案的审理过程中面临如下两个难题，即如何证明安拉特共谋行为的心理要件，以及该犯罪心理是否符合战争罪和种族灭绝罪的共谋行为。[②]

在对安拉特种族灭绝的共谋行为犯罪心理进行认定时，尽管上诉法院同地区初审法院一样均得出被告人的行为不能构成种族灭绝罪的共谋的结论，但两级法院提出的论点则存在很大差异。地区法院认为，针对库尔德人的种族灭绝罪行是萨达姆政权犯下的，同范·安拉特没有任何关系。因此地区法院认为，安拉特的犯罪心理要件并不满足种族灭绝罪所规定的"特定之明知"这一心理要素。而上诉法院在此问题上则表现得更为谨慎。上诉法院认为，有明显证据表明伊拉克政府具有明确的种族灭绝意图（specific genocidal intent）。在确定种族灭绝的意图之后，上诉法院还应将案件发生时的其他情况或因素也考虑在内。在本案中，由于无法确定范·安拉特具有种族灭绝的意图，因此，上诉法院认定，对于该罪名下需要考

[①] Cf. H. van der Wilt, "Genocide, Complicity in Genocide and International v. Domestic Jurisdiction: Reflections on the *van Anraat* Case", *Journal of International Criminal Justice*, Vol. 4, 2006, pp. 239 – 257. "Genocide v. War Crimes in the *van Anraat* Appeal", *Journal of International Criminal Justice*, Vol. 6, 2008, pp. 557 – 567; cf. the judgments of 23 December 2005 (The Hague District Court) and 9 May 2007 (Court of Appeals), http://www.haguejusticeportal.net, 2014 – 01 – 11.

[②] Harmen van der Wilt, "Genocide v. War Crimes in the *Van Anraat* Appeal", *Journal of International Criminal Justice*, Vol. 6, 2008, p. 558.

虑的任何其他情况都可忽略不计。[①] 国际社会的普遍观点是，在主犯需要存在"特定的犯罪意图"（specific intent）才能定罪的情况下，共谋犯罪的人（或提供帮助或煽动行为的人）只需要"知道"该特定犯罪意图就能构成罪名成立。[②] 就此，在科斯蒂奇案（Krstic）的反对意见中，沙哈布丁法官（Shahabuddeen）曾专门谈到范·安拉特案。他指出，"《种族灭绝公约》（Convention on the Prevention and Punishment of the Crime of Genocide）的制定者们并不希望出现以下这种情形：一个供货商在明知其购货方具有种族灭绝的意图（intent）时，仍向其出售杀人毒气。尽管该供货商自身并未具备种族灭绝的意图，但因《种族灭绝公约》的规定并无法将该人的行为确定为种族灭绝罪的共谋。我认为，《种族灭绝公约》并不会犯下上述错误：上述行为可以按照帮助或煽动行为定罪量刑或直接援引《公约》（《种族灭绝公约》）中的'种族灭绝罪的共谋'"。[③]

在对战争罪共谋行为的犯罪心理要件的认定上，海牙上诉法庭适用《罗马规约》第30条[④]的规定。上诉法庭认为，事实证明，范·安拉特明知他所出售的化学物质的最终交货点是伊拉克。他也明知收货的伊拉克公司和工程师具备将该化学物质转化成大规模杀伤性武器的能力，并能够完全意识到这些化学武器很有可能被实际使用于战场之上。基于上述几点，上诉法庭认定，范·安拉特知道他是在为伊拉克政府转运化学物质，[⑤] 且这些化学物质将被用于制造化学武器。[⑥] 同时，由于运量如此之大，上诉

[①] Harmen van der Wilt, "Genocide v. War Crimes in the *Van Anraat* Appeal", *Journal of International Criminal Justice*, Vol. 6, 2008, p. 559.

[②] 比方说，Judgment, *Bagilishema* (ICTR – 96 – 13 – T), Trial Chamber, 7 June 2001, xx36 and 71; Judgment, *Semanza* (ICTR – 97 – 200 – T), Trial Chamber, 15 May 2003, x388 and Judgment, *Tadic* (IT – 94 – 1 – A), Appeals Chamber, 15 July 1999, x229。

[③] Dissenting Opinion of Judge Shahabuddeen, *Krstic* (IT – 98 – 33 – A), 19 April 2004, x67.

[④] 《罗马规约》第30条："心理要件。（一）除另有规定外，只有当某人在故意和明知的情况下实施犯罪的物质要件，该人才对本法院管辖权内的犯罪负刑事责任，并受到处罚。（二）为了本条的目的，有下列情形之一的，即可以认定某人具有故意：1. 就行为而言，该人有意从事该行为；2. 就结果而言，该人有意造成该结果，或者意识到事态的一般发展会产生该结果。（三）为了本条的目的，'明知'是指意识到存在某种情况，或者事态的一般发展会产生某种结果。'知道'和'明知地'应当作相应的解释。"相关资料参见 http://www.un.org/chinese/work/law/Roma1997.htm, 2014 – 02 – 24。

[⑤] *Van Anraat*, Court of Appeal Judgment, ¶¶ 11.6 – 11.9.

[⑥] *Van Anraat*, at 11.10 – 11.13.

法院否定范·安拉特提出的这些化学物质主要是用于制造丝织品的说法。综合上述理由，上诉法庭认定范·安拉特必然知道他所提供的化学原料的用途是用于制造化学武器的，且知道这些化学武器将会被用于打击伊拉克的敌人。因此，上诉法庭最终判决范·安拉特战争罪的共谋罪名成立。

总体而言，在确定共谋行为的犯罪心理标准上，荷兰法院系统在范·安拉特案中分别就具有"特定犯罪心理要件"要求的种族灭绝罪的共谋及不需具备特定心理要件就可成立的战争罪的共谋进行了"区别处理"。简言之，对于"种族灭绝罪"共谋行为而言，法院要求被告应具备一定程度的与主犯相同的"特定的种族灭绝意图"；而对于"战争罪"的共谋行为来说，法院并不要求共谋者必须具备"特定的犯罪意图"，而只要求其犯罪心理满足"知道标准"即可。这种做法不仅更加符合相关国际刑法条约的宗旨和原则，而且也为之后国际刑事司法审判活动在涉及相关问题时提供了更为广阔的视角和全新的思路。

在另一起涉及荷兰商人的古斯·范·考恩霍白案（Guus van Kouwenhoven）中，海牙上诉法院对于涉嫌违反联合国"武器禁运"决议时帮助和煽动行为的犯罪心理要件也进行了分析。被告人考恩霍白是位于马来西亚的东方木材公司（Oriental Timber Company）的主要负责人，他被指控犯有战争罪的共谋。在利比里亚前总统查尔斯·泰勒（Charles Taylor）统治期间，考恩霍白通过向利比里亚政府、民兵及反叛军出售武器，以换取东方木材公司在该国的砍伐权。同时，他还被指控违反联合国"关于对利比里亚的武器禁运决议"。[①] 此案引发跨国公司和学者们关注的一个关键问题是，非法武器买卖与战争罪之间的关系。由于向处于战乱中的国家或地区出售武器的行为具有该武器被用于未来暴力事件的极大可能性，跨国公司关心的问题在于，是否与此类地区从事任何国际性贸易都有可能引发国际刑事责任。如果答案为否，则在何种情况下可能引发此类责任。

美国华盛顿西区法院在此问题上持"意图标准"。在克里案

---

① The Hague Court of Appeal, judgment of 10 March 2008, http://zoeken.rechtspraak.nl/resultpage.aspx?snelzoeken=ture&searchtype=ljn&ljn=BC6068&u_ljn=BC6068, 2014-01-11.

(*Cynthia and Craig Corrie v. Caterpillar Inc.*)① 中也曾就上述问题给出答案,即向一外国政府出售商品的行为并不会导致卖方成为该政府侵犯人权行为的共犯。具体而言,华盛顿西区法院认为,"如果一方仅仅是向对方出售货物,那出售方并不会成为购买方犯罪行为的帮助者和煽动者。即使是在出售方知道购买方可能使用其购买的货物进行非法行动也不行。因为出售方并不与购买方将来犯罪的明确犯罪意图相一致"。② 然而,卢旺达上诉法庭在布拉戈耶维奇和约基奇案 (*Blagojevic & Jokic*) 中明确反对克里案中所确定的"意图标准",即仍然坚持对共谋行为犯罪心理适用"知道标准"。卢旺达刑庭认为,"如果被告明知参与到犯罪行为中,且他的参与行为会对犯罪的完成具有实质性影响,至此,尽管该项参与行为仅仅属于他'日常工作范畴',被告也不能因此脱罪"。③

二 国际刑事法院的独创——"目的标准"

《罗马规约》第 25 条第 3 款第 3 项中对共谋行为的犯罪心理要件做了如下明确规定:

第 25 条 (三) 有下列情形之一的人,应依照本规约的规定,对一项本法院管辖权内的犯罪负刑事责任,并受到处罚:

  3. 为了便利实施这一犯罪,帮助、教唆或以其他方式协助实施

---

① 克里案:2003 年,美国人蕾切尔·克里在和平抗议的过程中被以色列国防军 (Israel Defense Forces) 驾驶的履带公司 (Caterpillar Inc.) 制造的推土机压死。2005 年,蕾切尔的父母在美国地方法院起诉履带公司间接造成蕾切尔死亡。原告认为,履带公司在明知其推土机将被用于"违反国际法的行为"的情况下仍为以色列国防军提供此类产品,构成共谋行为。2005 年 11 月,地方法院以"涉及政治问题"为由,驳回此案。之后,克里家人上诉至美国联邦第九巡回法庭。2007 年 9 月,联邦第九巡回法庭也同样以"涉及政治问题"为由驳回上诉。第九巡回法庭指出,来自履带公司的推土机是美国政府对以色列政府的经济援助,司法机关如就此案进行审理,就必然需要说明政府的经济援助是否合法,这已经超出了司法机关的管辖范围,属于行政机关所应管理的范畴。相关资料参见 http://en.wikipedia.org/wiki/Rachel_Corrie#In_the_United_States, 2013 - 12 - 27。

② *Cynthia and Craig Corrie v. Caterpillar Inc.* , United States District Court Western District of Washington at Tacoma, Order granting motion to dismiss, 22 November, 2005, p. 8.

③ Judgment, *Blagojevic & Jokic* (IT - 02 - 60 - A), Appeals Chamber, 9 May, 2007, ¶189.

或企图实施这一犯罪,包括提供犯罪手段。①

从该款字面上看,第3项开头使用"为了便利实施这一犯罪",即英文"for the purpose of"一词,表明《罗马规约》将共谋行为犯罪心理要件确立为"目的标准"(purpose)。该标准与之前任何国际刑事司法审判机构在审理涉及共谋行为的案件中所适用的"知道标准"和"意图标准"均有所区别,但是否存在根本区别尚不清楚。一种解释认为,《罗马规约》第25条第3款第3项中明确要求帮助者和煽动者必须具备与主犯一致的犯罪目的,说明《罗马规约》制定者更希望帮助者和煽动者不仅应具备"知道"主犯犯罪行为的心理准备,还应"意图"该犯罪行为的发生,并了解主犯的"犯罪目的"。而另一种解释则认为,《罗马规约》第25条第3款第3项的规定仅仅要求帮助者和煽动者意图帮助主犯从事犯罪行为。因此,虽然被告并不需要同主犯具有相同的犯罪意图,但他必须具备明确的帮助主犯从事犯罪行为的目的表示。

《罗马规约》此标准的出台具有相当戏剧性的效果。在《罗马规约》正式通过之前,学界已经就共谋行为应适用何种犯罪心理要件争执不休,但提出的参考意见均以之前的国际刑事司法判例习惯为基础,即要么适用"知道标准",要么适用"意图标准"。大多数学者并未预见到罗马大会参会国会为国际刑事法院独创出一套全新的共谋行为犯罪心理要件。因此,当该规约正式文本出人意料地将"帮助或煽动行为"中"犯罪心理"确定为"目的标准"(a purpose test)而非更为广泛适用的"知道标准"②时,几乎遭到了学界和实务界的压倒性反对。学界尤其对其"含糊的用词"(confused wording)表示出了极大的失望。一方面,学者们对于《罗马规约》用短短几个字就推翻了之前数十年的司法判例规范十分之不理解。对于国际刑事法院这种"舍近求远"的做法表示出很大的质疑。另一方面,《罗马规约》第25

---

① 《罗马规约》第25条第3款第3项。"For the purpose of facilitating the commission of such a crime, aids, abets or otherwise assists in its commission or its attempted commission, including providing the means for its commission."

② Michael A. McGregor, "Ending Corporate Impunity: How to Really Curb the Pillaging of Natural Resources", *Case Western Reserve Journal of International Law*, Vol. 42, 2009, p. 487.

条第 3 款第 3 项的文字表述相当简洁,并未对"purpose"一词的确切含义做出进一步解释,此种"含糊其词"的做法不仅被学界认为是该条款存在的一大诟病,而且也为后期相关司法实践活动的开展造成了很大的障碍。

其实,在早先的《罗马规约》制定会议上,《罗马规约(草案)》中并未明确规定"目的标准"。大会经过多次激烈讨论,才将之前较少适用的"意图标准"(intent test)纳入最终提交罗马会议(The Rome Conference)讨论的草案第 25 条第 3 款。[①] 然而,之后通过的《罗马规约》正式文本却既未使用"知道标准"也未采用"意图标准",而是提出了全新的"目的标准"。究其原因,学界目前尚未找到官方正式声明。但通过罗马会议的亲历者卡伊·艾姆博教授(Kai Ambos)的讲述,可以对该标准产生的原因窥见一二。艾姆博教授认为,"最终选择适用'目的标准'的主要原因在于,与会代表在此问题上争议过大。为避免会期过长,大会最终决定借用美国法学会《模范刑法典》(*Model Penal Code*)[②] 中的用词,即'目的标准'"。[③] 从字面意思上看,此处的"目的标准"明显比之前惯用的"知道标准"要求更为严格,即满足目的标准的前提是,需要检察官证明一被告具有更为明确的犯罪意图,而非简单"知道或了解"主犯的犯罪行为即可。[④]

对于如何确定该标准中要求的"知道"的程度,塞拉利昂特别刑庭在 2007 年的一项判决中更加明确地予以指出。塞拉利昂特别刑庭认为,"被告人是否'知道'实际犯罪人的犯罪行为,需要通过行为发生时的所有实际情况来加以推定"。[⑤] 虽然学界普遍对《罗马规约》在这一问题上

[①] M. Cherif Bassiouni, *The Legislative History of the International Criminal Court: an Article - by - Article Evolution of The Statute* 194 (2005), [1998 Preparatory Committee Draft art. 23.7 (d)].

[②] 与会者普遍认为,美国《模范刑法典》第 2.06 条第 (3) 款第 (a) 项中关于"意图帮助犯罪的实施"的措辞与《罗马规约》第 35 条第 3 款第 (c) 项中的规定最为相近。

[③] Kai Ambos, "General Principles of Criminal Law in the Rome Statute", *Criminal Law Forum* 1, Vol. 10, 1999, p. 10.

[④] Kai Ambos, in: O. Triffterer (ed.), *Commentary on the Rome Statute*, (1999) article 25, margin No. 19.

[⑤] SCSL, *Fofana and Kondewa*, (Trial Cahmber) 7 August, 2007, para. 231.

的选择意见较大,但仔细研究《罗马规约》第 28 条第 1 款①关于指挥官责任原则"犯罪心理要件"的规定可以得出,原文中"知道,或者由于当时的情况理应知道"的表述确实与《模范刑法典》中的相关文字表述最为相近。此外,由于 intent 一词的英文含义同与之对应的法文翻译极易产生歧义,弃之而选择异议较小的 purpose 也是无可奈何之举。同时,"目的标准"也并非国际刑事法院所独有。《东帝汶特别法庭规约》(*UN-TAET Regulation 2000/15*)②及《伊拉克高等法庭规约》(*Iraqi High Tribunal Statute*,*IHT Statute*)③ 中均就相关问题做了类似的规定。

可以说,学界对于《罗马规约》中规定的"目的标准"最主要的意见在于,该标准将为检察官成功起诉跨国公司员工的共谋犯罪行为造成极大障碍。基于"目的标准",不仅要求检察官能够举证证明从事帮助或煽动行为的被告"知道或了解"主犯犯罪行为,同时还要能够证明这些被告有实现主犯犯罪目的的意图。即使被告是对于处于普通人地位的共谋行为人来说,要证明其具有实现主犯犯罪行为的"目的"都已经很难达到,更不用说组织机构极其复杂的跨国公司了。从近些年来各主要特别刑事法庭审理的涉及跨国公司国际犯罪的案件中,可以看出一个发展趋势,那就

---

① 《罗马规约》,第 28 条第 a 款。"(a) A military commander or person effectively acting as a military commander shall be criminally responsible for crimes within the jurisdiction of the Court committed by forces under his or her effective command and control, or effective authority and control as the case may be, as a result of his or her failure to exercise control properly over such forces, where: (i) That military commander or person either knew or, owing to the circumstances at the time, should have known that the forces were committing or about to commit such crimes; and...", http://legal.un.org/icc/statute/romefra.htm, 2014-02-24。

② UN Transitional Authority in East Timor (UNTAET) Regulation 2000/15, Section 14.3 (c). "Section 14. Individual criminal responsibility. 14.3 In accordance with the present regulation, a person shall be criminally responsible and liable for punishment for a crime within the jurisdiction of the panels if that person: (c) for the purpose of facilitating the commission of such a crime, aids, abets or otherwise assists in its commission or its attempted commission, including providing the means for its commission..."

③ The IHT Statute, Article 15 (b) (c). "Individual Criminal Responsibility. (b) In accordance with this Statute, and the provisions of Iraqi criminal law, a person shall be criminally responsible and liable for punishment for a crime within the jurisdiction of the Tribunal if that person: For the purpose of facilitating the commission of such a crime, aids, abets or otherwise assists in its commission or its attempted commission, including providing the means for its commission..."

是，跨国公司越来越多地开始躲在"幕后"。即使参与侵犯人权的犯罪行为，也多通过提供资金、武器等较为"中立"的方式进行，较少出现纽伦堡审判时期由公司在国际犯罪行为中"冲锋陷阵"的情况。这就更加增加了对跨国公司员工或高管的定罪难度。因为依照《罗马规约》的规定，跨国公司可以简单答辩道，它们为主犯提供帮助的原因仅仅是为了获得经济利益，这是它们正常的生产经营活动，并不是以犯罪为目的。①

对于上述三个犯罪心理要件的适用问题，国际法学家委员会则表现得很乐观。该委员会曾经有过如下的论断："意图标准"和"知道标准"在实践中并无太多"实质上的不同"。"如果能够证明一跨国公司员工知道他的行为可能促进犯罪行为的发生，但还继续从事该行为，那么，就能证明该员工具有促进该犯罪行为的意图。事实上，一公司员工在明知的情况下帮助犯罪的行为，尽管其目的可能是谋取经济利益，但仍然不能抹杀其对于该犯罪行为的帮助作用。因此，该员工的行为可以解释为'意图'帮助犯罪。总之，尽管共谋行为的'犯罪心理要件'看起来有很大不同，但它们很有可能在实践中没有太大区别。"② 就《罗马规约》独创的"目的标准"而言，学者们的观点更为明确。尽管《罗马规约》确实为检察官举证确立了更高的标准，但在司法实务中，"至少部分案件中，适用《罗马规约》的'目的标准'，与适用'意图'标准和'知道'标准对于案件最终的判断结果并没有产生任何实际的差别"。③ 有学者也认为，由于国际刑事法院目前缺乏足够判例基础，因此这种对于貌似严格的对于"主观要件"的规定的实践效果似乎也存在疑问。④ 也有法律实务界表达了相同的看法。《财经时报》(Financial Times) 就在《罗马规约》颁布几天后专门针对其"共犯责任条款"(the accomplice liability provisions) 撰

---

① Doug Cassel, "Corporate Aiding and Abetting of Human Rights Violations: Confusion in the Courts", *Northwestern Journal of International Human Rights*, Vol. 6 (2), 2008, p. 312. Hans Vest, "Business Leaders and the Modes of Individual Criminal Responsibility under International Law", *Journal of International Criminal Justice*, Vol. 8 (3), 2010, p. 862.

② ICJ, *Corporate Complicity in International Crimes*, Vol. 2, 2008, p. 22.

③ Robert C. Thompson, Anita Ramasastry, and Mark B. Taylor, "Translating *Unocal*: the Expanding Web of Liability for Business Entities Implicated in International Crimes", *The George Washington International Law Review* 841, Vol. 40, 2009, p. 862.

④ International Commission of Jurists, Corporate Complicity & Legal Accountability, Vol. 2: Criminal Law and International Law, 2008, p. 22.

文警告公司法务（company lawyers），提醒他们"《罗马规约》极有可能为跨国公司的某些行为加诸国际刑事责任"。①

小　结

综上，国际刑事司法审判机构和国内司法审判机构对于跨国公司员工或跨国公司本身共谋行为构成要件的认识存在很大差距。就共谋行为的行为要件来说，早在前南刑庭审理的第一起案件［弗伦基亚案（Furundzija）］中就明确确立了该犯罪行为要件标准。此后几十年的司法实践活动中均未有太大修正。对于这一问题，大多国内司法审判机构在涉及跨国公司员工共谋行为的案件时也多比照前南刑庭在弗伦基亚案（Furundzija）中确定的标准行事。

与对共谋行为要件较为清晰的认识不同，学界和实务界对跨国公司员工或公司共谋行为"犯罪心理要件"的认定却一直没有定论。目前主要分为三派观点：知道标准（knowledge test）、意图标准（intent test）以及目的标准（purpose test）。国际刑法学界和实务界对如何正确理解上述三种标准仍存在较大的争议。可以预见，国际刑法中涉及跨国公司员工的共谋行为问题不可能在短期内得以解决。然而，从国际法及国内立法的趋势可以看出，越来越多的国际条约和国内立法开始包括相关内容。尤其是在司法实践层面，尽管各主要国际刑事法庭规约中均未明确界定"共谋行为"及其构成要件，但从上文可以看出，从纽伦堡审判到今天的国际刑事法院判例，学界和实务界对于相关问题的认识变得越来越清晰。这对于全面研究和分析国际刑法下涉及跨国公司及其员工的共谋犯罪行为具有非常重要的实践价值和意义。

---

① Maurice Nyberg, At Risk from Complicity with Crime, *Financial Times*, July 28, 1998, at 15.

第五章

跨国公司高管的上级责任

第二次世界大战之后，国际刑法理论中一次重大的发展是确立了军事指挥官和民事上级官员（包括跨国公司高级管理人员）的上级责任。[①] 当今国际刑法不仅强调此类人对于其自身的直接犯罪行为应承担个人刑事责任，更为重要的是，国际刑法还要求对于这些上级人员未能及时惩罚或阻止下属的犯罪行为也应承担相应的"领导责任"。

如上所述，20世纪90年代以来，随着越来越多的跨国公司进入发展中国家或不发达国家从事生产经营活动，这些商业巨头违反国际刑法、侵犯当地民众基本人权的行为不断被曝光，引起了全球范围内以受害者为首的追究跨国公司刑事责任的浪潮。然而，基于现实问题和理论层面的局限，此种以跨国公司为主体的司法实践活动大多以失败告终。究其原因，主要在于国际刑法目前仍未承认对于公司的刑事管辖权，因此各主要国际刑事法庭并无权受理以跨国公司为被告的刑事案件。为防止跨国公司严重侵犯人权的国际犯罪行为出现"无法可依"的情况，国际社会对处于领导地位的跨国公司高管们附加了一项独特的国际法义务——即上级责任。

第一节 上级责任原则的基本概念

对于上级责任的正确理解是以对上级责任原则的准确界定为理论基础的。

[①] Guenael Mettraux, "The Evolution of the Law of Command Responsibility and the Principle of Legality", *The Law of Command Responsibility*, 2009, p. 5.

一　上级责任原则的概念

上级责任原则（the doctrine of superior responsibility），亦称指挥官责任原则（the doctrine of command responsibility），[①] 属于国际刑法中个人刑事责任原则中的一种。一般来说，国际刑法中的上级责任包含两种类型：[②] 一是指挥官或民事上级官员的直接责任，即指挥官或民事上级官员直接"计划、命令、煽动、犯下、教唆或协助他人计划、准备或实施犯罪"的行为。在这种情况下，军事指挥官或民事上级官员实际上直接参与和实施了犯罪，因此应承担直接刑事责任。二是军事指挥官或民事上级官员明知或理应知道其有效控制的下属正在实施或即将实施国际犯罪行为，却没有在其职权范围内对该下属的行为采取一切必要和合理的措施予以防止或制止，从而应承担相应的个人刑事责任。[③] 在第二种类型中，军事指挥官或民事上级官员并未直接从事刑事犯罪行为，其应承担刑事责任的原因在于该名指挥官或民事上级官员并未履行其作为指挥官或上级官员所应承担的"领导责任"。

早期的国际法只承认军事指挥官的领导责任。故上级责任原则最早的适用对象是军队中的军事指挥官，因此又被称为"指挥官责任"。在人类早期的战争中，军事指挥官直接参与或实施犯罪行为的现象较为普遍。当时，一方军队在攻占敌方城池后，胜方指挥官大多会下令对敌方进行屠杀和抢掠。目的一是犒劳和鼓励本方军士奋勇杀敌，二是震慑和打压敌方士气，[④] 此类行为在古代中西方战争中均不少见。然而，随着人权观念和国

[①] 在国际刑法理论中，"指挥官责任原则"一词更强调对于军事指挥官领导责任的追究；而"上级责任原则"一词的适用对象既包括军事指挥官，也包括民事上级官员（公司高管）的领导责任。传统的指挥官责任古已有之，而上级责任原则则在国际刑事法院的《罗马规约》中才正式得以确立。由于国际刑事司法实践中也存在将两个名词交替使用的现象，因此为避免歧义，在本章中，笔者会在专门强调军事指挥官的领导责任时特别加以说明。在其他情形下，"指挥官责任"与"上级责任"由于其适用范围均包含民事上级官员（或公司高管），因此在本章中是交替使用的。

[②] 黄风、凌岩、王秀梅：《国际刑法学》，中国人民大学出版社 2007 年版，第 381—382 页。

[③] 王新：《国际刑事实体法原论》，北京大学出版社 2011 年版，第 58 页。

[④] 刘大群：《论国际刑法中的上级责任原则》，《国际刑法评论（第三卷）》，中国人民公安大学出版社 2009 年版，第 4 页。

际人道法的深入发展,近现代以来,为更好地保护战时不参战平民和战俘的基本人权,① 各国政府逐渐开始对军事指挥官的行为加以约束和控制。尤其是在第二次世界大战之后,军事指挥官或民事上级官员因其不作为行为而承担刑事责任的案件开始成为"上级责任"案件中的主流,并因此而引发了国际刑法学界和实务界的重视。

同国际刑法的其他基本原则的产生和发展过程相同,上级责任原则也起源自各国国内刑法学理论和刑事司法实践活动,并伴随着两次世界大战之后逐渐成熟的国际刑事司法实践活动逐步发展起来。目前,当代国际刑法已经将指挥官责任原则列为国际刑法的基本原则之一,并强调该责任形式(mode of liability)存在的本质意义是,确保指挥官或民事上级官员承担保证其下属严格遵守国际法和国际人道法中规定的义务。②

二 跨国公司国际犯罪活动中的上级责任原则

近年来,鉴于跨国公司触犯国际刑法的现象屡禁不止,加之国际刑事司法审判机构尚未获得对公司的司法管辖权,因此,在涉及跨国公司犯罪的案件中,绝大多数国际刑事司法实践活动多采取起诉涉案公司高管的方式来实现对正义的彰显。在国际刑法理论界和实践界,将上级责任原则适用于涉及跨国公司犯罪的案件,以及将上级责任原则的适用对象扩展到跨国公司高管的现象呈上升趋势。

一直以来,各国学界和实务界普遍认为,军事指挥官和跨国公司高级管理人员的职位本身即承载着"巨大的公众信任以及责任"。③ 然而,在近些年来的国际刑事审判活动中,直接以公司高管或军事指挥官犯罪的直接犯罪行为为对象提起诉讼的案件却少之又少,这点在涉及跨国公司犯罪的案件中表现得尤为突出。由于跨国公司本身存在极其复杂的公司内部人

---

① A. Danner and J. Martinez, "Guilty Associations: Joint Criminal Enterprise, Command Responsibility and the Development of International Criminal Law", *California Law Review*, Vol. 93, 2005, pp. 148–149.

② Judge Bakone and Justice Moloto, "Command Responsibility in International Criminal Tribunals", *Berkeley Journal of International Law Publicist*, Vol. 3, 2009, p. 13.

③ Timothy Wu and Yong-Sung King, 'Criminal Liability for the Actions of Subordinates - The Doctrine of Command Responsibility and its Analogues in United States Law', *Harvard International Law Journal*, Vol. 38, 1997, p. 290.

事结构，跨国公司高管在绝大多数情况下没有直接参与地区侵犯人权活动的可能性。其参与犯罪模式多以"幕后协助或指挥"为主。这种情况本身就在很大程度上增加了将跨国公司高管告上法庭的难度。因此，在当今国际刑事司法实践中，法官在处理跨国公司触犯国际刑法的案件时，主要追究其高级管理人员在国际刑法范围内的"指挥官责任或上级责任"。在学术界，学者们对由跨国公司高管来承担其所在公司的国际刑事责任的态度更加明确。有学者曾指出，当公司高管对其下属的犯罪行为"闭上眼睛"的时候，他或她的行为就有可能触犯《罗马规约》第25条第3款第3项①的规定。更有学者认为，"跨国公司高管的上级责任同跨国公司员工的共谋行为之间的界限其实是很模糊的。"② 然而，应当认识到，与上一章中所提到的以"帮助与煽动行为"为主的共谋责任不同，跨国公司高管并不会因其帮助下属犯罪的行为而被起诉，其被定罪的原因是由于"处于高位者"并未能够履行其作为上级的职责（即阻止或惩罚下属的犯罪行为）。因此，上级责任原则存在的根本目的在于，确保军事指挥官和公司高管能够行使其对下属犯罪行为控制及惩罚的权力，进而使得国际人道法的根本目的得以实现。③

第二节 上级责任原则源起

一 早期的指挥官责任原则

尽管国际社会对于国际刑法的立法工程不早于19世纪中叶，但国际刑法中的众多习惯或原则则产生于人类社会的早期。④ 指挥官责任原则也

---

① 《罗马规约》第25条第3款第3项："有下列情形之一的人，应依照本规约的规定，对一项本法院管辖权内的犯罪负刑事责任，并受到处罚：3、为了便利实施这一犯罪，帮助、教唆或以其他方式协助实施或企图实施这一犯罪，包括提供犯罪手段……"

② Martina Pechackova, The Nature of Command Responsibility under International Criminal Law, http://ssrn.com/abstract=1861342, 2013-12-13.

③ Judgment, *Halilovic* (IT-01-48-T), Trial Chamber, 16 November 2005, para. 39. Judgment, *Obrenovic* (IT-02-60/2-T), Trial Chamber, 10 December 2003, ¶100.

④ Adam Roberts, *Land Warfare: From Hague to Nuremberg*, in the Laws of War: Constraints on Warfare in the Western World, Michael Howard et al. eds., 1994, pp. 116, 119.

并不例外。应当说,指挥官责任原则起源于古代中国。在公元前 340 年,中国军事家尉缭子曾在《兵法·伍制令》中提道,"吏自什长已上至左右将,上下皆保也。有干令犯禁者,揭之,免于罪;知而弗揭者,皆与同罪。"① 这被认为是历史上最早的关于指挥官责任原则的法律规定。② 此后的《孙子兵法》和《史记》中也有相关记载。③ 与《兵法·伍制令》不同,《史记》对指挥官责任原则的理解更为宽泛。《史记》中"吏见知不举者,与同罪"的"吏"已经不仅仅局限于涵盖军事指挥官,还包括各级非军事的地方行政官员,可以说这一观点已经将指挥官责任原则的适用对象扩大到民事官员或政治领导人。④

与之相比,在第二次世界大战之后的纽伦堡和东京审判中,欧洲国家类似的思想才初露端倪。因此,与古代中国相比,这些国家对指挥官责任原则的认识晚了 1000 多年。公元 1439 年,法国国王查理七世(Charles VII le Victorieux)颁布的《奥尔良法令》(Ordinance of Orleans)⑤ 中开始包含涉及"指挥官责任"内容的条款。1474 年,神圣罗马帝国(Imperium Romanum Sacrum)对冯·哈根巴赫(Von Hagenbach)的审判标志着指挥官责任原则首次获得"国际性"的认可。⑥ 实际上,从本质上来说,

---

① 刘大群:《论国际刑法中的上级责任原则》,《国际刑法评论(第三卷)》,中国人民公安大学出版社 2009 年版,第 4 页。

② 同上书,第 5 页。

③ 其中,《孙子兵法》"地形第十"编中有以下记载:"凡兵有走者、有弛者、有陷者、有崩者、有乱者、有北者。凡此六者,非天地之灾,将之过也。"而《史记·秦始皇本纪》中也有"吏见知不举者,与同罪"的表述。参见司马迁《史记·秦始皇本纪》(第一版),人民出版社 1963 年版,第 8 页。M. 帕克:《战争罪的指挥官责任》,《军法杂志》第 62 卷,第 3—4 页。刘大群《论国际刑法中的上级责任原则》,《国际刑法评论(第三卷)》,中国人民公安大学出版社 2009 年版,第 5 页。

④ 刘大群:《论国际刑法中的上级责任原则》,《国际刑法评论(第三卷)》,中国人民公安大学出版社 2009 年版,第 5 页。

⑤ C. Meloni, *Command Responsibility in International Criminal Law*, The Hague: TMC Asser Press, 2010, pp. 3 – 4.

⑥ 冯·哈根巴赫被认定犯有谋杀、强奸和其他犯罪行为,定罪原因是"他作为一名骑士应当有义务阻止其下属从事此类犯罪行为"。William Parks, "Command Responsibility for War Crimes", *Military Law Review*, Vol. 62, 1973, p. 5.

当时的法律规定只要求军事指挥官对其下达的命令承担责任。[1] 即一方面，当军事指挥官下达了非法命令时，该指挥官应与其执行该命令的下属共同承担该非法命令的后果；另一方面，如若军事指挥官并未下达非法命令，而对于其已经知道下属的非法行为持默许态度或纵容态度，该名指挥官也应对这种行为负责。[2] 由此可以看出，早期西方的"指挥官责任"只强调追究军事指挥官的犯罪行为，而对其犯罪心理要件（mens rea）的认定却并未有太多的要求。就此，300 年之后的新兴国家美国在"指挥官责任原则"问题上有了更为明确的认识。1776 年，《美国战争条款》（American Articles of War）[3] 中明确规定了军事指挥官应当确保其军队的"正常秩序"（good order）。同时指出，如果该名指挥官并未惩罚其下属的犯罪行为，那么他们可能会因其下属的犯罪行为而被处罚。[4] 美国前总统西奥多·罗斯福（Theodore Roosevelt）在谈到《美国战争条款》中确立指挥官责任原则的原因时曾经提道，"战争的本质能够导致下级军官作出非常残酷的行为。正是基于这个不争的事实，就要求处于高位的军事指挥官及有关负责人员保持绝对的警惕，因为他们有义务监督其下属的任何不道德的行为……"[5]

目前学界普遍认为，1907 年第二次海牙和平会议之后颁布的《尊重陆战战争法律与惯例的海牙第四公约》（1907 Hague Convention IV Respecting the Laws and Customs of War on Land，以下简称"海牙四公约"）[6] 中对于指挥官责任原则的规定是国际社会首次在国际法层面承认指挥官责

---

[1] 参见 A. P. V. Rogers, *Law on the Battlefield*, Manchester: Manchester University Press, 2004, p. 189; International Committee of the Red Cross（"ICRC"）Customary Rule 152（Customary Study 2005）.

[2] A. P. V. Rogers, *Law on the Battlefield*, Manchester: Manchester University Press, 2004, p. 190.

[3] American Articles of War, sec. IX, Sept. 20, 1776.

[4] American Articles of War, sec. IX, Sept. 20, 1776. 此处的犯罪行为包括"暴动"（riots）、"虐待"（abuses）以及"扰乱秩序"（disorders）。

[5] S. Doc. 213, 57th Cong. 2nd Session, at 5.

[6] 1907 Hague Convention IV Respecting the Laws and Customs of War on Land, Annex, Section I, Article 1 No 1（Armies and militias must be "commanded by a person responsible for his subordinates"）.

任原则的存在。① 《海牙四公约》在第 1 条中就明确界定,"战争的法律、权利和义务不仅适用于军队,也适用于具备下列条件的民兵和志愿军:一、由一个对部下负责的人指挥……"② 该条款强调了军队指挥官应对其所管辖的军队、民兵或志愿军负责。对于军队指挥官应承担何种责任,该公约也做了相应的规定,即指挥官应保证被占地区的"公共秩序与安全"(public order and safety)。③ 遗憾地是,在之后的第一次世界大战中,国际社会并未适用《海牙四公约》,使得该公约在面对同盟国烧杀抢掠的行为时完全无用武之地。但应当认识到,从《海牙四公约》的文字表述可以看出,该公约强调了交战国及其军事指挥官应对他们所领导的军队的行为负责,④ 这在一定程度上奠定了当代国际刑法中追究国家元首和政府首脑刑事责任的基础和前提。直到第二次世界大战之后,指挥官责任原则作为个人刑事责任的一部分开始被适用于国际刑事司法实践中。⑤

二 第二次世界大战之后的指挥官责任原则

(一) 纽伦堡审判时期指挥官责任原则形成的背景

在国际刑事司法实践中,指挥官责任原则作为一项有效的工具,在追究负有领导责任的军事指挥官或民事上级官员计划、参与或默许大规模侵犯人权行为时起到非常好的效果。⑥ 尽管世界各国对指挥官责任原则的认

---

① Ann B. Ching, "Evolution of the Command Responsibility Doctrine in Light of the Celebici Decision of the International Criminal Tribunal for the Former Yugoslavia", *North Carolina Journal of International Law & Commercial Regulation*, Vol. 25, 1999, p. 177.

② Hague Convention IV, art. 1, 36 Stat. at 2295, 1 Bevans at 643 – 44.

③ Hague Convention IV, art. 43. "Art. 43. The authority of the legitimate power having in fact passed into the hands of the occupant, the latter shall take all the measures in his power to restore, and ensure, as far as possible, public order and safety, while respecting, unless absolutely prevented, the laws in force in the country."

④ Hague Convention IV, art. 3. "Art. 3. A belligerent party which violates the provisions of the said Regulations shall, if the case demands, be liable to pay compensation. It shall be responsible for all acts committed by persons forming part of its armed forces."

⑤ Arthur T. O'Reilly, "Command Responsibility: A Call to Realign the Doctrine with Principles of Individual Accountability and Retributive Justice", *Gonzaga Law Review*, Vol. 40, 2004 – 2005, p. 129.

⑥ Greg R. Vetter, "Command Responsibility of Non – Military Superiors in the International Criminal Court (ICC)", *The Yale Journal of International Law*, Vol. 25, 2000, p. 92.

可态度由来已久,但真正将该原则适用于国际刑事司法实践活动中,并将其作为刑事案件定罪基础的还要追溯到 20 世纪中后期。实际上,早在第一次世界大战之后,以英国为首的同盟国已经要求以指挥官责任原则为基础追究战争罪魁的刑事责任,而且这种意愿还十分强烈。① 从理论上讲,第一次世界大战之后,协约国同参战各国于 1919 年签订的《凡尔赛条约》(Treaty of Versailles)第 227 条②和第 228 条③中就曾明确要求"建立一个特别法庭来审判犯有严重罪行的前德国皇帝和其他战争罪犯"。④ 该公约也被认为是历史上首次以国际条约的方式公开指控一国元首犯有违反国际道德和条约神圣义务的严重罪行(for a supreme offence against international morality and the sanctity of treaties)。⑤ 虽然在上述条约文本中并未明

---

① 美国代表坚持主张指挥官必须在"知道"其下属犯罪的情况之下才能承担相应责任,这极大地增加了检察官举证责任的难度。同时,德国皇帝在最后一刻逃跑到荷兰避难,而荷兰政府拒绝引渡其回国受审也最终使得同盟国审判战争罪魁祸首的愿望流产。

② 《凡尔赛条约》第 227 条:"The Allied and Associated Powers publicly arraign William II of Hohenzollern, formerly German Emperor, for a supreme offence against international morality and the sanctity of treaties. A special tribunal will be constituted to try the accused, thereby assuring him the guarantees essential to the right of defence. It will be composed of five judges, one appointed by each of the following Powers: namely, the United States of America, Great Britain, France, Italy and Japan. In its decision the tribunal will be guided by the highest motives of international policy, with a view to vindicating the solemn obligations of international undertakings and the validity of international morality. It will be its duty to fix the punishment which it considers should be imposed. The Allied and Associated Powers will address a request to the Government of the Netherlands for the surrender to them of the ex-Emperor in order that he may be put on trial." 相关资料参见 http://www.firstworldwar.com/source/versailles227-230.htm,2014-02-17。

③ 《凡尔赛条约》第 228 条:"The German Government recognises the right of the Allied and Associated Powers to bring before military tribunals persons accused of having committed acts in violation of the laws and customs of war. Such persons shall, if found guilty, be sentenced to punishments laid down by law. This provision will apply notwithstanding any proceedings or prosecution before a tribunal in Germany or in the territory of her allies. The German Government shall hand over to the Allied and Associated Powers, or to such one of them as shall so request, all persons accused of having committed an act in violation of the laws and customs of war, who are specified either by name or by the rank, office or employment which they held under the German authorities." 相关资料参见 http://www.firstworldwar.com/source/versailles227-230.htm,2014-02-17。

④ 王新:《论国际刑法中的上级责任原则》,《河北法学》2010 年第 6 期。

⑤ 赵秉志主编:《国际刑事法院专论》,人民法院出版社 2003 年版,第 269 页。

确使用"指挥官责任原则"字眼,但从其文字表述中已经能够感受到非常强烈的"指挥官责任原则"的味道。尽管由于当时荷兰政府的庇护,①同盟国追究德国皇帝战争责任的愿望最终并未实现,但这也从一个侧面反映出了当时国际社会对追究战争主要责任人罪责的强烈呼声。

第二次世界大战结束之后,同盟国吸取了第一次世界大战后的教训,立志通过国际刑事司法审判的方式"找出并惩罚那些侵略捷克斯洛伐克和其他国家并戕害当地民众的战争罪犯"②。为确保实现对主要战争罪犯刑事责任的追究,在《欧洲国际军事法庭宪章》第6条和《远东国际军事法庭宪章》第5条中均有如下之规定:"凡参与上述任何一种犯罪之共同计划或阴谋之决定或执行之领导者、组织者、教唆者与共犯者,对于执行此种计划之任何人所实施之一切行为,均应负责。"③首先,两大宪章并未限制"指挥者"(leaders)、"组织者"(organizers)的身份必须为军事指挥官,因此包括民事上级(政府官员、公司高管)在内的所有上级官员都具有承担指挥官责任的资格。其次,从上述文本表面含义来看,两大国际军事法庭宪章都强调指挥者、组织者承担责任的前提是,他们必须以某种行为方式参与到犯罪中,这点与现代国际刑法意义下的上级责任原则有所区别。④

应当说,《纽伦堡国际军事法庭宪章》并未对"指挥官责任原则"做出特别明确的规定,但在司法实践中,法官们则在一些审判活动中对于指挥官责任原则表达了更为清晰的观点。在美国等诉赫尔曼·戈林等人案(*The United States of America, et al. v. Hermann Wilhelm Goering, et al.*)中,法院有一段专门针对戈林等人属于"军事指挥官"或是"民事领导上级"

---

① 第一次世界大战结束之后,德国皇帝威廉二世(Kaiser Wilhelm Ⅱ von Deutschland)流亡荷兰,荷兰的威廉勒娜女王(Wilhelmina Helena Pauline Marie)以《凡尔赛公约》涉及"溯及既往的刑法规则"为由拒绝引渡他回国受审。

② John F. Barnett (ed.), *That Man: An Insider's Potrait of Franklin D. Roosevelt*, Oxford University Press, 2003, p. 170.

③ 《联合国条约集》第82卷第280页,1945年8月8日。原文:"Leaders, organizers, instigators and accomplices participating in the formulation or execution of a common plan or conspiracy to commit any of the foregoing crimes are responsible for all acts performed by any persons in execution of such plan.", http://avalon.law.yale.edu/imt/imtconst.asp#art6, 2014-02-24。

④ 刘大群:《论国际刑法中的上级责任原则》,《国际刑法评论(第三卷)》,中国人民公安大学出版社2009年版,第7页。

地位的论述：

> 被告们作为德国政府的官员，应当知道（must have known）这些由德国政府签订的不平等条约，这些条约将拒绝向战争提供物资确定为非法的。当他们完全执行了希特勒的侵略计划之时，被告们应当知道（must have known）他们的这些行为是与国际法基本原则相悖的。①

由上述文字可以看出，尽管纽伦堡国际军事法庭并未明确在该案判决中适用"指挥官责任原则"，《纽伦堡国际刑事法庭宪章》中也并未规定构成"指挥官责任"的犯罪行为要件和犯罪心理要件，但在面对具体案件时，法庭却已经在不知不觉中对应承担指挥官责任的犯罪心理要件（即"应当知道"标准）进行了界定。这些行为都对日后指挥官责任原则在国际刑法中的进一步确认奠定了基础。从纽伦堡国际军事法庭针对政府高级官员及军队高级指挥官的审判活动和处罚决定来看，在司法实践中，法官们对指挥官责任原则的认识远比国际性文件中规定得要深刻得多。也正因为如此，指挥官责任原则逐渐在这些司法审判活动中成熟起来。

总体来看，第二次世界大战后期的国际刑事司法审判活动代表着国际社会首次将指挥官责任原则适用于追究高级指挥官或民事上级官员的严重犯罪行为。而这一时期国际刑事司法审判机构对指挥官责任原则的适用呈现以下特点：即在纽伦堡审判时期，国际军事法庭的审理对象大多数仅涉及军事指挥官，直到东京审判阶段，远东国际军事法庭的判例中才开始逐渐出现以非军事官员为被告的案件。② 这一时期也可以说是国际刑法由单纯的军事指挥官责任原则正式开始向"上级责任原则"转化的过渡阶段。

(二) 指挥官责任原则在山下奉文案中的发展

第二次世界大战之后，美国军事法庭（American Military Tribunal）对山下奉文将军（Yamashita Tomoyuki）在菲律宾等地纵容其下属部队严重侵犯基本人权的暴行一案进行了审理。山下奉文被认为是历史上第一个正

---

① The United States of America, et al. v. Hermann Wilhelm Goering, et al., Opinion and Judgment (October 1, 1946), reprinted in America Journal of International Law, Vol. 41, p. 186.

② 李世光、刘大群、凌岩编：《国际刑事法院罗马规约评释（上册）》，北京大学出版社2006年版，第274页。

式因"指挥官责任原则"而被判决有罪的军事指挥官。[1] 1945 年 12 月 7 日,山下奉文将军被美国军事法庭判处死刑。[2] 这是第二次世界大战后第一起军事指挥官由于未行使其对下属的有效管辖而被判处犯有战争罪的案件。[3] 在本案中,控辩双方对日军在菲律宾犯下的滔天罪行并无异议,而就山下奉文将军是否命令或默许其下属从事上述行为,或至少知道其下属的犯罪行为这一问题却存在极大争议。[4] 美国军事法庭也因其在山下奉文案中对指挥官责任原则性质的认定而广受批判。该案一直是各国国际法学者研究指挥官责任原则的必选案例,具有非常深刻的理论和实践价值。

1944 年 9 月,太平洋战争后期,被告人山下奉文调任日本陆军第 14 方面军司令(the command of the Fourteenth Area Army),奉日本天皇命令赴菲律宾群岛指挥日军与美军交战。同年 10 月,日军惨败。在败退期间,日军残杀了数以千计的菲律宾平民及美军俘虏。1945 年 9 月,山下奉文作为战犯接受美国军事法庭的审判。从案件审理初始,控辩双方就将案件焦点集中在指挥官责任问题上。检方认为被告"在没有军事必要(military necessity)的情况下直接袭击平民,并最终导致约 25000 名平民伤、亡的惨烈结果。此外,日军的罪行还包括谋杀、劫掠平民、破坏宗教财产以及虐待战俘和囚犯。"[5] 军事检察官还进一步指出,即使这些犯罪行为都不是山下奉文下令的,但他领导下的部队犯下此类暴行的数量是如此之众多、性质是如此之恶劣、范围是如此之广泛,山下奉文"应当知道"或"必然已经知道"这些暴行已经或正在发生。[6] 退一步讲,即使他确实

---

[1] 参见 W. Parks, "Command Responsibility for War Crimes", *Military Law Review*, Vol. 62, 1973, p. 35; J. Martinez, "Understanding *Mens Rea* in Command Responsibility: *Blaskic* and Beyond", *Journal International Criminal Justice*, Vol. 5, 2007, pp. 647 - 648. *Yamashita*, 327 U. S. at 15。

[2] William H. Parks, "Command Responsibility for War Crimes", *Milltary Law Review*, Vol. 62, 1973, p. 30.

[3] Ricard L. Lael, "The Yamashita Precedent", *War Crimes and Command Responsibility*, Vol. 97, 1982, p. xi.

[4] W. J. Fenrick, "Some International Law Problems Related to Prosecutions before the International Criminal Tribunal forthe Former Yugoslavia", *Duke Journal of Comparative and International Law*, Vol. 6, 1995, p. 113.

[5] *Yamashita*, 327 U. S. at 14.

[6] Richard L. Lael, *The Yamashita Precedent: War Crimes and Command Responsibility*, Rowman & Littlefield Publishers, 1982, p. 60.

不知情，也是由于其"有意识地不愿去知道"① 而已。因此，并不影响山下奉文对其下属的犯罪行为承担领导责任。上述论述一般被认为是美国军事法庭将指挥官责任定位为"严格责任"（strict liability）的主要力证。

在判决书中，美国军事法庭首先对于日军在马尼拉（Manila）的暴行表达了愤慨之情并同时认定，"毫无疑问，这些罪行都是发生过的。"② 山下奉文虽并未否认暴行的存在，却辩称"鉴于战时的恶劣环境，他并不知道这些犯罪行为的发生，他也没有能力了解到其下属的这些所作所为。"③ 其次，军事法庭认为，"在本案中，被告并未采取任何作为指挥官应当采取的、有效的措施去发现和控制下属的犯罪行为。这样的指挥官应当对其部队无法无天的行为承担责任，甚至是刑事责任。"④ 最后，美国军事法庭并未采纳山下奉文的意见，并最终认定山下奉文应对其下属的犯罪行为承担指挥官责任。山下奉文随即向美国联邦最高法院提起"人身保护令"（habeas corpus）⑤ 申请并获得批准。1946 年，美国联邦最高法院以"6∶2"的票数驳回山下奉文的请求。联邦最高法院的判决意见基本与美国军事法庭相同，在涉及指挥官责任原则认定方面也继续适用严格责任标准。⑥ 首席大法官斯通（Stone）在本案的多数意见中非常清晰地表达了"指挥官责任原则应属于严格责任"的观点。多数意见认为，"战争法规赋予军事指挥官采取适当措施的责任，包括在其权限范围内控制其所管辖的军队，防止他们（其下属）犯下违反战争法规的行为。如果当暴行发生时，他（该指挥官）没有采取任何措施，那么，他将承担领导者的

---

① Richard L. Lael, *The Yamashita Precedent*: *War Crimes and Command Responsibility*, Rowman & Littlefield Publishers, 1982.

② 327 U. S. at 14.

③ 参见 327 *U. S.* at 17; W. Parks, "Command Responsibility for War Crimes", *Military Law Review*, Vol. 62, 1973, p. 24。

④ The Trial of General Tomoyuki Yamashita, 4 Law Reports of Trials of War Criminals (1948), at 35.

⑤ 《牛津法律词典》将"人身保护令"界定为一种保护臣民的人身自由的特权令状，为不合理地被拘押的人提供一种获得释放的有效途径。这个令状比《大宪章》（Great Charter）还要古老。它确立于 17 世纪，作为一种制约非法拘禁的正当程序。今天，在大多数情况下，这个令状是作为（民事的或刑事的）非法剥夺人身自由的一种救济措施，赋予法院以调查拘押的合法性的权利。

⑥ *Yamashita*, 327 U. S. at 25.

责任而被起诉。"①

一直以来，学界和实务界对于山下奉文案的最终判决结果批判较多，特别是对于美国军事法庭及美国联邦最高法院对于指挥官责任中犯罪心理要件的认定所持的含糊不清的态度意见较大。② 拉特利奇大法官（Ruttledge）就在该案的反对意见中，批判美国联邦最高法院对指挥官责任原则的态度模糊，以至于并未能明确认定该犯罪行为的构成要件。③ 总的来说，无论是美国军事法庭还是美国联邦最高法院，在对"指挥官责任"的认定时都单纯强调指挥官下属的犯罪行为以及该行为所产生的结果，却忽视了对指挥官或上级官员犯罪心理要件的要求。这种方式过分强调客观因素，即只要身为指挥官或上级官员，就应对其下属的犯罪行为承担后果的类似于严格责任的归责原则，引发后世学者的长期争论。④

美国军事法庭在判决中写道："山下奉文将军下属部队的犯罪行为是如此地广泛和普遍（时间上和空间上都是如此），这必然是被告有意授权或秘密授权的结果。"⑤ 有学者认为，美国军事法庭的这一论断肯定了指挥官责任原则是严格责任这一观点。⑥ 正是基于这一逻辑基础，该军事法庭才会做出山下奉文要么知道其下属的罪行，要么"在当时的环境下"应当知道这些罪行的判断。⑦ 也有学者则认为反对派学者的观点太过偏激。他们指出，美国军事法庭的判决结果仅仅代表该法庭反对山下奉文将

---

① *Yamashita*, 327 U. S., at 18.

② Allison Marston Danner & Jenny S. Martinez, "Guilty Associations: Joint Criminal Enterprise, Command Responsibility, and the Development of International Criminal Law", *California Law Review*, Vol. 93, 2005, p. 124.

③ *Yamashita*, 327 U. S. at 51 – 52 (Rutledge, J., dissenting).

④ 刘大群：《论国际刑法中的上级责任原则》，《国际刑法评论（第三卷）》，中国人民公安大学出版社2009年版，第15页。

⑤ United Nations War Crimes Commission, 4 Law Reports of Trials of War Criminals 1 (1948), at 34.

⑥ K. Ambos, *Superior Responsibility*, in Vol. I., A. Cassese, P. Gaeta, and J. Jones, eds., *The Rome Statute of the International Criminal Court: A Commentary*, Oxford: Oxford University Press, 2002, p. 828.

⑦ Michael Stryszak, "Command Responsibility: How Much Should a Commander be Expected to Know?", *United States Air Force Academy Journal of Legal Studies*, Vol. 11, 2002, p. 4.

军以"无知"作为辩护理由,① 并不代表其承认指挥官责任原则即为严格责任这一观点。而美国军事法庭关于被告未能"发现"大规模犯罪行为的表述,也被认为是该法庭将指挥官责任的犯罪心理要件定位为"必然知道"标准(must have known)。② 山下奉文案中所确立的犯罪心理要件保证了今后法院在审理类似案件中,可以通过犯罪结果来推断被告的领导责任,进而使得检察官或原告不再需要向法院提供明确证据证明被告是否对其下属的犯罪行为下达了命令,甚至允许指挥官在不了解下属犯罪行为的情况下也有可能被定罪。随着时间的推移,这种对于军事指挥官要求过于严格的"指挥官责任"必然不再能够适应新时期发展的需要。而山下奉文案的重要性也就在于此,它使得国际法学界开始重视对指挥官责任原则的研究,特别是对于指挥官责任原则中犯罪心理要件的探讨。

(三)后山下奉文案时期美国军事法庭观点的转变

应当认识到,虽然学界对美国联邦最高法院在山下奉文案中关于指挥官责任原则的态度褒贬不一,但该案对指挥官责任原则在国际刑事司法实践活动中的确立却具有不可忽视的作用。山下奉文案之后,在纽伦堡审判和东京审判中涉及高级军事指挥官或民事上级领导责任问题的案件不断涌现,这都为国际刑事司法审判机构对指挥官责任的犯罪行为要件和犯罪心理要件做出更为详尽的解析提供了前提条件和实践经验。特别需要提到的是美国军事法庭,该法庭在山下奉文案之后审理的其他案件中逐渐开始转变其在山下奉文案中所确立的"严格责任标准"。相关典型案件包括人质案(the *Hostage* Trial)③ 和最高统帅部审判案(the *German High Command* Trial)④。

在人质案⑤中,美国军事法庭明确了指挥官责任中犯罪心理要件。在

---

① W. Parks, "Command Responsibility for War Crimes", *Military Law Review*, Vol. 62, 1973, pp. 36 – 37.

② Eugenia Levine, "Command Responsibility: The *Mens Rea* Requirement", *Global Policy Forum*, 2005, p. 4.

③ *US v. von List*, *et al.*, (*Hostage* Case) TWC. VI. p. 1230.

④ "Trial of Wilhelm von Leeb and Thirteen Others" ("The *High Command* Case"), (1949) 12 *Law Reports of Trials of War Criminals* 1.

⑤ 人质案:被告人李斯特(Wilhelm List)元帅时任德军进攻巴尔干地区的总司令。在战争中,被告向下属传达希特勒"只要一名德国士兵被游击队杀死,就要杀害50—100名战俘作为报复"的命令,致使在一次军事行动中,因有22名德国士兵被杀,李斯特领导的军队竟将超过2000名共产党人和犹太人杀害。

该案中，美国军事法庭在一定程度上对该法庭在山下奉文案中确立的指挥官责任心理要件进行了调整，即如果检方能够证明指挥官"应该知道或一定知道"（should have known or must know）下属犯罪行为正在发生，而并不是"实际知道"暴行发生，那么军事法庭就可以判定该军事指挥官应承担领导责任。美国军事法庭在该案中开始否认山下奉文案中确立的"必须知道"标准。

山下奉文案的深远影响在不久后的最高统帅部审判案[①]中表现得更加突出。在最高统帅部审判案中，美国军事法庭认为，要确立一军事指挥官对于其下属犯罪行为的刑事责任，"该名军事指挥官的玩忽职守行为，必须要达到能够直接导致其并未能完成监督下属行为的程度才可。"[②] 一些学者认为，在最高统帅部审判案中，美国军事法庭已经完全抛弃了山下奉文案中所确立的严格责任标准。[③] 但在本案中，对于法庭提到的"玩忽职守行为"的程度如何界定，美国军事法庭却没有明确的说明。因此，尽管通过美国军事法庭在该案中的表述，仍可以看出其支持"应当知道"标准，[④] 但可以发现，该法庭对于犯罪心理要件的要求更为宽松，并不要求指挥官具备主动"发现"下属犯罪行为的心理状态。[⑤]

在探讨被告的指挥官责任问题时，美国军事法庭专门援引美国联邦最高法院对山下奉文案的认定，并提出一个前提：即鉴于当代战争活动的高度分散性，法庭承认指挥官不能了解到所有在其管辖范围内下属军队的活动，因此检方应承担证明该指挥官"知道"此种行为的责任。首先，明

---

① 该案 14 名被告被指控犯有破坏和平罪、针对敌方战斗员和战俘的战争罪和危害人类罪、针对平民的战争罪和危害人类罪，以及共谋犯罪（包括纵容部下官兵迫害、摧残、奸淫被占领国居民等）。参见 The United Nations War Crimes Commission, Law Reports of Trials of War Criminals, volume Ⅶ (The *German High Command* Trial), His Majesty's Stationery Office, 1949, p. 5。

② The United Nations War Crimes Commission, Law Reports of Trials of War Criminals, Vol. Ⅶ (The *German High Command* Trial), His Majesty's Stationery Office, 1949, p. 76.

③ Brandy Womack, "The Development and Recent Applications of the Doctrine of Command Responsibility: With Particular Reference to the *Mens Rea* Requirement", *International Crime and Punishment*, *Selected Issues* 101, Vol. 1, 2001, p. 128.

④ Michal Stryszak, "Command Responsibility: How Much Should a Commander be Expected to Know?", *United States Air Force Academy Journal of Legal Studies*, Vol. 11, 2002, p. 49.

⑤ 相关资料参见 Brandy Womack, "The Development and Recent Applications of the Doctrine of Command Responsibility: With Particular Reference to the Mens Rea Requirement", *International Crime and Punishment*, Selected Issues 101, Vol. 1, 2001, p. 128。

确了最高统帅部案与山下奉文案的不同，即山下奉文对其下属的权威或控制并未受到山下将军的上级或国家的限制，而最高统帅部案中的各被告下属的犯罪行为主要是在"被告上级及第三帝国的权威下实施的"。① 因此他们的犯罪行为并非源自其各上级的命令。其次，军事指挥官在明知其下属正在执行一项有罪的上级命令却不采取任何有效措施阻止该下属的行为时，该指挥官"不能洗清自己的国际责任"。② 在此基础上，军事法庭明确提出，"军事上下级关系的存在是确立刑事责任的一个重要因素，而非决定性因素……不能因为上下级关系的存在，而追究上下级链条上每一个人的刑事责任。"③ 在这点上，最高统帅部案法庭与山下奉文案中确立的"严格责任"观点相比有了很大的进步。一方面，进一步明确了指挥官责任中各要件的含义；另一方面，在强调"上下级关系"是上级责任原则适用前提的基础上，还注重对指挥官个人主观心理要件的探究。肯定了"要追究刑事责任，必须要有个人玩忽职守的行为"这一客观事实，同时还要求"指挥官的个人疏忽应当达到肆意的程度"才能最终触发对指挥官责任原则的适用。④

三 东京审判时期的上级责任原则

在之后的东京审判中，远东国际军事法庭首次在其司法判例中将仅适用于军事指挥官的指挥官责任原则扩展到可以适用于民事上级官员，"上级责任原则"就此正式形成。同时，远东国际军事法庭对"上级责任"在犯罪心理要件上的态度更为鲜明：即明确规定适用"应当知道"标准（should have known）。在东京审判的判决书中，第54项罪名（被告命令、领导和允许他人从事违反国际法的行为）和第55项罪名（被告故意或玩忽职守以致并未采取适当行为保护习惯国际法和防止侵犯国际法的行为)⑤ 都直接涉及上级责任原则。

---

① The United Nations War Crimes Commission, Law Reports of Trials of War Criminals, Vol. Ⅶ (The German High Command Trial), His Majesty's Stationery Office, 1949, p. 76.

② Ibid., p. 75.

③ Ibid..

④ Ibid..

⑤ THE TOKYO JUDGMENT (Dr. B. V. A. Röling and Dr. C. F. Rüter eds., 1977), Vol. I, pp. xv - xvi. The counts read: Count 54: The Defendants...ordered, authorized and permitted the（转接下页）

在整个东京审判中,远东国际军事法庭对于松井石根(Iwane Matsui)、① 东条英机(Hideki Tōjō)、② 广田弘毅(Kōki Hirota)③ 和重光葵(Shigemitsu Mamoru)④ 四人的审理将上级责任原则正式纳入非军事领域。其中,首相东条英机因直接参与他人的犯罪行为而被认定为第 54 项罪名"命令、授权和允许对于战俘和其他人的非人道待遇"[ordering, authorizing, and permitting inhumane treatment of Prisoners of War (Pows) and

---

same persons as mentioned in Count 53 to commit the offences therein mentioned and thereby violated the laws of War. Count 55: The Defendants... being by virtue of their respective offices responsible for securing the observance of the said Conventions and assurances and the Laws and Customs of War in respect of the armed forces in the countries hereinafter named and in respect of many thousands of prisoners of war and civilians then in the power of Japan... deliberately and recklessly disregarded their legal duty to take adequate steps to secure the observance and prevent breaches thereof, and thereby violated the laws of war...

① 松井石根,日本帝国时代陆军大将,南京大屠杀主要责任人之一。1945 年,松井石根在日本战败后被列入了"甲级战犯"的名单里被"盟军最高司令部"逮捕,并被远东国际军事法庭起诉。在法庭上,松井石根将日本的侵华战争说成是"兄弟之争"、"哥哥教训不听话的弟弟"等。1948 年 11 月 12 日,远东国际军事法庭判决松井石根在战争中未善尽指挥官职责阻止非人道暴行的进行,因此判以绞刑。相关资料参见 http://zh.wikipedia.org/wiki/%E6%9D%BE%E4%BA%95%E7%9F%B3%E6%A0%B9, 2014 - 02 - 17。

② 东条英机,日本军国主义的代表人物。生于东京,在第二次世界大战任大政翼赞会总裁、日本皇军的陆军大将、陆军大臣和第四十任内阁总理大臣(1941—1944),是第二次世界大战的甲级战犯,任内参与策划珍珠港事件,偷袭美国夏威夷珍珠港,引发美日太平洋战争。战后被处以绞刑。相关资料参见 http://zh.wikipedia.org/wiki/%E4%B8%9C%E6%9D%A1%E8%8B%B1%E6%9C%BA, 2014 - 02 - 17。

③ 广田弘毅,原名广田丈太郎,日本外交官、政治人物。1936 年 3 月 9 日至 1937 年 2 月 2 日任日本首相(第 32 任)。曾任外务大臣(第 49—51、第 55 任),贵族院议员等职位。日本战败后,广田弘毅被远东国际军事法庭定为甲级战犯,判处死刑,是甲级战犯中唯一被判死刑的文官。他被判死刑的一个重要原因是他在南京大屠杀中的指挥官角色。法庭在审理案件时发现,时任外交大臣的广田弘毅,曾将日军在南京的暴行电报至华盛顿的日本大使馆,因此他了解日军的暴行,然而并未阻止。相关资料参见 http://zh.wikipedia.org/wiki/%E5%B9%BF%E7%94%B0%E5%BC%98%E6%AF%85, 2014 - 02 - 17。

④ 重光葵,日本在第二次世界大战结束时的外务大臣,活跃于第一次世界大战以后至第二次世界大战中日韩"满州国"政坛外交和第二次世界大战,长达 40 年,幕后参与甚至主导了许多日本侵略各国统治及外交政策制订,并代表日本与盟国签订投降条约,最著名谋略为利用溥仪建立"满州国"。后来被远东国际军事法庭判为战犯,被判七年有期徒刑。相关资料参见 http://zh.wikipedia.org/wiki/%E9%87%8D%E5%85%89%E8%91%B5, 2014 - 02 - 17。

others] 成立,① 远东国际军事法庭十分罕见地适用上级责任原则中的第一种类型（即指挥官因直接参与下属犯罪行为而承担个人刑事责任）来认定被告罪名成立。在外相广田弘毅和重光葵案中,两被告均因收到关于下属战争犯罪行为的报告,而没有采取任何必要措施防止该犯罪行为的发生而获罪。② 远东国际军事法庭认为,尽管广田弘毅在获得有关"南京大屠杀"的报告之后上报了军部,但他在明知日军在南京的暴行仍在继续的情况下,并未坚决要求内阁下达终止暴行的命令,而是"宁愿相信军部对他做出的'暴行已经停止'的许诺"。与之相类似,被告重光葵也因在"有充分的理由怀疑战俘被虐待的情况下,并未采取应有的措施对事件进行调查"而获罪。③ 在上述案件中,远东国际军事法庭均适用了上级责任原则,指出"由于他们所处的上级地位",他们"因故意和不计后果地忽视他们的法律责任而违反了战争法。"④ 然而,所有判决书却均未就"故意和不计后果地忽视"一词的准确含义进行明确说明。⑤ 此外,远东国际法庭更为看重这些被告"法律上的上级地位"而非"事实上的地位",这也与山下奉文案中备受批判的"严格责任"标准有异曲同工之处。⑥

总的来说,由于缺乏严密和详尽的理论支撑及逻辑推理过程,第二次世界大战之后国际刑事审判机构在涉及上级责任原则的司法判例中备受批判,被认为是"胜利者的正义"(victor's justice)。⑦ 此外,鉴于这一阶段的国际刑事审判机构对于德国、日本指挥官及少量民事上级官员的定罪

---

① THE TOKYO JUDGMENT (Dr. B. V. A. Röling and Dr. C. F. Rüter eds., 1977) Vol. I, p. 463.

② Ibid., p. 458.

③ Ilias Bantekas, *Principles of Direct and Superior Responsibility in International Humanitarian Law*, Manchester: Manchester University Press, 2002, p. 106.

④ 参见 Tokyo Tribunal Judgment, Annex A-6, Indictment, reprinted in 104 THE TOKYO MAJOR WAR CRIMES TRIAL 29, R. John Pritchard ed., 1998, pp. 59-60。

⑤ Tokyo Tribunal Judgment, Verdicts.

⑥ Allison Marston Danner & Jenny S. Martinez, "Guilty Associations: Joint Criminal Enterprise, Command Responsibility, and the Development of International Criminal Law", *California Law Review*, Vol. 93, 2005, p. 124.

⑦ Arthur T. O'Reilly, "Command Responsibility: A Call to Realign the Doctrine with Principles of Individual Accountability and Retributive Justice", *Gonzaga Law Review*, Vol. 49, 2004—2005, pp. 132-133.

量刑适用了不同的标准，致使国际社会很难从中提炼出单一、清晰的上级责任原则定义及上级责任的构成要件。① 可以说，早期的上级责任原则就是单纯依靠不同司法审判机构的判例形成和发展起来的。因此，由于审理案件的司法审判人员对于国际法、国际刑法及相关基本原则的认识和态度不同，该原则必然会出现定义不清、构成要件不统一等问题。但是，也应当看到，尽管很难仅从第二次世界大战后期的国际刑事司法审判实践中获得对指挥官责任原则以及后期的上级责任原则清晰的认识，但毋庸置疑，该原则已经与早期国内刑法及法律文件中的规定相比产生了较大变化。一方面，远东国际军事法庭在审理日本战犯时首次将指挥官责任原则的适用对象扩大到民事上级官员，这为指挥官责任原则向上级责任原则的转变奠定了基础；另一方面，在对指挥官责任心理要件的认识上，虽然实务界尚未完全抛弃山下奉文案中确立的"严格责任"标准，但学界已经开始出现向"知道或有理由知道"标准转换的趋势。对于指挥官责任或上级责任心理要件的理解，也将在几十年之后成立的前南刑庭和卢旺达刑庭等特别国际刑事法庭的实践活动中的得到进一步明晰。

第三节 第二次世界大战后上级责任原则在国际文件中的变化

第二次世界大战之后，国际社会在总结纽伦堡审判和东京审判经验教训的基础上开始了对国际刑事法规的编纂活动。上级责任原则也是通过这一系列的国际立法实践活动而不断充实和发展起来的。

一 《日内瓦第一附加议定书》中关于上级责任原则的规定

1977年的《日内瓦公约第一附加议定书》(Protocol I Additional to the Geneva Conventions of 12 August 1949 and relating to the Protection of Victims of International Armed Conflicts，以下简称《日内瓦第一议定书》)成为第

---

① Compare Hostage Case, 11 TRIALS OF WAR CRIMINALS BEFORE THE NUERNBERG MILITARY TRIBUNALS 757, 1303 (1950) with Tokyo Tribunal Judgment, Annex A – 6, Indictment, reprinted in 104 THE TOKYO MAJOR WAR CRIMES TRIAL 29 at 49773 – 858.

二次世界大战之后首个纳入"上级责任原则"的国际性条约。①《日内瓦第一议定书》第 86 条第 2 款中规定"部下破坏各公约或本议定书的事实,并不使其上级免除按照情形所应负的刑事或纪律责任,如果上级知悉或有情报使其能对当时情况做出结论,其部下是正在从事或将要从事这种破约行为,而且如果上级不在其权力内采取一切可能的防止或取缔该破约行为的措施。"① 也是从此公约议定书开始,上级责任原则开始被正式列入国际性文件,并成为习惯国际法的一部分。②

《日内瓦第一议定书》的缔约国均承认该议定书中所规定的上级责任原则条款"与现存国际法原则相一致。"③ 具体而言,《日内瓦第一议定书》第 86 条④和第 87 条⑤对上级责任原则做了明确规定。首先,第 86 条

---

① 参见 Protocol I Additional to the Geneva Conventions of 12 August 1949 and relating to the Protection of Victims of International Armed Conflicts, June 8, 1977, art. 86, 1125 U. N. T. S. 3; Timothy Wu and Yong‑Sung Kang, "Criminal Liability for the Actions of Subordinates – the Doctrine of Command Responsibility and its Analogues in United States Law", *Harvard International Law Journal*, Vol. 38, 1997, pp. 272, 276。

① 相关资料参见 http://www.icrc.org/chi/resources/documents/misc/additional_protocol_1.htm, 2014‑03‑23。

② A. P. V. Rogers, *Law on the Battlefield*, p. 190, Manchester: Manchester University Press, 2004.

③ 参见 ICRC, Commentary on Protocol Additional to the Geneva Conventions of 12 August 1949, and Relating to the Protection of Victims of International Armed Conflicts (Protocol I), ¶3541 (June 8, 1977), http://www.icrc.org/ihl.nsf/COM/470‑750112? OpenDocument., ¶3529。

④ 《日内瓦第一议定书》第 86 条:"Failure to act. 1. The High Contracting Parties and the Parties to the conflict shall repress grave breaches, and take measures necessary to suppress all other breaches, of the Conventions or of this Protocol which result from a failure to act when under a duty to do so. 2. The fact that a breach of the Conventions or of this Protocol was committed by a subordinate does not absolve his superiors from penal or disciplinary responsibility, as the case may be, if they knew, or had information which should have enabled them to conclude in the circumstances at the time, that he was committing or was going to commit such a breach and if they did not take all feasible measures within their power to prevent or repress the breach."

⑤ 《日内瓦第一议定书》第 87 条: "Duty of commanders. 1. The High Contracting Parties and the Parties to the conflict shall require military commanders, with respect to members of the armed forces under their command and other persons under their control, to prevent and, where necessary, to suppress and to report to competent authorities breaches of the Conventions and of this Protocol. 2. In order to prevent and suppress breaches, High Contracting Parties and Parties to the conflict shall require that, commensurate with their level of responsibility, commanders ensure that members of the armed forces (转接下页)

第 2 款中规定"部下破坏各公约或本议定书的事实,并不使其上级免除按照情形所应负的刑事或纪律责任……"表明该议定书已经不再将上级责任或指挥官责任看成一种共犯的刑事责任,而将其从参与犯罪的一种行为方式演变为自成一体的责任形式,即指挥官或民事上级官员仅因其不作为行为而承担独立的责任。其次,该条款进一步明确了上级人员承担上级责任时的犯罪心理要件,即"如果上级知悉或有情报使其对当时情况做出结论,其部下是正在从事或将要从事这种破约行为"。① 该议定书强调确认应承担上级责任行为的犯罪心理要件是"有理由知道"标准(if they knew of had information which should have enabled them to conclude...)而非"必须知道"标准(must have know),彻底否定了之前美国军事法庭在山下奉文案中所确立的严格责任原则。最后,在适用条件上,该条款要求"上级在其权限范围内采取一切可能的防止或取缔破约行为的措施(take all feasible measures within their power)"。② 一方面,表明缔约国在《日内瓦第一议定书》中进一步明确了上级责任原则的适用范围;另一方面,该议定书反对美国军事法庭在山下奉文案中提出的,指挥官应对其下属的所有犯罪行为负责的观点,强调指挥官应合理、有限度地承担领导责任。可以说,这样的规定更加符合当今国际刑事司法实践经验。然而,对于《日内瓦第一议定书》在应承担上级责任行为犯罪心理要件方面的规定,国际社会也有一些不同的意见。红十字国际委员会在对《日内瓦第一议定书》第 86 条的"一般性意见"中就认为"特别是在上级坚持否认知道下属犯罪行为的时候,确定指挥官的心理要件是非常困难的"。③ 总的来

---

under their comm and are aware of their obligations under the Conventions and this Protocol. 3. The High Contracting Parties and Parties to the conflict shall require any commander who is aware that subordinates or other persons under his control are going to commit or have committed a breach of the Conventions or of this Protocol, to initiate such steps as are necessary to prevent such violations of the Conventions or this Protocol, and, where appropriate, to initiate disciplinary or penal action against violators thereof."

① 相关资料参见 http://www.icrc.org/chi/resources/documents/misc/additional_protocol_1.htm, 2014-03-23。

② 《日内瓦公约第一附加议定书》,见联合国大会文件, UN. Doc. A/32/144 Annex 1。

③ 参见 ICRC Comment 3541 to Art. 86, Additional Protocol I relating to the Protection of Victims of International Armed Conflicts, 1977, 1125 UNTS 3. "The strongest objection which could be raised against this provisionperhaps consists in the difficulty of establishing intent '(mens rea)' (24) in case of a failure to act, particularly in the case of negligence。"

说,《日内瓦第一附加议定书》中的关于上级责任原则的上述规定已经与第二次世界大战后初期国际社会对于该原则的理解有了很大的进步。该条款的规定对于30年后通过的《前南刑庭规约》及《卢旺达刑庭规约》中关于上级责任原则的规定产生了深远影响。①

二 国际刑事司法机构规约的规定

(一)《前南刑庭规约》和《卢旺达刑庭规约》中的规定

20世纪90年代开始,《前南刑庭规约》以及《卢旺达刑庭规约》分别在"个人刑事责任"(individual criminal responsibility)条款下对"上级责任"(superior criminal responsibility)予以概括性规定,且并未将上级责任原则适用对象限定为军事指挥官。上述规定如下:

> 第6条第3款 如果一个部下犯下本规约第2至4条所指的任何行为,而他的上级知道或应当知道部下将有这种犯罪行为,或者已经犯罪而上级没有采取合理的必要措施予以阻止或处罚犯罪者,则不能免除该上级的刑事责任。(《卢旺达刑庭规约》)

> 第7条第3款 如果一个部下犯下本规约第2至第5条所指的任何行为,而他的上级知道或应当知道部下将有这种犯罪行为或者已经犯罪而上级没有采取合理的必要措施予以阻止或处罚犯罪者,则不能免除该上级的刑事责任。(《前南刑庭规约》)

从上文中可以看出,两规约对于上级责任原则的规定用语完全相同。对于此类表述的内容,联合国秘书长在《秘书长报告》(Report of the Secretary-General)中予以肯定。"基于现行规约的内容,如果一位上级官员发布实施犯罪的违法命令,他就应当承担个人刑事责任。如果他未能阻止下属的犯罪或违法行为,也应承担个人刑事责任。如果上级知道或有理由知道下属即将或者已经实施犯罪,却不能采取必要和合理的措施来防止、制止这些罪行的实施,或者对犯罪者进行惩罚,他就具备了犯罪疏忽,应

---

① ICTY Statute, art. 7, sec. 3.

第五章 跨国公司高管的上级责任

承担刑事责任。"① 可以说，在法律文本层面，两刑庭规约已正式将上级责任原则的适用范围从只适用于军事指挥官延伸至包括民事上级官员在内的军事和非军事上级。此外，由于《卢旺达刑庭规约》针对的是国内武装冲突，因此，《卢旺达刑庭规约》也正式明确上级责任原则可适用于国内武装冲突。

（二）《罗马规约》中的规定

1996 年，国际法委员会提交的《危害人类和平及安全治罪法草案》(Draft Code of Crime Against the Peace and Security of Mankind，以下简称《治罪法草案》）中第 6 条②关于"上级责任"的规定应属当代国际刑法在上级责任原则问题上的集大成者。

> 第 6 条 上级官员的责任。从事危害人类和平与安全罪的行为由一下级人员做出并不能免除其上级领导人员的刑事责任。如果在当时的情况下，该上级领导人员知道或有理由知道此下级人员正在从事或将要从事这些犯罪活动，而他们并未在其权限范围之内采取任何合理的措施去阻止或压制此类犯罪行为，那么该名上级人员应当承担上级领导责任。③

> (*Article* 6 *Responsibility of the superior. The fact that a crime against the peace and security of mankind was committed by a subordinate does not relieve his*

---

① 王新：《论国际刑法中的上级责任原则》，《河北法学》2010 年第 6 期。Report of the Secretary – General pursuant to paragraph 2 of Security Council Resolution 898 (1993), U. N. Doc S/25704 (1993)。

② 国际法委员会向第 51 届联合国大会提交的报告，1996 年 5 月 6 日。UN GAOR, NO. 10 (A/51/10). Article 6. "Responsibility of the superior: The fact that a crime against the peace and security of mankind was committed by a subordinate does not relieve his superiors of criminal responsibility, if they knew or had reason to know, in the circumstances at the time, that the subordinate was committing or was going to commit such a crime and if they did not take all necessary measures within their power to prevent or repress the crime。"

③ 由于《治罪法草案》并无官方中文作准文本，故为便于读者理解，笔者将翻译之后的中文条款列出。同时，为防止因笔者翻译问题影响读者对于该条款的理解，在中文翻译条款之后也列出了该草案英文作准文本。如读者对此中文翻译文本理解有异议，应以下文中的英文正式文本为准。

superiors of criminal responsibility, if they knew or had reason to know, in the circumstances at the time, that the subordinate was committing or was going to commit such a crime and if they did not take all necessary measures within their power to prevent or repress the crime.)①

首先,《治罪法草案》第6条首次在国际性文件中明确使用"上级官员的责任"的措辞（Responsibility of the Superior）。与之前涉及指挥官责任原则的国际性文件相比,《治罪法草案》并未将该"上级官员的责任"条款纳入"个人刑事责任"条款项下,而采单列式。表明国际社会对于将上级责任原则作为一种单独的责任形式的一种肯定的态度。其次,第6条中仅提到"上级"（superior）一词,而非指挥官（commander）,表明国际法委员会已经承认将主要适用于军事指挥官的规定扩大到民事上级官员或行政领导人这一观点。自此之后,在绝大多数涉及上级责任原则的国际性文件中,都统一使用"上级责任原则"并已形成传统。再次,该条款并未明确规定上级责任原则的适用范围,即并未排斥将该原则适用于非战时。这种规定更加适应当代国际社会的发展环境。最后,该条款对犯罪人的犯罪心理要件做出明确规定,即适用"知道或有理由知道"标准（knew or had reason to know）。有学者认为,《治罪法草案》对上级责任原则如此详尽的规定,为其后制定的《罗马规约》奠定了重要的法律基础。②

《治罪法草案》公布两年后,《罗马规约》在联合国国际刑事法院全权代表外交会议上获得通过。学界普遍认为,《罗马规约》中第28条③

---

① Draft Code of Crime Against the Peace and Security of Mankind, 51 UN GAOR Supp. (No. 10) at 14, U. N. Doc. A/CN. 4/L. 532, corr. 1, corr. 3 (1996).

② 刘大群:《论国际刑法中的上级责任原则》,《国际刑法评论（第三卷）》,中国人民公安大学出版社2009年版,第9页。

③ 《罗马规约》,第28条: "Responsibility of commanders and other superiors. In addition to other grounds of criminal responsibility under this Statute for crimes within the jurisdiction of the Court: (a) A military commander or person effectively acting as a military commander shall be criminally responsible for crimes within the jurisdiction of the Court committed by forces under his or her effective command and control, or effective authority and control as the case may be, as a result of his or her failure to exercise control properly over such forces, where (i) That military commander or person either knew or, owing to the circumstances at the time, should have known that the forces were committing or about to commit such crimes; and (ii) That military commander or person failed to take all necessary and reasonable （转接下页）

关于"上级责任"的规定被认为是"集合了各国法学家的智慧,全面地总结了以往国际刑事审判机构的实践与经验,成为指导国际刑事司法实践和研究上级责任原则的重要资料。"① 下文即为《罗马规约》第 28 条原文:

指挥官和其他上级的责任

除根据本规约规定须对本法院管辖权内的犯罪负刑事责任的其他理由以外:

(一)军事指挥官或以军事指挥官身份有效行事的人,如果未对在其有效指挥和控制下的部队,或在其有效管辖和控制下的部队适当行使控制,在下列情况下,应对这些部队实施的本法院管辖权内的犯罪负刑事责任:

1. 该军事指挥官或该人知道,或者由于当时的情况理应知道,部队正在实施或即将实施这些犯罪;和

2. 该军事指挥官或该人未采取在其权力范围内的一切必要而合理的措施,防止或制止这些犯罪的实施,或报请主管当局就此事进行调查和起诉。

---

measures within his or her power to prevent or repress their commission or to submit the matter to the competent authorities for investigation and prosecution. (b) With respect to superior and subordinate relationships not described in paragraph (a), a superior shall be criminally responsible for crimes within the jurisdiction of the Court committed by subordinates under his or her effective authority and control, as a result of his or her failure to exercise control properly over such subordinates, where: (i) The superior either knew, or consciously disregarded information which clearly indicated, that the subordinates were committing or about to commit such crimes; (ii) The crimes concerned activities that were within the effective responsibility and control of the superior; and (iii) The superior failed to take all necessary and reasonable measures within his or her power to prevent or repress their commission or to submit the matter to the competent authorities for investigation and prosecution." 相关资料参见 http://www.icc-cpi.int/nr/rdonlyres/ea9aeff7-5752-4f84-be94-0a655eb30e16/0/rome_statute_english.pdf, 2014-02-17。

① 刘大群:《论国际刑法中的上级责任原则》,《国际刑法评论(第三卷)》,中国人民公安大学出版社 2009 年版,第 10 页。

(二) 对于第一款未述及的上下级关系，上级人员如果未对在其有效管辖或控制下的下级人员适当行使控制，在下列情况下，应对这些下级人员实施的本法院管辖权内的犯罪负刑事责任：

1. 该上级人员知道下级人员正在实施或即将实施这些犯罪，或故意不理会明确反映这一情况的情报；

2. 犯罪涉及该上级人员有效负责和控制的活动；和

3. 该上级人员未采取在其权力范围内的一切必要而合理的措施，防止或制止这些犯罪的实施，或报请主管当局就此事进行调查和起诉。[①]

可以说，《罗马规约》是世界上第一部明确规定上级责任原则可以适用于除军事指挥官之外的其他主体的国际性文件，对于上级责任原则的发展具有非常重大的意义。第一，与《治罪法草案》的立法体例相同，为突出上级责任原则在国际刑法一般原则中的重要性，《罗马规约》使用单独条款专门规定该原则，而并未将其作为"个人刑事责任"的附属条款。不仅体现了国际社会对于追究上级官员不作为责任的决心，也表明上级责任原则在当今国际刑法理论中地位的提升。第二，在适用对象上，第28条标题措辞为"指挥官和其他上级的责任"（Responsibility of commanders and other superiors），第一次在国际性文件中明确了该原则的适用对象包括军事指挥官和其他上级人员。这不仅为国际刑事法院审理涉及跨国公司高管"领导责任"的案件提供了法律基础，也为其他国际刑事法庭在相关案件中的审理提供了理论依托。第三，在适用形式上，将军事指挥官和其他上级人员的责任承担方式区别对待。对于"军事指挥官或以军事指挥官身份有效行事的人"，《罗马规约》要求其在"有效指挥和控制"（effective command and control）的情况下对其下属部队实施的犯罪负刑事责任；而对于"其他上级人员"则要求其在对下属"有效管辖或控制"（effective authority and control）的情况下，对下级人员实施的犯罪行为负

---

① 相关资料参见 http：//www.un.org/chinese/work/law/Roma1997.htm，2014-02-24。

刑事责任。这样做的一个突出效果就是，使得法官在适用上级责任原则审理相关案件时更加"顺手"。法官可以有的放矢地针对审理对象的不同，适用不同条款的规定，避免出现之前刑事法院规章中出现的"胡子眉毛一把抓"的情况。第四，区分军事和非军事上级的犯罪心理要件。《罗马规约》对军事指挥官确立的心理要件明显低于民事上级。也就是说，即使检察官无法确定证明军事指挥官是否真正"知道或有理由知道"下属的犯罪行为，但只要能够证明其"由于当时的情况理应知道"，法院即可认定其罪名成立；而对于其他上级人员，则要求检察官证明该上级人员存在"知道或故意不理会"（knew, or consciously disregarded）的心理状态才有可能定罪。[①] 就此问题，红十字国际委员会也提出自己的看法。红十字国际委员会认为，"如果民事上级或军事指挥官自愿对此类暴行保持沉默，那么他们是不可能不对暴行的发生承担责任的。事实上，第二次世界大战之后部分国际刑事法庭对于战争犯的审理也肯定了上述观点。因此，可以认定，在考虑到所有现实情况的基础上，对于指挥官或民事上级的犯罪心理是可以通过推断来确定的。"[②] 应该说，《罗马规约》制定之后，由于《罗马规约》自身对于上级责任原则在概念上和适用范围等方面规定更为专业和明确，基本解决了该原则在之前国际刑事司法实践中所遇到的难点和热点问题，为上级责任原则在新的历史时期的进一步向前发展助力不小。

第四节 国际刑事司法实践中跨国公司高管的上级责任

一 概述

如上所述，早在第二次世界大战之后，纽伦堡审判和东京审判中就已经开始将上级责任原则适用于民事上级官员犯罪中。当时，两大国际

[①] 《国际刑事法院罗马规约》（ICCSt.），1998年7月17日联合国设立国际刑事法院全权代表外交会议通过，http://www.un.org/chinese/work/law/Roma1997.htm, 2013-09-28。

[②] ICRC Comment 3546 to Art. 86, AP I.

军事法庭曾经判定内阁阁员、政府官员,甚至私人企业家对于其下属的犯罪行为承担刑事责任。[1] 与之相比,现代国际刑事司法审判机构对于是否能够将"上级责任原则的适用对象扩展到民事上级"则持较为犹豫的态度。随着国际刑法理论界和实务界对于上级责任原则适用范围限制的不断放松,使得国际刑事司法审判活动在审理涉及跨国公司的国际犯罪案件时表现更为积极主动。

事实上,国际社会试图通过国际刑法来加强对跨国公司行为的规制的愿望始终没有改变。这与跨国公司及国际社会的发展有很大关系。现今众多跨国公司所拥有的财富已经超过大部分不发达国家甚至发展中国家的国内生产总值(GDP),它们拥有比其东道国更强的经济实力和政治上的影响力。[2] 与发达国家相比,跨国公司的这种在政治上、法律上和社会上的巨大影响在发展中国家或不发达国家表现地更为突出。一方面,跨国公司可以将其影响力转化为推动当地经济、法治发展和提高当地民众生活水平的积极推动力;另一方面,当跨国公司的高管人员仅以"公司的利益最大化"为其行动的唯一准则时,他们的行为可能仅从提高公司利润出发,进而对当地民众及社会、环境等方面产生非常恶劣的后果。在后一种情况下,涉案跨国公司的高管人员可能被国际刑法通过上级责任原则追究其相应的国际刑事责任。近年来,在国际刑事司法实践活动中,涉及跨国公司高管的国际犯罪案件呈上升趋势。

基于联合国安理会的相关决议,前南刑庭和卢旺达刑庭分别于1993年和1994年成立。[3] 两大特别刑庭规约都在"个人刑事责任"项下对"上级责任原则"进行了规定。具体而言,《前南刑庭规约》第7条第3款规定,"罪行由下属所犯的事实并不能免除其上级的刑事责任:上级未能采取必要且合理的措施防止犯罪,或在事后惩罚作为其下属的

---

[1] Beth Van Schaack and Ronald C. Syle, *International Criminal Law and Its Enforcement: Cases and Materials*, New York: Foundation Press, 2007, p. 652.

[2] Miriam Saage - MaaB & Wiebke Golombek, "Transnationality in Court: In Re South African Apartheid Litigation", 02 - MDL - 1499, U. S. District Court, Southern District of New York (Manhattan), *European Journal of Transnational Law Studies*, Vol. 2, 2010, p. 12.

[3] R. MacKenzie, et al. , *The Manual on International Courts and Tribunals*, Oxford: Oxford University Press, 2010, p. 185.

犯罪人。"①《卢旺达刑庭规约》第 6 条第 3 款中的表述与《前南刑庭规约》的规定完全一致。联合国专家委员会在谈到《前南刑庭规约》对上级责任原则的规定时指出，"之前的指挥官责任原则关注的重点是军事指挥官，因为只有军队内部才存在此种严格的上下级关系……然而，对于政治领袖、公务员和公司高级管理人员等来说，也有可能在一定情况下基于上级责任而承担相应法律责任。"②

可以说，第二次世界大战之后的很长一段时期里，国际刑事司法审判机构在涉及上级责任原则问题（当时还被称为"指挥官责任原则"）时的审理重点仍是军事指挥官。直到 20 世纪 90 年代之后，上级责任原则才开始出现在两大特别国际刑事法庭的司法判例中，与此同时，人们对该原则的认识也开始发生微妙的变化。目前，多个特别国际刑事司法审判机构已经多次重申上级责任原则不仅适用于军事指挥官，还适用于非军事上级，即民事上级官员（包括公司高管）。③ 产生上述观点的主要原因即在于，以跨国公司为首的世界经济新兴主体越来越多地参与到国际和驻在国事务中来。实践证明，跨国公司巨大的影响力，以及强大的经济和政治实力使得如果其参与到国际犯罪活动中，后果是不堪设想的。有学者就此指出，民事上级官员对于其共谋行为或玩忽职守的行为所应承担的责任并不应小于军事指挥官。④

随着上级责任原则在国际刑事司法实践中作用的不断提升，不少国际刑事司法审判机构已经在其判决书中明确指出，上级责任原则或指挥官责任原则属于习惯国际法的一部分。从 20 世纪 90 年代开始，前南刑庭上诉庭已经开始承认上级责任原则可以被适用于民事上级官员，并将该原则纳入当时习惯国际法的一部分。⑤ 前南刑庭上诉庭曾在判决中承认《日内瓦第一议定书》关于上级责任原则的规定是对于已存国际法原则和习惯国

---

① Art. 7（3）ICTYSt.

② UN Expert Commission Report dated 27 May 1994, S/1994/674, para. 57, www. unote. org, 2013 - 10 - 19.

③ *Celibici*, Trial Chamber Judgment, p. 376. *Prosecutor v. Kayishema & Ruzindana*, Case No. 95 - 1 - T, Judgment and Sentence, pp. 209, 213 - 216（ICTR May 21, 1999）.

④ Steven R. Ratner & Jason S. Abrams, *Accountability for Human Rights Atrocities in International Law: Beyond the Nuremberg Legacy*, Oxford University Press, 1997, pp. 128 - 129.

⑤ *Celebici* Appeal Judgment, ¶195.

际法的重申，而并非创造新的责任承担模式。① 在穆翁尼案（Muvunyi）② 中，卢旺达刑庭也曾指出"《卢旺达刑庭规约》第6条第3款中的指挥官责任或上级责任属于习惯国际法的组成部分，并已经在日内瓦公约及国际人道法中有明确规定。"③ 塞拉利昂特别法庭与柬埔寨法院特别法庭宪章中也沿用了上述原则。④ 2010 年，柬埔寨法院特别法庭（Extraordinary Chambers in the Courts of Cambodia，ECCC）在康克由案［Kaing Guek Eav，别名杜克（Duch）］中也曾作出如下判决，被告杜克（S-21 号战俘营的民事领导人）应当对在其控制下下属的犯罪行为承担刑事责任。⑤ 此外，该法庭还间接承认了上级责任原则可适用于民事上级属于习惯国际法的一部分。之后的2011 年，ECCC 又在英沙利案（Ieng Sary）⑥ 及英蒂利上诉案（Ieng Thirith）⑦ 中重申了上述观点，即1975 年到1979 年，上级责任原则已经被作为个人刑事责任的适用方式应用于民事上级和军事指挥官参与的国际犯罪活动中。⑧

二 上级责任原则在前南刑庭的新发展

（一）概述

20 世纪90 年代之后，卢旺达刑庭及前南刑庭被认为是首个明确承认

---

① *Prosecutor v. Hadzihasanovic*, Case No. IT - 01 - 47 - AR72, Decision on Interlocutory Appeal Challenging Jurisdiction in Relation to Command Responsibility, ¶29（Int'l Crim. Trib. for the Former Yugoslavia July 16, 2003）.

② *The Prosecutor v. Tharcisse Muvunyi*, Case No. ICTR - 2000 - 55A - I.

③ Human Rights Watch, Genocide, War Crimes and Crimes against Humanity: A Digest of the Case Law of the International Criminal Tribunal for Rwanda, 2010, p. 263, http://www.hrw.org/sites/default/files/reports/ictr0110webwcover.pdf, 2014 - 02 - 09.

④ Article 6（3）Statute for the Special Court of Sierra Leone, Aug. 14, 2000; Article 29 Law on the Establishment of the Extraordinary Chambers in the courts of Cambodia for the prosecution of crimes committed during the period of democratic Kampu - chea, Oct. 27, 2004.

⑤ *Prosecutor v. Duch*, Case No. 001/18 - 07 - 2007/ECCC/TC, Judgment, ¶¶548 - 549（July 26, 2010）.

⑥ *Prosecutor v. Ieng Sary*, Case No. 002/19 - 09 - 2007 - ECCC/OCIJ（PTC75）, Decision on Ieng Sary's Appeal Against the Closing Order, ¶¶399（Apr. 11, 2011）.

⑦ *Prosecution v. Ieng Thirith*, Case No. 002/19 - 09 - 2007 - ECCC/OCIJ（PTC 145 & 146）, Decision on Appeals by Nuon Chea and Ieng Thirith against the Closing Order, ¶¶186（Feb. 15, 2011）.

⑧ *Prosecution v. Ieng Thirith*, ¶¶460, 232.

上级责任原则能够扩展适用于民事上级官员的国际刑事审判机构。[1] 上级责任原则也在前南刑庭的司法实践活动中有了进一步的发展。其中，前南刑庭审判庭和上诉庭在切莱比契案（Čelebići）中对上级责任原则适用对象、上级责任犯罪心理要件及"有效控制"标准等问题的分析进一步明确了相关概念和要件的组成成分，并已经成为国际刑法学界和实务界在此问题上的经典表述。此外，前南刑庭还再次明确了上级责任原则的适用范围。在德拉里奇案（Delalic）[2] 中，前南刑庭上诉庭表示"军事上级和其他上级都有可能对于其下属的犯罪行为承担刑事责任这一原则已经在习惯国际法中确立下来"（well-established）。[3] 对于"指挥"（command）一词的使用问题，上诉庭认为，一般应当与军事指挥官有关；而"控制"（control）一词，则包含更为广泛的含义，可以扩张解释为涵盖民事上级官员在内。[4]

综观前南刑庭判例，所有涉及上级责任原则的案件都存在一定程度的军事背景，涉及跨国公司员工犯罪的案件更是少之又少。然而，前南刑庭对其他民事上级人员行为的刑事追究却并不少见，也是值得借鉴的。其中，以切莱比契案（Čelebići）[5] 和阿列克索夫斯基案（Aleksovski）[6] 最为

---

[1] *Prosecutor v. Delialic (Celebici)*, Case No. IT-96-21-T, Trial Judgment, ¶377 (Int'l Crim. Trib. for the Former Yugoslavia Nov. 16, 1998). *Prosecutor v. Kayishema & Ruzindana*, Case No. ICTR-95-1-T, Judgment, ¶213 (May 21, 1999). *Prosecutor v. Musema*, Case No. ICTR-96-13-T, Judgment, ¶148 (Jan. 27, 2000).

[2] *Prosecutor v. Delalic et al.*, Case No. IT-96-21-A, Appeals Chamber Judgement (Feb. 20, 2001).

[3] *Delalic*, at 195.

[4] *Delalic*, at 196.

[5] 切莱比契案：本案中的四被告分别为泽尼尔·德拉力奇（Zejnil Delalic）、兹拉夫科·穆其奇（Zdravko Mucic）、哈兹姆·戴立奇（Hazim Delic）和艾萨德·兰卓（Esad Landzo）。1992年5—11月，四人负责管理切莱比契监狱和在押人员的安全（其中，德拉力奇负责对切莱比契监狱及其在押人员的安全、穆其奇是切莱比契军营的狱长、戴立奇是副狱长、兰卓是切莱比契监狱的警卫人员）。起诉书指控被告人德拉力奇与穆其奇对于故意杀人、谋杀、酷刑、不人道待遇以及故意使他人身体或健康遭受重大痛苦或严重伤害的行为负有上级责任。案例号：IT-96-21，审判庭（THE TRAIL CHAMBER）于1998年11月16日一审判决，上诉庭（THE APPEAL CHAMBER）于2001年2月20日二审判决，审判庭与2001年10月9日判决，上诉庭于2003年4月8日判决。

[6] 阿列克索夫斯基案：被告萨拉多·阿列克索夫斯基（Zlatko Aleksovski）在波斯尼亚战争中曾任监狱长（prison commander）。1995年11月，前南刑庭指控阿列克索夫斯基对在（转接下页）

著名。以切莱比契案中确定的相关理论为基础，前南刑庭系统明晰了上级责任原则在司法审判中常遇到的难点和重点问题。同时，切莱比契案（Čelebići）也被认定为是国际刑事司法实务界将上级责任原则只能适用于"军事指挥官"的观念彻底根除的典型范例。① 这些都推动了上级责任原则在未来国际司法实践活动中的深入发展。

（二）"事实上的领导"问题

在切莱比契案中，前南刑庭最先回答了"是否仅存在事实上的领导地位（a de facto position of authority）就能满足上级责任原则"这一先决问题。

首先，审判庭肯定"事实上的"（de facto）领导也可适用于上级责任原则。② 就此问题，法院认为，在确定上下级关系时，法院更看重的是实际领导人对于下属行为的控制能力，而非指挥官的正式身份。③ 这一观点形成的原因也与前南斯拉夫国内较为动荡的局面相契合。尤其是在前南斯拉夫面临内战时期，其国内正处于缺乏正式的、法律上的领导结构的混乱局面。在这种动荡的政局下，如还单方面追求被告必须具有"法律上"或"正式授权"身份，那么很多案件均会因被告身份的"不适格"而被驳回起诉，这对于前南刑庭建立的宗旨，即"对犯有罪行的人绳之以法，有助于恢复与维持和平"④ 是格格不入的。

具体而言，对于被告兹拉夫科·穆其奇（Zdravko Mucic）是否具备"事实上的领导地位"，审判庭主要考虑了检察官所提出的以下七点证据：（1）从1992年7月27日起，穆其奇就知道（acknowledgment）自己拥有对于切莱比契集中营（Celebici camp）的管辖权；（2）有证据显示穆其奇

押犯人施行不人道待遇、严重侵犯在押犯人人格尊严，并故意对其身体和健康造成严重伤害，且应对其行为承担个人刑事责任和上级责任。阿列克索夫斯基最终被认定有罪并判处7年有期徒刑。

① Prosecutor v. Delalic, Case No. IT-96-21-T, Trial Chamber Judgment, (ICTY Nov. 16, 1998), on appeal, Case No. IT-96-21-A, Appeals Chamber Judgment (ICTY Feb. 20, 2001), http://www.un.org/icty/celebici/trialc2/judgement/part1.htm; ICTY Statute, art. 7; ICTR Statute, art. 6.

② Delalic, at 139-140.

③ Delalic, at 139-140.

④ 前南斯拉夫问题国际刑事法庭背景概况：http://www.un.org/zh/law/icty/，2014-03-23。

曾经行使其"有限的"权力禁止下属虐待集中营囚犯或曾惩罚下属虐待的行为；（3）穆其奇的下属具有向其隐瞒（conceal）虐待囚犯的行为；（4）有证据显示当穆其奇在集中营时，集中营的管理机制和奖惩机制比他不在集中营时"远远严格"（far greater）；（5）同案犯戴立奇（Delic）曾告诉集中营囚犯穆其奇是集中营的军事领导；（6）有证据显示穆其奇曾经负责安排犯人的转运、决定犯人是否继续收监或直接释放；（7）其有权力控制警卫。该案上诉庭完全认可审判庭提出的上述证据，并基于这些证据驳回被告上诉理由，判定穆其奇在案件发生时对于切莱比契集中营享有"事实上的"领导权力。①

其次，在该案中，审判庭还强调在涉及民事上级官员时，特别需要满足以下前提才能适用上级责任原则，即"民事上级对下级的行为必须具有与军事指挥官相类似的控制力。"② 对于这一观点，前南刑庭在该案的上诉意见中也作出了进一步解释，"事实上的"领导只有在对下属存在"有效控制"（effective control）的情况下才具有承担上级责任的能力。③

之后，前南刑庭在阿列克索夫斯基案（Aleksovski）中进一步明确了民事上级人员承担上级责任的构成要件。与切莱比契案相类似，阿列克索夫斯基案的被告萨拉多·阿列克索夫斯基（Zlatko Aleksovski）也是某监狱的"事实上的"非军事上级，其主要工作是负责监狱在押犯人和平民的安全。有明确证据显示，在现实生活中，阿列克索夫斯基对监狱工作人员、保卫人员享有"事实上"（de facto）的领导权威及威慑力。在该案中，处于事实上领导地位的被告在明知其管辖范围内的监狱中出现大量监狱工作人员虐待在押犯人的情况时，并未采取任何行动，而被告的此种不作为的行为直接导致了监狱暴行的大幅升级。除此之外，被告还直接参与到此类暴行活动之中。④ 在本案中，前南刑庭基本完全适用切莱比契案中

---

① *Delalic*, at 206.

② *Delalic*, at 140.

③ *Čelebići*, AJ § 197. The Chamber relied in this respect on *Prosecutor v. Aleksovski* which had been decided the previous year. 参见 Judgment, *Prosecutor v. Aleksovski*, (IT-95-14-/1-A), Appeals Chamber, 24 March 2000 (*Aleksovski* AJ), §§ 76—77。

④ *Prosecutor v. Delalić et al.*, Case No. ICTY-96-21-T, Trial Judgment (Nov. 16, 1998), ¶¶ 734, 1240, 1243. *Prosecutor v. Zlatko Aleksovski*, Case No. ICTY-95-14/1, Trial Judgment (June. 25, 1999).

关于上级责任原则的观点,并在一定程度上进一步明晰了上级责任原则中的一些细节问题。应该说,前南刑庭在切莱比契案中对于上级责任原则发展的最大贡献,并不在于其将该责任的内涵表达的多么清楚,而在于审判庭和上诉庭在案件审理和审判过程中对于第二次世界大战以来所有涉及上级责任原则的刑事司法审判判例进行了全面、系统的归纳和总结。这不仅为后人在研究上级责任原则问题时提供了极好的文献资料,还从根本上肯定了该原则在习惯国际法中的关键地位。

(三)"有效控制"问题

在"有效控制"问题上,前南刑庭也在其司法判例中表达了自己的观点。在塔迪奇案(Tadic)中,前南刑庭上诉庭援引国际法院(International Court of Justice, ICJ)在尼加拉瓜案(Nicaragua)[1]中的观点,肯定了国际法院在该案中就"有效控制"问题的表态。

1983年底至1984年初,美国派人在尼加拉瓜的布拉夫、科林托、桑提诺等港口附近布雷,布雷范围包括尼加拉瓜的内水和领海。这种布雷活动严重威胁了尼加拉瓜的安全和航行自由,并已造成了重大的事故和损失。1984年4月,尼加拉瓜国政府向国际法院提出请求书,对美国政府的上述行为提出指控。尼加拉瓜请求国际法院判定美国的行为构成非法使用武力和以武力相威胁、干涉尼加拉瓜内政和侵犯其主权,并请求该法院责令美国立即停止上述行为并对造成的损失予以赔偿等。该案的争议点在于,美国政府"训练、武装、提供资金及物资"的行为是否构成对该国反政府武装的"帮助和煽动"。国际法院认为,如若要证明美国政府对上述行为负责,则应以其对于上述行为存在"有效控制"为前提。在尼亚加拉案中,尽管美国政府为反政府武装提供大量物资援助,但法院仍认为,此种援助不能满足"有效控制"标准。

类似的探讨并未结束。布拉斯基奇案(Blaskic)[2]的审判庭和上诉庭对确立"有效控制"的标准问题也展开了激烈的讨论。在该案审判庭庭审过程中,检察官认为,被告曾做出的编号为D269的命令(D269 order)

---

[1] Case Concerning Military and Paramilitary Activities in and against Nicaragua (Nicaragua v. United States of America), Merits, Judgement of 27 June 1986, ICJ Report 14.

[2] Prosecutor v. Tihomir Blaskic, Case No. IT – 95 – 14 – A, Appeals Chamber Judgment (July 29, 2004).

中明确要求"在任何公开袭击穆斯林的活动中",他的下属军队都应"发起反攻"。① 据此,检察官认定该命令属于被告向其下属下达的袭击平民的命令。审判庭也完全同意检察官的上述观点,审判庭认为,"布拉斯维奇将军下令进攻的行为导致了大量犯罪的发生。此外,他并未采取任何合理的措施阻止这些犯罪行为的发生或惩罚有责方。"② 在此案上诉阶段,上诉人布拉斯维奇的律师强调,本案的关键点并不在"是否这些犯罪行为是被策划和命令的,而应是是谁策划和下达了这个命令"。在本案中,没有"超过合理怀疑"的证据能够证明布拉斯维奇就是策划和下达命令的那个人。③ 上诉庭认可上诉人的观点,并就此提出,"在案件发生地及其附近村落确实存在穆斯林军事武装,因此,基于此'军事行动正当理由'(military justification),上诉人有理由因相信该穆斯林武装可能会对其发动袭击而下达 D269 号命令"。但随后,上诉庭话锋一转,提出"法庭并不能找到合理的证据证明上诉人下达 D269 命令时具有'明确的大屠杀意图'(clear intention)。也没有证据可以证明该部队对于穆斯林民众的屠杀行为是由 D269 命令引发的。"④ 因此,上诉庭认为检察官并没能够证明布拉斯维奇对于其下属具有"有效控制"。前南刑庭上诉庭在德拉里奇案(Delalic)⑤ 中,对于"有效控制"标准提出了较为经典的定义。上诉庭认为,"有效控制是指,一上级能够防止其下级从事犯罪或能够在其犯罪之后对其予以惩罚。如果一上级并未能够履行上述职责,那么他/她就应当对其下属的犯罪行为承担责任。"⑥ 上诉庭认为,有效控制原则已经被纳入前南刑庭的管辖范围并被作为确定上级责任原则的标准之一。此外,该上诉庭还提出,有效控制原则在"事实上的"上级官员及"法律

---

① *Prosecutor v. Tihomir Blaskic*, Case No. IT - 95 - 14 - A, Judgement (March 3, 2000), para. 435.

② *Blaskic*, at 495.

③ *Prosecutor v. Tihomir Blaskic*, Case No. IT - 95 - 14 - A, Appeals Chamber Judgment (July 29, 2004), para. 311.

④ *Blaskic*, at 334, 344.

⑤ *Prosecutor v. Delalic et al.*, Case No. IT - 96 - 21 - A, Appeals Chamber Judgement (Feb. 20, 2001).

⑥ *Delalic*, at 198.

上的"上级官员案件中都可适用。而《罗马规约》第 28 条①也重申了这一观点。

(四) 民事上级官员的犯罪心理要件

在确立行为人应承担上级责任的犯罪心理要件问题上,前南刑庭也有一些自己独到的想法。前南刑庭在切莱比契案 (Čelebići) 中援引纽伦堡审判中诸多涉及指挥官责任原则的判例 [包括弗里克案 (Flick)、② 劳士领案 (Roechling)③ 等],不仅表明了指挥官责任原则已经成为习惯国际法中重要的组成部分,同时也通过对上述判例的分析为前南刑庭对民事上级应承担上级责任的犯罪心理要件的进一步认识打下基础。

在切莱比契案 (Čelebići) 中,前南刑庭审判庭首先援引弗里克案 (Flick)。在弗里克案中,美国军事法庭认定"被告弗里克的侄子外斯 (Weiss) 的行为是在获得弗里克本人允许的情况下做出的"。④ 由此,法庭证明了弗里克的领导地位。之后,前南刑庭又援引联合国战争罪行委员会 (UN War Crimes Commission) 在一份报告中的观点,即"美国军事法庭最终认定弗里克有罪的基础是,他知道但未采取任何阻止行动的行为已经构成上级责任"。⑤ 劳士领案 (Roechling) 是切莱比契案审判庭援引的纽伦堡审判时期的第二个判例。审理此案的法国军事法庭认为,"劳士领

---

① 《罗马规约》第 28 条:"除根据本规约规定须对本法院管辖权内的犯罪负刑事责任的其他理由以外:(一) 军事指挥官或以军事指挥官身份有效行事的人,如果未对在其有效指挥和控制下的部队,或在其有效管辖和控制下的部队适当行使控制,在下列情况下,应对这些部队实施的本法院管辖权内的犯罪负刑事责任:……(二) 对于第一款未述及的上下级关系,上级人员如果未对在其有效管辖或控制下的下级人员适当行使控制,在下列情况下,应对这些下级人员实施的本法院管辖权内的犯罪负刑事责任……"

② 弗里克案是第二次世界大战之后美国军事法庭审理的"企业家系列案"之一。弗里克案中,被告和他的侄子外斯 (Weiss) 作为德国企业家在其工厂中犯下战争罪和危害人类罪,包括奴役工人、强制驱逐被占领地区的工人、奴役集中营犯人以及强迫战犯为其劳动等。

③ William W. Bishop, Jr. "The Case Against Hermann Roechling and Others, General Tribunal of the Military Government of the French Zone of Occupation in Germany, June 30, 1948", *The American Journal of International Law*, Vol. 43, 1949, pp. 191 – 193.

④ Trial of Friedrich Flick and five others, US military tribunal, Nuremberg, 20 April – 22 December 1947, Law Reports of Trials of War Criminals, Selected and Prepared by the United Nations War Crimes Commission vol. IX (1949) p. 1, case no. 48, 6 TWC 1187, p. 1202.

⑤ *Prosecutor v. Delalić et al.*, Case No. ICTY – 96 – 21 – T, Trial Judgment (Nov. 16, 1998), para. 360.

案的被告并不因其曾经下令而获罪，而是因为其曾经允许或事实上支持下属的这些暴行且没有尽其最大的努力制止此类行为而获罪。"① 此外，在切莱比契案上诉阶段，上诉庭也援引美国军事法庭在山下奉文案中对于被告犯罪心理要件的分析，并表达了自己的看法。上诉庭认为，"在本案中，如有证据显示民事上级官员已获得足以令他意识到下属犯有不法行为的情报，就足够证明该上级官员'有理由知道'② 这一心理要件"。就此，上诉庭明确否认了山下奉文案中确立的严格责任标准，而强调上级责任原则的性质"并非严格责任或过失责任"。③

三 上级责任原则在卢旺达刑庭的发展

（一）卢旺达刑庭对于上级责任原则态度的转变

尽管《卢旺达刑庭规约》并未反对将上级责任原则适用于民事上级官员，但在其最初的司法实践中，卢旺达刑庭却对将民事上级官员纳入该原则持谨慎态度。这一谨慎态度在阿卡耶苏案（Akayesu）④ 中表现得尤为突出。审理此案的卢旺达刑庭审判庭反对直接援引之前的相关司法判例，而认为"将个人刑事责任原则适用于非军事上级的观点仍存在争议"。就此问题，法院在判决书中有如下表述：

> 排除任何合理怀疑，被告有理由知道（have reason to know）并事实上知道（in fact knew）这种性暴力行为正在发生或在其管辖范围内发生。没有任何证据显示被告采取任何阻止此类性暴力行为的行动或曾经惩罚过任何施暴者。检察官却能够证明被告命令、策划和采取帮助或煽动这些性暴力行为。⑤

---

① *The Government Commissioner of the General Tribunal of the Military Government for the French Zone of Occupation in Germany v. Herman Roechling and Others*, Indictment and Judgment of the General Tribunal of the MilitaryGovernment of the French Zone of Occupation in Germany, vol. XIV, TWC, Trials of War CriminalsBefore the Nuremberg Military Tribunals Under Control Council Law No 10（1952）109 or Appendix B, 1061, cited in Čelebići*Trial Judgment*, para. 361.

② Čelebići, AJ ¶238.

③ Čelebići, at 239.

④ *Prosecutor v. Akayesu*（Case No. ICTR－96－4－T）, Judgment, 2 September 1998.

⑤ *Akayesu*, at 452.

因此，为证明被告是否已经采取了必要的和合理的措施来防止犯罪行为的发生，或惩罚已经从事犯罪行为的行为人，法庭应采取个案分析法（a case by case basis）。① 同样地，在穆塞马案（Musema）②中，卢旺达刑庭重申了上述观点，并指出"对于被告是否应承担上级责任，法院应采取个案分析法。"③ 尽管早期的卢旺达刑庭并未在将"上级责任原则的外延扩展到民事上级官员"问题上表现出太大的兴趣，但随着其后司法实践活动的不断深入，以及大屠杀期间大批卢旺达公司直接或间接参与屠杀暴行行为的不断曝光，使得卢旺达刑庭的态度不断转变。

目前，从司法实践中可以看出，卢旺达刑庭已经完全接受了民事上级官员（包括公司高管）也能承担上级责任这一观点。在卡伊施玛和鲁兹达纳案（Kayishema and Ruzindana）④ 中，审判庭首次提出"民事上级官员适用个人刑事责任原则已经不再存在任何争议。"⑤ 这一观点在巴基利施玛案（Bagilishema）⑥ 中也得到了印证。在巴基利施玛案中，上诉庭明确指出"毫无疑问，国际社会已经承认了可以将上级责任原则扩张适用于民事上级官员。"⑦ 可以说，卢旺达刑庭对于上级责任原则态度的转变过程与第二次世界大战之后的国际刑事审判判例、前南刑庭判例及上级责任原则在实践中的发展是分不开的。

（二）上级责任原则在卢旺达刑庭的发展

总的来说，基于前南刑庭的司法审判经验与教训，卢旺达刑庭进一步

---

① Akayesu, ¶491.

② Prosecutor v. Musema（Case No. ICTR - 96 - 13 - T），Judgment and Sentence, 27 January 2000.

③ Musema, ¶135.

④ Prosecutor v. Clément Kayishema and Obed Ruzindana, Case No. ICTR - 95 - 1 - A, Appeals Judgment（June 1, 2001）. 被告人卡伊施玛曾是卢旺达基布耶（Kibuye）地区的市长及医生。他被指控在大屠杀期间犯有种族灭绝罪、反人类罪以及严重违反《维也纳公约》及《第二附加议定书》。另一名被告人鲁兹达纳，是基布耶本地相当富有的商人。他被指控在大屠杀期间犯有种族灭绝罪、反人类罪等多项罪名。

⑤ Kayishema and Ruzindana, ¶213.

⑥ Prosecutor v. Ignace Bagilishema, Case No. ICTR - 95 - 1A, Appeals Judgment（July 3, 2002）.

⑦ Bagilishema, ¶42.

推动了上级责任原则的发展与完善。其突出的特点主要表现在以下几个方面：

1. 卢旺达刑庭明确肯定了上级责任原则的适用对象，包括军事指挥官和非军事上级（包括跨国公司高管）。在卡伊施玛和鲁兹达纳案（*Kayishema and Ruzindana*）[1] 中，审判庭提出《卢旺达刑庭规约》"并未限制该原则（上级责任原则）的适用范围"，并提出《卢旺达刑庭规约》第6条第2款中使用"政府首脑"（Head of State）或"负责任的政府官员"（a responsible Government official）的措辞，即表明规约制定者"有意将该条款的适用对象扩展到民事上级官员。"[2] 在巴基利施玛案（*Bagilishema*）中，审判庭还认为，尽管上级责任原则主要适用于军事背景下，但《卢旺达刑庭规约》第6条第3款并未明确将该条款的适用对象局限于"军事指挥官"。[3] 因此，民事上级官员也可被纳入上级责任原则的适用范围。

2. 在区分民事上级官员和军事指挥官的定罪标准上，卢旺达刑庭提出了不少新的观点。对这一定罪标准，卢旺达刑庭在不同案件中的意见也并不一致。作为卢旺达刑庭审理的第一起涉及上级责任原则的案件，巴基利施玛案（*Bagilishema*）[4] 对于研究上级责任原则的发展起到非常重要的导向作用。在巴基利施玛案中，卢旺达刑庭审判庭适用前南刑庭在穆季奇等人案（*Mucic*）中的观点，认定"上级责任原则'在适用于民事上级官员时只需确定该上级官员对其下属行使了一定程度的类似于军事指挥官的控制力即可'"。而就"类似于军事指挥官的控制力"（similar to that of a military commander）的说法，法庭也进一步进行了说明。法庭认为"这种控制力是指，该上级对下级的控制必须是'有效的'（effective），且该上级必须具有阻止和惩罚犯罪人的'实质性能力'"（material ability）。[5] 然而，在之后几年的卡伊施玛和鲁兹达纳案（*Ntakirutimana and Ntakiruti-*

---

[1] *Bagilishema*, ¶42.

[2] *Prosecutor v. Clement Kayishema and Obed Ruzindana*, Case No. ICTR – 95 – 1 – T, Trial Judgment (May 21, 1999), at ¶¶ 213 – 215.

[3] *Prosecutor v. Bagilishema*, Case No. ICTR – 95 – 1A – T, Trial Chamber Judgement (June 7, 2001), para. 40.

[4] *Prosecutor v. Ignace Bagilishema*, Case No. ICTR – 95 – 1A, Appeals Judgment (July 3 2002).

[5] *Prosecutor v. Ignace Bagilishema*, Case No. ICTR – 95 – 1A, Trial Judgment (June 7, 2001), at ¶¶ 42 – 43.

mana）中，卢旺达刑庭审判庭则提出，"《卢旺达刑庭规约》第6条第3款要求民事上级官员在对下级享有'有效控制'的前提下可能承担刑事责任，但并不要求此种控制与军事指挥官对下级的控制具有同等属性。"[1] 应当认识到，卢旺达刑庭早期要求民事上级官员对其下属必须具备"类似于军事指挥官的控制力"的观点明显提高了检察官的举证标准。同时，民事关系或跨国公司内部松散的上下级关系同军事系统内部严格的"领导与被领导"关系存在很大区别。如简单将适用于军事指挥官的标准直接套用于民事上级官员，不仅不符合实际情况，也会使起诉被告为民事上级官员的检察官背负过多的举证责任。以跨国公司为例，跨国公司极其复杂的公司内部结构以及人事任免和流动制度使得国际刑事司法审判机构的检察官很难证明某一公司高管在案件发生之时，能够对其下属行使如同军事指挥官般"有效的"控制力。尤其是在近些年来，跨国公司越来越注重自身的"外在形象"，即使其子公司或分公司牵涉进驻在国侵犯人权的行为中，大部分跨国公司也会通过公司内部调动等方式将直接参与此项活动的"公司高管"调离案发现场，这就更加增加了检察官举证的难度。因此，卢旺达刑庭在卡伊施玛和鲁兹达纳案中的观点是一项很大的进步，不仅极大地降低了检察官的举证压力，同时也更加符合现实情况，更有利于追究跨国公司高管的国际刑事责任。

3. 民事上级官员的犯罪心理要件得以进一步明确。在巴基利施玛案中，审判庭在涉及民事上级官员犯罪心理要件时曾指出："上级责任中行为人的犯罪心理要件是建立在该上级并未阻止或惩罚犯罪的基础上的。"[2] 在上诉庭阶段，问题的焦点集中在被告巴基利施玛"是否知道其下属的犯罪行为"上。在此问题上，上诉庭完全适用了切莱比契案标准，指出审判庭应该仅仅通过判断巴基利施玛是否"知道"或"有理由知道"其下属的犯罪行为来断定被告人的心理状态。[3] 根据此标准，上诉庭认为，审判庭通过判断"被告人是否因疏忽大意而并未获取信息"的标准是

---

[1] *Prosecutor v. Elizaphan and Gérard Ntakirutimana*, Case No. ICTR-95-10-A, Trial Judgment (February 21, 2003), at ¶819.

[2] *Prosecutor v. Ignace Bagilishema*, Case No. ICTR-95-1A, Trial Judgment (June 7, 2001), at ¶44.

[3] *Bagilishema* AJ §§ 33-35.

"不合适的"（improper）。① 此外，上诉庭还对于军事指挥官和民事上级官员的心理要件进行了明确区分。一般而言，军事指挥官在应对下级行为时应具有"更为积极的责任义务"，即其应"知道或基于当时情况应当知道犯罪行为已经发生或即将发生"。相比较而言，其他民事上级官员则必须在"知道或有意识地忽视已经有明显情报显示存在下属犯罪或即将犯罪的情况时才能定罪。"② 应当说，卢旺达刑庭对于上级责任中犯罪心理要件的认定更为清晰和明确，不仅理清了之前司法实践中容易混淆的问题，还进一步区分了军事指挥官同民事上级官员在犯罪心理要件方面的差别，对于之后国际刑事司法审判活动的进一步开展是大有裨益的。

4. 卢旺达刑庭将上级责任原则扩展适用于公司的犯罪行为。③ 在穆索马案（Prosecutor v. Musema）中，被告穆索马被认定对其所拥有的茶厂的雇员的行为承担上级责任，因此对于其下级参与战争犯罪的行为应承担相应的责任。④ 这是卢旺达刑庭首次在其判决书中，不仅确定了公司高管的刑事责任，还就其所在公司的国际犯罪行为予以肯定。在这一问题上，更为著名的案例当属媒体案（The Media Case）⑤。在媒体案中，卢旺达刑庭审判庭根据《卢旺达刑庭规约》第 6 条第 3 款判决一被告千丘自由广播电台－电视台（Radio Télévision Libre des Mille Collines）的高级官员巴拉亚戈维扎（Barayagwiza）参与煽动种族灭绝罪罪名成立。对于另一名被告，千丘自由广播电台－电视台创始人纳西曼纳（Nahimana）的"上级责任"问题，审判庭认为，"仅仅是由于他没有被以上级责任原则而被起诉"才逃脱了这一罪行。⑥ 同时，对于涉案被告所在的公司（即千丘自由广播电台－电视台）的犯罪行为，卢旺达刑庭也在媒体案中就该犯罪行为的犯罪性质及恶劣程度有过详尽的阐释。

---

① *Bagilishema* AJ § 37.

② *Prosecutor v. Clement Kayishema and Obed Ruzindana*, Case No. ICTR－95－1－T, Trial Judgment（May 21, 1999）, at ¶¶ 227－228.

③ *Prosecutor v. Musema*, Case No. ICTR－96－13－T, Judgment and Sentence, ¶¶ 126, 180－81（Jan. 27, 2000）.

④ *Musema*, ¶ 894.

⑤ *Prosecutor v. Nahimana*, Case No. ICTR－99－52－T, Judgment & Sentence, 991－99（Dec. 3, 2003）.

⑥ *Nahimana*, at 973.

四 上级责任原则的最新发展

经第二次世界大战后将近 60 年的发展，上级责任原则已经被明确纳入各主要国际刑事法庭规约[①]之中，并成为国际刑法的基本原则之一。近年来，随着学界研究热情的不断提升以及各刑事司法审判机构实践活动的不断深入，上级责任原则在理论上和实践中都得到进一步发展。主要表现在以下几个方面：

1. 包括前南刑庭及卢旺达刑庭在内的所有特别刑事法庭规约中都确立了上级责任原则。追随两大特别刑事法庭的步伐，之后建立的多个特别刑事法庭在上级责任原则问题上多援引或适用两大特别刑庭的观点。其中，《塞拉利昂特别法庭规约》对上级责任原则的规定与《前南刑庭规约》同《卢旺达刑庭规约》完全相同。[②] 截至 2011 年，塞拉利昂特别法庭已经在 3 起案件[③]中阐述了其对上级责任原则的立场：即对于上级责任中行为人的犯罪心理要件及有效控制问题，塞拉利昂特别法庭完全遵循前南刑庭切莱比契案及卢旺达刑庭巴基利施玛案中的观点。[④] 柬埔寨特别法庭的《红色高棉特别法庭规约》中也有近似的表述。此外，在康克由案（Guek Eav Kaing）中，柬埔寨特别法庭对于"有效控制"标准和"知道标准"的确立也援引了前南刑庭和塞拉利昂特别法庭的相关判例。[⑤] 可以说，目前仍然活跃在国际舞台上的这些刑事法庭充分继承和发展了第二次世界大战之后及两大特别刑事法庭在上级责任原则上的经验和教训，并将该原则积极应用于司法实践活动中。

[①] 其中包括《前南刑庭规约》第 7 条第 3 款、《卢旺达刑庭规约》第 6 条第 3 款、《塞拉利昂特别法庭规约》第 6 条第 3 款、《红色高棉特别法庭规约》第 29 条、《罗马规约》第 28 条和《黎巴嫩特别法庭规约》第 3 条第 2 款等。

[②] Andra De Landri, "Command Responsibility in the International Tribunals: Is There a Hierarchy?", http://works.bepress.com/cgi/viewcontent.cgi?article=1000&context=adria_delandri, 2013-10-07.

[③] 这三个案件包括：塞萨伊等人案（Prosecutor v. Sesay, et al.）、福法纳等人案（Prosecutor v. Fofana, et al.）及布里马等人案（Prosecutor v. Brima, et al.）。

[④] Sesay AJ § 64, § 70 § 853 (mens rea); Brima, AJ § §257-258 (effective control); Fofana AJ § 174 (effective control).

[⑤] Prosecutor v. Guek Eav Kaing, alias Duch, (Case No. 001/18-07-2007/ECCC/TC), Trail Chamber, (July 26, 2010), (Duch TJ), at para. 540.

2. 就上级责任原则而言,国际刑事法院在立法体例及司法实践领域中表现得格外突出。在《罗马规约》的制定过程中,为突出上级责任原则在国际刑法一般原则中的重要性,大多数代表团均主张设立单独条款对该原则进行专门规定,而不再将其作为"个人刑事责任"的附属内容。① 因此,在立法体例层面,不同于之前任何特别国际刑事法庭规约的编排,《罗马规约》在第 28 条②中分 2 项条款分别就上级责任原则适用的两大主体(即军事指挥官和民事上级官员)、应承担上级责任行为的构成要件及基本定义作了规定。其中,第 28 条第 2 款就不同主体的犯罪心理构成要件进行了区分,即对军事指挥官要求其"知道或应当知道"其下属的犯罪行为或即将犯罪的行为;③ 而对非军事指挥官,则仅要求他们"知道或故意忽视具有明确信息的情报"。④ 这样的条款设置对适应当前更为复杂的国际冲突和国际环境更有裨益。这一优势也在之后国际刑事法院的判例中得以体现。

国际刑事法院对该条款的认识可以从其司法实践中了解一二。2009 年 6 月,国际刑事法院开始审理前民主刚果副总统让 - 皮埃尔·本巴案(Jean - Pierre Bemba Gombo)。⑤ 此案是国际刑事法院首次对《罗马规约》第 28 条"指挥官和其他上级的责任"进行解释。在本案中,国际刑事法院就上级责任原则中涉及的三个最重要的问题进行了解答。首先,"有效控制"问题。鉴于本巴本人属于军事指挥官,国际刑事法院遂决定在该案中适用《罗马规约》第 28 条第 1 款关于军事指挥官的规定。在"有效

---

① 王新:《论国际刑法中的上级责任原则》,《河北法学》2010 年第 6 期。
② Rome Statute (ICCSt.), Art. 28.
③ Art. 28 (a) (i) ICCSt.
④ Art. 28 (b) ICCSt.
⑤ *Prosecutor v. Jean - Pierre Bemba Gombo*, (ICC 01/05 -/1/08), Pre - Trial Chamber Ⅱ, (June 15, 2009) (*Bemba* CD). 被告人让 - 皮埃尔·本巴是民主刚果副总统之一,负责该国经济和财政事务。本巴是刚果解放运动领导人,在民主刚果拥有大量产业,被认为是民主刚果最富有的人之一。本巴在蒙博托被推翻后组织了自己的武装力量,以蒙博托的支持者为主,一度反抗洛朗·卡比拉的新政府。2002 年,他的武装部队受邀前往中非共和国帮助其总统昂热 - 菲利克斯·帕塔塞平定叛乱。次年帕塔塞被推翻后,本巴同其一道被新政府以屠杀反对者的罪名告上国际法庭。2008 年 5 月,本巴在比利时被捕,指控其犯有战争罪和危害人类罪,随后被送往海牙羁押。2010 年 11 月 22 日,国际刑事法院开庭审理此案。资料参见 http://zh.wikipedia.org/wiki/%E8%AE%A9-%E7%9A%AE%E5%9F%83%E5%B0%94%C2%B7%E6%9C%AC%E5%B7%B4, 2013 - 10 - 19。

控制"标准问题上,法庭援用前南刑庭在切莱比契案中的观点,认为"有效控制"是指军事指挥官对于下属的犯罪行为"享有实质性阻止和惩罚的能力"。① 其次,指挥官的行为是否与下属犯罪行为的发生具有因果关系(a causation requirement)。② 《罗马规约》第 28 条与现存所有特别刑事法庭规约的差别就在这点。第 28 条规定"军事指挥官或以军事指挥官身份有效行事的人,如果未对在其有效指挥和控制下的部队,或在其有效管辖和控制下的部队适当行使控制,在下列情况下,应对这些部队实施的本法院管辖权内的犯罪负刑事责任……"③ 这就意味着,《罗马规约》指出,指挥官不履行职责的行为是导致其下属犯罪的原因,即指挥官行为与下属行为之间存在因果关系。由于目前所有国际刑事司法实践和国际性文件在探讨上级责任原则问题时均未涉及此问题,有学者认为,在《罗马规约》中单独加入"因果关系"条款不仅与"习惯国际法不相符合,也与《罗马规约》的目的相抵触。"④ 一方面,这种做法可能导致法院过分强调此类"因果关系"而放纵对指挥官或民事上级行为的追究,也就与上级责任原则存在的根本原因相悖;另一方面,《罗马规约》对于"因果关系"的要求也并不符合大多数案件的实际情况。尽管如此,国际刑事法院在本巴案中仍认为因果关系应当属于上级责任的构成要件之一。然而,法院在这个问题上却并未表现得过于强势。国际刑事法院提出,"在指挥官或上级官员的疏忽行为同其下属的犯罪行为的发生之间并不需要存在直接的因果连结(direct causal link)……检察官只需证明上级的行为最终提高了其下属犯罪行为发生的可能性即可。"⑤ 最后,国际刑事法庭在本案中再次明确了上级责任原则并非严格责任这一态度。就"知道标准"的认定问题,国际刑事法院援用前南刑庭判例及联合国专家组在《前南刑庭规约》的最终报告中的表述,认为"指挥官或民事上级对犯罪行为

---

① *Bemba CD*, §§415 (*quoting Čelebići* AJ § 256).

② *Bemba CD*, §§ 420 – 426.

③ Art. 28 (a) ICCSt.

④ Brief of Amnesty International as *Amicus Curiae* dated April 20, 2009, submitted to Pre – Trial Chamber II of the International Criminal Court in connection with the hearing confirming the charges in the case of *Prosecutor v. Jean – Pierre Bemba Gombo* ("AI Br.") §§ 42 – 43.

⑤ *Bemba CD* § 425.

的知道并不能通过推理得出,而必须通过直接或间接的证据进行验证。"①

3. 第二次世界大战结束之后,国际局势日趋稳定。随着经济全球化程度的不断加深,使得上级责任原则开始面临更多新的问题和新的挑战。国际刑事司法实践活动主要审理对象也开始出现变化,从纽伦堡时期主要审理军事指挥官和政府高级官员,到现在越来越多地涉及跨国公司高级管理人员犯罪的问题,这一转化过程是有目共睹的。近年来,世界各主要特别刑事审判机构在涉及上级责任原则的审判对象更多地来自商界领袖、行政首长或政府首脑等。其中,以跨国公司或各大商业巨头的上层员工侵犯人权行为的案件表现最为突出,并已成为新时期国际刑事司法审判机构适用上级责任原则的"主力军"。尽管目前能够找到的专门针对公司高管领导责任行为的实际案例并不多,但学界和实务界已经认识到了这一问题的严峻性及不可避免性,他们也正在积极准备应对相关案件出现时所可能存在的问题和挑战。

第五节　民事官员上级责任的构成要件

由于各大特别刑事法庭规约并未就承担上级责任行为的构成要件进行明确规定,因此学界和实务界主要通过刑事司法判例及相关国际刑法基本原则来进行推断。通说认为,上级责任的构成要件并不复杂,早在前南刑庭成立初期就已经开始形成,并在切莱比契案(Čelebići)中得以最终确立。前南刑庭上诉庭在切莱比契案中指出,"军事指挥官或其他上级官员可能因其下属的行为承担刑事责任的原则已经在习惯国际法和当代国际刑法中得以确认。"② 前南刑庭在其判例中确立了上级责任具有三个构成要件:(1)上级官员同实际犯罪行为人之间存在上下级关系;(2)上级官员知道或有理由知道犯罪行为即将发生或已经发生;以及(3)上级官员并未采取必要和合理的措施阻止或惩罚犯罪行为人。③

应当说,民事官员上级责任的构成要件同军事指挥官上级责任的构成

---

① *Bemba CD* § 430.

② *Čelebići Appeal Judgement*, para. 195.

③ *Čelebići Appeal Judgement*, ¶¶ 189 – 198, 225 – 226, 238 – 239, 256, 263.

要件基本一致，仅在行为人犯罪心理要件的确定标准上有所不同。由于跨国公司高管的国际刑事责任仅涉及民事上级官员的刑事责任问题，因此，下文将重点就民事官员上级责任的构成要件进行探讨。

一 上下级关系的存在

上级责任原则得以成立的前提是上级官员同下级实际犯罪行为人之间存在上下级关系（superior – subordinate relationship）。通说认为，上下级关系是上级责任得以成立的基础和前提。民事上级官员如果要对将要实施或正在实施的犯罪行为采取必要的、合理的措施，首先是因为从事此类行为的行为人是他（她）的下级，受其控制。而因"不作为"所产生的责任也是基于这一上下级的关系而形成的。① 很明显，在案件涉及军事指挥官时，此种上下级关系很容易确立。然而，与涉及军事指挥官的情况不同，在民事上级官员（或跨国公司高管）涉案时，检察官则很难证明该名民事上级官员同下级之间存在的所谓严格的"指挥链条"关系（chain of command）。因此，在涉及民事上级官员的案件中，上下级关系的确认并不能仅仅通过该涉案民事上级官员正式的法律地位予以确定。② 这种上下级关系不仅包括正式的法律上的（de jure）等级关系，还包括事实上的（de facto）上下级关系。③ 而所谓"上级"也不仅包括军事指挥官，还包括警察长、民事长官和内阁阁员。④ 对于法律上的上下级关系来说，可以是来自法律、合同和其他法律文件，通过口头、书面或其他类型的证据赋予。⑤ 同时，直接的和间接的上下级关系都可构成上级责任。⑥ 对于该上下级关系的确认问题，法庭需要通过对案件全部证据进行整理分析，进而确定被告人是否具有这种领导权力。对于事实上的上下级关系来说，切莱比契案上诉庭认为，正式的任命书或授权书并非必须的。但应强调的是，

---

① 朱文奇：《国际刑法》，中国人民大学出版社2007年版，第275页。

② *Prosecutor v. Delalic et al.* (Case No. IT – 96 – 21 – T), Judgment, 16 November 1998, ¶370.

③ *Delalic*, para. 303. ICRC Commentary on Additional Protocol I, ¶3544.

④ Command Responsibility for War Crimes, *The Yale Law Journal*, Vol. 82, 1973, p. 1277.

⑤ *Nahimana et al.*, Appeals Judgement, ¶780.

⑥ *Prosecutor v. Delalic et al.* (Čelebići case), *Judgement*, Case No. IT – 96 – 21 – A, App. Ch., 20 February 2001, para. 252. 同时参见 Prosecutor v. Halilovic, *Judgement*, Case No. IT – 01 – 48 – A, App. Ch., 16 October 2007, para. 59。

"事实上的上级"必须对其下级享有如法律上的上级相类似的权力和控制力。①

卢旺达刑庭在媒体案中对上述观点表示赞同。在该案中,两被告巴拉亚戈维扎（Barayagwiza）及纳西曼纳（Nahimana）分别为千丘自由广播电台-电视台（RTLM）的"一号"和"二号"人物。② 两人均曾代表RTML最高层参加了卢旺达信息部（Ministry of Information）的高层会议,并在经济上控制RTML。此外,他们还都隶属于RTML公司筹划指导委员会（Steering Committee,该委员会相当于RTML的董事会）。有明显证据显示,RTML播出的所有节目的控制权最终都能追踪到该筹划指导委员会。③ 基于上述证据,审判庭认为,两被告具备适用上级责任原则的基本前提,即存在"上下级关系"。

现实生活中也存在这种情况：尽管一民事上级官员拥有正式任命状,但这一任命状对于确立该上级同下属之间的关系仅具有一定程度的指示性作用,并不具有决定性效果。在司法实践中,法院认为,只要上级能够对下级的行为施加"有效控制"（effective control）即可构成上级责任原则的前提条件,这就并不需要两者之间存在直接的上级和下属关系,也并不必然要求上述"法律性的正式任命"。④ 这里的"有效控制"是指,上级官员对于下级犯罪行为的惩罚和阻止具有"实质性控制作用"（material ability）。⑤ 司法实践经验表明,上级官员是否能够对下级的行为实行"有效控制"是该案是否能够成立上级责任原则的关键因素。前南刑庭在德拉力奇案（Delalic）中指出,"法律上的"上级官员如果并不能够对其下属的行为产生"有效控制",则并不能引发上级责任。反之,尽管"事实上的"上级官员并不具备法律上的正式任命,却能够在现实生活中对其下属实行有效控制,则该事实上的上级官员的行为可能引发领导责任。⑥

---

① *Čelebići* Appeal Judgement, ¶¶ 193, 197. *Aleksovski Appeal Judgement*, ¶ 76.

② *Prosecutor v. Nahimana*, Case No. ICTR – 99 – 52 – T, Judgment & Sentence, 991 – 99 (Dec. 3, 2003), para. 970.

③ *Nahimana*, at 970.

④ *Celebići Appeal Judgement*, ¶ 197.

⑤ *Celebići* Trial Judgement, para. 378, affirmed in *Celebići* Appeal Judgement, ¶ 256.

⑥ *Prosecutor v. Delalic et al.* (*Celebici* case), Judgement, Case No. IT – 96 – 21 – A, App. Ch., 20 February 2001, para. 197.

在穆塞马案（Musema）中，卢旺达刑庭也指出，"只有在证明民事上级对下级行为享有有效控制的时候，该上级才有可能被认定能够承担上级责任。"① 如果检方能够证明被告人有法律上的权力，法庭就可以直接推定该法律上的上级对下属行为存在有效控制。同时，防止或惩治权不能仅依据存在正式的上级地位而定。② 此外，在实践中，上级官员的命令也并不需要通过正式渠道发出指令才作准。对于那些通过非正式渠道发出的"密电"（encoded）或者下级"想当然地"（take for granted）认为是上级命令的指示，也可被认定为是来自上级的命令。③ 还应注意，如被告人与下属之间存在上下级关系，而被告人在犯罪行为发生时就处在犯罪现场，该被告人并不会仅仅因为其上级官员的身份而直接被认定为对该犯罪行为应承担"上级责任"。前南刑庭在不少判例中曾多次表示，尽管不能仅因上级官员的"领导地位"就将其定罪，但上级官员身在犯罪现场的行为可以被认定为对于其下属从事犯罪行为的一个非常重要的"精神鼓励"，④ 也应在追究该上级官员的"帮助和煽动"责任中予以充分考虑。

与军事指挥官同下属之间较易确定的上下级关系不同，民事上级官员与下属之间的"上下级关系"在认定时还需更加小心处理。如一民事上级官员只属于犯罪行为发生地的"要人"（influential person），而非一般意义上的"上级官员"，通常情况下则并不能直接认定该人应承担上级责任。但法院在审理此类案件时，也应结合案情，适度考虑民事上级官员在当地的社会地位。在对于民事上级官员对下属"有效控制"问题的认定上，民事上级官员也与军事指挥官有所不同。《罗马规约》第 28 条分别对军事指挥官和其他上级人员适用不同的规定：就军事指挥官而言，要求其能对军队予以"有效指挥和控制"；而在其他上级的情况下，则要求其

---

① *Prosecutor v. Musema*，¶¶ 141，864.

② 凌岩：《卢旺达国际刑事法庭的理论与实践》，世界知识出版社 2010 年版，第 215 页。

③ CSJ, Sala Penal Especial, Judgment of 7 April 2009, Exp. No. AV 19 – 2001, http：// www. pj. gob. pe/CorteSuprema/spe/index. asp? codigo? 10409&opcion = detalle_ noticia, 2014 – 03 – 13，§§ 730 – 731.

④ *Prosecutor v. Furundzija*, Judgement, Case No. IT – 95 – 17/1 – T，T. Ch. Ⅱ，10 December 1998，para. 209；*Prosecutor v. Aleksovski*，Judgement，Case No. IT – 95 – 14/1 – T，T. Ch. I, 2 September 1998，paras. 64，65，87；*Prosecutor v. Delalic et al.* , Judgement, Case No. IT – 96 – 21 – A, App. Ch. , 20 February 2001, paras. 357 – 359, 364.

能对军队或者下级人员予以"有效管辖和控制"。① 由于民事上级官员一般并不具有像军事指挥官那样对下属的惩戒权力,因此,法院处理相关问题时,多对于民事上级的"有效控制"原则进行扩张解释。对于民事上级官员而言,只要能够证明该民事上级官员具有向更上一级官员报告下属犯罪的义务,而这些报告可以引发更上级官员对下属行为施加惩治或进行调查的情况,那么法院就能够认定该民事上级对下属行为具有"有效控制"。②

二 心理要件

"知道或者应当知道"是追究上级责任的另一个不可缺少的要素。其道理也十分明了。如果民事上级官员要对正在实施或将要实施的犯罪行为进行阻止,或要对部下已经实施了的犯罪行为进行惩治,就必须首先要"知道"这些犯罪行为。如果他们不知道,当然也就不会产生刑事责任问题。③ "知道或应当知道"作为上级责任中的犯罪心理要件,在前南刑庭和卢旺达刑庭规约中的规定完全一致。

> 第7条(3)如果一个部下犯下本《规约》第2至5条所指的任何行为,而他的上级知道或应当知道部下将有这种犯罪行为或者已经犯罪而上级没有采取合理的必要措施予以阻止或处罚犯罪者,则不能免除该上级的刑事责任。(《前南刑庭规约》)

> 第6条(3)如果一个部下犯下本规约第2至4条所指的任何行为,而他的上级知道或应当知道部下将有这种犯罪行为,或者已经犯罪而上级没有采取合理的必要措施予以阻止或处罚犯罪者,则不能免除该上级的刑事责任。(《卢旺达刑庭规约》)

---

① 王新:《论国际刑法中的上级责任原则》,《河北法学》2010年第6期。
② *Prosecutor v. Brdanin*, Judgement, Case No. IT - 99 - 36 - T, T. Ch. II, 1 September 2004, para 281; *Prosecutor v. Delalic et al.* (Celebici case), Judgement, Case No. IT - 96 - 21 - T, T. Ch. IIqtr, 16 November 1998, paras. 355 - 363; *Prosecutor v. Kayishema and Ruzindana*, Judgement, Case No. ICTR - 95 - 1 - T, T. Ch. II, 21 May 1999, paras. 213 - 224; *Prosecutor v. Naletilic and Martinovic*, Judgement, Case No. IT - 98 - 34 - T, T. Ch. 1, 31 March 2003, para. 68.
③ 朱文奇:《国际刑法》,中国人民大学出版社2007年版,第276页。

由两规约条款可知,一方面,两规约要求上级官员必须知道或有理由知道(又称"应当知道")他的下属将要犯罪或已经犯罪;另一方面,两刑庭规约均未在此犯罪心理要件中区分"军事指挥官"和"民事上级官员",即对于所有"上级官员",要满足上级责任均需具备"知道或应当知道"标准。

(一)"知道"

"知道"包括两个层面的含义。一是指"实际知道"(actual knowledge),包括知道下属的情况:下级所犯非法行为的数量、形式和范围;非法行为发生的时间;参加的军队和后勤的人数和形式;地理地点;行为是否为广泛地发生;行为执行的战略时间;类似的非法行为的执行模式;参加的官员和工作人员;当时上级所处的地点等。① 二是包含"推定知道"(constructive or imputed knowledge),是指上级官员拥有相关情报,且这些情报至少能够使得他(她)了解其下属犯罪行为的发展情况或可能发生的犯罪行为。这些情报应当能够使该上级采取相应行动以了解犯罪行为的发展或是否有发生的可能。② 因此,如果一上级官员有获得相关犯罪活动的情报的能力,却故意不这么做,那么法院就可以推定其"知道"这一犯罪行为。③

在司法实践中,除上述应考虑因素之外,法院还考虑到被告的领导地位。前南刑庭审判庭在阿列克索夫斯基案(Aleksovski)中曾提道,个人的领导地位本身(per se)对于确认其是否知道其下属的犯罪行为具有非常重要的指示作用。④ 切莱比契案(the Celebici Trial)审判庭在总结分析了第二次世界大战之后东京审判关于指挥官责任中的犯罪心理要件之后认为,当今国际刑法中的上级责任原则应反映"这一时期"(the relevant time)的习惯国际法。因此,"知道"可以在这种情况下实现,即"只有上级官员确实获得相关信息,且该信息有明确内容向该上级表明其下属的

---

① *Prosecutor v. Blaskic*, Case No. IT-95-15-T, Trial Chamber Judgement (March 3, 2000), para. 307.

② *Prosecutor v. Delalic et al.* (*Celebici* case), Judgement, Case No. IT-96-21-A, App. Ch., 20 February, 2001, paras 223, 241.

③ *Prosecutor v. Delalic et al.* (*Celebici* case), Judgement, Case No. IT-96-21-A, App. Ch., 20 February, 2001, para. 226.

④ *Blaskic*, at 308.

犯罪行为"。①

（二）"有理由知道"

"有理由知道"（应当知道）则指，不要求上级官员事实上明确地知道或从背景环境上知道其下属从事的犯罪行为已经被实施或将被实施。只要求被告人在获得"一些一般的资料和情报时，能够使他（她）注意到他（她）的下属有可能实施非法行为"。或出现这种情况，即上级拥有的资料（情报）已经告知他下属有从事犯罪行为的危险，需要该上级官员进一步调查以便确定他（她）的下属是否确实即将犯罪，或正在犯罪或已经犯下了这种罪行。② 目前通说认为，直接或间接证据可以用来证明上级官员"知道"这一心理要件。然而，存在的问题在于，如何达到证明该上级官员"有理由知道"的标准。③ 此外，卢旺达刑庭对于是否能够对军事指挥官和民事上级官员适用同等标准的犯罪心理要件仍存在疑问。

前南刑庭认为，由于上级责任原则并非严格责任的一种，因此，法院应在确认上级官员具备一定情形时才能适用上级责任原则。这些情形包括：基于直接证据或间接证据，上级官员实际知道或了解（actual knowledge）他（她）的下属可能或已经从事某些属于前南刑庭管辖范围内的犯罪行为；或者，上级官员应能够推定知道（constructive knowledge），即该上级官员具有某种知识使其能够了解到其下属可能或已经从事了某种犯罪行为，而这种知识已经达到警示该上级应对其下属的行为进行一定调查的程度。④ 由此，前南刑庭总结得出，上级官员的"知道"是可以通过推理得出的。故，如果一上级官员有条件获得相应犯罪行为的信息却执意不去获得，则应认定其符合上级责任原则中的"知道"标准。⑤ 布拉斯基奇案（*Blaskic*）审判庭就此进一步指出，通过分析第二次世界大战之后相关判例可知，习惯国际法中关于指挥官或民事上级官员是否应当为其下属行为承担责任的标准已经形成，即"如果他并未对已经能够获取的信息采取行动，他将被推定为应当知道（should have known）该犯罪行为且应对

---

① *Blaskic*, at 310.

② 凌岩：《卢旺达国际刑事法庭的理论与实践》，世界知识出版社 2010 年版，第 219—220 页。

③ *Prosecutor v. Bagilishema*，¶46.

④ ¶¶223, 241.

⑤ *Celebici* Appeal Judgement, at ¶226.

该犯罪行为承担'玩忽职守'（dereliction）的责任。"① 切莱比契案（*Celebici*）上诉庭对"应当知道"进行了更为明确的阐述，上诉庭认为"上级官员只有在确实获得信息且该信息能够表明其下属的犯罪行为的情况下才能承担上级责任"。此外，上诉庭还指出，"上级官员未履行获取这种信息的职责，并不会必然导致其违反《前南刑庭规约》第7条第3款的规定。只有在他们并未采取必要的和合理的措施去阻止或惩罚下属的行为时，上级责任原则才开始显现。"② 对于此处提到的"必要的和合理的措施"，上诉庭进一步解释说，"我们认为上级官员应当对其'实际权力范围内'未能承担的职责负责。"③ 因此，该上诉庭总结得出，"有理由知道"（had reason to know）的犯罪心理并不必然隐含着被告人具有获取信息的义务。与此相反，该条款要求被告人只有在"故意不获取信息的情况下"才能构成"上级责任"的犯罪心理要件。④

(三)《罗马规约》的不同规定

与前南刑庭和卢旺达刑庭确立的标准不同，《罗马规约》在上级责任的界定中明确区分了军事指挥官和民事上级官员的犯罪心理要件。

第28条（一）(1) 该军事指挥官或该人知道，或者由于当时的情况理应知道，部队正在实施或即将实施这些犯罪；

第28条（二）(1) 该上级人员知道下级人员正在实施或即将实施这些犯罪，或故意不理会明确反应这一情况的情报。

从上述规约文本可以看出，与军事指挥官的"知道或应知道"标准（knew or should have known）不同，《罗马规约》为民事上级官员划定的犯罪心理要件为"知道或故意不理会"（knew or consciously disregar-

---

① *Prosecutor v. Blaskic*, Case No. IT-95-14-T, Trial Chamber Judgement (March 3, 2000), para. 322.

② *Prosecutor v. Blaskic*, Case No. IT-95-14-A, Appeals Chamber Judgement (July 29, 2004), para. 62.

③ *Blaskic* Appeals Chamber, at 417-418.

④ *Blaskic* Appeals Chamber, at 406.

ded)。① 由于"故意不理会"暗含着民事上级官员已经实际知道下级的犯罪行为，因此《罗马规约》对于民事上级官员的犯罪心理所确立的标准明显高于前南刑庭及卢旺达刑庭规约的规定。《罗马规约》要求检方能够证明民事上级官员在其下属的行为具有已经犯罪或正要犯罪的"明显指向"的情形下，"有意识地忽略"此类信息。②

在本巴案（*Bemba Combo* Decision）③ 中，国际刑事法庭预审庭（ICC Pre-Trial Chamber）在解释《罗马规约》第 28 条第 1 款时指出，该条款表明军事指挥官可能因为其"知道"或"应当知道"其下属犯罪行为或即将犯罪的行为而承担刑事责任。④ 预审庭进一步指出，此处的"知道"意味着"了解"，而"应当知道"标准要求上级官员在获取下属行为的信息时承担更为积极的作用和责任。⑤ 同时，该预审法庭也明确指出，与民事上级官员相比，"应当知道"标准对于军事指挥官来说应更为严格。⑥

（四）卢旺达刑庭中的新变化

卢旺达刑庭在处理涉及民事上级官员和军事指挥官上级责任所确立的犯罪心理要件时，态度存在明显区别。在穆塞马案（*Musema*）中，法庭承认《卢旺达刑庭规约》第 6 条第 3 款与《1977 年日内瓦公约第一附加议定书》第 86 条第 2 款中所蕴含的精神极度相似。⑦ 以此为基础，卢旺达刑庭在此案中认定民事上级官员和军事指挥官的犯罪心理要件并无本质性区别。⑧ 然而，在卡伊施玛和鲁兹达纳案（*Kayishema and Ruzindana*）中卢旺达刑庭则认为，基于《罗马规约》第 28 条的规定，与军事指挥官不同，民事上级官员不应对其下级的所有行为承担"主要责任"（a prima facie duty）。⑨ 原因在于，相较于军事指挥官，民事上级官员一般会在更

---

① *Prosecutor v. Blaskic*, Case No. IT-95-14-A, Appeals Judgment, July 29, 2004, ¶63.
② Rome Statute, art. 28 (b) (i).
③ *Prosecutor v. Bemba Gombo*, Case No. ICC-01/05-01/08, Decision Pursuant to Article 61 (7) (a) and (b) of the Rome Statute on the Charges of the Prosecutor Against Jean-Pierre Bemba Gombo, (June 15, 2009), www.icc-cpi.int/iccdocs/doc/doc699541.pdf.
④ Art. 28 (a), Rome Statute.
⑤ *Bemba Gombo* Decision, ¶433.
⑥ *Bemba Gombo* Decision, ¶433.
⑦ *Prosecutor v. Musema*, ¶146.
⑧ *Musema*, at ¶147.
⑨ *Prosecutor v. Kayishema & Ruzindana*, para. 228.

为松散的上下级关系的基础上承担对于更多下属的管理，因此如要求民事上级官员对其下属的所有行为负责似乎并不近情理。在实践中，卢旺达刑庭审判庭在确立上级责任中的犯罪心理要件时，更倾向于援引前南刑庭的切莱比契案所认定的标准，即所有上级官员（军事指挥官和民事上级官员）只有在其能够获取下属犯罪的信息却故意忽视该信息的情况下，才应承担上级责任。[1] 在媒体案（the Media case）中，卢旺达刑庭对于被告犯罪心理要件的表述更为典型。审判庭认为，被告巴拉亚戈维扎（Barayagwiza）及纳西曼纳（Nahimana）明知RTLM公司正在从事犯罪行为，却并未采取他们作为领导者所应采取的行为阻止此类犯罪行为的继续发生，[2] 他们这种拥有"事实上的权力"却并未行使的行为最终促使该审判庭适用上级责任原则并判处其煽动种族灭绝罪罪名成立。

总的来说，卢旺达刑庭在上述两个案件中形成不同观点的主要原因是审判庭援引了不同的国际性法律文件作为其论述的基础，而这种问题在前南刑庭的审判过程中也多有出现。前南刑庭上诉庭在德拉里奇案（Delalic）[3] 中提道，"民事上级官员无疑在某些情况下对其下属的犯罪行为承担责任，但确立这项责任行为人的犯罪心理要件是否同军事指挥官相同在习惯国际法中还没有明确规定。"[4] 而在克尔诺耶拉茨案（Krnojelac）中，前南刑庭审判庭的观点却是"上级责任原则中军事指挥官与民事上级的心理要件是一致的。"[5] 由此可以看出，特别国际刑事法庭对于上级责任原则的认识还并不成熟。尽管在实践中，国际刑事法院在涉及民事上级官员犯罪时，倾向于适用更为严格的"故意不理会"标准，但由于目前缺乏相关判例支持，国际刑事法院对《罗马规约》第28条第1款的理解仍不明了。

三 行为要件

上级责任的第三个构成要件是上级官员的"应为而不为"的行为（omission），即上级官员未能采取必要的和合理的措施（necessary and rea-

---

[1] *Celebici*, Appeals Judgment, ¶238.

[2] *Nahimana*, Trial Judgement, ¶972.

[3] *Prosecutor v. Delalic et al.*, Judgment, Case No. IT-96-21-A, 20 February 2001.

[4] *Delalic*, at ¶240.

[5] *Prosecutor v. Krnojelac*, Judgment, Case No. IT-97-25, 15 March 2002, ¶94.

sonable measures) 去阻止或惩罚其下属的国际犯罪行为。那么，何为"必要与合理的措施"呢？

前南刑庭在哈利维奇案（Halilovic）中有这样的表述，"必要的措施"是指，那些上级官员可以在其权力范围之内采取的所有的措施，表明其确实希望去阻止或惩罚实际施暴者。而"合理的措施"是指，那些在上级官员实际权力范围之内的能够采取的所有措施。[1] 在国内刑法理论中，被告人因"应为而不为"治罪主要出现在以下两种情况：第一，犯罪人存在法律上的义务却并未履行该义务（如犯罪人具有法定的缴纳税款的义务却并未交税）。第二，犯罪人尽管并不具备法定的义务，但却与受害人之间存在某种特殊的关系，在此种情况下，如犯罪人"应为而不为"则可能导致触犯法律的情况出现。国际刑法对于"应为而不为"的认识与国内刑法相近似。而上级责任原则里规定的上级官员"应为而不为"的法律基础可以从下述案件中窥见一二。

在东京审判时期，远东国际军事法庭对于时任日本首相东条英机（Hideki Tojo）的裁判中就已就被告"应为而不为"行为表达了观点。远东国际军事法庭认为，"东条英机并未采取适当的措施（no adequate steps）惩罚那些虐待战俘和集中营囚犯的施暴者，也并未采取行动阻止类似行为的发生……他也并未要求其下属就'巴丹死亡行军'（Bataan death march）[2] 事件进行汇报。他草率地决定'就1943年发生在菲律宾的这一暴行'进行质询，但却并未采取任何后续行动，最终没有任何责任方受到惩处。因此，作为日本政府首脑，东条英机明确知道（knowingly）并自愿（wilfully）放弃了其应当遵守战争法的责任和义务。"[3] 从远东国际军事法庭的上述表述中可以看出，东条英机最终被定罪的法律基础是，他作为一国领袖，并未采取任何行动惩罚那些对于平民或已经放下武

---

[1] *Prosecutor v. Halilovic*, Judgement, Case No. IT – 01 – 48 – A, App. Ch., 16 October 2007, para. 63.

[2] "巴丹死亡行军"是第二次世界大战时期的惨案。在菲律宾巴丹半岛上的美菲守军与日军激战达4个月，最后因缺乏支援与接济，于1942年4月9日向日军投降，投降人数约有78000人。这近8万人被强行押解到100公里外战俘营，一路无食无水，沿路又遭日寇刺死、枪杀，总共死了约4万人。相关资料参见 http：//baike.baidu.com/link?url = bJA_ aYLow4hZ0D0 – tyPrU3wPKKNMS – kXjSKlCJOxq6LOfdCm_ dtTcKZeyzLsK5hE2jtucrQWvNlwKCnaAZXKWq, 2014 – 03 – 10。

[3] 20 Tokyo Trials, 49845 – 49846.

器的战俘施加暴行的行为,也并未阻止那些看起来必然会再次发生的暴行。基于这一观点,远东国际法庭认为东条英机的此种"应惩罚而不惩罚"的行为已经构成了指挥官责任的必要条件。

在国际习惯法层面,1949年《日内瓦第一附加议定书》也曾就指挥官"应为而不为"行为进行了详细规定。第86条和第87条有如下的规定:

第86条 不作为
一、缔约各方和冲突各方应取缔有作为义务而不作为所引起的严重破坏各公约或本议定书的行为,并采取必要措施制止有作为义务而不作为所引起的任何其他破坏各公约或本议定书的行为。
二、部下破坏各公约或本议定书的事实,并不使其上级免除按照情形所应负的刑事或纪律责任,如果上级知悉或有情报使其能对当时情况作出结论,其部下是正在从事或将要从事这种破约行为,而且如果上级不在其权力内采取一切可能的防止或取缔该破约行为的措施。

第87条 司令官的职责
一、缔约各方和冲突各方应要求军事司令官,防止在其统率下的武装部队人员和在其控制下的其他人破坏各公约和本议定书的行为,于必要时制止这种行为并向主管当局报告。
二、为了防止和制止破约行为,缔约各方和冲突各方应要求司令官,按照其负责地位,保证在其统率下的武装部队人员了解其依据各公约和本议定书所应负的义务。
三、缔约各方和冲突各方应要求任何司令官,在了解其部下或在其控制下的其他人将从事或已经从事破坏各公约或本议定书的行为时,采取防止违反各公约或本议定书的必要步骤,并于适当时对各公约或本议定书的违犯者采取纪律或刑事行动。[①]

[①] International Committee of the Red Cross (ICRC), *Protocol Additional to the Geneva Conventions of 12 August 1949, and relating to the Protection of Victims of International Armed Conflicts (Protocol I)*, 8 June 1977, 1125 UNTS 3, http://www.un.org/chinese/documents/decl-con/geneva_protocol_1.htm#d4, 2014-03-10.

其中，第86条第2款中要求缔约各方对于那些没有"在其权力内采取一切可能的防止或取缔该破约行为的措施"的上级官员予以刑事上或纪律上的惩罚，这是《日内瓦第一议定书》关于上级官员"应为而不为"行为的理解。此外，《日内瓦第一议定书》还进一步指出，指挥官责任还包括指挥官或上级官员对于其下属犯罪行为应该惩罚而并未惩罚的行为。就像第87条第3款中规定的，缔约各方和冲突各方应"要求任何司令官，在了解其部下或在其控制下的其他人将从事或已经从事破坏各公约或本议定书的行为时，采取防止违反各公约或本议定书的必要步骤，并于适当时对各公约或本议定书的违犯者采取纪律或刑事行动"。前南刑庭上诉庭在布拉斯基奇案（Blaskic）中也认可了上述观点。法庭认为，在绝大多数情况下，军事指挥官或民事上级官员未能履行其惩罚下属犯罪行为的义务会导致此类暴行的再次发生，这也从另一个角度表明该上级官员并未能够履行其领导职责。①

对于该"应为而不为"行为的适用范围，前南刑庭规定上级官员采取措施的限度在其"管辖范围之内"。② 因此，该上级官员的行动结果并不重要，而其是否运用了"他所能够掌握的所有权力去防止和惩治犯罪的行为"在上级责任原则中所占比重则更多。与军事指挥官相比，民事上级官员阻止和惩罚下属犯罪行为的职责至少应当包括对于已经发生的犯罪行为的调查义务和向更上级报告的义务。③ 而上级官员玩忽职守的行为并不能由事后对于下属犯罪行为的惩罚而免罪。④ 在巴吉利谢马案中，前南刑庭审判庭认为，对于上级责任中的犯罪心理要件，除了知道和有理由知道以外，还有第三种责任基础（third basis for liability），即刑事疏忽（criminal negligence）。此种责任被认为是一种不作为责任，是上级官员对于其公共职责的玩忽职守的行为。然而，此种观点并未获得上诉庭的支持。⑤ 在此问题上，《柬埔寨特别法庭规约》与前南刑庭及卢旺达刑庭的

---

① *Blaskic* Appeal Judgement, ¶16.
② Čelebići, *Appeals Judgement*, ¶395.
③ *Kordić*, Trial Judgement, ¶446.
④ *Blaškić*, Appeal Judgement, ¶¶78–85.
⑤ 凌岩：《卢旺达国际刑事法庭的理论与实践》，世界知识出版社2010年版，第221页。

规定基本相同。① 《罗马规约》也在明确规定所有上级官员（包括民事上级官员和军事指挥官）应采取"必要和合理措施"的基础上，又详尽指出了民事上级官员必须采取措施"防止或制止这些犯罪的实施，或报请主管当局就此事进行调查和起诉。"②

此外，前南刑庭与卢旺达刑庭明确指出上级官员"阻止下属犯罪"行为与"惩罚下属犯罪"的行为是两种不同的责任：如果可能，上级官员应当履行这两种职责，即阻止犯罪行为发生的同时还应有义务惩罚犯罪行为人。③ 在这点上，前南刑庭认为，"阻止或惩罚的义务"并不要求被告人从两种义务中二者选其一。显然，当被告人知道或有理由知道其下属将要犯罪却并未阻止他们时，该上级官员不能因为通过事后对于下属的惩罚而免除其罪责。④ 两刑庭还就此确立了"具体案件具体分析"标准来确定上级官员的"必要和合理"行为标准。⑤

小　结

总而言之，上级责任原则从人类早期历史中一国国内法对于其军事指挥官行为的规范，发展到21世纪的今天，国际社会通过该原则试图实现对军事指挥官及民事上级官员（包括跨国公司高管）领导责任的全面监管，经历了一个漫长的过程。国际刑法学界和实务界对于上级责任原则的认识也通过各种刑事司法实践活动而不断成熟起来。同时，面对新的历史时期，上级责任原则也面临着诸多新的问题。

随着经济全球化程度的不断加深，各特别刑事法庭已经不再单纯关注

---

① ICTY Statute, art. 7 (3) ("[T] he superior failed to take the necessary and reasonable measures to prevent such acts or to punish the perpetrators thereof. "). 参见 ICTR Statute, art. 6 (3)。同时参见 ECCC Statute, art. 29。

② Arts. 28 (a) (ii), (b) (iii), Rome Statute.

③ *Prosecutor v. Limaj*, Case No. IT - 03 - 66 - T, Judgment, ¶ 523, Nov. 30, 2005. *Prosecutor v. Bagilishema*, Case No. ICTR - 95 - 1A - T, Judgment, June 7, 2001, ¶ 49.

④ *Prosecutor v. Blaskic*, Case No. IT - 95 - 14 - T, Trial Chamber Judgement, para. 336 (March 3, 2000).

⑤ *Prosecutor v. Blaskic*, Case No. IT - 95 - 14 - A, Appeals Judgment, July 29, 2004, ¶ 417 (quoting *Celebici* Trial Judgment, ¶ 395).

军事指挥官的领导责任,而在很大程度上,公司(特别是跨国公司)侵犯人权的案件已经逐渐成为一些司法审判机构审理的重点。这不仅为以跨国公司高管为主体的跨国公司国际刑事犯罪案件中的上级责任的构成要件和适用范围等基本问题提出了挑战,也为该原则的进一步完善和发展提出挑战。尽管这些跨国公司的高级管理人员在案件发生时均远离犯罪地点且从通常意义来讲,多被认为是"间接参与者"(indirect perpetrators)甚至"共谋者"(accessories)。然而,实际上,他们才是推动犯罪行为的幕后黑手,而实际从事犯罪行为的施暴者,则仅仅可以被称为整个犯罪行动中的"次要的参与者"(secondary participants)。[1] 因此,通过国际刑事司法审判机构追究这些真正"藏在幕后的人"是非常必要的。

从目前的司法实践来看,包括国际刑事法院在内的国际刑事司法实务机构早在20年前就开始了对民事上级官员或跨国公司高管上级责任相关问题的探讨。其中,对于民事上级官员同军事指挥官领导责任的不同、犯罪心理要件的不同等多方面也进行过较为详尽的分析和探讨,学界也似乎能够从近期的司法判例中更为清晰地了解到各刑事司法机构在相关问题上的观点。然而,鉴于目前明确涉及跨国公司高管上级责任原则的案件数量还十分有限,各主要刑事法庭在类似案件中的审判经验还有待加强。与此同时,跨国公司在国际舞台中地位的不断上升也在客观上要求国际刑法界对涉及跨国公司高管的案件提高警惕。因此,是否能够正确对待目前面临的新问题,标志着国际刑法学界和实务界对这一古老的刑法理论能否在新的历史时期下的国际刑法中继续占据主要地位。

---

[1] Kai Ambos, "The *Fujimori* Judgment: A President's Responsibility for Crimes Against Humanity ad Indirect Perpetrator by Virtue of an Organized Power Apparatus", *Journal of International Criminal Justice*, Vol. 9, 2011, p. 148.

第六章

跨国公司国际刑事责任前瞻

总体而言，国际社会对于跨国公司国际刑事责任的追究时间还并不长，算上第二次世界大战之后国际军事法庭对于欧洲和日本公司的审判才60多年的时间。在这个过程中，国际刑法学界和实务界经历了从认识跨国公司巨大的经济实力和其对于人类社会所能产生的巨大影响力（包括正面的和负面的影响力），到开始学习如何应对跨国公司所带来的负面作用的阶段。鉴于国际刑法理论的不健全，以及各国际刑事司法审判机构本身所存在的这样和那样的问题，国际刑事司法审判机构目前尚不具备直接审理跨国公司从事国际犯罪的能力。但是，应当看到，与60年前相比，人们对于跨国公司国际刑事责任在国际法层面和国内法层面的认识和理解已经发生了翻天覆地的变化。这些都与国际法学者们的不懈努力，以及国际刑事司法审判机构的积极参与是分不开的。在这一章中，笔者将就跨国公司国际刑事责任在国际法层面及国内法层面的发展现状及所存在的问题和挑战进行总结和分析。

第一节 国际法层面发展现状及存在的问题

一 概述

2004年，英国前首相托尼·布莱尔（Tony Blair）曾经提道，"对我们的安全最好的防卫在于我们的价值观的广泛传播。然而，若没有一个承认这些价值观的（制度）框架，我们的价值观的传播将难以为继。如果说这是一个全球性的威胁，那么它需要一个全球性的对策，基于一套全球性的规则。"[1] 这句话对于解决国际刑法中跨国公司的国际刑事责任问题非常具有启示作用。不可否认,第二次世界大战结束至今,国际刑法理论通过大量司法实践得到了巨大的发展。一直以来,国际社会也一直没有放弃通过建立一个全新的"全球性规范"来实现对于管控跨国公司的理想。目前,国际刑法已经从早期的只承认国家元首、政府首脑等高级官员的个人刑事责任,发展到开始在个别领域中出现向跨国公司刑事责任转化的趋势。

随着经济全球化的不断发展,世界各国已经充分认识到跨国公司给国际社会所带来的正面和负面影响。因此,国际社会就如何减少或消除跨国公司侵犯人权行为的措施也层出不穷。诚然,在当今国际法范畴内,国家仍是主要的从事推动、保护和实现基本人权的义务承担者,但包括《世界人权宣言》在内的主要国际人权条约都呼吁个人和所有"社会组织"应尽力遵循国际法基本原则和保障尊重人权和自由及个人基本权利的有效实现。因此,在坚持积极引进外国直接投资,发展自身经济的同时,绝大多数国家也开始注重对于跨国公司及其高管人员从事的国际犯罪行为的追究。这在国际刑法层面最明显的表现就是,国际刑法学界和实务界似乎开始将其管辖对象向以跨国公司为主体的公司倾斜的趋势。通过研究目前相关国际和国内司法判例可知,当今国际社会主要通过追究跨国公司员工的共谋行为及高级管理人员的上级责任来弥补目前国际法在此领域的不足。在国际法的其他领域,以联合国为首的一些国际性组织或非政府组织在对跨国公司的行为规范中也起到了一定的作用。这些解决措施的发展现状以及存在的问题即为本章探讨的重点。

二 国际性跨国公司"行为规范"发展现状及存在的问题

目前国际社会存在为数不少的由国际组织发起的涉及规范跨国公司行为的一般性规范,如经济合作与发展组织(OECD)的《跨国公司行为指南》。其中,一些规范专门行业行为的国际性倡议也屡见不鲜,如《安全与人权自愿性原则》等。大多数国际或区域组织制定的相关规范都涉及主要国际人权公约的基本原则,同时,也存在一些国际组织"因行业制

---

[1] [英]菲利普·桑斯:《无法无天的世界:当代国际法的产生与破灭》,单文华、赵宏、吴双全译,人民出版社2011年版,第1页。同时参见 *Financial Times*, 19 October, 1998, p. 24。

宜",结合不同行业的生产经营特点出台的符合该特定行业的行为规范。

这些国际性行为规范对于规范跨国公司行为方面有一定的促进作用。一方面,这些国际性文件对于国际社会、跨国公司及各国民众都具有很大的教育意义。它们使得政府、公司和消费者三方真正认识到跨国公司行为所能产生的严重后果。同时,一些国际人权组织所公布的"行为规范报告"在呼吁跨国公司对于基本人权、劳工权利、环境保护等问题予以尊重的基础上,还揭露了不少跨国公司侵犯基本人权的暴行。这些暴行给了人们以很大的冲击,至少从消费者角度来说,可以促使他们"用脚投票",在选择服务或产品时远离那些不尊重人权或不重视当地环境保护的跨国公司。20世纪90年代,欧美消费者因李维斯(Levi's)公司侵犯发展中国家劳工基本人权和劳工权而发起的大规模商品抵制活动就是消费者"用脚投票"的范例。这样的冲击对于任何跨国公司都是不想见到的。另一方面,这些"行为规范"文件有助于督促跨国公司始终以尊重基本人权为底线进行生产经营活动,并根据本行业特点来践行此类规范的要求,达到国际法对于保障人权的基本要求。部分跨国公司行为规范中有专门针对不遵守规范行事的跨国公司的"惩罚"机制,尽管这些所谓的"惩罚"机制大多没有太大的强制效力,但这种来自著名国际组织的"点名批评"(name and shame)多少能够对跨国公司的生产经营活动产生一定的威慑作用。

然而,这些国际性"行为规范"普遍存在一个本质缺陷,即其"软法"性质。因此,此类行为规范均不具备为跨国公司行为创设法律义务的能力。[1] 由于这些国际性"行为规范"所规定的内容并不具有法律强制性,因此跨国公司并不会因为违反相关行为规范条款而受到严厉的惩罚。而成为这些"行为规范"的一员既可以向整个世界彰显该跨国公司"尊重人权"的经营理念,还不会为其生产经营活动带来过多"负担"。这些都为跨国公司们积极加入此类"行为规范"提供了强大的动力,也从根本上扭曲了国际性组织制定此类跨国公司行为规范的初衷。人们逐渐开始发现,尽管越来越多类似的国际性跨国公司行为规范不断出台,参与的跨国公司的数量也呈逐年递增趋势(最著名的联合国"全球契约"中参与

---

[1] Patrick Macklem, "Corporate Accountability under International Law: The Misguided Quest for Universal Jurisdiction", *International Law Forum du droit international*, Vol. 7, 2005, pp. 281, 283.

的跨国公司的数量已经超过3000家），相关规范内容也几乎已经涉及了跨国公司生产经营活动的所有领域，但却并未能够大幅度减少跨国公司参与国际犯罪活动的数量。一些已经加入多部国际性行为规范的跨国公司仍然在世界的某个角落与当地政府相勾结，从事着掠夺当地自然资源或侵犯当地民众基本人权的勾当。这些现实都迫使当前国际法学界和人权组织开始转变思路，对于这些越来越多的跨国公司行为规范的实际效用进行重新评估。

三 相关国际条约存在的问题和挑战

如上所述，单纯依靠这些国际组织所制定的跨国公司自愿性"行为规范"，是无法彻底解决目前普遍存在的跨国公司国际犯罪问题的。近年来，学界也开始认识到，这种缺乏条约实施机制或违约惩治机制的国际性文件的实施效果确实乏善可陈。一些跨国公司即使在加入或签署了某项公约之后，仍在侵犯人权问题上表现得"有恃无恐"。为应对国际组织制定的"行为规范"所存在的本质缺陷，国际法学者将其研究重点转移到具有法律效力的国际条约上。涉及规制跨国公司国际犯罪问题的国际条约（包括国际刑法条约）由此而生，并广受关注。

尽管当前国际刑法仍未正式承认国际刑事司法审判机构对于跨国公司的刑事管辖权，但从20世纪80年代开始，国际社会以跨国公司为主体的国际刑事条约已经出现并在其专业领域发挥着重要的作用。与上述具有"软法"性质的国际组织制定的国际性文件相比，从对跨国公司行为的规范效果上来看，国际条约因其具有一定程度的法律强制性及较好的实施机制更胜一筹，其对于跨国公司的行为更具有约束性。

国际法发展到今天，对于"条约必须遵守"这条国际法最为古老的传统的尊重已经成为了国际社会的共识。由于这些国际公约或条约主要的缔约方还是一国政府，因此条约内容主要采取"转化"或"纳入"[①]的方式通过进入缔约国国内法律体系来得以贯彻实施。这对于督促缔约国本国在国外的跨国公司的活动，以及位于驻在本国的他国跨国公司的活动具

[①] 所谓转化，是指将条约规定为相应的国内法形式，间接适用。所谓纳入，是指将条约一般性地纳入国内法，在国内法中直接适用。一般情况下，在国内采取何种方式适用条约，是由各国根据条约的性质和有关规定自由决定的。

有更强的法律强制力。也正是因为这一优势,促使学者们开始思考,是否应当制定专门针对跨国公司行为规范的国际条约来更好地实现对跨国公司行为的管控呢?

尽管从表面上看,通过制定专门的国际条约来约束跨国公司的行为似乎能够"一劳永逸"地解决目前面临地诸多问题,然而,从实际操作角度思考,这种想法却并不可行。原因在于:国际条约或公约在执行力方面确实大大优于国际组织制定的"行业规范",但国际条约也因其自身特点而存在一些不易克服的缺陷。从国际条约的制定程序来说,一件国际条约,特别是国际人权条约的制定大多需要经历相当长的谈判协商阶段,部分条约甚至需要几十年的时间才能达到条约制定时所规定的生效条件。一般来说,一国际条约关注的问题范围越广、内容越复杂、争议越大,这段谈判协商的时间就会越长,而跨国公司的国际刑事责任问题正属于此种类型。仅以《联合国土著人民权利宣言》(Declaration on the Rights of Indigenous Peoples)[1]为例,该宣言中仅涉及"跨国公司与人权问题"中的一小部分内容,[2]即在部分条款中强调"开发、利用或开采矿物、水或其他资源的项目前,应本着诚意,通过有关的土著人民自己的代表机构,与土著人民协商和合作,征得他们的自由知情同意""不得强迫土著人民迁离其土地或领土""土著人和土著人民有权充分享受适合的国际和国内劳工法所规定的所有权利"等问题。对于这些问题的谈判,就足足花了26年的时间。更不用提目前跨国公司国际刑事责任问题中存在的诸多更具争议的话题了:如跨国公司的国际法主体资格问题、跨国公司的国际刑事主体资格问题、跨国公司高管的上级责任及公司员工的共谋行为的认定标准等。上述问题大多都已经历了数十年的讨论,却仍未在国际社会达成共识。

---

[1] United Nations Declaration on the Rights of Indigenous Peoples, A/61/L. 67 and Add. 1, 2007, http://undesadspd.org/IndigenousPeoples/DeclarationontheRightsofIndigenousPeoples.aspx, 2014 – 02 – 10.

[2]《联合国土著人民权利宣言》第10条:"不得强迫土著人民迁离其土地或领土。"第17条:"土著人和土著人民有权充分享受适合的国际和国内劳工法所规定的所有权利。"第32条:"各国在批准任何影响到土著人民土地或领土和其他资源的项目,特别是开发、利用或开采矿物、水或其他资源的项目前,应本着诚意,通过有关的土著人民自己的代表机构,与土著人民协商和合作,征得他们的自由知情同意。"

退一步讲，如果将条约制定的时间忽略不计，仅从相关国际条约需要规定的内容来看，要在短时间内建立一个全球性跨国公司行为规范的人权标准及国际刑法规范也并不实际。虽然各国际组织已经为不同行业的跨国公司制定了各自的行为规范，但应当看到的是，这些行为规范所规定的内容与所针对的跨国公司的行业背景有很大联系，即处于不同行业的跨国公司的行为规范强调的重点具有较大的差别。比方说，对于主要从事采掘业的跨国公司来说，其行为规范必然涉及对于当地自然资源的保护以及有限采掘的问题、禁止与当地专制政府或非政府武装相勾结等；对于从事劳动力密集型活动的跨国公司（如服装制造业等），相关行为规范则更为关注对于劳工权利的保护等；对于新兴高新技术产业，则主要强调禁止向专制政府提供为其从事侵犯人权行为所"私人定制"的高科技软件等行为。如何将差别如此之大的行为规范体系纳入一个统一的全球性体系中，确实存在很大的技术性问题。而如果在该国际条约中仅仅使用较为宽泛性语言，做出一些框架性或宣言性的规定，似乎并没有必要花大力气去专门制定一个这样的国际条约。即使制定出来，此种国际性条约的执行效果可能还需更具体的补充机制的出台才能最终实现。

四　国际刑事司法实践中的问题和挑战

（一）国际刑事法院

在联合国系统下，由于主权国家仍是国际法层面义务的主要承担者，联合国内部尚未出现专门用于监控"跨国公司行为与国际犯罪活动"的投诉机制（complaint procedures）。同样，包括国际刑事法院在内，当今国际特别刑事司法审判机构也均无权对跨国公司的国际犯罪行为追究其刑事责任。可以说，国际社会在国际刑法层面确立跨国公司国际刑事责任的最佳司法救济场所应为国际刑事法院。主要原因在于：一方面，国际刑事法院作为当今国际社会唯一的对于国际犯罪具有管辖权的国际性常设性刑事法庭，其判决的权威性是有目共睹的。因此，如果能够将国际刑事法院作为跨国公司国际犯罪行为的审判机构，对于案件判决之后的执行问题以及对于跨国公司今后行为的威慑力是可以想象的。另一方面，国际刑事法院检察官（Prosecutor）具有的"主动启动法院机制"的权力，[①] 可以"自行根据有关本法院管辖权内的犯罪的资料开始调查"（The Prosecutor may initiate investigations *proprio motu* on the basis of information on crimes within the jurisdiction of the Court.）。因此，可以适度缓解跨国公司母国或其东道国"不愿或不敢"通过国内法来制裁跨国公司大规模侵犯基本人权的现象。

然而，由于在国际刑事法院建立之初，部分国家对于将公司这一主体纳入国际刑事法院的管辖范畴提出疑虑，认为这样做可能存在"开了适用《罗马规约》追究国家责任的后门的可能性"。[②] 因此，法国代表在罗马会议上提出的"公司也应承担国际刑事责任"的提案最终流产。此外，罗马会议未将公司纳入《罗马规约》的另一个主要原因是，《罗马规约》制定之时，与会国认为，国际社会"缺乏跨国公司国际刑事责任的国际标准"。[③] 一方面，罗马会议召开之时，与会国家代表对于是否在其国内法中承认公司的刑事责任问题存在相当大的争议。当时，一些国家甚至在其国内法内尚不承认公司具有承担刑事责任的主体资格。另一方面，一部分国家的国内刑法并不承认法人的刑事责任，而对于那些已经在其国内法中承认"公司能够犯罪"的国家来说，根据其国内法中所规定的责任形式的不同（民事责任、刑事责任及侵权责任）又可以分为不同的责任承担方式。正是基于上述分歧，在《罗马规约》制定之初，国际社会并未就公司的国际刑事责任问题达成一致意见。

罗马会议之后，19年过去了。尽管基于《罗马规约》的限制，当今国际刑事法院仍无权对公司行使刑事管辖权，但该法院却对涉及跨国公司犯

[①] 《罗马规约》第15条："（一）检察官可以自行根据有关本法院管辖权内的犯罪的资料开始调查。（二）检察官应分析所收到的资料的严肃性。为此目的，检察官可以要求国家、联合国机构、政府间组织或非政府组织，或检察官认为适当的其他可靠来源提供进一步资料，并可以在本法院所在地接受书面或口头证言。（三）检察官如果认为有合理根据进行调查，应请求预审分庭授权调查，并附上收集到的任何辅助材料。被害人可以依照《程序和证据规则》向预审分庭作出陈述……"相关资料参见 http://www.un.org/chinese/work/law/Roma1997.htm, 2014-03-24．

[②] 张颖军，《从纽伦堡审判到国际刑事法院——国际刑事司法的法人责任研究》，《武汉大学学报》（哲学社会科学版）2008年第6期。

[③] M. Kremnitzer, "A Possible Case for Imposing Criminal Liability on Corporations in International Criminal Law", *Journal of International Criminal Justice*, Vol. 8, 2010, p. 917.

罪的国际刑事案件采取了相当大的"变通之法"。即分别适用《罗马规约》第25条和第28条中关于"帮助和煽动行为"及"其他上级责任"条款,对涉案跨国公司高级管理人员的犯罪行为进行追究,并可因此而对与跨国公司行为有关的国际犯罪行为予以裁判。近几年来,国际刑事法院也开始在其司法审判活动中阐述法院关于涉及跨国公司高管的上级责任及公司员工的共谋行为的构成要件的认识。这都被认为是国际刑事法院开始加强对跨国公司国际犯罪的惩治力度。然而,由于国际刑事法院自身资源紧缺,面对巨大的案件压力,尽管国际刑事法院检察官办公室(Office of the Prosecutor)多次公开重申其对于跨国公司参与的国际犯罪行为的关注和调查的决心,但从目前发展现状来看,国际刑事法院仍将其审理案件的重点集中在那些直接参与犯罪的个人或首脑身上。同时,鉴于国际刑事法院能够受理的案件的数量有限,再加上涉案跨国公司工作人员在国际犯罪中尽管存在帮助或煽动等共谋行为,但多处于辅助地位且远离实际犯罪地点,所有这些问题都更加加重了国际刑事法院检察官在相关案件中的举证压力,也使得检察官办公室并未将对于此类人群的处理放在"优先处理"的行列。[①]

（二）其他国际刑事司法审判机构

当今国际刑事司法审判机构在处理涉及跨国公司国际犯罪问题时也面临着同国际刑事法院相同的困境。一方面,近些年来,各主要国际刑事司法审判机构都在涉及跨国公司侵犯基本人权的案件中表现积极,并就该问题中的核心点或难点,结合自身实际情况,提出了不少具有新意的观点或看法。这些观点或看法对于跨国公司国际刑事责任问题的发展和认识具有非常重要的实践意义。这也都表明,这些国际刑事司法审判机构自身并不排斥追究跨国公司的国际刑事责任,目前无法实现这一愿望的原因仅仅是由于相关《规约》规定的限制而使得它们缺乏对公司的管辖权。另一方面,跨国公司大规模侵犯人权的行为已经十分严重,一些公司甚至已经开始牵涉到一国内战或国内的政治斗争之中。鉴于跨国公司的驻在国或母国并不具有直接惩罚跨国公司的主观能动性,通过国际刑事司法审判机构对于涉案公司负责人或相关行为人的直接犯罪行为或间接共谋行为予以起诉,似乎是目前国际社会唯一能够

---

① 参见 Reinhold Gallmetzer, "Prosecuting Persons Doing Business with Armed Groups in Conflict Areas: The Strategy of the Office of the Prosecutor of the International Criminal Court", *Journal of International Criminal Justice*, Vol. 8, 2010。

做到的"没有办法中的办法"。尽管对于个人刑事责任的追究，在对受害人损害赔偿的实现程度上明显无法与财力雄厚的跨国公司相比，但根据目前国际刑法理论的规定也只能做到这点。这种现状不仅是受害者的无奈，也是国际刑事司法实践机构与国际刑法学者的无奈。

就国际刑事司法审判机构对于跨国公司高管或员工犯罪行为的追究现状来说，也存在一些问题和挑战。首先，国际刑法理论界对于"上级责任"及"共谋行为"的构成要件及界定标准规定还不明确。缺乏具体的理论支撑，这些国际刑事司法审判机构只能通过总结前人的判例及法官个人对于相关原则的理解来审理相关案件。由于法官理论水平和对于理论问题理解上的差异，使得目前各国际刑事司法审判机构在涉及跨国公司高管上级责任原则及公司员工共谋行为中的一些核心问题的理解均存在差异，这对于最终确立一个明确的统一标准造成了一定程度的阻碍。其次，在司法实践中，大多《法庭规约》条款中的规定较为概括，有的甚至没有将民事主体同军事主体区分规定。鉴于涉及跨国公司犯罪的案件的犯罪主体均为民事个人，这就使得检察官在适用相关条款时，出现举证责任过重的现象。而在现实生活中，跨国公司自身非常复杂的内部人事结构以及职位调动制度，更加增加了检察官指控某一负责人或员工有罪的难度。这些都在很大程度上限制了国际刑事司法审判机构的检察官起诉跨国公司高管或员工从事国际犯罪活动的能力。

第二节　国内法层面发展现状及存在的问题

20世纪初，德国著名作家托马斯·曼（Tomas Mann）[1]曾在其长篇小说《魔山》（The Magic Mountain, Der Zauberberg, 1924）中写过这样的一句话："令人瞩目的是，最常得到遵守的规则往往是那些与既得利益阶层的经济利益相一致的规则；而对于那些不太受欢迎的规则，他们则倾向于视而不见。"[2] 这句话用来形容跨国公司与其驻在国或母国的国内法

---

[1] 托马斯·曼（Paul Thomas Mann, 1875–1955），德国作家，1929年获得诺贝尔文学奖。
[2] ［英］菲利普·桑斯：《无法无天的世界：当代国际法的产生与破灭》，单文华、赵宏、吴双全译，人民出版社2011年版，第87页。

律规范之间的关系是再合适不过了。研究表明,在很多国家,一国政府国内法律法规在面对跨国公司对于其本国国民基本人权的侵害时是基本无效的。[①] 产生这种现象的原因,可以从跨国公司驻在国角度和母国角度来进行分析:从跨国公司驻在国角度来说,一方面,一些发展中或不发达国家本身并不具备相应的完善的法律、法规体系,因此,对于跨国公司国内法律机制的管控力也明显不足;另一方面,在那些存在相应法律法规机制的国家,由于这些国家大多在经济上比较或非常依赖跨国公司的直接投资,为保证自己经济的稳定发展,这些国家的政府也一般并不愿意对跨国公司在其本国的行为"说三道四"。从跨国公司母国的角度来说,为防止本国公司在国际竞争中处于劣势地位,大多跨国公司的母国也不愿为这些跨国公司在国外的行为做出太多约束。

尽管采用国内法机制调控跨国公司的行为还存在上述"短板",但从目前的发展现状来看,适用国内法机制可能是最为有效的规范跨国公司行为的途径之一。在国内法的一个层面,即民法或侵权法层面,涉及跨国公司犯罪的专门法律规定及判例并不少见。从目前发展现状来说,适用国内法管控跨国公司行为目前发展最好、效果也不错的领域即为侵权法领域。如本书前文所述,在这个领域中,最值得一提的当属美国《外国人侵权索赔法案》(ATS)及其联邦法院判例。正是《外国人侵权索赔法案》的存在,极大地推动了自20世纪90年代以来兴起的外国受害者在美国联邦法院针对跨国公司在他国侵犯基本人权暴行的起诉浪潮。也正因为如此,也使得美国学者和司法实务人员能够在跨国公司国际刑事责任、跨国公司共谋行为及上级责任原则等问题上拥有更多的实践经验。与此同时,美国司法实务界也并未放弃这一绝好机会,凭借他们雄厚的法学理论基础,这些美国联邦法官们在诸多案例中对于跨国公司国际刑事责任中多个核心问题的精妙法理分析,已经成为世界各国国际法学者争相学习的经典文本,也在很大程度上激起了国际刑法学界对于跨国公司国际刑事责任问题的研究热情。在实际生活中,大量涉及跨国公司侵犯基本人权的案件的出现,也使得众多跨国公司开始真正重视其在他国的生产经营活动是否符合国际法、国际人权法的基本要求,并在其实践活动中加强对相关问题的管理。

---

① International Network for Economic, Social & Cultural Rights, Joint NGO Submission: Consultation on Human Rights and the Extractive Industry, 2005, p. 6.

在国内法的另一个层面,即国内刑法层面。运用一国国内刑法规制跨国公司的行为在当地政府重视水平、法律法规的多样性、实施强制性程度等方面都存在一定优势。但从整体来看,从国内刑法层面规制跨国公司行为,即适用一国国内刑法来处理跨国公司的国际犯罪问题也存在这样或那样的挑战与困难。首先,不同国家对于公司刑事责任的处理标准与原则存在很大差别。有时一些国家刑法适用"代理责任",即法院主要关注公司员工的犯罪行为,因此并不强调对于公司本身刑事责任的追究。而另一些国家则更为注重对公司行为本身违法性的研究,对于真正从事犯罪活动的公司员工或高管的行为却并不重视。[1] 这种现象时常发生。此外,并非所有国家都承认公司的刑事责任(尽管随着近些年来国内刑法理论的发展,属于这一阵营的国家已经很少)。[2] 其次,在实践中,大多数涉及跨国公司犯罪的地区属于战争冲突区或不发达地区。[3] 一般认为,这些国家或地区自身的司法基础相对薄弱。一方面,这些国家或地区缺乏必要的设施、资金和法律专业人才;[4] 另一方面,此类地区也被国际社会公认为缺乏法治及独立审判活动。[5] 再加上跨国公司通常被视为一国经济发展的重要支柱,因此这些国家对于追究跨国公司的刑事责任并不情愿。[6] 除此之外,跨国公司母国政府一般也倾向于"放任"其跨国公司在国外的行为,以保障与东道国良好的外交关系以及防止本国在国际经济活动中遭受"不公平对待"。总的来说,东道国薄弱的政府管理、法律基础以及跨国公司母国对于其行为监管的不到位,共同造成了单纯适用一国国内法以实现对

---

[1] Celia Wells and Juanita Elias, "Catching the Conscience of the King: Corporate Players on the International Stage", Philip Alston (ed.), *Non - State Actors and Human Rights*, Oxford University Press, 2005, pp. 143 – 147.

[2] Wolfgang Kaleck and Miriam Saage - Maab, "Corporate Accountability for Human Rights Violations Amounting to International Crimes: The Status Quo and its Challenges", *Journal of International Criminal Justice*, 2010, Vol. 8 (3), pp. 715 – 716.

[3] Anita Ramasastry, Mapping the Web of Liability: The Expanding Geography of Corporate Accountability in Domestic Jurisdictions, 2008, http://198.170.85.29/Anita - Ramasastry - commentary. pdf., 2014 – 01 – 16.

[4] Jelena Pejic, "Accountability for International Crimes: From Conjecture to Reality", *International Review of the Red Cross*, Vol. 84, 2002, p. 31.

[5] FAFO, *Business and International Crimes: Assessing the Liability of Business Entities for Grave Violations of International Law*, 2004, p. 22.

[6] Ibid., pp. 22 – 23.

跨国公司犯罪行为的追究的愿望并不能完全实现。因此，经过这将近50年的努力尝试，在纽伦堡、东京、海牙、阿鲁沙区（坦桑尼亚），一种广泛的共识已经形成，即在一些情况下，国内法院"无法或者说不愿意"对涉及跨国公司的最为严重的罪行提出起诉。①

尽管存在诸多问题，最近，越来越多的国家已经将惩罚跨国公司国际犯罪行为纳入其国内刑事立法管辖范畴。在大多情况下，此类国内刑法典均适用于所有公司。② 在澳大利亚，澳大利亚现行刑事法规定跨国公司应对国际犯罪承担相应责任。③ 早在1995年，当时的《澳大利亚刑事法》第八章就将国际犯罪纳入澳大利亚国内法，包括种族灭绝罪、危害人类罪及其他战争犯罪（包括奴役、酷刑、强奸及种族隔离等）。其中，该刑事法也将"帮助和煽动行为"纳入公司犯罪行为之中。④ 在英国，人们也开始就跨国公司或其子公司参与国际犯罪行为所应承担的责任问题思考新的出路。⑤ 一般而言，基于"属地原则"，一国国内法完全有权力规范在其国内进行生产经营活动的跨国公司。同时，由于一国刑事法是该国法律系统中最能体现国家强制力的统治工具，因此，依此逻辑，适用国内刑法来追究跨国公司的国际犯罪活动必然比具有普遍"软法"性质的国际组织制定的"行为规范"惩罚力度要大得多。而按照这种思路，是否就可以说从国际法层面对于跨国公司国际刑事责任的追究就不再必要了呢？答案是否定的。因为尽管国内层面追究跨国公司刑事责任的条件已经完全具备，但在现实中，单一国家在很多情况下都不能成为其国民的"最好的

---

① ［英］菲利普·桑斯：《无法无天的世界：当代国际法的产生与破灭》，单文华、赵宏、吴双全译，人民出版社2011年版，第45页。

② 比方说，英国、挪威、加拿大及法国的刑法典。

③ Rachel Nicolson and Emily Howie, "The Impact of the Corporate Form on Corporate Liability for International Crimes: Separate Legal Personality, Limited Liability and the Corporate Veil – An Australian Law Perspective", Paper for ICJ Expert Legal Panel on Corporate Complicity in International Crimes, 2007, p. 2.

④ The International Criminal Court (Consequential Amendments) Act 2002 (Cth).

⑤ Rachel Nicolson and Emily Howie, "The Impact of the Corporate Form on Corporate Liability for International Crimes: Separate Legal Personality, Limited Liability and the Corporate Veil – An Australian Law Perspective", Paper for ICJ Expert Legal Panel on Corporate Complicity in International Crimes, 2007, p. 2.

同盟"。① 同时，由于此种案件通常会涉及公司跨国交往及行为，而一国的法律规则或标准并不能完全适用于此类案件之中。因此，跨国公司的国际刑事责任问题也并不适合单纯从国内法层面予以解决。

应该说，不管受害方选择国内刑事法律程序还是民事或侵权法律程序来追究跨国公司的国际刑事责任，都会面临诸多法律上和事实上的挑战和困境。各国现存的法律原则和规则在处理相关问题时也并不完善。2013年，一些国家对于其国内法中涉及跨国公司国际刑事责任司法救济途径的修改引起了国际社会（尤其是国际刑法学界）的普遍担忧。这一年，国际法学家委员会专门就此问题向人权理事会提交报告。② 报告的起因是，2013年4月，美国联邦最高法院在柯欧贝案（Kiobel v. Shell Co.）中裁定《外国人侵权索赔法案》不再具有域外效应，也就在某种程度上表明美国联邦最高法院对于适用ATS追究跨国公司侵权责任的态度：即《外国人侵权索赔法案》已经不再对跨国公司在美国之外的国家或地区的国际犯罪行为予以管辖。这就使得受害者适用国内法控告跨国公司侵犯人权行为的途径进一步减少。③ 这一裁决一经发布就引起国际法学界、人权组织及司法实务界人士的强烈反弹。鉴于美国是世界上拥有跨国公司最多的国家，美国联邦最高法院的这一判决基本上关上了受害人在美国本土向跨国公司海外不法行为寻求司法救济的大门。更令人担忧的是，此类行为并非仅仅发生在美国。2012年11月，加拿大最高法院也曾做出了对被害人对铁毡矿产公司（Anvil Mining）④ 拒绝上诉的决定。毫无疑问，鉴于受害方在国内司法系统寻求司法援助所存在的种种困难，近期各国出现的各种倒退现象可能会导致被告方在面临跨国公司国际犯罪行为时陷于"无处伸冤"的局面。而这一"倒退"现象也使得本来发展一片光明的跨国公司国际刑事责任问题蒙上了一层阴影。

---

① Lynn Verrydt, "The Quest for International Criminal Liability with regard to Corporations", A Master's Thesis Submitted in Partial Fulfilment of the Requirements for the Degree of Master in Law, Ghent University (2011 – 2012), p. 24.

② International Commission of Jurists, Written Statement' Submitted by the International Commission of Jurists, A Non – Governmental Organization in Special Consultative Status, A/HRC/23/NGO/12, 2013.

③ Kiobel v Royal Dutch Petroleum Co, Case No 10 – 1491, 2013 (U. S. Apr. 17, 2013).

④ Anvil Mining Ltd. c. Association canadienne contre l'impunité, 2012 QCCA 117, http: //canlii. ca/t/fpr75, 2014 – 02 – 09.

结　　论

尽管在 2013 年初，美国联邦最高法院关于柯欧贝案（Kiobel）的裁决使得国际法学界和人权组织人士大为失望，这也使一些学者对一直在"跨国公司国际刑事责任"领域处于"领跑"位置的美国在此问题上的下一步发展持保守态度。在国际法层面（特别是国际刑法层面），情况却并非如此悲观。如上所述，虽然《罗马规约》中并未授权国际刑事法院享有对公司的刑事管辖权，但就"公司刑事责任"这一观点，从 1998 年《罗马规约》制定时的筹备会议中就已引发国际社会的普遍关注。十几年过去了，越来越多的学者和国家开始逐渐抛弃公司因不具备"犯罪心理"而不应单独承担刑事责任的传统刑法学观点。早在 2006 年，一项由名为"Fafo"①的国际组织做出的关于"公司与国际犯罪"的报告中显示，在受访的 16 个国家中，有 11 个国家②的国内法律体系对于"公司能够承担刑事责任"问题持肯定态度，③ 这种发展趋势还在更多国家的刑事法律体系中发酵。近些年来，一些大陆法系国家也出现了向公司追究刑事责任的趋势发展。④

目前，国际法学界对于跨国公司国际刑事责任问题的解决方案存在一

---

① Fafo 是一个专门从事社会福利和贸易政策、劳工权益、公众安全、移民问题以及跨国安全和发展问题的独立的、多学科研究团队。该机构总部目前设在挪威。相关资料参见 http://www.fafo.no/indexenglish.htm，2014 - 03 - 29。

② 这 11 个国家包括：澳大利亚、比利时、加拿大、法国、印度、日本、荷兰、挪威、南非、英国和美国。

③ Anita Ramasastry and Robert C. Thompson, "Commerce, Crime and Conflict: Legal Remedies for Private Sector Liability for Grave Breaches of International Law: A Survey of Sixteen Countries", 2006, p. 13, http://www.fafo.no/pub/rapp/536/536.pdf, 2014 - 02 - 09.

④ J. Kyriakakis, "Corporations and the International Criminal Court: The Complementarity Objection Stripped Bare", Criminal Law Forum, 2008, p. 115.

大矛盾。一方面,如若仍然延续现存的个人刑事责任原则,随着跨国公司经济实力和政治实力的进一步加强,与之相应的对于公民基本人权的破坏能力也呈上升趋势,这就会进一步促使跨国公司在从事国际犯罪活动之后制造"替罪的羔羊"的现象。即为推卸责任和挽回形象,基于国际刑法下的个人刑事责任原则,跨国公司完全可以将位于东道国子公司或分公司的高管推到前台,而最应负责任的跨国公司则躲在幕后。另一方面,若在国际刑法层面承认跨国公司的国际刑事责任,则有可能存在对躲在该公司"面纱"背后的实际犯罪者的责任免予追究的现象。这时,基于有限的财力、物力和人力,国际刑事司法审判机构一般会更倾向于"抓大放小",因此很有可能出现的情况是,法院在审理相关案件时只强调对跨国公司犯罪行为的追诉而放弃对小部分"有恶意"的公司高管责任的追讨的情景。而上述两种情况都不是人们所愿意看到的。

针对上述矛盾,一些学者认为,"权宜之计是仅仅起诉公司。与个人刑事责任的认定相比,单纯对跨国公司的国际犯罪行为进行起诉能够极大减少检察官调查和起诉的时间及难度。这种优势在那些涉及大型、人事结构复杂的跨国公司犯罪的案件中尤为明显。"[1] 而在国际刑事司法审判活动中,优先处理"最顶级"的犯罪首脑也是各主要国际刑事法庭从第二次世界大战以来继承的一贯传统。国际人权组织也普遍认为,司法手段是惩治战争犯等国际犯罪行为的"灵丹妙药"(omnipotent cure)。然而,对此观点,各国的外交官及维和人员则持批判态度。他们认为,在现实生活中,有时候,这种所谓的"司法行动"仅仅是国际社会用来"粉饰门面"的工具,有时甚至会对世界和平造成负面影响。[2]

总而言之,国际法学者和司法实务工作者们已经不能再对跨国公司在国际社会日益崛起的局势视而不见。跨国公司的行为直接影响到数以万计的普通民众,不仅为他们的生活提供便利的交通、生活设施、工作场所等有利因素,也在很大程度上带来了环境污染、劳工权利及基本人权受到严重侵害等负面因素。上文中所提到的诸多案例已经能够充分表明现存国际

---

[1] 参见 Antonio Vercher, Some Reflections on the Use of Criminal Law for the Protection of the Environment, in SOCIAL DEFENCE AND CRIMINAL LAW FOR THE PROTECTION OF COMING GENERATIONS, IN VIEW OF THE NEW RISKS 103, 115 (Edmondo bruti Liberati et al. eds., 2002).

[2] Ivan Simonovic, Attitudes and Types of Reaction Toward Past War Crimes and Human Rights Abuses, *The Yale Journal of International Law*, Vol. 29, 2004, p. 343.

法规范（包括国际刑法规范）对于跨国公司生产经营行为的管控确实存在缺失。如何解决现存国际法规范同日益增长的跨国公司的实力之间的矛盾已经成为国际法学界急需解决的问题。尽管将跨国公司侵犯人权的行为直接纳入国际法特别是国际刑法的管辖是最有效的，但由于跨国公司国际刑事责任问题中的诸多细节问题尚未获得整个国际社会的肯定，目前即大张旗鼓地进行如此大规模的"革命"似乎很难获得大多数国家的支持。因此，相较于彻底改变现存国际法律体系及其原则等"激进措施"，笔者认为，如若能够在当前国际刑法理论基础上进行一定程度的完善和"小修小补"，并将国内刑法、民法及侵权法等法律规制共同结合起来，可能更为有效。

国际社会应当认识到，国际法未来的发展方向应当包含对于跨国公司行为的法律规制，特别是在国际刑法层面的约束。现今只专注国家责任和个人责任的国际刑事法律体系和国际人权法体系已经不再能够满足国际社会现实发展的基本要求。尽管看起来这个想法过于激进，但学者们也应清楚地明白，将跨国公司纳入国际刑法的管辖范围之内并不会必然引发跨国公司在国际刑事责任主体资格上的混乱。就如将个人刑事责任纳入国际刑法并不能说明个人开始具有国际法主体资格一样。跨国公司的国际刑事责任可以同个人国际刑事责任并列纳入国际刑法之中，这样的转化可以避免将国际刑事责任直接附加到跨国公司身上所引发的法理上及实务中的诸多问题。然而，可以肯定的是，对于此种转化必然需要国际刑法学界及实务界人士极度谨慎的态度。因为，对于国际刑法（或者具体而言，国际刑事法院）是否能够成为弥补跨国公司在国际法层面"规范缺口"的有效途径仍然要被打个问号。[①]

综上所述，第二次世界大战之后的几十年也是国际刑法理论和实践活动飞速发展的几十年。国际刑法是民族国家组成的国际体系中的法律。当然，它会反映该体系中的政治主张与各种利益，并服从于各种目标。国际刑法必然要回应该体系中的各种政治和经济势力，并由这些势力塑造而

[①] L. van den Herik and J. L. Cernic, "Regulating Corporations under International Law: From Human Rights to International Criminal Law and Back Again", *Journal of International Criminal Justice*, Vol. 8, 2010.

成。① 跨国公司国际刑事责任问题也在这些势力的角力中逐渐明晰起来。就跨国公司的国际刑事责任问题而言,虽然晚近学界讨论颇多,但在国际司法实务中仍呈现一大困局:即尽管从纽伦堡审判到现今的特别刑庭已形成了不少涉及公司员工、董事违反国际刑法的案例,但至今仍未出现一起以公司的侵权或犯罪行为为被告的案件。为应对此类矛盾局面,在国际司法实践中,各主要国际审判机构大多采取将公司刑事责任"间接"移植到公司负责人或实际施暴者身上的方式来确保公司严重侵犯国际人权的行为能够得到最终的惩处。在国内司法实践活动中,越来越多的国家开始在其国内刑法中承认公司的刑事责任,并将国际犯罪纳入其国内刑法典之中。各国国内法院对于跨国公司国际刑事案件的审理也在如火如荼地进行之中。

同时应当看到,尤其是最近的 20 年来,国际社会在规制跨国公司行为方面起到越来越重要的作用。一方面,以联合国为首的国际组织或非政府组织积极推动相关自愿性倡议的建立,促使大批有影响力的跨国公司批准并加入相关组织,并由此促进其在日常生产经营活动中加入人权意识或规范;另一方面,越来越多的跨国公司在其内部制定并执行符合基本人权规范的公司"行为规范"章程,更加主动和积极地维护人权规范和国际法规范。② 因此,笔者认为,尽管目前国际社会对于跨国公司的国际刑事责任中所存在的很多问题都并未能够达成一致意见,但总体来讲,是向着好的方向发展的。毋庸置疑,随着经济全球化程度的进一步加深及各国之间经济、政治、社会往来的持续发展,跨国公司在国际舞台中不可忽视的地位将越来越重要。伴随着国际社会对于跨国公司国际法责任的认识的进一步加深,国际刑法学界和实务界对于跨国公司国际刑事责任问题的研究也会向着更为清晰、明了的方向发展。

---

① [美] 路易斯·亨金:《国际法:政治与价值》,张乃根、马忠法等译,中国政法大学出版社 2004 年版,第 1 页。

② Jessie Chella, "The Complicity of Multinational Corporations in International Crimes: An Examination of Principles", A thesis submitted in fulfillment of the requirements for the degree of Doctor of Philosophy (Ph. D.), Bond University, 2012, p. 44.

附录一

全球 100 大经济体（2011）

排名	国家/公司	国内生产总值/销售总额（百万元）	排名	国家/公司	国内生产总值/销售总额（百万元）
1	欧洲联盟	17549214	28	沃尔玛公司	446950
2	美国	15094000	29	阿根廷	445989
3	中国	7298097	30	奥地利	418484
4	日本	5867154	31	南非	408237
5	德国	3570557	32	英国石油公司	386463
6	法国	2773072	33	中国石化集团	375214
7	巴西	2476652	34	阿拉伯联合酋长国	360245
8	英国	2431589	35	中国石油	352338
9	意大利	2194750	36	泰国	345649
10	俄罗斯	1857770	37	丹麦	332677
11	印度	1847981	38	哥伦比亚	331655
12	加拿大	1736051	39	伊朗	331015
13	西班牙	1490810	40	委内瑞拉	316482
14	澳大利亚	1371764	41	希腊	298734
15	墨西哥	1155316	42	马来西亚	278671
16	韩国	1116247	43	芬兰	266071
17	印度尼西亚	846832	44	国家电网	259142
18	荷兰	836257	45	智利	248585
19	土耳其	773091	46	雪佛龙公司	245621
20	瑞士	635650	47	中国香港	243666
21	沙特阿拉伯	576824	48	以色列	242929
22	瑞典	538131	49	新加坡	239700
23	波兰	514496	50	葡萄牙	237522
24	比利时	511533	51	康菲公司	237272
25	挪威	485803	52	尼日利亚	235923
26	皇家荷兰壳牌石油公司	484489	53	丰田汽车	235364
27	埃克森美孚	452926	54	道达尔	231580

续表

排名	国家/公司	国内生产总值/销售总额（百万元）	排名	国家/公司	国内生产总值/销售总额（百万元）
55	埃及	229531	78	伯克希尔哈撒韦	143688
56	菲律宾	224754	79	安盛	142712
57	大众	221551	80	新西兰	142477
58	爱尔兰	217275	81	匈牙利	140029
59	捷克共和国	215215	82	范妮梅	137451
60	日本邮政公社	211019	83	福特汽车	136264
61	阿尔及利亚	188681	84	安联	134168
62	哈萨克斯坦	186198	85	日本电报电话公司	133077
63	嘉能可国际	186152	86	巴黎国民巴黎巴银行	127460
64	罗马尼亚	179794	87	惠普	127245
65	秘鲁	176662	88	AT&T	126723
66	科威特	176590	89	苏伊士集团	126077
67	卡塔尔	172982	90	墨西哥石油	125344
68	乌克兰	165245	91	瓦莱罗能源	125095
69	俄罗斯天然气工业	157831	92	委内瑞拉石油	124754
70	德国意昂集团	157057	93	越南	123961
71	意大利埃尼集团	153676	94	麦克森	122734
72	荷兰国际集团	150571	95	日立	122419
73	通用汽车	150276	96	家乐福	121734
74	三星电子	148944	97	挪威石油	119561
75	戴姆勒	148139	98	JX控股公司	119258
76	通用电气	147616	99	日产汽车	119166
77	巴西石油公司	145915	100	鸿海精密	117514

* 资料来源：世界银行网站及《财富杂志》。

附录二

纽伦堡审判时期关于共谋行为的规定

IMT Charter (1945) *Article* 6	CCL 10 (1945) *Article* 2 (2)	IMTFE Charter (1946) *Article* 5
Leaders, organizers, instigators and accomplices participating in the formulation or execution of a common plan or conspiracy to commit any of the foregoing crimes are responsible for all acts performed by any persons in execution of such plan.	Any person without regard to nationality or the capacity in which he acted, is deemed to have committed a crime as defined in paragraph 1 of this Article, if he... was an accessory to the commission of any such crimes or ordered or abetted the same...	Leaders, organizers, instigators and accomplices participating in the formulation or execution of a common plan or conspiracy to commit any of the foregoing crimes are responsible for all acts performed by any person in execution of such plan.
IMT: International Military Tribunal	CCL 10: Control Council Law No. 10	IMTFE: International Military Tribunal for the Far East

附录三

特别刑事法庭关于"帮助和煽动行为"的规定

ICTY Statute Article 7 (1)	ICTR Statute Article 6 (1)	ECCC Law Article 29 new	SCSL Statute Article 6 (1)
A person who planned, instigated, ordered, committed or otherwise aided and abetted in the planning, preparation or execution of a crime referred to in articles 2 to 5 of the present Statute, shall be individually responsible for the crime.	A person who planned, instigated, ordered, committed or otherwise aided and abetted in the planning, preparation or execution of a crime referred to in Article 2 to 4 of the present Statute, shall be individually responsible for the crime.	Any Suspect who planned, instigated, ordered, aided and abetted, or committed the crimes referred to in article 3new, 4, 5, 6, 7 and 8 of this law shall be individually responsible for the crime.	A person who planned, instigated, ordered, committed or otherwise aided and abetted in the planning, preparation or execution of a crime referred to in articles 2 to 4 of the present Statute shall be individually responsible for the crime.
ICTY: International Criminal Tribunal for the Former Yugoslavia	ICTR: International Criminal Tribunal for Rwanda	ECCC: Extraordinary Chambers in the Courts of Cambodia	SLSC: Sierra Leone Special Court

附录四

其他刑事审判机构关于"帮助和煽动行为"的规定

ICC Rome Statute *Article* 25（3）（c）	Regulation 2000/15 *Section* 14（3）（c）	IHT Statute *Article* 15（2）（c）
For the purpose of facilitating the commission of such a crime, aids, abets or otherwise assists in its commission or its attempted commission, including providing the means for its commission.	For the purpose of facilitating the commission of such a crime, aids, abets or otherwise assists in its commission or its attempted commission, including providing the means for its commission.	For the purpose of facilitating the commission of such a crime, aids, abets or by any other means assists in its commission or its attempted commission, including providing the means for its commission.
ICC：International Criminal Court	Regulation 2000/15：Regulation No. 2000/15 for the Panels of Judges with Exclusive Jurisdiction over Serious Criminal Offences Established within the District Courts in East Timor	IHT：Iraq High Tribunal

主要参考文献

中文著作

1. 王铁崖：《国际法》，法律出版社2007年版。
2. 周鲠生：《国际法（上）（下）》，武汉大学出版社2007年版。
3. 梁西：《国际法（第三版）》，武汉大学出版社2012年版。
4. 朱晓青主编：《国际法学》，中国社会科学出版社2012年版。
5. 朱晓青主编：《变化中的国际法：热点与前沿》，中国社会科学出版社2012年版。
6. ［美］路易斯·亨金著：《国际法：政治与价值》，张乃根、马忠法等译，中国政法大学出版社2004年版。
7. 汉斯·凯尔森著：《国际法原理》，王铁崖译，法律出版社1995年版。
8. ［英］M.阿库斯特著：《现代国际法概论》，汪暄、朱奇武等译，中国社会科学出版社1983年版。
9. 黄瑶：《国际法关键词》，法律出版社2004年版。
10. ［英］菲利普·桑斯著：《无法无天的世界——当代国际法的产生与破灭》，单文华、赵宏、吴双全译，人民出版社2011年版。
11. 李浩培、王贵国、周仁、周忠海：《中华法学大词典——国际法学卷》，中国检察出版社1996年版。
12. ［美］M.谢里夫·巴西奥尼：《国际刑法导论》，赵秉志、王文华等译，法律出版社2006年版。
13. 朱文奇：《国际刑法》，中国人民大学出版社2007年版。
14. 赵秉志、卢建平主编：《国际刑法评论》（第三卷），中国人民公安大学出版社2009年版。
15. 赵秉志、陈弘毅编：《国际刑法与国际犯罪专题探索》，中国人民公安大学出版社 1995 年版。

16. 黄风、凌岩、王秀梅：《国际刑法学》，中国人民大学出版社 2007 年版。

17. 邵沙平：《国际刑法学：经济全球化与国际犯罪的法律控制》，武汉大学出版社 2005 年版。

18. 王世洲：《现代国际刑法学原理》，中国人民公安大学出版社 2009 年版。

19. 林欣、刘楠来编：《国际刑法问题研究》，中国人民大学出版社 2000 年版。

20. 林欣、李琼英：《国际刑法新论》，中国人民公安大学出版社 2005 年版。

21. 王新：《国际刑事实体法原论》，北京大学出版社 2011 年版。

22. 甘雨沛、高格：《国际刑法学新体系》，北京大学出版社 2000 年版。

23. 张旭：《国际刑法论要》，吉林大学出版社 2000 年版。

24. 朱文奇：《国际刑事法院与中国》，中国人民大学出版社 2009 年版。

25. 赵秉志、王秀梅编：《国际刑事法院专论》，人民法院出版社 2003 年版。

26. 赵秉志主编：《国际刑事法院专论》，人民法院出版社 2003 年版。

27. 李世光、刘大群、凌岩：《国际刑事法院罗马规约评释》（上、下册），北京大学出版社 2006 年版。

28. 凌岩：《卢旺达国际刑事法庭的理论与实践》，世界知识出版社 2010 年版。

29. 王秀梅等：《国际刑事审判案例与学理分析》，中国法制出版社 2007 年版。

30. P. A. 施泰尼格尔编：《纽伦堡审判》（上卷），王绍仁、宋钟璜、关山等译，商务印书馆 1985 年版。

31. P. A. 施泰尼格尔编：《纽伦堡审判》（下卷），石奇康、江楠生等译，商务印书馆 1988 年版。

32. 梅汝璈：《东京大审判：远东国际军事法庭中国法官梅汝璈日记》，江西教育出版社 2005 年版。

33. 汤宗舜、江左译：《国际军事法庭审判德国首要战犯判决书（纽伦堡：一九四六年九月三日至十月一日）》，世界知识出版社 1955 年版。

34. 马呈元：《国际犯罪与责任》，中国政法大学出版社 2001 年版。
35. 何秉松：《法人犯罪与刑事责任》，中国法制出版社 2000 年版。
36. 余劲松：《跨国公司法律问题专论》，法律出版社 2008 年版。
37. 李庆明：《美国〈外国人侵权请求法〉研究》，武汉大学出版社 2010 年版。
38. 谭深、刘开明：《跨国公司的社会责任与中国社会》，清华大学当代中国研究中心 2002 年版。
39. 沈洪涛、沈艺峰：《公司社会责任思想：起源与演变》，上海人民出版社 2007 年版。
40. ［美］戴维·C. 科顿：《当公司统治世界（第二版）》，王道勇译，广东人民出版社 2006 年版。

外文著作

1. Malcolm N. Shaw, International Law (6th edition), Cambridge: Cambridge University Press, 2008.
2. Antonio Cassese, The Human Dimension of International Law: Selected Papers, London: Oxford University Press, 2008.
3. Philip Alston and Mary Robinson (eds.), Human Rights and Development: Towards Mutual Reinforcement, London: Oxford University Press, 2005.
4. Antonio Cassese, International Criminal Law, London: Oxford University Press, 2003.
5. Antonio Cassese, Paola Gaeta and John R. W. D. Jones, The Rome Statute of the International Criminal Court: A Commentary, London: Oxford University Press, 2002.
6. William A. Schabas, An Introduction to the International Criminal Court (2nd Edition), Cambridge: Cambridge University Press, 2004.
7. Beth Van Schaack and Ronald C. Slye, International Criminal Law and Its Enforcement: Cases and Materials, Eagan: Foundation Press, 2007.
8. Steven R. Ratner, Jason Abrams, and James Bischoff, Accountability for Human Rights Atrocities in International Law: Beyond the Nuremberg Legacy, Oxford: Oxford University Press, 2009.
9. Nuernberg Military Tribunals, Trials of War Criminals before the Nuremberg

Military Tribunals, Vol. 6, "The Flick Case", Washington, D. C. : U. S. Government Printing Office, 1952.

10. Bruce Broomhall, International Justice and the International Criminal Court: Between Sovereignty and the Rule of Law, London: Oxford University Press, 2003.

11. A. von Bogdandy and R. Wolfrum (eds.), Joint Criminal Enterprise in the Jurisprudence of the International Criminal Tribunal for the Former Yugoslavia and the Prosecution of Senior Political and Military Leaders: The Krajisnik Case, Max Planck Yearbook of United Nations Law, Vol. 14, 2010.

12. Timothy McCormack & Gerry Simpson (eds.), The Law of War Crimes, The Hague: Kluwer Law International, 1997.

13. C. Meloni, Command Responsibility in International Criminal Law, The Hague: TMC Asser Press, 2010.

14. Michael K. Addo (ed.), Human Rights Standards and the Responsibility of Transnational Corporations, The Hague: Kluwer Law International, 1999.

15. James G. Stewart. Corporate War Crimes: Prosecuting the Pillage of Natural Resources, New York: Open Society Foundations, 2011.

16. Olufemi Amao, Corporate Social Responsibility, Human Rights and the Law: Multinational Corporations in Developing Countries, London: Routledge, Taylor & Francis Groups, 2011.

17. Gro Nystuen, Andreas Follesda and Ola Mestad, Human Rights, Corporate Complicity and Disinvestment, Cambridge: Cambridge University Press, 2011.

18. J. Dine, Companies, International Trade and Human Rights, Cambridge: Cambridge University Press, 2005.

19. Olivier De Schutter, Transnational Corporations and Human Rights, Oxford: Hart Publishing, 2006.

20. Menno T. Kamminga, Saman Zia – Zarifi, Liability of Multinational Corporations Under International Law, The Hague : Kluwer Law International, 2000.

21. Desislava Stoitchkova, Towards Corporate Liability in International Criminal Law, Antwerpen: Intersentia, 2010.

22. Sarah Joseph, Corporations and Transnational Human Rights Litigation, Oxford: Hart Publishing, 2004.
23. Jägers, Nicola. Corporate Human Rights Obligations: In Search of Accountability, Antwerpen: Intersentia, 2002.
24. Jennifer A. Zerk, Multinationals and Corporate Social Responsibility: Limitations and Opportunities in International Law, Cambridge: Cambridge University Press, 2006.
25. Bert Swart, Alexander Zahar and Goran Sluiter (eds.), The Legacy of the International Criminal Tribunal for the Former Yugoslavia, London: Oxford University Press, 2011.
26. Florian Wettstin, Multinational Corporations and Global Justice: Human Rights Obligations of a Quasi-Governmental Institution, Stanford: Stanford Business Books, 2009.
27. Rory Sullivan (ed.), Business and Human Rights: Dilemmas and Solutions, Sheffield: Greenleaf Publishing, 2003.
28. David Kinley, Civilising Globalisation: Human Rights and Global Economy, Cambridge: Cambridge University Press, 2009.
29. Beth Stephens and Michael Ratner, International Human Rights Litigation in U.S. Courts, New York: Transnational Publishers, 1996.

中文论文

1. 邵沙平:《国际法治的新课题:国家控制跨国公司犯罪的权责探析》,《暨南学报》(哲学社会科学版) 2012 年第 10 期。
2. 白桂梅:《国际法中的国家与个人》,《杭州师范学院学报》(人文社会科学版) 2001 年第 4 期。
3. 朱文奇:《国际法追究个人刑事责任与管辖豁免问题》,《法学》2006 年第 9 期。
4. 张爱宁:《国际人权法的晚近发展及未来趋势》,《当代法学》2008 年第 6 期。
5. 辛崇阳:《对国际法主体的界定标准及其内容的再思考》,《比较法研究》2006 年第 4 期。
6. 张磊:《跨国公司的国际法主体地位分析》,《国际关系学院学报》

2001年第4期。
7. 盛洪生：《论国际人权法对国际刑法的影响》，《法律科学》（西北政法大学学报）2012年第1期。
8. 陈泽宪：《国际刑事法院管辖权的性质》，《法学研究》2003年第6期。
9. 张颖军：《从纽伦堡审判到国际刑事法院——国际刑事司法的法人责任研究》，《武汉大学学报》（哲学社会科学版）2008年第6期。
10. 蒋娜：《国际刑事责任的多元主体及其启示——以国际刑事责任原则的崭新进展为视角》，《现代法学》2010年第1期。
11. 王新：《论个人刑事责任原则在国际刑法中的体现》，《法学论坛》2011年第3期。
12. 王新：《论国际刑法中的上级责任原则》，《河北法学》2010年第6期。
13. 何秉松：《法人刑事责任的世界性发展趋势》，《中国政法大学学报》1991年第5期。
14. 马呈元：《国际刑事法院管辖权的特点》，《人民法院报》2005年4月8日。
15. 刘健、李宁：《国际刑法中的刑事责任主体分析》，《哈尔滨学院学报》2008年第2期。
16. 戴仁荣、柴佳：《论国际刑法中指挥官责任的构建》，《金陵科技学院学报》（社会科学版）2006年第4期。
17. 张颖军：《打击跨国犯罪国际法律制度的新发展——法人责任》，《甘肃社会科学》2005年第6期。
18. 范红旗：《国际反腐败公约中的法人犯罪：兼论国际刑法中的法人犯罪及责任模式》，《外交评论》2006年第2期。
19. 范红旗：《法人国际犯罪主体问题研究》，《中国刑事法杂志》2006年第6期。
20. 苏彩霞：《联合国反腐败公约与国际刑法的新发展——兼论公约对我国刑事法的影响》，《法学评论》2006年第1期。
21. 刘满达：《跨国公司的人权责任》，《法学》2003年第9期。
22. 迟德强：《论跨国公司的人权责任》，《法学评论》2012年第1期。
23. 迟德强：《论跨国公司的社会责任》，《学术界》2007年第4期。
24. 徐涛、张晨曦：《论跨国公司保护人权的社会责任》，《政治与法律》

2005 年第 2 期。
25. 何易:《论跨国公司的国际人权责任》,《武汉大学学报》2004 年第 3 期。
26. 袁文全、赵学刚:《跨国公司社会责任的国际法规制》,《法学评论》 2007 年第 3 期。
27. 于文婕:《论跨国公司之法律主体地位》,《河北法学》2009 年第 3 期。
28. 董京波:《跨国公司的人权责任》,《山西省政法管理干部学院学报》 2005 年第 2 期。
29. 宋家法:《联合国与跨国公司犯罪的法律控制》,《暨南学报》(哲学社会科学版)2013 年第 5 期。
30. 李鲁:《跨国公司的非直接国际人权责任及有关案例研究》,《武大国际法评论》2003 年第 1 期。
31. 任媛媛:《美国〈外国人侵权法〉诉讼中的标的管辖权问题研究》,《武大国际法评论》2012 年第 1 期。
32. 吴琼:《监管跨国公司侵犯人权案的新突破——美国〈外国人侵权法令〉介评》,《比较法研究》2009 年第 5 期。
33. 沈四宝、程华:《经济全球化与我国企业社会责任制度的构建》,《法学杂志》2008 年第 3 期。
34. 黄志雄:《企业社会责任的国际法问题研究》,《武大国际法评论》 2009 年第 1 期。
35. 黄志雄:《国际法视角下的企业社会责任运动与中国和平发展》,《2006 年中国青年国际法学者暨博士生论坛》,2006 年。
36. 马呈元:《国际犯罪及其责任》,博士学位论文,中国政法大学, 2001 年。
37. 喻贵英:《国际刑法中的共同犯罪行为研究》,博士学位论文,吉林大学,2012 年。
38. 颜海燕:《违反国际人道法犯罪的个人刑事责任研究:以特设国际刑事法庭和国际刑事法院的理论与实践为视角》,博士学位论文,华东政法大学,2011 年。
39. 李文伟:《法人刑事责任比较研究》,博士学位论文,中国政法大学, 2002 年。

40. 刘伟:《公司社会责任法学研究》,博士学位论文,中国政法大学,2009年。

外文论文

1. Andrew Clapham, Human Rights Obligations of Non – State Actors in Conflict Situations, International Review of the Red Cross, Vol. 88, 2006.

2. John Ruggie, Business and Human Rights: The Evolving International Agenda, http://www.hks.harvard.edu/m – rcbg/CSRI/publications/workingpaper_ 38_ ruggie. pdf.

3. L. C. Green, Command Responsibility in International Humanitarian Law, Transnational Law & Contemporary Problems, 1995.

4. Christopher N. Crowe, Command Responsibility in the Former Yugoslavia: The Chances for Successful Prosecution, University of Richmond Law Review, Vol. 29, 1994.

5. Yael Ronen, Superior Responsibility of Civilians for International Crimes Committed in Civilian Settings, Vanderbilt Journal of Transnational Law, Vol. 2, 2010.

6. Jenny S. Martinez, Understanding Mens Rea in Command Responsibility: From Yamashita to Blaskic and Beyond, Journal of International Criminal Justice, Vol. 5, 2007.

7. Jamie A. Williamson, Command Responsibility in the Case Law of The International Criminal Tribunal for Rwanda, Criminal Law Forum, Vol. 13, 2002.

8. Greg R. Vetter, Command Responsibility of Non – Military Superiors in the International Criminal Court, Yale Journal of International Law, Vol. 25, 2000.

9. Andrew D. Mitchell, Failure to Halt, Prevent or Punish: The Doctrine of Command Responsibility for War Crimes, Sydney Law Review, Vol. 22, 2000.

10. Steven R. Ratner, Corporations and Human Rights: A Theory of Legal Responsibility, Yale Law Journal, Vol. 111, 2001.

11. Andrew Clapham and Scott Jerbi, Categories of Corporate Complicity in Hu-

man Rights Abuses, Hastings International and Comparative Law Review, Vol. 24, 2001.

12. F. J. and J. G. (eds.), Special Issue: Transnational Business and International Criminal Law, Journal of International Criminal Justice, 2010.

13. Nancy L. Mensch, Codes, Lawsuits or International Law: How Should the Multinational Corporation by Regulated with Respect to Human Rights?, University Miami International and Comparative Law Review, Vol. 14, 2006.

14. Eric Engle, Extraterritorial Corporate Criminal Liability: A Remedy for Human Rights Violations?, St. John's Journal of Legal Commentary, Vol. 20, 2006.

15. David Kinley, Justine Nolan, and Natalie Zerial, The Politics of Corporate Social Responsibility: Reflections on the United Nations Human Rights Norms for Corporations, Company and Securities Law Journal, Vol. 25, 2007.

16. David Kinley and Justine Nolan, Trading and Aiding Human Rights: Corporations in the Global Economy, Nordic Journal of Human Rights Law, Vol. 25, 2008.

17. Caroline Kaeb, Emerging Issues of Human Rights Responsibility in the Extractive and Manufacturing Industries: Patterns and Liability Risks, Northwestern Journal of International Human Rights, Vol. 6, 2008.

18. Illias Bantekas, Corporate Social Responsibility in International Law, Boston University International Law Journal, Vol. 22, 2005.

19. Kyle Rex Jacobson, Doing Business with the Devil: The Challenges of Prosecuting Corporate Officials Whose Business Transactions Facilitate War Crimes and Crimes Against Humanity, The Air Force Law Review, Vol. 56, 2005.

20. Dana Weiss & Ronen Shamir, Corporate Accountability to Human Rights: The Case of the Gaza Strip, Harvard Human Rights Journal, Vol. 24, 2011.

21. Doug Cassel, Corporate Aiding and Abetting of Human Rights Violations: Confusion in the Courts, Northwestern Journal of International Human

Rights, Vol. 6, 2008.

22. Mohamed Elewa Badar, "Just Convict Everyone!" – Joint Perpetration: From Tadic to Stakic and Back Again, International Criminal Law Review, Vol. 6, 2006.

23. Anita Ramasastry, Secrets and Lies? Swiss Banks and International Human Rights, Vanderbitt Journal of Transnational Law, Vol. 31, 1998.

24. Nora Gotzmann, Legal Personality of the Corporation and International Criminal Law: Globalisation, Corporation Human Rights Abuses and the Rome Statute, Queensland Law Student Review, Vol. 1, 2008.

25. Matthew Lippman, War Crimes Trials of German Industrialists: The "Other Schindlers", Temple International and Comparative Law Journal, Vo. 9, 1995.

26. William A. Schabas, Enforcing International Humanitarian Law: Catching the Accomplices, International Review of the Red Cross, Vol. 83, 2001.

27. Michael J. Kelly, Prosecuting Corporations for Genocide Under International Law, Harvard Law and Policy Review, Vol. 6, 2012.

28. Michael J. Kelly, The Status of Corporations in the Travaux Preparatoires of The Genocide Convention: The Search for Personhood, Case Western Reserve Journal of International Law, Vol. 43, 2010.

29. Michael J. Kelly, Grafting the Command Responsibility Doctrine onto Corporate Criminal Liability for Atrocities, Emory International Law Review, Vol. 24, 2010.

30. Jonathan A. Bush, The Prehistory of Corporations and Conspiracy in International Criminal Law: What Nuremberg Really Said, Columbia Law Review, Vol. 109, 2009.

31. Joanna Kyriakakis, Corporate Criminal Liability and the ICC Statute: The Comparative Law Challenge, Netherlands International Law Review, Vol. 56, 2009.

32. Harmen van der Wilt, Corporate Criminal Responsibility for International Crimes: Exploring the Possibilities, Chinese Journal of International Law, 2013.

33. Regis Bismuth, Mapping a Responsibility of Corporations for Violations of

International Humanitarian Law Sailing Between International and Domestic Legal Orders, Denver Journal of International Law and Policy, Vol. 38, 2010.
34. Harmen van der Wilt, Genocide v. War Crimes in the Van Anraat Appeal, Journal of International Criminal Justice, Vol. 6, 2008.
35. Julia Graff, Corporate War Criminals and the International Criminal Court: Blood and Profits in the Democratic Republic of Congo, Human Rights Brief, Vol. 11, 2004.
36. Inés Tófalo, Overt and Hidden Accomplices: Transnational Corporations' Range of Complicity for Human Rights Violations, Global Law Working Paper 01/05.
37. Tyler Giannini & Susan Farbstein, Corporate Accountability in Conflict Zones: How Kiobel Undermines the Nuremberg Legacy and Modern Human Rights, Harvard International Law Journal, Vol. 52, 2010.
38. Norman Farrell, Attributing Criminal Liability to Corporate Actors: Some Lessons for the International Tribunals, Journal of International Criminal Justice, Vol. 8, 2010.
39. Rebecca M. Bratspies, "Organs of Society": A Plea for Human Rights Accountability for Transnational Enterprises and Other Business Entities, Michigan State University College of Law Journal of International Law, 2005.
40. Desislava Stoitchkova, Towards Corporate Liability in International Criminal Law, 2010.
41. Antoine Martin, Corporate Liability for Violations of International Human Rights: Law, International Custom or Politics?, Minnesota Journal of International Law Online, Vol. 21, 2011.
42. Ann Marie McLoughlin, International Trend of Multinational Corporate Accountability for Human Rights Abuses and the Role of the United States, Ohio Northern University Law Review, Vol. 33, 2007.
43. Jens David Ohlin, Three Conceptual Problems with the Doctrine of Joint Criminal Enterprise, Journal of International Criminal Justice, Vol. 5, 2007.

44. Allison Marston Danner & Jenny S. Martinez, Guilty Associations: Joint Criminal Enterprise, Command Responsibility and the Development of International Criminal Law, California Law Review, Vol. 93, 2005.
45. Verena Haan, The Development of the Concept of Joint Criminal Enterprise at the International Criminal Tribunal for the Former Yugoslavia, International Criminal Law Review, Vol. 5, 2005.
46. Bennett Freeman, Maria B. Pica and Christopher N. Camponovo, A New Approach to Corporate Responsibility: The Voluntary Principles on Security and Human Rights, Hastings International and Comparative Law Review, Vol. 24, 2001.
47. Ronald C. Slye, Corporations, Veils, and International Criminal Liability, Brooklyn Journal of International Law, Vol. 33, 2008.
48. Andrea Reggio, Aiding and Abetting in International Criminal Law: The Responsibility of Corporate Agents and Businessmen for "Trading with the Enemy" of Mankind, International Criminal Law Review, Vol. 5, 2005.
49. James G. Stewart, Corporate War Crimes: Prosecuting the Pillage of Natural Resources, Open Society Foundations, 2011.
50. Robert C. Thompson, Anita Ramasastry, and Mark B. Taylor, Translating Unocal: the Expanding Web of Liability for Business Entities Implicated in International Crimes, George Washington International Law Review, Vol. 40, 2009.
51. Michael J. Kelly, Ending Corporate Impunity for Genocide: The Case against China's State – Owned Petroleum Company in Sudan, Oregon Law Review, Vol. 90, 2011.
52. Simon Chesterman, The Turn to Ethics: Disinvestment from Multinational Corporations for Human Rights Violations – The Case of Norway's Sovereign Wealth Fund, American University International Law Review, Vol. 23, 2008.
53. Simon Chesterman, Lawyers, Guns, and Money: The Governance of Business Activities in Conflict Zones, Chicago Journal of International Law, Vol. 11, 2011.
54. Larissa van den Herik, The Difficulties of Exercising Extraterritorial Crimi-

nal Jurisdiction: the Acquittal of a Dutch Businessman for Crimes Committed in Liberia, http://ssrn.com/abstract = 1989854.

55. Peter Van Der Auweraert, Holocaust Reparation Claims Fifty Years After: The Swiss Banks Litigation, Nordic Journal of International Law, Vol. 71, 2002.

56. Michael J. Bazyler, The Holocaust Restitution Movement in Comparative Perspective, Berkeley Journal of International Law, Vol. 20, 2002.

57. Kendra Magraw, Universally Liable? Corporate – Complicity Liability Under the Principle of Universal Jurisdiction, Minnesota Journal of International Law, Vol. 18, 2009.

58. Human Rights Watch, Genocide, War Crimes and Crimes against Humanity: A Digest of the Case Law of the International Criminal Tribunal for Rwanda, 2010.

59. Anita Ramasastry and Robert C. Thompson, Commerce, Crime and Conflict: Legal Remedies for Private Sector Liability for Grave Breaches of International Law, 2006.

60. Brian Seth Parker, Applying the Doctrine of Superior Responsibility to Corporate Officers: A Theory of Individual Liability for International Human Rights Violations, Hastings International and Comparative Law Review, Vol. 35, 2012.

61. Natalya S. Pak & James P. Nussbaumer, Beyond Impunity: Strengthening the Legal Accountability of Transnational Corporations for Human Rights Abuses, Hertie School of Governance Working Papers No. 45, 2009.

62. Joanna Kyriakis, Corporate Criminal Liability and the ICC Statute: The Comparative Challenge, Monash University Research Paper No. 45, 2009.

63. Richard Howitt, Report on EU Standards for European Enterprises Operating in Developing Countries: Towards a European Code of Conduct, 1998.

64. Nils Rosemann, The UN Norms on Corporate Human Rights Responsibilities: An Innovating Instrument to Strengthen Business' Human Rights Performance, Dialogue on Globalization Occasional Papers, 2005.

65. Beth Stephens, Translating Filartiga: A Comparative and International Law Analysis of Domestic Remedies for International Human Rights Violations,

Yale Journal of International Law, Vol. 27, 2002.

66. Beth Stephens, Sosa v. Alvarez – Machain "The Door is Still Ajar" for Human Rights Litigation in U. S. Courts, Brooklyn Law Review, Vol. 70, 2004.

67. Margaret Jungk, Defining the Scope of Business Responsibility for Human Rights Abroad, The Human Rights & Business Project, 2005.

68. Claudia T. Salazar, Holding Multinational Corporations Accountable in the United States for International Human Rights Violations under the ATCA, St. John's Journal of Legal Commentary, Vol. 19, 2006.

69. Eric Mongelard, Corporate Civil Liability for Violations of International Humanitarian Law, International Review of Red Cross, Vol. 88, 2006.

70. Jessica Banfield & Virginia Haufler, Transnational Corporations in Conflict Prone Zones: Public Policy Responses and a Framework for Actions, International Alert, 2003.

71. United Nations Conference of Trade and Development: World Investment 2013: Global Value Chains: Investment and Trade for Development, 2013.

72. Brittany Prelogar, Laura Ardito and Jeanne Cook, Kiobel v. Royal Dutch Petroleum: U. S. Supreme Court Considers Corporate Liability under Alien Tort Statute for Extraterritorial Human Rights Claims, LexisNexis Emerging Issues Analysis, 2012.

73. Sarah A. Altschuller, U. S. Supreme Court Review of Corporate Liability under the ATS – an Overview of the Oral Arguments in Kiobel v. Royal Dutch Petroleum, http://www.jdsupra.com/legalnews/us – supreme – court – review – of – corporate – l – 17462/.

74. Eileen Rice, Doe v. Unocal Corporations: Corporate Liability for International Human Rights Violations, University of San Francisco Law Review, Vol. 33, 1998.

75. Simon Chesterman, Oil and the International Law: The Geopolitical Significance of Petroleum Corporations: Oil and Water: Regulating the Behavior of Multinational Corporations through Law, New York University Journal of International Law and Politics, Vol. 36, 2004..

76. Alexandra J. C. Gatto, The European Union and Corporate Social Responsibility: Can the EU Contribute to the Accountability of Multinational Enterprises for Human Rights?, Working Paper No. 32, Institute for International Law of the K. U. Leuven, 2002.

77. Rachel Nicolson and Emily Howie, The Impact of the Corporate From of Corporate Liability for International Crimes: Separate Legal Personality, Limited Liability and the Corporate Veil – An Australian Law Perspective, Paper for ICJ Expert Legal Panel on Corporate Complicity in International Crimes, 2007.

78. Tina Garmon, Domesticating International Corporate Responsibility: Holding Private Military Firms Accountable Under the Alien Tort Claims Act, Tulane Journal of International and Comparative Law, Vol. 11, 2003.

79. Chimene I. Keitner, Kiobel v. Royal Dutch Petroleum: Another Round in the Fight over Corporate Liability under the Alien Tort Statute, The American Society of International Law, Vol. 14, 2010.

80. Chimene I. Keitner, Conceptualizing Complicity in Alien Tort Cases, Hastings Law Journal, Vol. 60, 2008.

81. Beth Stephens, Translating Filartiga: A Comparative and International Law Analysis of Domestic Remedies for International Human Rights Violations, Yale Journal of International Law, Vol. 27, 2002.

82. Geoffrey Pariza, Genocide Inc.: Corporate Immunity to Violations of International Law after Kiobel v. Royal Dutch Petroleum, Loyola University Chicago International Law Review, Vol. 8, 2011.

83. Ryan A. Tyz, Comment: Searching for a Corporate Liability Standard under the Alien Tort Claims Act in Doe v. Unocal, Oregon Law Review, Vo. 82, 2003.

84. Saman Zia – Zarifi, Suing Multinational Corporations in the U. S. for Violating International Law, UCLA Journal of International Law and Foreign Affairs, Vol. 4, 1999.

85. Julian G. Ku, The Curious Case of Corporate Liability under the Alien Tort Statute: A Flawed System of Judicial Lawmaking, Virginia Journal of International Law, Vol. 51, 2010.

86. Claudia T. Salazar, Applying International Human Rights Norms in the United States: Holding Multinational Corporations Accountable in the United States for International Human Rights Violations Under the Alien Tort Claims Act, Journal of Civil Rights and Economic Development, Vol. 19, 2004.

87. Jan Wouters, Leen De Smet and Cedric Ryngaert, Tort Claims Against Multinational Companies for Foreign Human Rights Violations Committed Abroad: Lessons from the ATCA?, K. U. Leuven Institute for International Law Working Paper No. 46, 2003.

88. Jessie Chella, The Complicity of Multinational Corporations in International Crimes: An Examination of Principles, Ph. D. Thesis, Bond University, 2012.

89. Lynn Verrydt, The Quest for International Criminal Liability with regard to Corporations, Masters' Thesis, Ghent University, 2012.

案例

1. The Industrialist cases: *I. G. Farben* Case, The *Krupp* Trials, and *United States v. Krauch* (Nuremberg)

2. The *Ministries* case (Nuremberg)

3. The *High Command* Case (Nuremberg)

4. The *Zyklon B* case (Nuremberg)

5. *Hoshino Nakoi* case and *Kaya Okinori* case (Tokyo)

6. *Tomoyuki Yamashita* case (Tokyo)

7. *Prosecutor v. Jean – Pierre Bemba Gombo* (ICC)

8. *Prosecutor v. Delalic* (ICTY)

9. *Čelebići* case (ICTY)

10. *Prosecutor v. Vasiljevic* (ICTY)

11. *Prosecutor v. Blaskic* (ICTY)

12. *Prosecutor v. Furundzija* (ICTY)

13. *Prosecutor v. Tadic* (ICTY)

14. *Prosecutor v Aleksovski* (ICTY)

15. *Prosecutor v. Nahimana* (ICTR)

16. *Prosecutor v. Musema*（ICTR）

17. *Prosecutor v. Akayesu*（ICTR）

18. *Prosecutor v. Bagilishema*（ICTR）

19. *Prosecutor v. Kayishema & Ruzindana*（ICTR）

20. *Prosecutor v. Ntakirutimana & Ntakirutimana*（ICTR）

21. *Prosecutor v. Duch*（ECCC）

22. *Prosecutor v. Ieng Sary*（ECCC）

23. *Filártiga v. Peña – Irala*（U. S.）

24. *Doe v. Unocal Corp.*（U. S.）

25. *Kadic v. Karadzic*（U. S.）

26. *Sosa v. Alvarez – Machain*（U. S.）

27. *Kiobel v. Royal Dutch Petroleum Co.*（U. S.）

28. *Wiwa v. Royal Dutch Petroleum Co.*（U. S.）

29. *In re* Austrian and German Bank Holocaust Litigation（U. S.）

30. *Van Anraat* Case（Netherland）

国际文件

宪章、宣言、公约、议定书

1. Universal Declaration of Human Rights, UNGA res. 217 A（Ⅲ）, UN Doc. A/810, 71.

2. International Covenant on Civil and Political Rights, adopted by UNGA Resolution 2200A（XXI）, 16 December 1966, in force 23 March 1976, 999 UNTS 171.

3. International Covenant on Economic, Social and Cultural Rights, adopted by UNGA Resolution 2200A（XXI）, 16 December 1966, in force 3 January 1976, 999 UNTS 3.

4. Convention on the Prevention and Punishment of the Crime of Genocide, Paris, 9 December 1948, in force 12 January 1951, 78 UNTS 277.

5. United Nations Global Compact, http://www.unglobalcompact.org/AboutTheGC/TheTenPrinciples/index.html.

6. UN Norms on the Responsibilities of Transnational Corporations and other Business Enterprises with Regard to Human Rights, adopted by the UN

Sub – Commission on the Protection and Promotion of Human Rights, 13 August 2003, UN Doc. E/CN. 4/Sub. 2/2003/12/Rev. 2.

7. Draft UN Code of Conduct on Transnational Corporations, UN Doc. E/1990/94, 12 June, 1990.

8. Statute of the International Criminal Court, Rome, 17 July 1998, in force 1 July 2002, UN Doc. A/CONF. 183/9, 2187 UNTS 90; (1998) 37 ILM 1002.

9. Human Rights Principles and Responsibilities for Transnational Corporations and Other Business Enterprises, UNESC, E/CN. 4/Sub. 2/2002/X/Add. 1, E/CN. 4/Sub. 2/2002/WG. 2/WP. 1/Add. 1, 2002.

10. Norms on the Responsibilities of Transnational Corporations and Other Business Enterprises with Regard to Human Rights, E/CN. 4/Sub. 2/ 2003/12/Rev. 2, 2003.

11. OECD Declaration on International Investment and Multinational Enterprises, Paris, 21 June 1976; (1976) 15 ILM 967.

12. OECD Declaration on International Investment and Multinational Enterprises, Paris, 27 June 2000, DAFFE/IME (2000) /20.

13. ILO Tripartite Declaration Concerning Multinational Enterprises and Social Policy, November 1977, Geneva; (1978) 17 ILM 422.

14. ILO Declaration on Fundamental Principles and Rights at Work, adopted at the 86th session of the International Labour Conference, Geneva, 18 June 1998.

15. Australian Corporate Code of Conduct Bill (2000), Retrieved October 11, 2012, from http://www.comlaw.gov.au/Details/C2004B01333.

16. Green Paper: Promoting a European Framework for Corporate Social Responsibility, European Union, 2001.

17. A renewed EU strategy 2011 – 14 for Corporate Social Responsibility, European Union, 2011.

18.《欧洲人权公约》/《保护人权和基本自由欧洲公约》(1950)

19.《欧洲社会宪章》(1961)

20.《美洲人权公约》(1969)

21.《非洲人权与人民权利宪章》(1981)

22.《美洲人权公约附加议定书》（1988）

人权条约机构一般性意见和建议

1. 人权理事会：人权与跨国公司和其他工商企业问题秘书长特别代表报告：增编《公司依国际法应承担的责任与域外监管问题：法律讲习会的内容提要》，A/HR/4/35/Add.2，2007。
2. 人权理事会：人权与跨国公司和其他工商企业问题秘书长特别代表的报告：增编《联合国核心人权条约所规定的国家在管制和评判公司活动方面的责任：各条约机构所作评论的综述》，A/HRC/4/35/Add.1，2007。
3. 人权理事会：《第六十届会议报告》，E/CN.4/2004/127，2004。
4. 人权理事会：人权与跨国公司和其他工商企业问题秘书长特别代表的报告：《商业活动与人权：梳理有关公司行为的责任和问责的国际标准》，A/HRC/4/35，2007。
5. 人权委员会：增进和保护人权小组委员会的报告：《联合国人权事务高级专员关于跨国公司和有关工商企业在人权方面的责任的报告》，E/CN.4/2005/91，2005。
6. 人权委员会：《增进和保护人权：人权与跨国公司和其他工商企业问题—秘书长特别代表的临时报告》，E/CN.4/2006/97，2006。
7. 联合国大会：《关于个人、群体和社会机构在促进和保护普遍公认的人权和基本自由方面的权利和义务宣言》，A/RES/53/144，1999。
8. 经济、社会、文化权利委员会：《人权的享受，特别是国际劳工和工会权利的享受同跨国公司的工作方法和活动之间的关系》，E/CN.4/Sub.2/1995/11，1995。

国际组织报告

1. United Nations Economic and Social Council, Human Rights Principles and Responsibilities for Transnational Corporations and Other Business Enterprises, 2002.
2. United Nations Human Rights Office of the High Commissioner for Human Rights, The Corporate Responsibility to Respect Human Rights: An Interpretive Guide, 2012.

3. Kofi Annan, In Address to World Economic Forum, http://www.unis.unvienna.org/unis/pressrels/2001/sg2772.html.
4. John Ruggie, Business and Human Rights: the Evolving International Agenda, http://www.hks.harvard.edu/m-rcbg/CSRI/publications/workingpaper_38_ruggie.pdf.
5. John Ruggie, Clarifying the Concepts of "Sphere of influence" and "Complicity", A/HRC/8/16, 2008.
6. John Ruggie, Corporations and Human Rights: A Survey of the Scope and Patterns of Alleged Corporate-Related Human Rights Abuse, A/HRC/8/5/Add.2, 2008.
7. John Ruggie, Guiding Principles for the Implementation of the United Nations "Protect, Respect and Remedy" Framework, 2011.
8. John Ruggie, Guiding Principles for the Implementation of the United Nations "Protect, Respect and Remedy" Framework, A/HRC/17/31, 2011.
9. John Ruggie, Protect, Respect and Remedy: A Framework for Business and Human Rights, A/HRC/8/5, 2008.
10. OECD, OECD Guidelines for Multinational Enterprises, 2011.
11. OECD, OECD Risk Awareness Tool for Multinational Enterprises in Weak Governance Zones, 2006.
12. OECD, Unanswered Questions-Companies, Conflict and the Democratic Republic of Congo, 2004.
13. Beyond Voluntarism: Human Rights and the Developing International Legal Obligations of Companies, International Council on Human Rights, Policy, Retrieved May 17, 2012, from http://www.ichrp.org/files/reports/7/107_report_en.pdf.
14. ICRC, Business and International Humanitarian Law: An Introduction to the Rights and Obligations of Business Enterprises under International Humanitarian Law, 2006.
15. The Global Compact, Embedding Human Rights into Business Practice http://www.ohchr.org/Documents/Publications/Embeddingen.pdf.
16. The Global Compact, Embedding Human Rights into Business Practice Ⅱ, http://www.unglobalcompact.org/docs/news_events/8.1/EHRBPII_

Final. pdf.
17. The Global Compact, Embedding Human Rights into Business Practice Ⅲ, http：//www. google. com. hk/url? sa = t&rct = j&q = Embedding + HRs + into + Business + Practices + Ⅲ & source = web&cd = 1&ved = 0CB8QFjAA&url = http% 3A% 2F% 2Fwww. pactomundial. org% 2Frecursos% 2Fdoc% 2FPublicaciones% 2Fglobal_ compact% 2F29895_ 201201201016301. pdf&ei = RtB2UJ7GGMnOmgXJg4H4Dw&usg = AFQjC-NF_ IiErgzWOYjRFM0EQzjHDlUcHyw&cad = rjt.
18. Christopher L. Avery, Business and Human Rights in a Time of Change, http：//198. 170. 85. 29/Avery – Report. htm.
19. The International Chamber of Commerce, Business and Human Rights: The Role of Business in Weak Governance Zones, 2006.
20. Amnesty International, Sudan: Arming the Perpetrators of Grave Abuses in Darfur, 2004.
21. Amnesty International, Human Rights Principles for Companies, 1998.
22. Amnesty International, Democratic Republic of the Congo: "Our brothers who help kill us", 2003.
23. Amnesty International, Human Rights on the Line: the Baku – Tbilisi – Ceyhan Pipeline Project, 2003.
24. Amnesty International, Ten years on: Injustice and violence haunt the oil Delta, 2005.
25. International Commission of Jurists, Corporate Complicity & Legal Accountability, 2008.
26. Coalition for International Justice, Soil and Oil: Dirty Business in Sudan, 2006.
27. EarthRights International, The International Law Standard for Corporate Aiding and Abetting Liability, 2006.
28. Fafo: Commerce, Crime and Conflict: Legal Remedies for Private Sector Liability for Grave Breaches of International Law, 2006.
29. Earthrights International, Transnational Litigation Manual for Human Rights and Environmental Cases in US Courts, 2013.
30. Earthrights International, The International Law Standard for Corporate Ai-

ding and Abetting Liability, 2006.
31. Oxford Pro Bono Publico, Obstacles to Justice and Redress for Victims of Corporate Human Rights Abuse, 2008.
32. International Commission of Jurists, Corporate Complicity & Legal Accountability, Vol. 2: Criminal Law and International Crimes, 2008.
33. International Commission of Jurists, Corporate Complicity & Legal Accountability, Vol. 3: Facing the Facts and Charting a Legal Path, 2008.

网站

1. 联合国网站: http://www.un.org
2. 联合国人权事务高级专员网站: http://www2.ohchr.org/english/
3. 联合国人权理事会网站: http://www2.ohchr.org/english/bodies/hrcouncil/
4. 人权事务委员会网站: http://www2.ohchr.org/english/bodies/hrc/index.htm
5. 联合国国际法委员会网站: http://www.un.org/law/ilc/index.htm
6. 联合国文件系统: http://documents.un.org/default.asp
7. 联合国条约网站: http://treaties.un.org/Home.aspx
8. 联合国全球契约网站(United Nations Global Compact): http://www.unglobalcompact.org/
9. 联合国交易与发展会议网站(United Nations Conference on Trade and Development): http://unctc.unctad.org/aspx/index.aspx
10. 国际法院网站: http://www.icj-cij.org/homepage/index.php?lang=en
11. 国际劳工组织网站: http://www.ilo.org
12. 欧洲人权法院网站: http://www.echr.coe.int/echr/Homepage_EN
13. 红十字国际委员会网站: http://www.icrc.org/eng/index.jsp
14. 经济合作与发展组织网站: http://www.oecd.org/redirect/general/index.xml
15. 国际刑事法庭网址: http://www.icc-cpi.int/EN_Menus/icc/Pages/default.aspx
16. 卢旺达国际刑事法庭网址: http://www.unictr.org/Home/tabid/36/Default.aspx

17. 前南斯拉夫国际刑事法庭网址：http：//www. icty. org/
18. 德国纽伦堡审判资料：http：//avalon. law. yale. edu/subject_ menus/imt. asp
19. "公司与国际犯罪"网站（Business and International Crimes）：http：//www. fafo. no/liabilities/in dex. htm
20. 明尼苏达大学人权图书馆（University of Minnesota Human Rights Library）：http：//www1. umn. edu/humanrts/
21. 社会科学资料网（Social Science Research Network）：http：//www. ssrn. com/

后 记 一

感谢经历！

这篇"后记"其实相当名不副实，因为它是在本文写作之初就开始动笔了。写作的原因很简单，因为当时思路混乱，大脑出现"断片"，几天竟然对着电脑写不出一个字来。在苦恼之际，开始不自觉地翻开之前师兄、师姐的毕业论文，本来只是想学习一下，却发现只对他们的"后记"感兴趣。就由着性子看了一篇又一篇，最后竟感动起来，遂决定就从"后记"开始我的毕业论文的写作。

先谈谈读博这三年来的体会。回忆起三年前刚收到法学所录取电话时的情境，我几乎忘了当时我对着电话说了什么，只是记得在我故作镇定地挂断电话之后，心里竟然有种空空的感觉。没有想象中的激动和兴奋，只是开心地看着父母通知了几乎所有的亲友，然后继续埋头复习我的司法考试。之后，就是九月份的开学，按部就班地上课、回所、考试，等等。就这样，转眼三年快过去了。在这三年里，我通过了司法考试，完成了所有必修和选修的课程，发表了几篇论文，送别了已经毕业的师兄和师姐，终于闯入了传说中"黑暗的博士三年级"，进入"史上最难毕业季"的找工作大潮和疯狂写论文阶段。在最近的几个月，我每个礼拜都有几天穿梭于北京到房山的地铁上，也终于开始体会到，原来刚开学时师兄那些"吓我的话"都是真的……

真的要感谢"经历"！在这半年的时间里，我经历了很多，也学到了很多，开心过、失望过、哭过、笑过、感动过，为工作、为论文、为自己"倒霉"的运气……慢慢地，我发现自己长大了。不再生活在那个自己想象的世界里，不再只为自己的感受着想，不再执着地问那个"为什么"。我开始试着去适应这个世界，适应它的好与坏，尽管不服气，但是都要咬牙顶住！人总是要"碰碰壁"才能成长的，不是吗？

再谈谈毕业论文吧。冯小刚说过一句话，"事情是一个过程，慢慢来，不要着急"。这话很好，具体到一个作品的写作，用这句话来代表，很是恰当。应该说，论文的写作，修改也是无止境的。敢于抛弃原来认为很好的东西，才叫修改；敢于整个一遍遍地推倒重来，才叫调整。这篇论文的写作过程充满了"修改"和"调整"的过程。我已经不记得这是第几次修改了，只能说最终定稿的论文框架与第一稿相比早已"千差万别"。虽然修改的过程很是痛苦，但在看到最终结果时我还是会心一笑。诚然，这篇论文还不完美，但却饱含了我的努力和心血，我至少可以有自信地说："这是一篇很用心的论文。"

最后，也是最重要的。我还是要说，真的要感谢"经历"。我发现我的运气竟是如此之好，在生命的旅途中有那么多朋友结伴而行，这其中又有那么多良师益友在我需要帮助的时候，鼓励我不要放弃，要继续勇敢前行。这三年来，对我帮助最大的是我的导师朱晓青老师。"言传不如身教"，朱老师严谨、认真的治学态度和工作作风是我最为佩服，也是对我影响最深的。在学习方面，入学三年来，我提交的每一篇论文都会收到朱老师无比细致的修改意见，大到论文的结构，小到一个标点符号、遣词用句，都有详细的批注。这些对于小小细节的关注和精益求精，使我真正学到了"认真"二字，也不敢在论文写作中有任何懈怠，仅此一点就对我这一生都受益匪浅。更别提朱老师对我生活的关心和照顾，平时点滴生活经历的指导和细心照顾也使我难以忘怀。

感谢沈涓老师、莫纪宏老师、赵建文老师。各位老师是从我博士复试开始就看着我"成长"的。在我整个论文的准备、选题、中期报告和开题的过程中，老师们一直陪伴左右，并提出宝贵意见和建议。各位老师广博的学识以及精妙的见解，我一直都铭记在心。

感谢我的父母、家人和朋友。在整个博士求学阶段，我的父母和妹妹的关怀和鼓励是我走过这三年的强大动力。感谢父母对我时不时的小任性和小脾气"无底线"地包容；感谢与我同住三年的好友兼室友刘妍，真的十分幸运这三年能够和你一起走过；感谢最亲爱的郝世坤师兄、郝鲁怡师姐、戴瑞君师姐和张美榕师姐，感谢你们一直以来的支持和无私的帮助。

感谢"经历"！感谢所有曾经帮助过我的人。没有你们，这篇论文不可能完成，没有你们，我的生活也不会这样多姿多彩！

后 记 二

时间过得真快，从大学二年级开始正式接触国际法到今天已经有12个年头了，我也已经从当初懵懂未来的小女生变成了一名高校法学专业教师。本想把这篇"后记"写成自己这些年经历的回顾，但却一时不知从何说起。

首先说这本书吧。本书是在我博士毕业论文《论跨国公司的国际刑事责任》基础上修改而成，应该算是我之前一段学习和研究的一个"迟来的"小结了。2014年6月毕业到现在，已经有将近3个年头。毕业之后没有立刻修改并出版论文，主要是想沉淀一下，本以为经过一段时间，可能会有一些新的思路，然而这一"沉淀"就沉了差不多三年……对于这本即将问世的小书，心里总有种说不清楚的感觉，有些小兴奋，更多的应该是忐忑不安。因此，有一句发自肺腑的话一定要说，囿于精力和能力，深知本书中存在的纰漏及不足，定将在之后的学习和研究中补足，也先在这里感谢各位师友对这本小书提出的建议或意见。

其次，说说感谢的话。感谢的话其实在"后记一"中已经提到了。"后记一"是我博士毕业论文的后记，一字未改。本书交稿之前，本想删掉，却最终没有舍得，可能是还想留下些博士期间的念想吧；也可能是喜欢文首"感谢经历"那句话，看了还是会感动地湿了眼眶。因此，就"滥用"了作为作者的小特权，加了个"后记二"。

感谢！感谢我的恩师，中国社会科学院国际法研究所的朱晓青研究员。说真的，如果没有朱老师的鼓励与支持，这本小书可能真的没法完成。我很骄傲我能够继承到一星半点朱老师一丝不苟的治学态度，并将其应用在自己的工作和学习中。记得朱老师曾经说过，做不做得好是一回事，但做不做得到却是态度问题，这句至理名言我铭记于心，不敢忘怀。

感谢！感谢我所在的单位——天津工业大学、天津工业大学人文与法学院，以及各位领导对我的关怀和支持。在我工作短短不到 3 年的时间里，各位领导能够设身处地地为青年教师着想，对我在工作上、科研上、教学上提供了大量帮助和支持，我的快速成长与所在单位及领导的帮助是分不开的。

感谢！感谢中国社会科学院国际法研究所的莫纪宏研究员、柳华文研究员、沈娟研究员。各位师长对我学业、工作和生活上的无私教导使我受益匪浅，是我不断进步的重要动力和支撑。

感谢！感谢我的家人。中国人确实是最不会对至亲之人表达情感的。因为觉得矫情，因为觉得理所当然，因为觉得没必要……我也如此，有时话到嘴边，却又咽了回去，以为"一切尽在不言中"，其实不然。因此，在这里，我把感谢的话留给我的家人。感谢你们对我学业和事业上最为无私的支持。感谢你们永远在我最低谷的时候为我撑起一把伞，让我不至于越陷越深。感谢你们在与我分享我那些小小"成就"时露出由衷的笑容，也感谢你们永远把操心藏在笑脸背后……真的，很感谢你们！这辈子，有你们，足矣！

最后，感谢中国社会科学出版社的任明主任，以及各位编辑同人。感谢各位的辛勤工作，正是各位的辛勤努力才促成这本小书的顺利出版。

感谢"经历"！

宋佳宁

2017 年 3 月于天津